本书研究工作得到国家社科基金项目"汉语非自足构式蕴含的句法语用机制"(11BYY076)支持

汉语非自足构式研究

陈一 著

中国社会科学出版社

图书在版编目(CIP)数据

汉语非自足构式研究/陈一著. —北京：中国社会科学出版社，2021.7
ISBN 978-7-5203-7989-2

Ⅰ.①汉… Ⅱ.①陈… Ⅲ.①汉语—句法结构—研究 Ⅳ.①H146.3

中国版本图书馆 CIP 数据核字（2021）第 038273 号

出 版 人	赵剑英
责任编辑	郭晓鸿
特约编辑	张金涛
责任校对	师敏革
责任印制	戴　宽

出　　版	中国社会科学出版社
社　　址	北京鼓楼西大街甲 158 号
邮　　编	100720
网　　址	http://www.csspw.cn
发 行 部	010-84083685
门 市 部	010-84029450
经　　销	新华书店及其他书店
印　　刷	北京明恒达印务有限公司
装　　订	廊坊市广阳区广增装订厂
版　　次	2021 年 7 月第 1 版
印　　次	2021 年 7 月第 1 次印刷
开　　本	710×1000　1/16
印　　张	27.5
插　　页	2
字　　数	383 千字
定　　价	158.00 元

凡购买中国社会科学出版社图书，如有质量问题请与本社营销中心联系调换
电话：010-84083683
版权所有　侵权必究

序

陈一教授所著《汉语非自足构式研究》，是在他的博士学位论文《现代汉语非自足句法组合研究》（2007）基础上承担国家社科基金项目后，扩展、深化相关研究形成的专著。该博士论文是我指导过的最优秀的博士论文之一，当年获得了沈家煊、刘丹青、张伯江等评审专家的一致好评。

为免王婆卖瓜之嫌，摘录知名专家对陈一教授博士论文的评价如下：

> 汉语的句法组合形式有自足形式、非自足形式的差异，考察这种差异是汉语语法研究的重要课题，学位论文在前人和时贤现有相关研究的基础上，扩大了考察范围，对现代汉语黏着词组进行多角度分类，建立了非自足句法组合形式的多层次分类系统，着重考察了内嵌性黏着词组，划分为定位黏着词组和非定位黏着词组，定位黏着词组再划分为前置性定位词组和后置性定位词组，并就处于定心结构、状心结构、主谓结构、述宾结构中的定位黏着词组和非定位黏着词组与相关自由词组分别进行了对比分析，探索考察各类非自足句法组合形式（定位黏着词组和非定位黏着词组、互依性对举结构及其中的各种非自足句法组合形式和偏依性对举结构及其中的各种非自足句法组合形式）的结构与功能的

关系、功能制约因素，描写、分析汉语中的一系列相关语法现象，对比自由词组，深入论述了非自足词组形成的原因，确定了六类非自足的句法组合词组，准确精到地阐述了汉语若干句法组合形式功能的自足形式与非自足形式的对称与不对称，提出了一系列新的见解。

　　尤其可贵的是作者对语言事实的分类表现出的理论意识，如关于对举结构的详尽考察，显示了作者开阔的视野和周到的思考，理论解释顺理成章。文章的每个细节都显示了作者成熟的理论思考，如黏着词组的界定问题，非自足小句与相关现象的区分问题等，都体现出严谨而冷静的态度。富于创新性，具有较大学术增量。该文是迄今所见对这一问题最为充分的研究，所覆盖的语言事实和理论上达到的高度都令人相当满意，为这一课题的进一步研究打下良好基础。

　　该博士论文涉及了汉语研究中一个重要研究领域——小句完句的语篇的限制机制，而该研究范围是近年来学界涉及虽不多但却非常前沿的领域，因此，选题具有重要理论意义。同时，对汉语非自足句结构的全面探讨成果对语文教学、篇章写作学及对外汉语教学都有极高的应用参考价值。从选题到研究和写作，都显示了作者是一名经验丰富的汉语语法研究者。汉语虽然没有谓语的限定非限定的形态范畴，但是不同的语法单位有着很不相同的自足性，成为汉语语法中的重要现象，但其整体状况还缺少概括，详细的规律还所知甚少，制约着汉语语法研究的深化。作者选择这一领域的全面考察为课题展开博士学位论文，既很有价值，也显示敢于应对挑战，因为这是一个既有广度也有深度的话题。该研究领域文献资料不多，通过论文可以看出作者熟悉相关文献资料，掌握全面，了解较深，评价中肯。

　　非自足句法形式在普通语法理论中是个具有重要意义的课题。相对于汉语自足的句法组合形式来说，以往汉语非自足句组合形式的研究长期没有得到足够的重视，较为薄弱，缺乏系统全面考察汉语非自足句组合的成果。在汉语关于自由和黏着的探讨上，前贤对词素、词的探讨较为深入和全面，而非自足的黏着词组研究几乎无人涉及，该文对这方面的研究已达到了一个新的高度。陈一的博士学位论文《现代汉语非自足句法组合研究》是迄今为止第一篇全面系统考察现代汉语非自足句法组合形式的专论，是创新性研究成果。

作者继承了描写语言学的优良传统，论文运用语义功能语法理论，善于博采当代语言学理论的长处，借鉴认知语法、系统功能语法等功能主义研究方法，增强了理论解释的深度，对各个层面、各种形式的非自足句法形式做了周到、细密、深入的考察。

论文写作规范，作者学养深厚，学风严谨端正，学术视野开阔，具备很强的甚至可以说是出色的研究能力。论文思考相当成熟，描写全面准确，观察分析细致，分类科学，标准合理，思路条理清晰，层次分明，推理严密，逻辑性强，语料翔实可靠，解释较为充分，结论正确可信。其在学术前沿的积极开拓，富有创见。

该论文被沈家煊学部委员为主席的答辩委员会评为优秀博士论文。其后，陈一博士持续进行该领域的研究。多年后，他在博士学位论文基础上完成的国家社科基金项目又以"优秀"结项。其中增加的一系列深入剖析的个案研究成果，多半已在《中国语文》《世界汉语教学》《中国语言学报》等刊发表，理论阐释之功十分显著。前述评价中褒扬的话语应该是更加适用的。

陈一教授是黑龙江省语言学会名誉会长、中国语文现代化学会语义功能语法研究专业委员会副理事长。他的论著较大规模地扩展了语义功能语法的研究范围，说明汉语词组、构造的研究大有可为。我在词组、构造的研究上着力不多，仅有少数几篇文章，但这是非常重要的方面。陈一教授的研究令人欣喜地看到语义功能语法研究领域的不断扩展，令人信服地说明结合语义表达的结构研究值得提倡，这是应该长期坚持的研究方向。

我们希望陈一教授牢固树立中国学者的学术道路自信，继续充满信心地运用语义功能语法观察、描写和解释汉语语法，并为语义功能语法的理论建设，进一步做出无愧于新时代的新贡献。我们热切地期待着！

是为序。

马庆株

2019 年 10 月 20 日

目 录

第一章 绪论 …………………………………………………（1）
  一 相关研究现状 ……………………………………（2）
  二 研究的主要问题及理论方法取向 ………………（14）

第二章 黏着短语分类概说 …………………………………（17）
  一 内嵌性黏着短语、外置性黏着短语 ……………（18）
  二 定位性黏着短语、非定位性黏着短语 …………（20）
  三 前置性定位短语、后置性定位短语 ……………（21）
  四 加词性、体词性、谓词性黏着短语 ……………（22）
  五 黏合式黏着短语、组合式黏着短语 ……………（23）
  六 独用性黏着短语、呼应性黏着短语 ……………（24）

第三章 内嵌性黏着短语（上）：定位黏着短语 ……………（25）
  一 前置性定位短语 …………………………………（27）
  二 后置性定位短语 …………………………………（61）

第四章 内嵌性黏着短语（下）：非定位黏着短语 …………（85）
  一 定心结构 …………………………………………（85）
  二 状心结构 …………………………………………（121）

三　述宾结构 ………………………………………… (136)
　　四　述补结构 ………………………………………… (152)
　　五　主谓结构 ………………………………………… (160)
　　六　联合结构 ………………………………………… (164)

第五章　对举结构的多角度分类 ………………………… (169)
　　一　熟语性对举和非熟语性对举 …………………… (170)
　　二　并立性对举和依存性对举 ……………………… (173)
　　三　互依性对举与偏依性对举 ……………………… (176)
　　四　叙述性对举和元语性对举、封闭性与开放性 ……… (179)

第六章　互依性对举结构中的非自足构式 ……………… (183)
　　一　非常规组配 ……………………………………… (183)
　　二　非常规语序 ……………………………………… (191)
　　三　同语自述性非自足组合 ………………………… (195)
　　四　回环式对举 ……………………………………… (211)
　　五　明示语义互补关系的对举结构 ………………… (216)
　　六　对举式分配句、对举性体词谓语句 …………… (220)
　　七　呼应性对举结构 ………………………………… (221)
　　八　分说性无定 NP 主语句 ………………………… (223)
　　九　光杆谓词作谓语的主谓结构的对举 …………… (224)

第七章　偏依性对举结构中的非自足构式 ……………… (229)
　　一　自由度不同的单位的对举 ……………………… (229)
　　二　极性词正反对举 ………………………………… (232)
　　三　有界成分与无界成分构成的有标记组配的正反对举 …… (235)
　　四　反义词无标记项与有标记项的对举 …………… (238)
　　五　"非极性词"肯定式和否定式的对称与不对称 ……… (244)

  六 元语性对举 …………………………………………（258）

第八章 若干非自足构式的个案专题研究 ……………………（265）
  一 非自足构式"包括 i 在内的 C"多维分析 ……………（265）
  二 关于"有点小(不)A/V"的初步考察和思考 ……………（284）
  三 "我别 VP(了)"的构式整合机制及其语用价值 ………（302）
  四 "别+引语"元语否定句探析 ……………………………（323）

第九章 两种相关构式的比较 ………………………………（343）
  一 "第二个 $N_{专}$"与"$N_{专}$ 第二" ………………………（343）
  二 "难 VP"和"VP 难" …………………………………（357）
  三 "X 像极了 Y"与"X 跟 Y 像极了" …………………（370）

第十章 总结及余论 …………………………………………（380）
  一 总结 ……………………………………………………（380）
  二 余论 ……………………………………………………（394）

参考文献 ……………………………………………………………（397）

后记 …………………………………………………………………（427）

第一章　绪论

　　各种语言中的不同构式，都存在能单说的与不能单说的分别。研究一种语言里，哪些构式能够单说，哪些不能单说，各种不能单说的构式的结构、功能如何，不仅是为了直接了解各类句子的构成、特征，揭示该语言中短语与句子的关系，还与基本句式与非基本句式的区分、无标记组合与有标记组合的认定密切相关，并关乎对系统的自我调整、句法单位及其组合的语法化进程等重要问题的认识，涉及语言结构的各个层面。作为一种不注重形态变化的语言，汉语中的能单说、不能单说的构式没有印欧语那样的形态标志，但并非所有的构式都能独立成句，汉语的构式系统中存在的自足形式、非自足形式的差异，构成一系列句法、语义、韵律、语用规律的表征，因此是一项重要研究课题。以往的研究中，对自足构式的探讨比较多，对非自足构式的考察还相对较少。本书拟在部分现有文献基础上扩大考察范围，对现代汉语的非自足构式进行比较全面的探索。在这项研究工作中，我们把内嵌性黏着短语、以对举或递接及添加完句成分等为足句条件的非自足小句纳入统一的观察视野，分项考察，统筹分析。

一 相关研究现状

（一）关于黏着短语的研究

本课题以当代语言学中构式语法研究等领域取得的重要进展为背景，对以往的相关研究进行反思并展开进一步的系统考察。

结构主义语言学的代表人物布龙菲尔德（Leonard Bloomfield），为了讨论哪些语法形式可以成为句子，提出了自由（free）与黏着（bound）的概念[①]。自由形式即能单说（加上语调能单独成句）的语法单位，黏着形式即不能单说（不能单独成句）的语法单位。自由（free）与黏着（bound）的概念，在布龙菲尔德之后被应用于不同类型语言的描写分析中，使这些语言中不同层级语言单位一系列重要的对立特征得以揭示。

汉语语法研究中最初是把这对概念应用到语素和词的研究上，而词组及其和句子的关系的研究中引入自由与黏着的观念则相对较晚。

国内最早探讨自由、黏着问题的专文是吕叔湘（1962），吕叔湘先生指出：布龙菲尔德《语言论》在讲黏着形式时所举的例子都是单纯语素，这容易让人认为语素组合都是自由形式。"事实上并不是如此。不但是包含黏着语素在内的形式有的能单说，如'自由'，有的不能单说，如'自动'（步枪、控制），甚至原来都能单说的形式，组合在一起反而不能单说了，例如'人'和'造'都能单说，但是'人造'不能单说，只出现在'人造丝、人造石油、人造卫星'这些更大的组合里。"吕先生还举出"这一问（问得好）""一天天（好起来）""从这里（往南去）""一跳（跳过去）""你越说（他越恼）""你既然知道（干吗不说?）"也都是不能单说的，明确讲到"大于词的短语也可以有自由有黏着"，虽然没有深入谈下去，但问题的提出已经为

[①] 见［美］布龙菲尔德《语言论》中译本，袁家骅、赵世开、甘世福译，商务印书馆1980年版，第217—225页。

后来的研究起到了先导作用。后来，朱德熙（1985）也明确讲到"词组跟别的语法单位一样，也有黏着与自由的区别。黏着的词组如 V +了 + O（吃了饭｜打了电话），V + C + O（吃完饭｜拿出一本书）等等"。朱先生这段话是在分析词组和句子关系的过程中讲的，它引导人们把有关问题提到语法体系高度来思考。后来，有的学者还将吕先生、朱先生的相关思想吸收到教科书中。范开泰、张亚军（2000）谈到自由形式和黏着形式的区分对汉语语法研究的重要意义。书中不仅区分了自由语素与黏着语素、自由词与黏着词，还区分了自由短语与黏着短语，并就布龙菲尔德《语言论》以来国内外关于自由形式和黏着形式的区分标准问题的讨论进行了梳理。

怀宁（1985）指出黏着短语比较常见的有：实词加虚词的组合（如对工作｜如果去｜被逮捕）、实词加实词的组合（如这时候｜经请教｜说走）、实词与实词间有"的、了"等的组合（如他的面目｜唱的歌｜吃了饭）。怀文简单举例分析了一些"修饰关系""关涉关系""表述关系"的黏着词组，并就一部分结构较为特殊的黏着词组的句法分析谈了自己的认识。这篇文章是我们目前见到的最早分析汉语黏着词组的专文，在当时进行的拓荒性的探索难能可贵，为后来的相关研究提供了有益的借鉴。

侯学超（1987）对自由词组、黏着词组做了较为明确的界定："能单独成句的词组称为自由词组。"单独成句不限于始发句，包括能在回答问题时成句。在任何语境中都不能成句的语言形式称为黏着词组，它必须附着在别的语言形式上才能成句。侯文在分析多种结构类型的黏着词组时，尽可能与同一结构类型的自由词组相联系、相对照，这为进一步探讨自由、黏着的制约因素提供了某些线索。陈一（1993）在前辈学者论述基础上，尝试就"不同的自由形式与不同的黏着形式""有条件的组合和组合的不同条件""黏着短语分类框架""类与个体在自由黏着方面的差异"等做了进一步思考。

陆俭明（1988）考察数量词对一部分句法结构的制约作用，指出某些句法组合非有数量词不能成立，某些句法组合没有数量词只能形成黏着的句法结构，而某些句法组合则排斥数量词。马真、陆俭明（1996）在"名词+动词"词语串的研究中同样对自由语法形式、黏着语法形式、非语法形式做出明确区分。这两篇文章虽然不是专门讨论黏着词组的，但文中对"不能成立"与"形成黏着的句法结构"两种情形做出明确区分，对于揭示汉语黏着短语的某些类型、避免将"不能单说"与"不能说"混为一谈具有重要意义。

沈家煊（1995b）将自由的句法结构和不自由的句法结构的分别与事件句（叙述一个独立的、完整的事件的句子）和非事件句（不能表示独立的事件的句子）的分别联系起来，指出：所谓不自由的句法结构实际上都是"非事件句"，自由的句法结构有的是"事件句"，有的也是"非事件句"（如惯常句、疑问句、祈使句）。自由的句法结构和不自由的句法结构之间的对立是"有界"和"无界"在句子层面上的反映。郭锐（1997）、石毓智（2001）讨论某些语句成立条件时也从现实、非现实角度进行了分析。沈家煊（2004）重申结构式"自由"和"黏着"的对立其实也是"有界"和"无界"的对立，自由的结构式代表有界的完整事件，黏着的结构式代表无界的不完整事件。沈先生的论述对有关问题做出了更具概括力的解释，也引导我们从认知的层面系统地思考句法结构的自由与黏着问题。

马庆株（1997，2000）论及：成句词组可以独立地构成一个表达单位，不成句词组不能单独构成一个独立的表达单位。各类成句词组和不成句词组各有其结构上的特点，可见各类成句词组和不成句词组的要求是各异的。所有这些都应该一类一类地结合语义表达分别加以研究。王艾录（1990）、殷志平（2002）分别谈到，短语的成句问题涉及句法、语义和语用三个方面。句法、语义和语用等不同方面造成的不成句，存在程度差别。马庆株、王红旗（2004）进一步阐明自己的理论主张：黏着与自由和结构、语义、表达都有关，应该在句法的层面上区分。语法单位的自由与否在发端话语和后继话语中受到的约束是不同的,应该明确地加以区分。后继话语受到的限制较少,能在后继话语说的句子不一定能在发端话语说,因此不宜用后继话语来确定词和词组的自由与黏着。方梅(2013)指出:有些句法结构在某种语体里合乎语法,换一种语体就不可接受。句法特征具有语体分布差异,句法限制具有语体相对性。

对于汉语黏着词组具体类型的研究,以张伯江(1993)、詹卫东(1998a、1998b)、沈家煊、王冬梅(2000)、陆俭明(2003b)等围绕"NP 的 VP"结构展开的探讨最有深度。萧国政(1986)、杨德峰(1988)、陈一(1993)、毕凤云(1999)、殷志平(1999、2002)、董晓英(2003、2005)、李泓(2004)等也对黏着词组的某些类型进行了一些考察。

总体来看,自由、黏着的概念被引入汉语句法分析以后,研究者们对汉语中部分黏着词组进行了不同程度的分析,探讨了影响词组自由、黏着的一些因素,某些模糊认识得以逐步澄清,也为一些相关的语法研究课题的拓展提供了新材料和新思路。

关于黏着词组的研究虽然已经取得了一些成果,但我们对现代汉语黏着词组复杂多样的结构类型、功能类型的了解还远不够系统、全面。一些已经揭示的类型尚未进行深入的考察,某些描写性工作没有与必要的解释密切结合起来。有的论文在实际分析中把词组的能够单独作谓语和能够单独成句当作一个问题讨论〔如毕凤云(1999)、董晓英(2005)等〕,不少论著对词语组合的不能成立与不能单说仍然未加区分。在某些基本问题、重要问题上还存在分歧认识,如侯学超(1987)指出:黏着词组是绝对的,在任何情况下都不自由。自由词组是相对的,即在一定条件下是自由的。冯学峰(1996)则对此提出异议,明确主张汉语黏着词语具有相对性。詹卫东(2005)也谈道:不管什么"词组",只要带上了"语气",在"表达"层面,就可以将它确定为"小句"(极端一点,像"从北京""被张三"这样的所谓"黏着性词组",在实际对话中就未必不能带上"语气"而成为

"独立"的"小句")。

(二) 关于对举表达形式的研究

汉语语法研究的许多课题都在一定程度上涉及这样的情况：某些组合形式（组合项及其序列）在简单句中受到限制，但在对举表达式中可以实现。如朱德熙（1956）、吕叔湘（1966）关于形容词的研究分别揭示性质形容词作谓语的受限情况；赵元任（1979）讨论"主语还是宾语倒装"问题；马庆株（1988）自主动词、非自主动词研究揭示非自主变化动词受"不"否定的受限情况；陆俭明（1986）关于动词作谓语的考察揭示光杆动词作谓语的限制；沈家煊（1995、1999）分析某些"极性词"所在句式的肯定形式和否定形式不能自由转换时，分析 O 的有定和无定跟 O 相对 V 的位置是"既对应又不完全对应的关系"时，都讲到了这方面的情况。这提示我们：着眼于简单句中的分布情况概括出来的词的大类或小类的功能特征及词类间的组合规则，与考虑到对举表达式进行概括所能得到的结果有时会有所不同，也就是说，有时同一条规则在一般简单句中和在对举表达式中的"有效度"有所不同。对举表达式中到底存在哪些不同的规则与生成机制，在整个语法系统中应该置于什么地位，是应该进一步深入探讨的问题。

就我们目前所见，最早的研究"对称格式"的专文是刘丹青（1982），他指出"许多在非对称情况下违反语法常规的结构现象，都可以在对称格式中合法地出现"，并把"对称"作为汉语语法中比较特殊的一种语法手段来看待，结合多方面实例分析了若干"对称格式"的语法功能和独特的表达作用。周殿龙（1990）谈到"对称是汉语结构的一条普遍性规律"，"运用对称规律去观察分析一些语法现象，有可能使语法研究中遇到的一些难题得到合理解决"，"使一些过去总结出的语法规则得到补充，更趋完善"。周荐（1991）考察了大量的现当代名家名篇中使用的"对称结构"的实例，对多种格式进行了细致具体的分析，并指出，文中所分析的对称结构有对称性，但却没有凝固性，是在人们的言语过程中被临时组织起来的，是具有鲜明特点的复句结构。张国宪（1993）则是在三个平面理论背景下勾勒了分析对举格式的句法、语义和语用功能的基本架构，认为对举格式具有"缔构词""缔构短语""缔构分句"的功能，具有"语义异化""语义增殖"的功能，具有"标记重点或焦点"的语用功能。殷志平（2004）从认知角度对对称格式的语义特点、象似性特征做出了一些解释。资中勇（2005a）、赵立云（2005）、刘云（2006）、陈一（2008a，2008b）也就对举现象进行了一些探讨。铃木庆夏（2006）指出对举形式内部往往不出现表示事件、事物的个别性和具体性的成分，它注重描写故事构件的情况或状态。对举形式具有典型例示的结构特点，是一个具有典型归纳这一语法意义的语法形式。除上述几人的专文外，还有一些文章分别就某种对举格式进行了具体的研究。

总体来看，现有的这些研究成果有不同的侧重点：对具体的对举格式进行考察的文章分析语言事实较为细致，但往往没有更多地从整个语法系统的角度来展开探讨；侧重综合讨论的文章不同程度地进行了理论思考，然而对语言现象的分析多半是举例性的。从研究取向上讲，把特定的对举格式当作定型性的成品加以考察，把对举格式当作局部的现象来对待，大体上属于微观的研究；而通过对举形式中蕴含的组织规律对汉语语法系统的常量与变量进行探索，则将大异其趣。文献和大量的语言事实都告诉我们，对举表达形式在古今汉语中都不是作为特殊现象而存在的。扩大观察视野，我们注意到，汉语中与对举表达相关的结构、语义现象远比目前已经揭示的情况丰富、复杂，各种对举结构中包含的非自足句法组合形式有许多尚未进行研究，因而需要以比较充分的事实调查为前提的相关理论思考也就还缺乏必要的支持条件，那么，在更宽的视野下做更充分的排查进而深化理论阐释是十分必要的。对举结构的研究与汉语中的自由形式、黏着形式，无标记组配、有标记组配，基本句式、非基本句式，对称与不对称等方面的问题的研究密切相关，如果我们把注意力由有限的对举格式的整体功用扩展到对更多的对举结构的广泛考察并探索其中所蕴含的组织规律、生成机制，相信可以有许多新的收获。

（三）关于汉语构式的研究

构式语法理论（Construction Grammar）的代表作是戈德伯格（Goldberg Adele）的 *Constructions：A construction grammar approach to argument structure* 一书。其中所阐述的构式语法理论的基本思想有：语法研究的基本单位是构式，强调构式是形式和意义的配对，坚持语法形式无同义的原则，即句法形式的不同总是意味着意义的不同，即重视语义、结构和语用的结合；构式的意义不是组成成分意义的简单相加；强调语言的特异性（idiosyncrasy）和边缘现象，即作为语言研究基本单位的语法结构拥有同样的研究价值和理论价值。构式语法认为语言中存在大量并非通过常规语法规则组合而成的结构，这些结构并非通过掌握规则就能推演出来，而是必须经过专门的学习才能掌握，应打破词汇和句法之间的分界，注重两者之间存在自然的过渡和缓冲，整体构式的作用应该得到足够重视。构式语法强调构式中心（construction entered-view），强调构式具有习用性，认为无论是部分开放的形式习语（formal idioms）还是有固定词汇的实质习语（substantive idioms），具有高频度的表达式都是构式。

Goldberg（1995）明确提出构式的"不可预测性"，用于指陈人们无法用一般的意义生成规则、语法规则来解释语言结构的意义。这就使得构式作为一个整体的特性得到高度关注，"不可预测性"充分体现了完形理论"整体大于部分之和"的观点。构式语法理论认为，构式意义包括构式的原型意义以及在原型意义的基础上通过隐喻和转喻等手段形成的扩展意义，其中构式的原型意义是语言研究的中心。Goldberg（2003）认为构式是形式与（语义或话语）功能的匹配，每个构式的某些形式特征与某种交际功能相匹配。构式语法学家将语义和语用视为一体，语义和语用因素在构式理解中起着重要的作用，在重视语义和语用的相通性的同时，也要关注构式使用的适宜性和恰切性。

对于构式语法这种新兴的语法理论，国内汉语学界给予高度重视，不少学者在吸收、借鉴的基础上积极开展了相关研究，或结合汉语事实诠释构式语法理论在汉语研究中的适用性，或对构式思想做出新的开拓。较早的代表性论文当属沈家煊（1999），文中结合汉语事实阐释"一个句式就是一个完形"，"整体大于部分之和，因此句式的整体意义不等于各个组成成分的简单相加"。张伯江（1999）尝试用构式语法的观念来解决结构主义所不能完满解决的双宾句式的问题。其后，陆俭明（2004b）介绍构式语法理论的基本观点，并分析了它对语言研究的贡献。结合汉语研究强调应重视对一个个具体句式的研究，而且要从具体句式所表示的语法意义来考察分析句式内部词语之间的语法关系与语义关系。陆俭明（2008）在肯定构式语法理论的贡献、价值的同时分析其存在的局限、问题，指出其尚未形成完善的理论与原则，有一些问题尚待进一步研究、探索。陈满华（2008）在研读原著的基础上论析 Goldberg 界定的构式语法的"构式"包括了传统语法的从语素到句型的各个层级单位，由定义、示例、阐释均可看出；构式广义界定是对传统的 construction 概念定义的重大改进，但并不等于包括所有语言单位，构式语法的构式界定在构式主义理论体系内部具有充分的自足性，同时与经典的认知语法关于构式的定义并不矛盾。陆俭明（2009a）论析了构式承继中隐喻和转喻的作用。陆俭明（2009b）论证构式是人的认知域所形成的意象图式在语言中的投射，构式义来源于人的认知域里所形成的意象图式；构式并不像 Goldberg 所说的那样具有多义性，与我们通常所说的句式不同，句式可以具有多义性，而由于构式是"形式—意义的对应体"（form-meaning pair），这决定了它具有单义性特点。陈满华（2009）针对人们对构式语法理论的一些质疑，论证指出：构式语法承认构式义与词项有互动关系，Goldberg 所说的"形式—功能配对"里的"功能"不单指句法功能，实际形成了句法、语用相融观，构式语法提出的构式语义网络体系是客观存在的。刘丹青（2010）结合流行构式阐释构式的透明度和句法学地位问题,认为构式是汉语"句库"单位,是现成的、可以随时取用的句法结构。构式的整体凝固意义不能单从其构成成分和句法结构中推出。刘大为(2010)则通过分析不可推导性在语言中的多种表现,提出语法构式和修辞构式的区分,并讨论了语法功能和修辞动因的连续性和差异,把两种构式分析为一个连续统,论证修辞构式不可推导性的产生机制及其对修辞构式的必然性和积极作用,从构式整合和构式义引申两个方面研究了修辞构式的形成。施春宏(2011)讨论了面向第二语言教学的汉语构式研究的基本状况及其存在的问题,论说了汉语构式习得、教学与研究的基本任务和发展空间。陈满华(2014)论述了构式的独立性不等于一个构式一个意义,构式义包含的语用因素不是临时的主观阐释,而是融入了构式义本身的客观和稳固的意义;构式语法承认不同词项的句法地位不尽相同,有轻重之分;一个构式并非"同时是无穷个构式",而只可能包含若干个较低层面的构式。陆俭明(2016a)在刘大为(2010)的研究基础上,运用构式语法理论进一步探究"语法构式→修辞构式→新的语法构式"的具体演化发展过程,认为构式语法理论可为修辞研究提供新的视角,有益于修辞学与语言学前沿理论的对话,使修辞学更好地融入现代语言学。陆俭明(2016b)结合国内外相关研究从事实与理论两方面说明构式理论有价值但不能包打天下。文章从外在语言和内在语言两方面说明构式的产生:从外在语言方面看,语言的变异是常态,语言变异被频繁使用并泛化,就会逐渐固化为新的语法构式;从内在语言方面看,"构式源于认知";认为构式理论需与语块理论相结合才能发挥更好的作用。

构式语法理论为解释汉语语法现象提供了崭新的视角,汉语研究者积极地将构式语法应用于具体汉语事实的分析,并通过个案研究对构式语法理论加以补充和细化。关于汉语构式的实证性研究较有代表性的如:沈家煊(1999)通过对"在"字句和"给"字句的研究,说明句式并不等于词类序列,一个句式应视为一个"完形"(Gestalt)。

只有把握句式的整体意义，才能解释许多分词类未能解释的语法现象，才能对许多对应的语法现象做出相应的概括。张伯江（1999）用构式语法的观念对双宾句式研究做出新的开拓，认为语法结构式是独立于词汇语义规则之外的语法事实，有独立的语义；张伯江（2000）则结合"把"字句句式语义的梳理斟酌，论述句式作为完整的认知图式，其各个组成成分的次序、远近、多寡都是造成句式整体意义的重要因素，论证了"把握整体"的方法具有更广泛的解释力。沈家煊（2002）立足于整体观，论证了"把"字句表达的是一种"主观处置义"，并指出只有从整体上把握这种语法意义，才能对过去分别列举的"把"字句的种种语法语义特点做出统一的解释。这都是将汉语句法问题的研究视点由结构主义的分解转向构式语法的整体观的开拓性探索。刘丹青（2005）基于对非典型"连"字句的考察，进一步指出"连"字句是用来表达一种与现实形成强烈反差因而带有强调义的典型构式。刘丹青（2009）考察了名、动、形等实词的拟声化重叠现象，指出其是一种深度去范畴化的形态操作，基本作用是再现话语的语言形式，凸显其能指，抑制其所指。多类实词都有这种重叠且具有共同句法语义的表现，不同词类的原有差别在重叠用法中被中和。在拟声化重叠基础上，汉语中形成多种各具特点的构式，表示引语性话题结构的，其述题偏向负面评论；有表示让步转折关系的；还有重在诠释甚至故意曲解词语字面意义的释义构式。张谊生（2011）就"X 也 Y"构式的构造及其表义类别展开考察，指出构式的建立与理解均受规约隐含的制约，构式的发展演化主要体现在句法格式的定型化、表达手段的多样化和类推方式的习语化。刘丹、陈一（2014）考察评价构式"最美 + X"，指出其生成机制是距离象似动因下的概念黏合化，并分析了该构式的表达功能。张谊生（2015）考察"X 那些/点事"构式，区分出指称式、叙谈式、引介式、组合式、提示式、配合式，指出精炼表达与集中概括、聚焦分析与联想阐发、约量评述与小量概括几方面表义功能。构式化过程经历了定型与能产，构式变体逐渐弱化、减少的过渡阶段，构式化动因主要是高频类推，最终形成"与 X 相关的那些有意思、值得关注的现象与问题"构式义。刘子楗（2015）从构式视角考察定式镶嵌四字格，指出其结构相对固定，表义和功能上具有不可完全预测性。其构式意义是一种整合性主观意义，可分析为感情义、强调义、生动义、虚指泛指义、比喻义等方面。宋作艳（2016）对新兴的"各种 VP/AP"做了定量、定性分析，指出它们与"各种 NP"的互补关系，论证"各种"的副词化是构式强迫的结果，和新兴"各种 VP/AP"构式的形成存在互动关系。

关于构式的语法化问题，也有一些学者进行了探索。

江蓝生（2007）结合汉语方言中重叠式正反问句和北京话由省缩而来的三字格、四字格实例，说明语言经济原则驱动下的省略和紧缩是汉语构式语法化的一种推力和机制。这种带有普遍意义的句法创新模式，可以合理地解释汉语语法史上反复问句"VP 不 VP"句式的历史发展过程。彭睿（2007）通过对汉语"非结构性排列 > 双音节虚词"这一历时演变过程的考察来探讨构式语法化问题。文中将构式语法化定义为一种重新分析的过程，可能诱发其内部成员（包括核心动词）之间的融合、合并和语法化等，由此论及构式语法化的机制和后果。曹秀玲（2010）在考察"我/你 V"系列话语标记共时层面功能对立和对立中和的状况基础上，从构式语法化的角度探讨汉语"我/你 V"系列话语标记的形成及其制约机制。杨永龙（2011）探讨汉语空间量构式的历时变化，指出：上古、中古汉语只有"形 + 数量"没有"数量 + 形"，后者是名词性偏正结构，是通过重新分析从唐诗中糅合的连谓结构语法化而来，它能够语法化并最终趋于取代前者，与相关构式（数量名结构、平比句）历史演变的类推有关。朱军（2011）从宏观上讨论了构式"独立性"的特征及其成因：在形式上主要经历固定化或格式化，在意义上经历虚化、主观化或喻化，在功能上经历篇章化、范畴化，并认为特定构式"独立性"的形成一般要经历数种演化过程。雷冬平（2011）讨论表达"极度"义的构式"最/再 + X + 不过"的形成过程,认为是源式"N1 最/再 + A + (也) + A + 不过 N2"通过成分移位、成分删除以及宾语话题化等推导形成,构式语义在三段式的推论中获得并进一步抽象为"极其"义。龙国富(2013)运用构式语法和语法化有关理论,论析"越来越……"构式的语法化机制是重新分析和类推,其语法化的主要动因是语用推理,文章还认为,语法构式是显现的,而非固有的,排列组合形式的改变伴随新的构式的产生。

由于国内的历史语法学研究以往主要关注实词虚化,汉语语法学界的语法化研究更多讨论的是词汇语法化现象,对句法结构式的语法化分析还缺乏系统性的成果,对很多句法结构式的语法化动因、机制和进程我们还缺乏深入的了解。在未来相当长的时间里,构式语法化研究都将是汉语语法化研究领域的重要课题。

(四) 小结

当代语言学研究中,功能语法、形式语法等方面的研究,对句法结构的自足、不自足问题,分别从无标记与有标记、时间定位、焦点定位、指称特征的允准等方面进行解释,总结出一些影响语句自足与否的句法语义因素,为进一步的研究提供了一定的理论准备。整体上看,世界范围内的相关研究均是对各类独立构式的完句条件及其功能讨论较多,对大量存在的非自足构式的结构与功能的研究还不充分。国外文献对汉语非自足构式偶有触及,尚无专门的研究。国内关于黏着短语/非自足小句的研究虽然已经取得了一些成果,但我们对现代汉语中非自足构式复杂多样的结构类型及其各自的功能的了解还远不够系统、全面。一些已经揭示的类型未能将句法、语义、语用、语体、韵律等结合起来进行综合的考察,某些描写性成果尚未得到深入的解释,不少论著对词语组合的不能成立与不能单说仍然未能区分。在某些基本问题、重要问题上还存在分歧认识,无论是事实的考察,还是理论分析方面,都还有很多工作需要去做。

二　研究的主要问题及理论方法取向

　　本书对现代汉语中的内嵌性、对举性的非自足构式分别进行比较系统的考察研究，对递接性非自足小句进行个案考察分析。

　　在已有相关研究的基础上，我们运用认知语法、系统功能语法、构式语法等功能主义的理论、方法，遵循形式与意义结合、归纳与演绎结合、描写与解释结合的原则，对现代汉语中的只能出现在被包含位置的内嵌性黏着词组分定位性的、不定位性的两个大类进行全面考察，对由非自足句法组合形式构成的对举结构分互依性对举结构、偏依性对举结构两个大类进行全面考察，对依存性递接句进行抽样性个案考察。在具体考察各类非自足构式的结构和功能的过程中，努力对结构与功能的关系、功能的制约因素从语义、语用、认知等方面做出解释。

　　功能语法理论认为：语义是功能的基础，语义决定词、词组的功能类别及组合能力，决定组合的可能性；语用对结构有制约作用，即表达的需要制约着在多种可能性中做出何种选择，当某种选择成为强制性的，语用规则也可以转化为结构规则。我们高度认同结合语义、语用进行结构分析的理念，不追求三个平面的刻意"区分"，而是积极寻求语义、语用与结构分析的有机结合。说语义是功能的基础，语用对结构有制约作用，并不是认为语义分析、语用分析可以脱离结构分析而独立，相反，语义、语用的决定、制约作用的分析一定要落实到结构上。我们对非自足构式的研究同样遵循上述原则，希望我们的工作既有比较充分的分析，又有必要的综合。

　　传统的结构主义的语法研究主要进行语言事实的描写，当代的形式主义和功能主义则更注重对语言现象的解释。语义功能语法认为，在当代语法研究中描写和解释是同样重要的。在描写方面，语义功能语法以语义语法范畴为核心、以各级语法单位的系统分类为基本工作程序，力求对各类语法单位的功能实现条件、组合规则做出高度概括；在解释方面，既注重语法系统内部相关因素的推求验证，也注重从语法外部寻找语义、语用、认知方面的动因。本书对汉语非自足构式的研究，立足于在语言事实的广泛考察、细致描写基础上进行规律总结，对规律或倾向的总结也将在理据、动因等的解释方面做出积极努力。在描写、解释中，借鉴语料库语言学的一些方法，在大规模真实文本语料中检索各种类型的非自足构式实际用例的有无、多寡，尽量通过定性分析与定量分析的结合来提高结论的客观性、可靠性。

现有文献中，黏着词组、非自足小句、非自足句、不自由的句法组合等概念并存，所指并非完全一致。为了尽可能与现有文献对接，又便于区分上下位概念，分别指称不同范围的语言现象，本书将几个基本概念做如下分工："非自足构式"统指句法层面的各种不能单说的词语组合形式，其中，只能充当某一句法成分（即处于被包含位置）的句法组合称为内嵌性黏着词组，能充当复句的分句但不能独立成句（需添加某些完句成分才能成句）的句法组合称为非自足小句。

句法组合形式的自足与非自足受众多因素的制约，在典型性上存在程度差异，不是处处界限分明的。不论是着眼于自足形式的讨论还是着眼于非自足形式的讨论，都应该首先由典型形式入手。典型的自足形式或自由形式，是在陈述性始发话语中能单说[①]。而典型的非自足形式，则应该是在始发话语和后续话语中都不能单说，不能以陈述、疑问、祈使、感叹任何一种语调单说。本书的考察对象基本限制在这种典型的非自足句法组合形式范围内。那些不能作为陈述句单说而在陈述句之外的几种句类以及省略句、答语中能单说的句法组合形式，我们虽然也不看成地道的自足形式，但目前都作为能有条件单说处理，

---

① 孔令达（1994）等认为讨论句子的自足问题，最好先以陈述句为对象，而且要排除一问一答的特殊语境。马庆株、王红旗（2004）明确论述后继话语受到的限制较少，答语对什么语言单位都没有选择性，因此判断词或词组的自由与黏着不应该在后续话语、答语中进行。

不作为非自足构式看待。

在本课题研究过程中，有相当一部分语料调查工作是借助北京大学中国语言学研究中心 CCL 语料库进行的。部分语料我们参照原文做了核实，凡目前无法核对的语料我们直接按语料库中的出处标注格式标示。

因全文涉及例句很多，序号不便统排，我们在每一具体结构类型的分析中进行单独排序。

例句前的"＊"表示该结构不成立；"？"表示该结构可接受性差；（＊）表示该结构是非自足形式；"（）"表示其中成分可以出现，也可以不出现；"〔〕"表示其中的成分在组合层次上是先结合的；"/"表示符号前后的成分是选择关系。

第二章　黏着短语分类概说

黏着短语的分类考察与现有的面向全部短语（主要是自由短语）所作的分类密切相关，又有其特殊性。

一般地说，短语的分类有"向下看"和"向上看"两个基本角度。"向下看"是看短语由哪些更小的单位构成、以什么方式构成，这是结构分类；"向上看"是看短语在更大的组合中充当什么角色、起什么作用，这是功能分类（参见吕叔湘，1979）。把结构分类和功能分类联系起来，就有了"向心结构"和"离心结构"的区分。虽然把布龙菲尔德区分 endocentric construction（向心结构）和 exocentric construction（离心结构）的处理运用到汉语中来遇到一些困难（如"NP 的 VP"无法按一般偏正结构那样解释中心语和整体功能的关系），但这并不意味着关于结构和功能关系的探讨就将止步不前或失去方向。马庆株先生（1997）强调应该重视词组的结构类型和功能类型的关系的研究。他指出：哪类成分怎样影响词组的整体功能，是亟待研究解决的问题。一般认为词组和词的功能是一样的，把词组称为 X 词性词组。实际上 X 词性词组和 X 词的功能并不是完全一样的。词组与词的功能差异需要系统地分专题来逐个研究。詹卫东（2002）提出：根据功能传递的程度不同，汉语短语的组合情况大致可以分为两种类型：一种是结构整体功能主要是从至少一个组成成分那里继承下来的，可称为强功能传递型的组合体。还有一种是结构整体基本上跟其中任何一个成分都没有或较少有功能上的传递继承关系，可称为弱功能传递型的组合体。① 我们可以看到，由最初的努力给各种短语贴上"向心结构""离心结构"的标签，到重视成分功能与整体功能的具体研究，汉语语法学界关于短语的结构与功能关系的认识已经在更新。在新的观念下，对现代汉语中各种短语的结构、功能的多层次多角度考察，有许多具体工作要做。

从结构分类方面看，不仅根据结构成分的关系区分主谓、偏正、述宾、述补、联合等结构类型与功能传递的分析直接相关，黏合式（词组）与组合式（词组）的区分（朱德熙，1982）、复合词组与派生词组的区分（马庆株，1997）也与功能分析密不可分。从功能分类方面看，不仅体词性短语、谓词性短语、加词性短语的区分与结构类型的分析直接相关，自由短语、黏着短语的区分也与结构分析密不可分。

本书关于现代汉语黏着短语的考察将尽可能与现有的各种短语的分类及词的分类方面的研究成果相联系。

黏着短语是不能单说的短语，但和自由短语一样，都是由词和词组成的句法单位。因此，对黏着短语的考察，同样既要向下看，看它由哪些较小的单位组成，也要向上看，看它在更大的组合中充当什么角色，起什么作用。多方面的考察显示，现代汉语的黏着短语成员不少、类型多样，我们在分别从结构、功能两个方面进行考察的过程中，应该努力揭示其构成及分布特征上的特殊性。

一 内嵌性黏着短语、外置性黏着短语

根据是否进入句法结构中充当结构成分，可以把黏着短语分为：内嵌性黏着短语、外置性黏着短语。能与其他词语直接组合、能充当

---

① 詹文具体谈到：汉语中的强功能传递型结构包括状中结构、述补结构、述宾结构、连谓结构、联合结构、一般的定中结构等，弱功能传递型结构包括介词结构、"的"字结构、"地"字结构、主谓结构、部分定中结构。

结构成分的黏着短语是内嵌性黏着短语,大多数黏着短语属于此类。例如:

(1) 她是怎样一个老师呢?
(2) 我国是一个统一的多民族国家。
(3) 各地有组织有领导地开展了村级组织配套建设工作。
(4) 行动的拖沓不能成全愿望的美丽。
(5) 未来的你们会成为现在的李娜。

以上各例中加点的部分都是内嵌性黏着短语,例(1)中的"怎样一个老师"代表"怎样一个NP"结构,只能出现在宾语位置上。例(2)中的"多民族"是一种较为特殊的"形+名"结构,句中作定语。例(3)中的"有组织""有领导"及整个"有组织有领导地"都是黏着短语,是作为状语修饰动词性成分的。例(4)中的"行动的拖沓"和"愿望的美丽"都属于"NP的AP"结构,句中分别充当主语和宾语。例(5)中"未来的你们"是人称代词带定语形成的偏正结构,"现在的李娜"是专有名词带定语形成的偏正结构,它们也是分别充当主语和宾语。总之,内嵌性黏着短语不单独成句,但总是作为句子的某种"构件"来参与造句的。

不与其他词语直接组合、不充当结构成分的黏着短语是外置性黏着短语,如:依我看、我跟你讲、我跟你说、你知道、你听我说、凭良心说、说实在的、一般来说、坦白地讲、严格地说、不瞒你说、举例来说、据可靠消息、据官方透露、在我看来、看样子等。它们总是依附于某一传递具体信息的语句而存在,不能单说,也不充当主语、谓语、宾语、定语、状语、补语等结构成分,它们只是用来标示说话的口气、态度及信息来源等命题意义之外的交际信息的。这类语言成分在长期使用中表现出不同程度的熟语性,作为临时短语的特征已经弱化,但考虑到它们一般仍具有可扩展性[如我就跟你这么说、你

（可）要知道、依目前情况看、凭良心跟你说、跟你说实在的、坦白一点儿讲、不严格地说、看这/那样子等］，我们认为它们还是作为短语而存在的。

内嵌性黏着短语与外置性黏着短语的区分显示，黏着短语的"黏着"实际上包括组合性的黏附和非组合性的依附两种情形。前者是黏着短语的主流，或者说是黏着短语的典型成员，后者现在学界多作为话语标记语来讨论。本书所考察的黏着短语主要是前一类内嵌性黏着短语；对外置性黏着短语，为了避免与话语标记研究领域的成果相重复，我们不做系统讨论，只在个案研究一章就两个独立观察过的个案进行示例性分析。

二 定位性黏着短语、非定位性黏着短语

内嵌性黏着短语总是进入某种句法构造充当结构成分，它们在与其他词语组合时有的所处位置固定，有的所处位置不固定。据此，可以划分定位性黏着短语和非定位性黏着短语（参看马庆株，1997）。与其他词语组合时所处位置固定的黏着短语是定位短语，位置不固定的黏着短语是非定位短语，如前文例（1）中的"怎样一个老师"（代表"怎样一个NP"结构）一般出现在判断动词后面作宾语，例（2）中的"多民族"、例（3）中的"有组织有领导地"分别出现在名词或动词前面作修饰语，都是定位性黏着短语。例（4）中的"NP的AP"结构（"行动的拖沓""愿望的美好"）、例（5）中的人称代词/专有名词带定语形成的偏正结构（"未来的你们""现在的李娜"），既可以在谓词性成分前充当主语，也可以在动词后面充当宾语，都是不定位黏着短语。

本书第三章将要具体分析的定位性黏着短语主要有以下几个。

专门充当名词/动词前加成分的"形+名"短语、"最+区别词"构成的偏正短语、数词受限的表物量数量短语、前置性的介词短语、

表物量数量短语的重叠形式、"一+动量"短语的重叠形式、"有+名动词"短语、"有的+N"短语、"A得多"短语、"语气副词+VP/AP"、"A/V 心理+透/坏了"、"VP 与否"、"VP 不"、糅合型"A₁ 得 A₂"、"怎么+一量+NP"、表抽象"成果/后果/结局"义的定心短语等。

本书第四章将要具体分析的非定位性黏着短语主要有以下几个。

紧缩型定心短语、糅合型定心短语（"NP 的 VP"、"NP 的 AP""N施 的 N受"、专名带定语的偏正短语）、"不+变化动词"、"不+动+着（宾）"、"不+高程度形容词"、"一+动词"、"再+A/V"、"V 个 N"、"V 了 N"、"V 着 N"、"形式动词+宾语"、"V对待+宾语"、"动词重叠式+数量+名词"、内嵌性主谓短语、异类词联合短语以及"V+C+O"结构、双宾语结构、"动词+趋向补语"、"形容词+趋向动词"、"动词+结果补语"、"动/形+程度补语"等结构的非自足形式。

三　前置性定位短语、后置性定位短语

定位性黏着短语与其他词语组合时，有的只能出现在前面，有的只能出现在后面，据此，可以进一步区分前置定位短语和后置定位短语。前置定位短语即与其他语言成分组合时总是出现在前面的短语，后置定位短语即与其他语言成分组合时总是出现在后面的短语。上文例（2）中的"多民族"、例（3）中的"有组织有领导地"是前置定位短语，例（1）中的"怎样一个老师"是后置定位短语。

关于前置定位短语，本书第三章第一部分将对定心结构中定语位置上的定位短语、状心结构中状语位置上的定位短语、主谓结构中主语位置上的定位短语分别进行全面考察。

关于后置定位短语，本书第三章第二部分将对偏正结构中心语位置上的定位短语、主谓结构谓语位置上的定位短语、述宾结构中宾语位置上的定位短语分别进行全面考察。

四 加词性、体词性、谓词性黏着短语

不论是前置定位短语还是后置定位短语，句法功能一般都比较单一。比如，前置定位短语以只作修饰成分的定位性黏着短语为代表，有的只能充当体词性成分的修饰语，如："高层次、低档次、大坡度、多功能"一类形名短语、"一系列、一档子、一揽子"一类数量短语、"最+区别词"构成的偏正短语等只能置于名词前面作定语；有的只能充当谓词性成分的修饰语，如：大部分介词短语、"多角度、粗线条、大剂量"一类形名短语、"有步骤、有组织、有领导"一类"有+名动词"构成的黏着短语只能置于动词前面作状语；既能作状语又能作定语的只是少数（见第三章第一部分）。这些只能充当修饰语的黏着短语我们称为加词性黏着短语。

非定位性黏着短语的分布位置不固定，但并非句法功能变动不居。综合考察它们的多种分布及核心功能，可以分别归入体词性短语和谓词性短语。如：NP 的 VP（她的到来｜论文的撰写）、NP 的 AP（狮子的凶猛｜守财奴的吝啬）、VP/AP 的 N$_\text{专}$（得到赞扬的她｜英俊的他）、N$_\text{施}$ 的 N$_\text{受}$（他的篮球打得好）、N$_{\text{受}1}$ 的 N$_{\text{受}2}$（说她的坏话）等，只能作主语或宾语，不能作谓语，不能受副词修饰，因此都是体词性黏着短语；V 了 O（喝了水）、V + C + O（喝完水）、不 + VP$_\text{变化}$（不碎）等，能受副词修饰，作谓语，因此都是谓词性黏着短语。

需要说明的是，定位短语并不都是加词性短语，还包括只能在主谓结构作主语的体词性定位短语（如"有的 + N"）、只能在述宾结构作宾语的体词性定位短语（如"怎么 + 一量 + NP"等）、只能在主谓结构作谓语的谓词性定位短语（如"VP 与否""语气副词 + VP/AP""A + 透/坏了""A$_1$ 得 A$_2$"等）。因此，短语的定位、不定位，与是否为加词性短语不是简单对应的。了解到黏着短语中的体词性短语、

谓词性短语，有的具有定位性，也就要求我们与非定位性黏着短语及自由短语中的体词性短语、谓词性短语相联系，对分布差异的制约因素做进一步探索。

五 黏合式黏着短语、组合式黏着短语

朱德熙先生（1982）关于黏合式、组合式的区分对我们讨论黏着短语的下位类型有重要指导意义。按照朱先生把构成与功能联系起来区分两种结构形式的思想，根据我们对黏着短语内部差异的观察，本书对黏着短语范围内黏合式、组合式做出如下界定：两个基本结构项都是单个的词（不带任何修饰补充成分及附加性虚词）直接构成的偏正结构、动宾结构、介宾结构等称为黏合式；两个基本结构项中至少一项带有修饰补充成分或附加性虚词等构成的各种句法结构称为组合式。

黏合式黏着短语有的是由某种自由短语经删减、紧缩而成的，如："我衣服"紧缩自"我的衣服"，"书中插图"紧缩自"书中的插图"等等；有的是原生性的，即不是在某种自由短语的基础上生成的，如：介词短语（把书本｜从房间）、黏着的"形名"短语（大面积｜高层次｜多角度）、"不+VP$_{变化}$"（不丢｜不碎｜不倒）等等。

组合式黏着短语，有的是某种自由短语添加了某一成分形成的，如："V了O（喝了水）"是自由的述宾短语中动词后添加"了"形成的，"V+C+O"（喝完水）可以看成是自由的述宾短语中动词后添加结果补语形成的；有的是经两种表达式的"糅合"形成的，如："N$_{施}$的N$_{受}$（他的篮球打得好）""VP/AP的N$_{专}$（得到赞扬的他）"等。这里，"糅合"的概念来自沈家煊（2006b），是指构成该短语中的不同指称性成分或陈述性成分本来分别和另一陈述性成分或指称性成分构成一个表述，现在它们组成的黏着短语是由两个表述通过"糅合"造句方式形成的。沈家煊（2006a）以"王冕死了父亲"为例专门讨论

了汉语的"糅合造句"问题。① 我们尝试把"糅合"理论运用到黏着短语的分析中。(参看本书第三章第二部分)

"糅合"有的表现为在自由短语之中添加虚词形成黏着短语,如:NP 的 VP (她的到来使大家很兴奋)、NP 的 AP (他的诚恳包容了一切)等。

六 独用性黏着短语、呼应性黏着短语

上面提到的多种形式的黏着短语都是独立进入某一句法位置的,另有一些黏着短语是两个黏着形式彼此呼应使用的,如:等 X｜再 Y (等有时间｜再处理这件事)、等 X｜才 Y (等写完了｜才休息)、越 X 越 Y (越唱｜越开心)、一 X｜就 Y (一学｜就会)、说 V｜就 V (说干｜就干)、再 A｜也 V (再没时间｜也得参加会议)等。据此我们可以区分独用性黏着短语和呼应性黏着短语,即:独立进入某一句法位置充当成分的是独用性黏着短语,两个黏着形式彼此呼应使用的是呼应性黏着短语。

把上述各部分内容联系起来,可以看到,对黏着短语的不同角度的分类存在包容、交叉关系,下文我们将以独立充当句法成分的定位性黏着短语、非定位性黏着短语为主线考察现代汉语黏着短语的基本类型。

---

① 沈家煊的文章认为"王冕死了父亲"这个句子是"王冕的父亲死了"和"王冕丢了某物"两个小句的糅合:
  a. 王冕的某物丢了   b. 王冕丢了某物
  x. 王冕的父亲死了   y.   —   ← xb 王冕死了父亲
"死"是不及物动词,而"丢"兼有及物和不及物两种用法。原来没有"王冕死了父亲"的说法,y 项空缺,y 项的产生是 x 项和 b 项糅合的产物,y 项截取了 b 项的结构框架和 x 项的词项。产生 y 项之后,就形成了 a 和 b 的关系对应于 x 和 y 的关系的格局。

第三章　内嵌性黏着短语（上）：定位黏着短语

侯学超（1987）参照朱德熙先生《语法讲义》中关于自由语素、黏着语素的分析，指出：所有自由词组都是不定位的，黏着词组可以是定位的，也可以是不定位的。定位的又可以分为前置定位、后置定位。

马庆株（1997）讨论词组研究的多种视角时，强调了从分布特征方面着眼对定位词组和不定位词组分别加以研究的重要性。

陆俭明（2003a）也谈到：词组也有定位与不定位的问题，并就前置定位词组、后置定位词组分别做了举例。

前辈学者的论说表明，定位/不定位是汉语短语的重要语法特征，其制约因素及其在语法系统中的地位，应该进行全面的研究。

在汉语语法研究中，语素的定位与不定位问题受到普遍的重视，词的定位与不定位问题也有一些论著随文论说。但关于短语的定位与不定位，除见于少数文献的举例性分析，目前还缺乏专门的、系统的考察、研究，这大概与人们对相关研究的意义认识不足以及这方面的考察工作范围大、较难控制有直接关系。我们认为，在较为系统地了解语素的定位与不定位、词的定位与不定位问题的基础上，对短语的定位与不定位问题进行专门的研究很有必要，可以深化对结构与功能关系的认识，对于我们更深入地认识汉语语法中词法与句法的一致性与差异性、认识某些句法构造类型的语法化进程等都具有实际的意义。

这方面认识的增加，可以为语言教学和信息处理工作的某些环节提供必要的参考。

区分定位短语和不定位短语依据的标准，简单地说，是看各种结构形式的短语与其他语言成分组合时所处的位置是否固定。具体操作中需要明确的是：这里所说的与其他语言成分组合应该是在同一结构层次上的直接组合，也就是说，不是简单根据线性排列次序而是要同时考虑层次构造来加以确定；定位与否的判断不是根据短语在某种/某些组合形式中的位置得出的，而是要考虑到所考察的短语的全部分布情况来确定。

那些与其他语言成分组合时总是前置或总是后置的短语是定位短语。定位短语是着眼于分布位置来确定的，也与结构层次、结构关系有密切联系。从词语连用的序列来看，总是处在同一结构层次上另一直接成分之前或总是处在同一结构层次上另一直接成分之后的短语是定位短语。从充当句法成分的能力来看，只能充当某一种句法成分的短语都是定位短语，如："把"字短语只充当动词、动词性结构的前加成分（状语）；能充当多种句法成分的短语则有两种不同的情况，有的既能作定语也能作状语，但都是位于所修饰的成分的前面，因而是定位短语，有的能位于其他词语前作定语，还能置于其他词语后作谓语等，就是不定位短语。由此可见，短语的定位性可以从两个角度观察。在下文的分析中，我们将把两个角度结合起来，以线性排列的位置先后为纲，分别对定心结构、状心结构、主谓结构、述宾结构等基本句法构造中的多种定位性黏着短语进行具体的考察。为了使考察范围便于控制，我们主要以简单形式的短语（非多层短语）作为观察对象，复杂短语（多层短语）依需要偶有涉及。

关于短语充当修饰语，有一个问题需要明确：一个短语直接作修饰语与加"de"后作修饰语本来是应该加以分别的，按照朱德熙先生（1961）等所阐述的思想，前者体现的是该短语具有充当该项修饰语（定语或状语）的功能，后者则视为"的"字短语充当修饰语；在确定定位短语的问题上,是否带"de"不影响前置性的确定,一个短语,不管它直接作修饰语,还是加"de"后作修饰语,只要不能单独(不带"de")与它前面的词语直接组合,我们都认为它是前置性定位短语。

一　前置性定位短语

(一) 定心结构中定语位置的定位短语

定心结构中的定位短语,都是只用于定语位置的定位短语,没有发现只用于中心语位置的定位短语。

1. 只作定语的加词性"形+名"短语

现代汉语中存在专职的名词前加成分,是在吕叔湘《汉语语法分析问题》(1979)一书中较早提到的。其后《中国语文》(1981年第2期)发表了吕叔湘、饶长溶两位先生的论文《试论非谓形容词》,就专门修饰名词和既能修饰名词又能修饰动词的前加词进行了具体的考察,受到广泛重视。受两位先生研究成果的启发,陈一《试论专职的动词前加词》(《中国语文》1989年第1期)发掘、考察了专门修饰动词的前加词。不过,这两篇论文分析的对象都是"词",可事实上,《汉语语法分析问题》中的例证本不限于词,几十年来汉语的发展也让人们更进一步注意到:比词高一级的语言单位——短语中也存在大量专职的名词前加成分。以下介绍陈一《再论专职的名动前加成分》(《汉语学习》1997年第2期)一文进行的综合考察。

(1) 按构造分组举例

为控制篇幅,下文举例中,凡较常见的或后面将要具体论及的不注出它们所能修饰的名词。

[高+N]

a. 高效能　高能量　高弹性　高格调　高精度　高强度　高

纯度　高浓度

　　b. 高灵敏度　高均匀度　高清晰度　高分辨率　高稳定性　高附加值

［高+V/A］

高增值　高增益　高密封　高浓缩　高分辨　高保真　高尖端　高稳定

［低+N］

低纯度　低密度　低浓度　低精度　低档次　低格调　低品位　低成本

［大+N］

大容量　大功率　大直径　大尺度　大运载量　大运动量　大功耗

［小+N］

小体积　小容量　小功率　小坡度　小口径　小功耗　小运动量

［多+N］

多功能　多窗口　多子女　多职能　多专题　多用途　多指向　多样式

［单+N］

单层次　单向度　单变量　单种类　单细胞　单屏幕　单颜色

［其他］

全天候　全频道　全地形　纯碱性　纯金属　短周期　宽幅面　窄幅面

(2) 特点的综合分析

1) 从构成成分来看，上述名词前加成分大多是单音节形容词加双音节名词组成的偏正式形名组合，有少量单音节形容词加三音节名词组成的，还有一部分单音节形容词加双音节动词、形容词构成的，其他情况很少。各种类例中，形容词以"高、大、多"为最活跃，结合面较宽，而"低、小、单（区别词）"等结合面相对较窄，明显显示出形容词内部的不均衡性。

2) 各类组合都不能中间加"de"扩展，类似复合词，但是与"全速、远程、长期、短期、大批、大量、多幕、高速"一类典型的包含不能单用成分的复合词相比，上述组合的成分都是可单用的，"形"与"名"的组合具有临时性，整体意义具有综合性（成分意义相加），不具有特异性，这又体现了短语的特点。若按吕叔湘《汉语语法分析问题》中关于"中间状态"的分析，似乎可以把它们看成介乎词和短语之间的短语词。可是，上述形名组合中有一部分存在"更高档次、较高档次、更高层次、较高层次、更深层次、较深层次、更低层次、较低层次、更大规模、较大规模、较大功率、较高功率、较高纯度/浓度/难度/含量/容量"等平行形式，这些平行形式、结构、功能都是一致的。例如：

（1）风华正茂和高层次的知识是他下海商战的筹码。（当代\报刊\1994年报刊精选\08）

（2）开始讨论一种更高层次的知识。（当代\CWAC\APB0050）

（3）在大规模的企业中，复杂性的程度通常都很高。（当代\CWAC\CMT0202）

（4）更大规模的企业以更顽强的生命力成长起来。（当代\报刊\形式同（1）\1994年报刊精选\07）

据此，我们可以说，上述这些形名组合实际上可以作有限扩展①。

---

① 卞觉非《略论语素、词、短语的分辨及其区分方法》（《语文研究》1983年第1期）一文中就曾讲到AB的扩展形式可以有AC/、A/CB、CA/B、A/BC等几种。

再结合成分的独立性（可单独运用）和整体意义的综合性，还是有理由把它们看成短语。另有一些名词前加成分如"超音速、超高速、超浓缩、超精细、超负荷"等，凝固性更强，完全不能扩展，包含不单用成分（"超"表现出类前缀特点），倒是看成合成词或短语词更合适一些。

　　3）上述几类前加成分，从功能上说，都是黏着形式，不能单说，且一般不能作主语、宾语，也不能作谓语，又不受别的词修饰，即以作修饰语为基本职能。与体词性短语、谓词性短语相对，可将此类短语称为加词性短语。

　　4）这些定位短语与那些专职的名词前加词、动词前加词①有相类似的特点：选择面很窄，与一般形容词可修饰很多名词或动词不同，它们通常只能修饰少数甚至是特定名词。

　　（3）这里分析的专门作名词修饰语的形名黏着短语，主流是三音节（1+2）形式，但并不是所有三音节（1+2）形名短语都是专门用来修饰名词的黏着短语，像与我们所讨论的例子"形"和"名"都不同的"新成果、好事情"、"形"和"名"有一方不同的"小问题、新功能、新角度、大气候、大问题、大集体、小集体"等等不仅可以作修饰语，还可以出现在句法结构中其他多种位置（中心语、主宾语），甚至可以单独成句。功能差异需要我们进一步做出解释。由于研究还不够深入，这里只是谈一些初步认识。

　　由构成成分看，那些专作名词前加成分的形名短语中，"名"总体上是属于具有级次、范围或量度差异的"度量类名词"②。这类名词具有[＋事物性]和[＋级次性]双重语义特征，凸现[＋事物性]时，它们可起指称作用（尽管意义抽象，但可受量词短语修饰，如：

---

　　① 可参看吕叔湘、饶长溶《试论非谓形容词》（《中国语文》1981年第2期）和陈一《试论专职的动词前加词》（《中国语文》1989年第1期）。
　　② 王珏（2001：144）对度量类名词进行了举例分析，举例涉及强度、角度、坡度、额度、速度、幅度、密度、面积、质量、含量、速率、份额等，但未涉及档次、层次、范围、水平、面积等。我们把语义特征和分布特征结合起来，把它们统一看成度量类名词。

两个档次、那种档次）；凸现［＋级次性］时，它们起显示事物所具有的量度特征的作用，由名物义向属性义游移，表现为不再受数量短语修饰，只能与表量性形容词组合。而"高、低、大、小、多、单"等表量性形容词在上述名词前面则正是用来明确级次、范围等的向度的，它们使度量名词的性状等次义由隐性变为显性。这样的"形"和"名"融合为一个中间不能加"的"的偏正结构，不是像一般名词性短语那样体现典型事物性（或曰事物范畴），而是体现出性状意义（或曰性状范畴），这正是它们充当名词前加成分这一基本职能的语义基础。汉语中，一般表示性状意义的普通形容词、以形容词为中心的短语通常是既可以充当修饰语，又可以充当谓语。上述形名短语是以名词为中心，又决定了它们不大能充当谓语，而主要用来作修饰语。总之，作为名词前加成分的形名短语，功能的特异性是构成成分的语义特征和结构特征两方面因素的"合力"制约规定的。其他形名短语或是缺少上述一个方面的力，或是缺少上述两个方面的力，因而和一般名词性短语一样，代表典型的事物范畴，可以有多种句法分布。

杨才英、赵春利（2010）考察了此类形名组合的韵律特征，具体分析能够组成此类形名组合的形容词和名词的数量和种类，从语义上把形名组合分成主体类、事体类、时空类和逻辑类四大类 20 个小项，认为状位形名组合是形容词性的向心结构。

2."最＋区别词"构成的偏正短语

一部分区别词可以受程度副词"最"修饰，构成"最主要、最新式、最新型、最优质、最机密、最要害、最高效"这样的偏正结构。受程度副词"最"修饰依然不能像形容词那样充当谓语，还是只能作名词前加成分。例如：

（1）吃饭有时很像结婚，名义上最主要的东西，其实往往是附属品。(钱钟书《吃饭》)

（2）在以吃为最主要的成分的文化里，人是要有"理想"，

而同时又须顾及实际的。(老舍《四世同堂》)

(3) 杨先生是最新式的中国人，处处要用礼貌表示出自己所受过的教育。(老舍《邻居们》)

(4) ……有机会驾着最新式飞机向天上飞，从高度和速度上打破纪录。(沈从文《一个传奇的故事》)

(5) 公司最近又生产了一种最新型的现代化办公设备，人工智能办事员。(《编辑部的故事》)

(6) 名牌企业不仅要向消费者提供最优质的产品和服务，更应投身于有助于社会进步和文明的各项事业。(《人民日报》1995年3月16日》)

这类"最+区别词"式偏正结构虽然功能上近似于一个区别词，但其意义是综合性的，组合是临时性的，因此，人们还是可以把它们作为短语或短语词（介乎于句法单位与词法单位之间）来看待。

3. 表物量的数量短语

表物量的数量短语以充当定语为主要功能，其内部成员在定位不定位特性上存在差异。

以吕叔湘主编《现代汉语八百词》(1980)、北京语言学院《现代汉语频率词典》(1986)之"8000高频词"、郭先珍《现代汉语量词手册》(1987)所含量词为对象，对现代汉语常用量词的搭配关系、句法功能进行系统考察，我们了解到：尽管表示物量的数量短语以前置名词充当定语为其基本功能，似乎给人以大部分是定位形式的印象，然而，实际上，定位的数量短语并不是主流，整体而言，表物量的数量短语大多数是不定位的，包括个体量词、集合量词、度量衡量词等构成的数量短语，它们可以充当定心结构、主谓结构、述宾结构中的定语、主语、宾语等多种成分，分布位置可前可后，表现出多功能的特点。不过，也确有一部分数量短语功能比较单一，分布位置是固定的或基本上是固定的。那么，就不定位数量短语与定位数量短语进行一些对比分析，将有助于全面认识汉语数量短语的功能。

马庆株先生（1990）指出："量词的不同义项影响量词的归类。……在给量词归类时不能不充分注意量词的意义，要按不同的义项分析语义成分，分析数量结构的语法功能。"这一认识在我们对数量短语的定位与不定位进行考察的过程中，也得到了印证。比如"一口北京腔"中的"一口"是定位的，而"一口饭""吃一口（饭）"中的"一口"则是不定位的。尽管这类多义数量短语的定位义与不定位义存在一定联系，但在与不同名词的语义选择关系中可实现意义单一化，在特定义项上看可以确定其是否为定位短语。考虑到如果把多义量词构成的数量短语与单义量词短语分开来说明会增加描述的层次，使讨论不够集中，我们就决定把它们统一放在一块儿进行分析，对于举例中需要交代所指意义、用法的数量短语随文做出说明。

经全面考察，我们发现：前置定位的数量短语主要是表物量的数量短语中那些修饰抽象名词、数词受限、整体义较强的非典型数量短语。现举出一些有代表性的例子：

A

一口：用于一个人所熟悉、使用的语言。如：一口标准的南京话。

一嘴：用于一个人所说的方言、话语。如：一嘴上海话、一嘴胡话。

一席：用于说出的含义丰富的话语。

一身：用于人的气节、神气、力量。

一手：用于文字书写技能、打牌的牌力。也用于掌握的材料。

一派：用于人的风貌、语言、景色、气象、声音。

一番：用于景象、气象。

一色：用于事物的种类。

一片：用于场面。如：欢腾、混乱。

X团：用于氛围、局面，如：一团和气、一团漆黑，数词限于"一"。

用于修饰"烟雾、雾气"类，数词不限于"一"。

（"一片欢腾、一片混乱""一团和气、一团漆黑"等是数量修饰形容词，但与前面的修饰名词的例子在前置性、修饰对象有抽象性上是相类似的，因此放在一起。）

B
一连串　一揽子　一系列　一档子　一伙子　一把子　一门子
C
一线（生机/希望/光明）　　一股（精神/热情）

一丝（欣慰/痛楚）

一班（朋友）　　　　　　　X路（一路/两路人马）

A组基本上都是修饰抽象名词的，这些名词所代表的事物一般是不可计数或不必计数的。具体地说，比如"语言"可以说"两种/几种"，但"南京话"却无法说"两口/几口"；"一席话、一手好字"之类的整体称述，也就不会用到其他数词来计数。因此，这类数量结构的大多数，其中数词限于用"一"。也有少数量词对数词的选择不限于"一"，如"X场"用来计量言语活动、诉讼事件之类，可以说"一场官司/一场谈判"，也可以说"三场官司/两场谈判"；"X台"用来计量舞台上一次完整的演出，可以说"两台演出、三台演出"；"X朝"用来计量某个封建君主统治的整个时期，可以说"两朝/三朝元老"之类。整体来看，数词使用受限，显示了整个数量结构功能的整体性，弱化了临时组合的特征。

B组的"一连串"在书面语、口语中通用，"一揽子、一系列"常用于书面语中，"档子"是口语性量词，其中的数词都只能是"一"。"一连串、一揽子、一系列"也都以修饰抽象名词为主，如：一连串问题、一揽子贸易、一系列计划/措施。它们表示事物"成套"的全量义，语义重心倾向于量词的位置上。它们只有限制义，位置固定，语法功能单一，入句时必须有与之同现的句法成分，即不能省略所修饰的名词单独作主语、宾语。可以看出其整体性很强，趋近于词汇化为一个区别词。"系列"一词另有进入"X个系列"结构的用法，这时"系列"是名词。

非定位的数量短语中也有具有"成套"义的，它们通常修饰具体名词，其中的数词不大受限制，如：两束鲜花、四挂鞭炮、十串糖葫芦。由此可以看出，其临时组合特征明显。这类数量短语除作定语外，在一定的条件下还可以代替所修饰的名词单独作主语、宾语，有的在表示列举之类意义时，还可以作谓语，表现出多功能的特点。

C组中的"一线、一丝"中量词是由名词借用来的，量词取原名词的比喻义，用于表现情貌、心理活动的名词之前，不表示确切实在的数量，只表示"非常少"的意义，数词的计量意义被虚化。由于数字的虚指和量词词义的虚化使数量短语的整体意义不再是组成部分意义的简单相加，数量结构无法取代数量名结构作主语、宾语，只能定位于定心结构定语的位置上。"一股"虽不表示"非常少"的意义，但也不表示确切的数量，同样是只有限定性，定位于定心结构定语的位置上。

与"一线、一股、一丝"意义有类似之处的非定位数量短语如"X抹、X缕、X条、X弯、X钩、X绺"，量词仍然具有较为实在的词汇意义，不仅从量上限制中心词，而且赋予被计量的事物以一定的体积和形状，使之形象化、动态化，整个量词短语数量和描写并存。这类数量词既可充当修饰语，也可以承担指称功能，又可承担述谓功能，因此，它们除了可以作定语、主语、宾语之外，还能作谓语，这时数量短语的陈述性增强了，实现的是描述功能。由这些不定位短语参与的数量名结构，可以有下列变换方式：

　　　　几缕青烟　⟷　青烟几缕　　两条金鱼　⟷　金鱼两条
　　　　一绺秀发　⟷　秀发一绺　　一抹微笑　⟷　微笑一抹

一弯晓月 ⟷ 晓月一弯　　一钩残月 ⟷ 残月一钩

　　C 组中的"班、路/线"是所谓准量词（朱德熙 1982），用法可以分化：它们有时直接和数词组合成数量结构，有时前加数量短语构成"数量名"结构（一个班、一条、一条路），后一种组合中"班、线、路"是名词。这里只考虑前一种情况。作为数量结构的"X 班、X 路、X 线"还有两种不同情况，"X"作为序数词表次第或等第时，"X"读本调，序量之间没有明显的间歇，如：一/二/三班学生，一路汽车，一线/二线职工。有人认为"X 班、X 路、X 线"都是"数+名"短语，有人看成"序数词+物量词"构成的数量短语。不管怎样定性，"X 班、X 路、X 线"这时可起指称作用，如：一班来了＝一班学生来了，因此，功能和名词相当，可作主语、定语、宾语，是不定位短语。当 X 是基数词时，"X 班、X 路"的数词有限制，只能是"一"。"一班、一路"计量人群，不定量，是整体表义，定位于定心结构定语的位置上。作为定位形式的"一班、一路"，后面不能加"的"。

　　总体来看，定位的数量短语，由于其中的数词受限（以只容纳"一"的为多，不能自由替换），量词又多有书面语色彩或文言色彩，就使得整个数量结构体现较强的"完形性"；其意义抽象、虚化的特征决定它们选择抽象名词，且结合面较窄，使用频率不高，因而功能比较单一，体现黏着性、定位性的特征。而那些数词使用少有限制、量词选择面宽的非定位数量短语则体现明显的临时组合的特征，使用频率比较高，可实现多种功能，分布位置较为灵活。

　　4. 数量短语的重叠形式也有以构成定语为基本功能的

　　　一个个　一片片　一桶桶　一张张　一根根　一条条

　　它们是由数词"一"加个体量词的重叠形式构成的，可以直接作定语，也经常后附"的"作定语。例如：

(1) 眼孔生得小，视界想来不会远大，看诗文只见一个个字，看人物只见一个个汗毛孔。（钱钟书《写在生人边上》）

(2) 她会用指头捉起一个个肥大的蚕，在光线里透视，"它腹里完全亮了！"（何其芳《墓》）

(3) 一个个巨大的玻璃鱼缸抬了上来，每个选手都跳了进去，沉到水底，像鱼一样游动。（王朔《千万别把我当人》）

(4) 他们常常由若干人组成一个个的团体。（当代\CWAC\ASB0100）

这一类数量短语的重叠形式，还可以作主语，仍然是前置定位的。例如：

(5) 天生人是教他们孤独的，一个个该各归各，老死不相往来。（钱钟书《围城》）

(6) 初进校的新生，照例是要受老资格的同学的欺侮的；又何况许多同学们，一个个长得又高又大，我自然只好忍受一切，始终抱着"不抵抗主义"。（胡愈之《辛亥革命与我》）

数量短语另一种重叠形式"X量X量"主要在状心结构中作状语，下文会具体谈到。

（二）状心结构中状语位置的定位短语

1. 只作状语的加词性"形+名"短语

(1) 一部分"形+名"短语定位于状心结构状语位置上。与作定语的加词性"形+名"短语相比，只作状语的"形+名"短语要少得多①。如：

---

① 参见陈一《再论专职的名动前加成分》，《汉语学习》1997年第2期。

［多+N］
多角度　多方位　多侧面　多渠道　多途径　多视角
［其他］
大深度（思考）　大兵团（作战）　大幅度（提高）　小幅度　小批量
大批量（生产）　全方位（建设）　粗线条（描写）　等距离（复制）

（2）有不少加词性"形+名"短语是既能作状语又能作定语的。如：

［大+N］
大范围（雾霾/搜查）　大剂量（中药/服用）
大规模（杀伤性武器/搜索）　大面积（故障/堵塞）
［小+N］
小范围　小剂量　小规模　小面积
［多+N］
多方面（因素/指导）　多层次（模型/营销）
多形式（成果/宣传）
［其他］
深层次（矛盾/沟通）　满负荷（电流/生产）
远距离（目标/操作）　近距离
长距离（对讲机/游泳）　短距离
长时期（计划/发展）　短时期
高速度（飞行器/运转）　低速度
单方面（合同/撤销）

只作状语及既能作状语又能作定语的"形+名"短语基本上是由

单音节形容词加双音节名词构成的，其中只作动词前加成分的"形＋名"组合中的名词以"角度、途径、范围"为代表，前加量性形容词后表方式义，整体功能是加词性的（吕叔湘先生《汉语语法分析问题》中就曾举例分析到"动词前加成分"），是黏着形式，定位于状心结构状语的位置上。这类"形＋名"组合也都不能用中间加"de"的方式扩展。

（3）上述各类以作定语/状语为基本职能的"形＋名"结构中，形容词"高、大、多"组合面较宽，而"低、小、单（区别词）"等选择面较窄。对于作状语的形名组合中反义形容词的不对称性，刘顺（2003）有所涉及，他指出："构成极性对立关系的两个 A，一个是无标记形式，一个是有标记形式。一般来说，无标记形式组合面宽，有标记形式组合面窄。在 A＋N 组合中也是如此。"无标记形式的"A＋N"的使用频率大大高于有标记形式。我们感到这一情况还可由"积极原则"得到进一步解释：人们在成事方式表达中倾向于更多把事物、事态朝积极、有利的方面说，较少朝消极、不利的方面说。[①]

（4）进一步讨论

1）探讨以上问题，还涉及不同形名组合结构特征差异与其整体功能的关系。通过全面观察，我们看到：同为形名组合，中间可加"的"的一般具有典型的向心结构特征，整体功能和中心语名词基本相同，而中间不能加"的"的却具有很强的完形性，整体功能与中心语功能有所不同，不是典型的向心结构。那些以修饰名词或动词为基本职能的形名组合，是以名词为中心的偏正结构，但却不像中心语名词一样可作主宾语、中心语，而是承担一种单纯的作修饰语的整体功能。如果说中心语的功能类对整体功能仍有一定影响（不作谓语），

[①] 沈家煊（1999：185—189）介绍了 Leech（1983）提出的"乐观原则"，并用来分析汉语中反义词的不对称现象。本书用"积极原则"分析"A＋N"组合中反义形容词的不对称性，是"乐观原则"的一种具体运用。

那也已经不是根本的决定性的作用。如前所述,成分的语义特性是功能的基础,而中间不能加"的"则是功能专门化的外在表现。

2) 在考察上述问题时,我们还应该注意到"名+形"、"形+量+名"、"[副+形]+的+名"与"形+名"并存且呈互补分布的状况。可看实例:

(1) 当代环境分析技术正向着高灵敏度、高准确度、高分辨率的方向发展。(马忠普等《企业环境管理》)

(2) 这种火炬灵敏度高,抗风力强,火焰燃烧时呈橘黄色。(《人民日报》1993年6月)

(3) 只有多角度多层次地考察经济发展过程,才可能获得比较全面的认识。(当代\报刊\读书\vol-138)

(4) 众多新闻媒介从多种角度作了报道,其中不乏真知灼见。(当代\报刊\1994年报刊精选\10)

(5) 高分子量、高取向度、高结晶度的特性,使它轻薄如纸布,坚固胜钢铁。(《人民日报》2000年)

(6) 合成纤维素具有很高的结晶度,是稳定的纤维素Ⅱ型。(当代\CWAC\SCJ0407)

例(1)中定语位置用"形+名",例(2)中谓语位置上用"名+形",两者不能相互替换。这种功能差异在"高/低/大/小/多"和名词组成的"形名""名形"短语中具有普遍性。

例(3)中修饰语位置上用"形+名",例(4)中介词宾语的位置上用"形+量+名",属于这一格式的偏正短语还经常充当动词的宾语,如:有多种形态、有多个门类等等,"形+名"与"形+量+名"也不能相互替换。

例(5)中"形+名"作名词性成分的修饰语,例(6)中"[副+形]+的+名"作动词的宾语。若是将二者互换,两个句子都不够自然。这实际上反映了"形+名"和"[副+形]+的+名"两种组合形式的功能差异,也具有普遍意义。

以上"形+名""名+形""形+量+名""[副+形]+的+名"的功能差异,综合起来加以解释,可以认为,由于成分、结构的差异,它们具有不同句法语义特征,分别为:修饰性、陈述性、指称性,正是不同的句法语义特征决定着不同的句法分布。郭锐(2002)把表述功能分为四种基本类型:陈述——表示断言,指称——表示对象,修饰——对陈述或指称的修饰、限制,辅助——起调节作用。这里的表述功能相当于通常所说的词的语法意义,即词的概括意义。我们感到这样的区分对于解说短语的分布特征也有积极作用。

当然,上面的分析都只能说是粗略的,我们不能完全排除对立、互补之中也有某种模糊状态或"中间状态"存在。

李宇明(1996)认为:"非谓形容词处于名词、动词、形容词三大词类的临接点上,空间性、时间性和程度性几乎都等于零","缺乏一个固定它的'锚',成为功能最容易发生游移的一个词类"。这一论述对全面认识加词性短语的功能具有启发意义。前述加词性形名短语中有一些有时可放在介词由"从"向"到"后面构成介词短语,如"低精度、高精度、低密度、高密度、低层次、高层次、低档次、高档次、小功率、大功率、小坡度、大坡度、小尺度、大尺度、小容量、大容量、小体积、大体积、小剂量、大剂量、单功能、多功能"等等;另有相当一部分(除"高音质、高方向性、高智力、大坡度、大视野、大区域、大尺度、满负荷、多冲突"等例以外)加"的"后可以放在"是"的后面,跟"是"一起作谓语,例如:

(7)炼丹术带给人们有用的发现和发明是多方面的。(阴法鲁、许树安《中国古代文化史》)

(8)市场是全方位的,需求也是多层次的。(《人民日报》1993年5月)

这和进入"是……的"框架的动词、形容词性成分是相通的。

上述情况体现了部分加词性短语向体词性、谓词性成分的功能游移。

2. 前置性的介词短语

现代汉语介词短语主要是起修饰限制作用，语法功能上以作状语为主，有的还可以后附"的"作定语。对介词短语不能作谓语或谓语中心大家的认识基本一致。对于少数介词短语（如"从/往/给/替/在……"）可单说（主要是单独回答问题）但不代表主流，语法书上也都持基本相同的看法。关于介词短语能否作主语、宾语还存在争议，有的学者认为在特定格式中一部分介词短语可以作主、宾语，如冯志纯（1986）列举并分析了能作主语、宾语的介词短语：由"在、靠、临、沿、沿着、顺着"等少数几个介词构成的介词短语能用在"介宾短语＋是＋名词/名词性短语"这种句式中作主语；表原因的"为了、为着……"能用在"名词＋是＋介词短语"中作宾语。这里，"在、靠、临"等实际上是可以看成动词的，把它们排除在外，能进入主语、宾语位置的介词短语只占极少数，而且是多少含有一定动词性的。

绝大多数介词短语是只作修饰语的。一部分既能出现在状语位置，又能带"的"出现在定语位置；一部分只能定位于状语一种位置上。我们在蔺璜（1997）分析的基础上，对76个常用介词进行了分析。

（1）只作状语的介词短语

典型的只作状语的介词短语有下面几类。

a. 被动类介词构成的介词短语：被……、叫……、让……

b. 处置类介词构成的介词短语：把……、将……

a、b 是典型的定位于状心结构状语位置上的介词短语。"把"字句、"被"字句表示经过某种动作行为的处置、支配或影响，使某个人或事物达到某种结果或状态，"把"字短语、"被"字短语总用于动词的前面。

c. 比较类的介词构成的介词短语：比……、和……、跟……、与……同……、有……（如：有巴掌大）

现代汉语中表比较的句子基本上是按"比较→结果"的认知顺序排列的，介引比较对象的介词短语在表比较结果的形容词之前。赵金铭（2001）把现代汉语比较句分为典型句式、常用句式、次常用句式、文言遗存句式四个级次。我们可以清楚地看到"X 于……"作为文言遗存形式，不反映现代汉语比较句的基本排序原则，且按詹人凤《试论现代汉语中的"于"》（1987）的分析，"高于……、多于/少于……"中"于"已失去独立介词的资格，退化为词缀，它已和前面的"形"语素结合成一个及物动词，后面的名词性成分充当这个及物动词的宾语。

d. 某些框架介词

根据刘丹青（2002）的观点，框架介词指由前置词加后置词构成的，使介词支配的成分夹在中间的一种介词类型。定位于状语位置上的框架介词有：

当……的时候
按……说
用……来
由……开始/算起
从……上/出发/来看
自从/自……以来/起/以后
按照 | 本着 | 于

"从 X 到 Y"也可看作框架介词，但与上面的例子只作状语有所不同，它的语法功能主要是作主语。邢福义（1996）解释到：从 X 到 Y 是特殊的多层次短语，表示系列性纵向联合关系，指称一段距离中所包容的形成序列的人物、时地、数量等，具有名词性，整体功能不同于"从 X"和"到 Y"的简单相加。

从句法语义的角度来看，a—d 类介词短语不是一个自足的句法语义范畴；从成句形式上来看，它们符合作状语的规约性语序，即遵循中心词在后的原则。

（2）多用性介词短语及介动之间的纠结

1）"关于、对于、对"一类构成的介词短语，有时作状语（位于动词前或句首），有时可后附"的"作定语，两种用法语义上没有明显不同，即仍具有同一性。不论是在状心结构，还是在定心结构里，都是前置的，因而依然是定位短语。

2）"沿类"：沿、顺、沿着、顺着，可后附"的"作定语。

3）表方向的"朝、往"一类介词构成的介词短语，通常作状心结构的状语。有时"朝/往……"可后附"的"作定语（如：朝南的房子），还可以作主谓结构的主语（如：朝南可以），定语、主语中的"朝、往"脱离对其后中心语动词的依赖，独立性增强，实际上已可以看成动词，在这种意义上，它们还可以作谓语，我们把这种情况看成动宾短语作谓语，并不影响介词短语前置性的基本认识。

介词"在、向、给、于、以、往"等构成的介词短语似乎不只是能作状语，还能作补语。然而，认识此类现象我们应该有语言演变的观念，应该有语法单位层级性的观念。胡裕树先生主编的《现代汉语》（1987）等论著较早谈到在汉语发展过程中动词后面的"在、向、给、于、往"之类逐渐趋向于与前面的动词结合为一个动词。马庆株先生在《现代汉语词缀的性质、范围和分类》（1995）一文中指出："于""以"等在以虚词身份造句时，是前置的，在构词时，变为后置成分（等于、予以）。马先生还在多篇论文中强调过"语法单位的不同层级影响组合时的相互位置"，"如果考虑到语法单位的层级，就会发现，同是某一层级的成分排列顺序还是比较固定的"，"有必要了解构词平面和造句平面可能依据不同的规则，否则语法单位层级之间的差异便会模糊人们的视线"①。

我们赞同"动词＋［在/向/给/于/以/往＋名词］"已经被重新分析为"［动词＋在/向/给/于/以/往］＋宾语"的看法，理由可归纳如下。

a. 从结构方面看，如果加上动态助词，不是加在动词之后，而是加在"在/向/给/以/往"之后，也就是加在"动介"组合之后；进入并列结构时，是"动介"组合并列，而不是动词并列再后附介词，如"拿到了餐桌上""躺在而不是站在床上"是正常的说法，而"＊拿了到餐桌上""＊躺而不是站在床上"的说法则不成立。

b. 韵律特征也显示"在/向/给/于/以/往"是附在前面的动词、形容词上，而不是与后面的名词结合为一个韵律单位，因为语流中的停顿可在介词后，而不能在介词前。语义理解方面的分析也提供了相应的支持：有的"动介＋宾语"等同于"动＋宾"（隶属于 N ＝ 隶属 N；归属于 N ＝ 归属 N），相反，有些按"动＋介宾"已难以理解（＊见笑＋于大方之家；好＋在他理解我）（参见齐沪扬，2000：185—187）。

总体来说，介词短语的定位与否，更多地应该放到汉语词汇、语法系统的动态自组织过程中去观察。它既和介词的虚化程度密切相关，也和词汇双音化与动宾结构扩大化的互动密切相关。介词虚化程度越高，它所在的介词短语越倾向于定位；词汇双音化使得"拿到、放在、飞向、生于……"逐渐被重新分析为一个动词，原来的"动＋补(介＋宾)"变成"动(附加式)＋宾"，于是，汉语介词短语的前置性整体上增强了。

3. 数量短语的重叠形式

（1）物量短语的重叠形式

一个一个　　两桶两桶　　五斤五斤　　十盆十盆

---

① 参见马庆株《多重定名结构中形容词的类别和次序》（《中国语文》1995 年第 5 期）、《从对"来/去"的语义概括来看语义特征的提取》（《汉语言文化研究》第 8 辑，天津人民出版社 2001 年版）等文。

一次一次　　*两趟两趟　　*五回五回　　*十次十次

通过语料对比分析，我们可以注意到，尽管表物量和表动量的数量短语都可以重叠，但物量短语与动量短语之间存在重要差异：能重叠的物量短语范围较宽，其中的数词不大受限；而动量短语重叠明显受限，基本上只有"一+动量"能重叠①。从认知的角度似乎可以这样解释：可重叠的语言单位一般不仅应该具有可持续性和可重复性，而且应该具有可整合性或单元性。物量表达可以以"一"为一个整合性单元，也可以以多于"一"的若干个体为一个整合性单元，因为物量空间性、实体性较强，易于整合；动量则是体现时间性，不具有实体性，因而不便于把两次以上的动作行为整合为一个单元来不断进行同质性反复，因此只能以"一次"为单元进行重复。

未经重叠的物量短语可以充当定语、主语、宾语。物量短语的重叠形式则有两种情形。

A. 数词是"一"时，物量短语的重叠表［+顺序］及［+遍指］意义，它可以作状语、定语，还可以作主语。

（1）好妇人从一尺多长的衣袋越快而越慢的往外一个一个地掏那又热又亮的铜钱。（老舍《老张的哲学》）

——"一个一个"作状语。

（2）愿望着一个一个的黑夜过去，一个一个的隆冬过去，孩子们离开了襁褓，离开了摇床，站立起来。（缪从群《婴》）

---

① 宋玉柱（1978）等谈到：数词"一"和量词相组合构成的数量结构可以重叠，其他数词构成的数量结构一般不能重叠，除非是作状语才能出现这类格式。

——"一个一个(的)"作定语。

(3) 贵甲哥一看,一群羊都惊起来了,<u>一个一个</u>哆里哆嗦的,又低低地唤着。(汪曾祺《羊舍一夕》)

——"一个一个"作主语。

B. 数词不是"一"时,物量短语的重叠式具有[＋数量]、[＋分派方式]的语义特征,只作状语。

(4) 他喜欢吃苹果,我就<u>十斤十斤</u>地买。
(5) <u>几斤几斤</u>地买太麻烦,而一箱水果也不过 10 公斤左右,正好够一个家庭吃上十天半月的。(《人民日报》1994 年)

(2) 动量短语的重叠形式

未经重叠的动量短语经常充当补语,也可以作状语(如一次吃三片｜一次没吃过)。动量短语的重叠形式则以作状语为主。

1)"一量一量"形式(以下码化为"一A一A")

一遍一遍 一次一次 一口一口 一步一步

"一＋动量"的重叠式表示超过一次的若干次动作行为(自主)或变化(非自主),有[＋多量]义,是含有主观评价的量。可以表示"反复、累加、渐进"等意义。

值得注意的是:"一A一A"表示的"反复、累加、渐进"有时会体现连续性,有时也可凸显分离性。如:

(6) 小男孩<u>一下一下</u>地敲着。
(7) 他<u>一遍一遍</u>不停地喊,还是没有人应声。

（8）你一次一次地打扰人家，还让不让人家学习了？
（9）她得一下一下敲碎这些鸡蛋。
（10）饭我得一口一口地吃呀，再等我一会吧。
（11）路要一步一步地走，着急也没有用。

相比之下"一次次、一遍遍"（码化为"一ＡＡ"）则通常只是凸现连续性，不体现分离性。紧缩了的重叠形式更侧重于连续性，松散式重叠则可以表现分离性，这可以说是体现了形式与概念的象似关系。

"一Ａ一Ａ""一ＡＡ"基本上是定位于动词前面作状语，个别的（如"一阵一阵"）兼有动态多量和静态多量的意义，也能作定语。从前置性角度看都是定位的。

"一Ａ一Ａ"主要修饰双音节动词，所修饰的动词主要是表现具体动作意义的词——行为动词。断事动词"是、有、无、像、似"等和能愿动词都不能受这两种格式的修饰。

"一Ａ一Ａ"作状语可以加"地"也可不加，因为"一Ａ一Ａ"是加词性的，可以直接进入状语位置。

2）"一Ａ一Ａ"和"一Ａ又一Ａ"的比较

与"一Ａ一Ａ"并存的，还有"一Ａ又一Ａ"，两种格式在表义及语法功能上有相似之处，所以有的学者认为"一Ａ又一Ａ"是"一Ａ一Ａ"的繁复形式[1]，有的认为"一Ａ一Ａ"有多种意义，当"一Ａ一Ａ"表反复时，相当于"一Ａ又一Ａ"[2]。但二者也有重要差异。借鉴现有的相关研究成果，我们对专用动量词及常见的借用动量词构成的数量重叠形式进行了比较全面的考察，以下着重从差异入手加以分析，重点从是否定位的角度说明它们的不同之处。

A. 从内部结构看，"一Ａ一Ａ"是典型的数量短语重叠形式，

---

[1] 宋玉柱（1978）认为从繁到简的格式系列是：一Ａ又一Ａ→ＡＡ→AA。
[2] 王继同（1991）认为"一Ａ一Ａ"可表示"连绵""反复""逐一""渐进"四种语法意义，只有表"反复"时，可以说成"-Ａ又-Ａ"。

"一A又一A"则更接近联合短语。"一A一A"重叠式中间没有明显停顿也不能插进任何关联词或语气词。"一A又一A"在"又"之前可停顿,"又"可换成其他关联词或语气词。如:一次,又一次;一次接一次。由这一区别可以看出典型的量词短语重叠形式的整体性更强些。

B. 从语法意义上看,"一A一A"和"一A又一A"存在交叉。"一A一A"表示超过一次的若干次动作行为,体现具有"反复、渐进"特点的[+多量]义。"一A又一A"则突出具有"依次、累加"特点的[+多量]义。二者侧重不尽相同,但都隐含着顺序性多量义,在适合这种意义的位置上,"一A一A"和"一A又一A"可以互相替换。例如:

(12) a. 尽管这样我还是一次一次地往高处奔。(余华《十八岁出门远行》)

b. 我一次又一次地往高处奔。

"一A一A"和"一A又一A"都可表示[+多量]义,"一A又一A"还可表示[过量]之意,尤其作补语时,[过量]意义更加明显。可比较:

(13) a. 他们偏着脸听广播一遍一遍讲毛主席逝世的事。(严歌苓《第九个寡妇》)

b. 马志民在大会小会上一遍又一遍地讲述这两件事。(当代\报刊\1994年报刊精选\08)

例(13)b有[+过量]义:讲述次数过多,超过了一般的重复。

(14) 摄像师拍了一遍又一遍,毛小姐熬了四十多分钟,不

断喊痒,却没有催人快点拍。(当代\报刊\1994年报刊精选\09)

例(14)的"拍了一遍又一遍"有"超过一般拍的次数、拍了很多遍"之意。

[+多量]和[+过量]都是含有主观评价的量,和"客观量"相对。不同的人对同一事物或行为可能有不同的主观评价,但总体上的"主观大量""主观小量"的趋向应该具有一致性。

如果我们能够认为状语位置更适合表达"反复"义,补语位置更适合表达"过量"义,"一A一A"更适合表达"反复"义,"一A又一A"更适合表达"过量"义,那么下面各句的可接受性差异也就容易得到解释了。

(15) a.【摩挲】用手轻轻按着并一下一下地移动。(《现代汉语词典》第六版914页)
　　　b.? 用手轻轻按着并一下又一下地移动。

例(15)a中的"一A一A"重叠式表"反复"义,具有方式性,进入状语位置比较自然。(15)b这样的说法则很少能够听到、看到,因为"一下又一下"的"过量"附加义不大适合进入状语的位置。

(16) a. 一步一步地来,什么难关都能渡过。
　　　b. *一步又一步地来,什么难关都能渡过。

例(16)a中"一步一步"是"按计划有步骤地实行"之意,用的是数量短语的引申义;而并列短语"一步又一步"没有引申义,整体义基本上等于组成成分意义的简单相加,它们在是否表现"渐进义"上存在差异，造成整个句子可接受性的差异。由引申义的有无也可以看到"一A一A"与"一A又一A"整合性的强弱，也许可以说前者是黏合性的，后者是组合性的。

C. 从语法功能上看，"一A一A"与"一A又一A"充当句子成分的能力不尽相同。

(17) 我一次一次警告他，他还是不当回事儿。

(18) 一次一次（的）失败，并没有让他放弃。

(19) 草图画了一张又一张，图案改了一遍又一遍，左比较右对照，选几幅好些的放几天再改，改后不满意推倒重来。（《人民日报》1993年10月）

(20) 演员们在演出中感情十分投入，……博得了观众一阵又一阵热烈的掌声。（《人民日报》1995年5月30日）

"一A一A"主要作状语如例（17），作状语时侧重表示反复义，被修饰的动词可以是自主性的，也可以是非自主性的；当它侧重累加义时也可作定语如例（18），处在定语位置上的"一次一次"兼有静态多量和动态多量的意义。"一A又一A"更多出现在补语位置上如例（19），也可以出现在定语位置上如例（20）。

总之，从分布位置看，"一A又一A"可以出现在动词前后两个位置上，而"一A一A"只出现在动词前边。在这个意义上说，"一A又一A"作为联合短语更多地保留着基式动量短语的功能特点，而"一A一A"作为重叠形式整合性更强，表现出与基式动量短语不同的功能特征。"一A一A"在状心结构中作状语及进入定心结构充当定语，两种情况都是前置的，因而可以说它是定位性短语。"一A又一A"可作状语、定语，也可作补语，是不定位短语。

上述认识基本上也适用于"一+量+N+一+量+N"与"一+量+N+又+一+量+N"。

(21) a. 一条街一条街地跑。
　　 b. 一条街又一条街地跑。
(22) a. *跑了一条街一条街。
　　 b. 跑了一条街又一条街。
(23) a. 一本书一本书地读。
　　 b. 一本书又一本书地读。
(24) a. *读了一本书一本书。
　　 b. 读了一本书又一本书。

"数+形容词+量词"重叠，可以作定语、状语，如：

(25) 不是水，不是浪，是一大块一大块凝着的、古朴的流体。（张承志《北方的河》）
(26) ……一大块一大块地堆在那里。（汪曾祺《异秉》）
(27) 丁主任在空闲的时候，到院中一小块一小块地往下撕那些各种颜色的标语。（老舍《不成问题的问题》）

没有平行的"一大块又一大块、一小片又一小片、一长条又一长条"形式。

动量短语的重叠形式"一ＡＡ"作状语、定语，不作补语。如：

(28) 他竭力扭动脑袋，感觉到自己光滑的下巴一次次地擦过敌手强壮有力的手腕。（廉声《月色狰狞》）
(29) ……但家境的困顿以及父母的政治身份所带来的前途和婚姻的一次次挫折，终于摧毁了她精神上的支柱。（张平《姐姐》）

(3) 表时量的数量短语，有的表示确定的量，有的表示不确定的量。表示确定量的可按"一Ａ一Ａ"形式重叠。如：

一天一天　一秒一秒　一分钟一分钟　一下午一下午
一晚上一晚上

这类时量短语的量词有的是借用时间名词而形成的，它们定位于状语的位置上。时间名词本身就可作状语，重叠形式加入了［＋方式］意义，加强了它作状语的功能。

表示不确定量的时量短语，"一会儿""（等）一下"一般不能重叠，"一阵儿"可重叠，必须后附"的"，作谓语，有熟语性。

4. 有＋名动词

朱德熙先生（1982）提到一种准谓宾动词"有"加名动词的组合。其中的"有影响、有准备、有研究、有保证"可以单说（单独回答问题）；但"有计划、有选择、有领导、有组织"等则不能单说，一般只作为动词或动词短语的修饰语出现。如：

（1）我一定要有计划地学习业务。（老舍《西望长安》）

（2）出国执教应该有选择培训、派遣。

（3）我们的经济体制改革，也是有领导、有秩序地进行，不能搞无政府主义。（邓小平《一切从社会主义初级阶段的实际出发》）

（4）我拥护有关部门的主张：有选择有计划地抢救保留部分四合院。（邓友梅《四合院"入门儿"》）

（5）让孩子识记一些没有事先组织好的材料，看他们在回忆时是否将材料有组织地进行回忆了。（方富熹等《儿童的心理世界——论儿童的心理发展与教育》）

由上面的例句可以看到，"有计划""有选择"作动词性成分的修饰语，可以不带"de"；而"有领导""有组织"一般要带"de"充当动词性成分的修饰语。

应该说明的是,还有另一种"有领导、有计划、有组织",是"有"与作为名词、指具体人或事物的"领导、计划、组织"等组成的动宾短语,它们是可以单说的,与这里讨论的黏着形式同形不同义。

对于"有+名动词"结构有的能单说、有的不能单说这一情况,目前我们还没能给出合适的分化条件,初步考虑到的是,这与名动词的不同语义特征直接相关:黏着的"有+名动词"中,"计划、选择、领导、组织"等可分析出[+方式义],而能单说的"有+名动词"中,"影响、准备、研究、保证"等不含有[+方式义];也可以说,能单说的"有+名动词"中,"有"表示客观的"产生、具备",黏着的"有+名动词"中,"有"则表示主观的"预先设置"。

(三)主谓结构中主语位置的定位短语

1. "多+N"式形名短语

多民族　多学科　多专业　多班组　多宗教　多党派　多行业　多部门

这类偏正式形名短语通常用在具有[+协同]义的动词或动词性短语前充当主语。例如:

(1)……成为一个多民族和睦相处的国家。(新华社2002年2月新闻报道)

(2)新疆自古是一个多民族聚居的地区。(中国政府白皮书《新疆的历史与发展》)

(3)在少数民族聚居或者多民族共同居住的地区……(《中华人民共和国宪法》)

(4)一个多学科交叉、对交通事故进行综合研究的多功能实验室。(新华社2004年新闻稿)

(5)他的知识结构是一个多学科互相渗透交叉的复杂结构,

第三章 内嵌性黏着短语(上):定位黏着短语 | 55

西学与中学的交融,医学与药学的汇合……(当代\报刊\1994年报刊精选)

(6)……建立中国肺癌临床研究和基础研究南北多学科多中心协作机制。(新华社2004年新闻稿)

(7)80%的见矿率在国内少见,充分体现了多学科多兵种综合科研的威力。(《人民日报》1995年12月13日)

由上述用例可以看到:这一类"多N"形名短语都是在主谓结构(加点部分)中作主语,如例(6)(7)两例是两项"多N"联合作主语,其谓语除例中的"相处、聚居、共同居住、交叉、互相渗透、综合科研"等外,还可以是"结合、联合、合作"等等,有的(如多行业、多班组)也可以以"竞赛、竞争"等为谓语,广义地讲,"竞赛、竞争"也是含有[+协同]义的。

这类"多+N"式形名短语和专门作修饰语的"多层次、多种类""多途径、多视角"等有所不同,其中的名词不是度量类名词,而是具有[+施动力](agency)的实体名词,具有指称性,不具有级次性;形容词"多"修饰这类名词,不是表示性状等级的,而是表示多个体意义的,这种多个体意义不但没有使名词的[+施动力](agency)减弱,反而得到加强,这正是此类"多+N"式形名短语作主语的语义基础。

这一类"多+N"式形名短语也可以置于名词前作定语,加不加"的"相对比较自由:

(8)中国自古以来就是一个统一的多民族国家。(《人民日报》1994年3月24日)

(9)甘肃是个多民族的省份。(《人民日报》1998年1月15日)

(10)印尼是一个多民族多宗教的国家,目前得到国家正式

承认的宗教有伊斯兰教、基督教、天主教、印度教、佛教等。（新华社 2001 年 1 月新闻报道）

（11）他强调，波黑将建成为多民族、多宗教、相互宽容的民主国家。（《人民日报》1995 年 12 月）

例（8）是"多民族"直接作定语，例（9）是"多民族"后附"的"作定语，例（10）是两项"多 N"联合作定语，例（11）是两项"多 N"与另一短语联合作定语。

这一类"多+N"式形名短语后面有时是动名兼类词，如"多学科合作"中"合作"是动名兼类词，在不同的语境中"多学科"就可能作主语，也可能作定语。

这类"多+N"短语可以出现在主谓结构，也可以出现在定心结构中，但不论在哪种结构里，都是出现在另一直接成分之前（都是前置的），因此也是定位短语。

上文讨论的只作名词/动词前加成分的"形名"短语，虽然都是偏正结构，但整体功能与中心语功能不同，不属于向心结构。本节分析的能作主语的"多+N"短语，整体功能和中心语名词相当，是向心结构。联系前面的分析，我们也进一步看到，认识短语的结构与功能的关系，光看短语结构类型以及构成成分的大类是不够的，必须对各个词类的下位类型（次范畴）有充分的了解。词类的次范畴、结构的性质（黏合式/组合式）等因素都对整个短语的功能有着直接的影响，对多层次、多变量的复杂的句法结构类型简单地贴上"向心结构""离心结构"的标签，意义是不大的，我们应该对各个词类的多层级次范畴、各类短语的下位类型逐一进行功能分析，具体了解各种不同的功能制约因素是如何分别影响上一级单位的功能的，这样才能更深入地认识结构与功能的关系。

2."有的+N"

"有的+N"是由"不定指代词+可量化名词"构成的，其中名

词可以是表人、事物、时间、地点的等,可以是具体的,也可以是抽象的,范围较宽。如:

有的家庭　有的单位　有的学校　有的公司　有的机关
有的省份　有的成员
有的人　有的老师　有的同志　有的警察　有的小偷
有的病人　有的小朋友
有的东西（具体、抽象都可以）　有的事情　有的问题
有的故障　有的毛病
有的地方　有的场所　有的场地　有的城市　有的公共场所
有的住所
有的时候　有的季节　有的上午　有的日子　有的年份
有的冬天

除表时间的一组外,其他各组"有的N"都是以充当主语为基本职能的,一般是两项或多项并举作分说性分句的主语,如下面的例(1)(2),但也有在单项主谓结构中充当主语的,如下面的例(3)(4)(5)。

(1)（具有时代特色的家庭典型）有的家庭是发明之家,全家（包括未成年孩子）都是发明家;有的家庭是医疗之家……有的家庭成了麻将场、跳舞厅、录像室（当代\报刊\1994年报刊精选）

(2)地壳的厚度在地球各地是不同的。有的地方较厚,如我国青藏高原厚度可达60—80千米;有的地方较薄,如……（《中国儿童百科全书》）

(3)圣人说,君子常当当（坦荡荡）,有的东西人家当铺不收,只好卖,连自己心爱的话匣子——留声机都卖了。（当代\

相声小品\中国传统相声大全）

（4）李世勋好戏连台，但有的事也令他难堪过。（当代\报刊\1994年报刊精选）

（5）大家很快地出了洞口。头一口凉气，使他们快意地颤抖了一下。有的人张开口贪婪地吸入那清凉甜美的空气，浑身感到舒畅。（老舍《无名高地有了名》）

多项分说性的"有的+N"前面一般都有交代范围的总说性词语，如例（1）前文的"具有时代特色的家庭典型"、例（2）的"地壳"，单项的"有的+N"句则不需要以总说性词语为前提，因为其句义就是N的一部分如何如何，而不是讲N的范围内各个部分分别如何如何。尽管多项分说性的"有的+N"句与单项的"有的+N"句语用功能上有所不同，但"有的+N"同样是作主语，相对于后面的谓语，同样是前置的[①]。

"有的时候"经常作状语，也有并举和单用两种情况，相对于它所修饰的动词性短语或主谓短语仍是前置的。

（6）这个潜道有的时候形状很漂亮，有的时候出现一些艺术性的潜道，但它的危害是很大的。（百家讲坛\张润志《警惕外来动物入侵》）

（7）你太骄傲了，太喜欢自己了，这在大多数时候是一种美

[①] 蔡维天（2004）谈到："有的人"相当于英语中的 some of the people，有一前设（presupposition）：言谈语境中存在着一群人，主语名词组指涉的只是其中一部分。"有些人"有很浓的殊指意味，相当于英语中的 Some people（Some 即带有重音的 some），可以有前设，也可以没有。"有人"则相当于英语中的 sm people（sm 即不带重音的 some），表达单纯的存有，也无须任何预设的情境。蔡文对"有的人""有些人""有人"差异的说明具有启发性，但是否符合大多数人的语感还有待进一步验证；而蔡文对多项分说性"有的人"句与单项"有的人"句未做明确区分，我们感到有必要对两种表达形式的语义语用功能做出分别描述。不过这不是本书讨论的重点，暂不展开。

德，但有的时候就变成一种固执，令人生厌的固执。（王朔《玩儿的就是心跳》）

例（6）是两项"有的时候"并举，分别用在两个主谓结构小句的前面，例（7）是一项"有的时候"单用，修饰谓词性短语。单项的"有的时候"常常意味着是与"更多时候"相对而言的。例如：

（8）我和另一个苦人儿一起生活，相敬相爱，互帮互学，尽管有的时候感到极大的不方便感到力不从心有劲儿使不上……（王朔《千万别把我当人》）

一般情况下，能在主谓结构充当主语的名词性短语也能在述宾结构中充当宾语，而"有的 N"却不然，对它的前置定位性需要做出解释。蔡维天（2004）通过考察"有"的多种用法的联系进而指出："有人""有的人""有些人"中的"有"是由表存有、拥有的动词"有"虚化而来，虚化后并入邻近的名短语（最近的是主语，最易并入；动词前宾语次之），产生了分指或殊指的用法，动词后宾语则离得最远，合并不易。这是侧重历时角度的分析。我们觉得，短语定位与否的问题还需要在共时平面从功能的角度进行一些分析。我们来把"有的人"与"一个人／一些人"做一下比较。通常情况下，"有的人"与"一个人／一些人"同为有指、不定指成分，但前者只作主语，而后者则既可以出现在动词性成分前作主语，又可以出现在动词性成分后作宾语。分布的差异、功能的差异总会有内在的缘由。目前我们的理解是：（1）"有的人"因为具有较强的承前性、分指性，与前面的总说词语概念距离比较近；而"一个人／一些人"具有很强的独立性，不以某种总说性词语为存在前提；（2）主语位置上的名词性成分一般应具有较强的已知性，由于篇章对其指称有规定作用，因此它的标量成分可以是显性的也可以是隐性的、模糊的；宾语位置上的成分一般要传递新信息，因而对出现标量成分的要求往往比较高。"一个人/一些人"在一定条件下可以满足两种位置的要求（尽管"一些"标量也不具体，但量特征是明显的），而"有的人"难以适应宾语位置对标量成分的要求，所以难于进入这一位置。[①]

在思考"有的 N"的前置性问题时，我们也注意到下面的表达方式：

(9) 又说还是老庄讲义气，不像有的人，一阔就变脸。（刘醒龙《菩提醉了》）

这里，"有的 N"置于"不像"之后，更具体地说是用在"不像有的 N……"这一格式中，其指称性质有所变化：由不定指性的分指转向具有一定程度定指性的"影射性指称"；"不像"不能自由替换成其他动词或介词性成分，且"不像有的 N"后面一定有进一步说明，因此不足以动摇"有的 + N"基本上属于前置性定位短语的认识。

侯学超（1987）把"新 V""怪 A"两种"副 + 谓"结构看成前置黏着短语。

"新 V"是指表"新近、刚"义的副词"新"修饰动词，如：新买一条裤子、新来的员工、新安装的设备。"新 V"进入动宾结构，后面一定要带宾语，"新 V"后附"的"进入定心结构，后面一定有中心语，都体现前置性，这不会产生异议。不过，"新 V"还有进入"是……的"框架的用法，"新 V"后附"的"有时还可以单独回答问题。这就引出了一个助词"的"有没有独立决定短语前置性资格的问题。"怪 A"有类似情形："怪难为情、怪可怜、怪小气、怪费劲、怪没意思、怪有意思、怪不好意思、怪难看"等都不能单说，它们后附

[①] 这里的分析受到南开大学王红旗教授相关系列研究成果的启发。天津外国语大学崔显军教授也曾提示笔者："一个人"有表全量用法，这种通指用法是定指性的，因此不宜笼统讲它总是代表不定指成分。

语气词"的"形成的"怪 A 的"可以单说,我们能不能用语气词"的"作为确定前置定位短语的依据呢?这还值得进一步探讨。

二 后置性定位短语

汉语中到底有没有后置性定位短语还是一个未经具体讨论的问题。我们对偏正结构、主谓结构、动宾结构等分别进行了考察。

(一) 偏正结构中心语位置的定位短语

所谓偏正结构中心语位置上的定位短语,也就是只能以偏正结构中心语的身份参加造句,即必须前加修饰语的黏着短语。对定心结构、状心结构两类偏正结构进行考察,我们没有发现定位于定心结构中心语位置(即一定要带定语)的黏着短语,而定位于状心结构中心语位置(即一定要带状语)的黏着短语是存在的,目前考察到的主要是"A 得多"结构。

"A 得多"中 A 指形容词,可以是单音节形容词,也可以是双音节形容词;补语"多"是表程度的。

"A 得多"作为比较句的结论项前面通常要出现交代比较对象的介词短语,因而它是后置性定位短语。下面举出一些实际用例:

(1) 眼下,飞机本身的威胁要比外来的威胁大得多。(韩明阳《一位获得列宁勋章的中国飞行员》)

(2) 在艺术上,要摆脱感情上的淡漠,要比改正别的缺点困难得多。(曾卓《诗人的两翼》)

(3) 他家出的草帽是就地产销,省了来回运费,自然比外地来的便宜得多。牌子闯出去了,买卖就好做。(汪曾祺《岁寒三友》)

(4) 产生这种现象的重要原因,是我国环境标准与其他国家相比要低得多,是在一种低水平上的"减缓",忽视了一些重要污染源的实际测算。(《人民日报》1995 年 1 月)——"比"字介词短语换成了"与……相比"。

这种"A 得多"还存在扩展式、并列式,如:

(5) 可以说,这比同犯罪分子的较量要困难得多,阻力也大得多得多。(张平《十面埋伏》)
(6) 做生意的人不愿向亲戚、朋友出售商品,其心态却要比消费者复杂、深沉得多。(当代 \ 报刊 \ 1994 年报刊精选 \ 07)
(7) 这些东西给电灯光一照,怎么就比平时白得多、漂亮得多呢!(茹志鹃《静静的产院》)
(8) 海藻的脸色已经白得比纸还难看了。(六六《蜗居》)

例(7)是并列式"A 得多"同受一个"比"字介词短语修饰。例(8)与其他例子有所不同,"多"的位置上出现的是"比 N 还 A",这可以看成"A 得多"的一种变式。

值得注意的是,"A 得多"还有一种平行格式"A 多了",同样表示程度。

(9) 实际上一个人对另一个人的影响力比想象中要少得多。但人只要一息尚存,就会努力地说服别人、引导他制约他……(张炜《柏慧》)
(10) 对于我的导师而言,他得到的肯定票比应有的少多了。这绝不是他的不幸。(张炜《柏慧》)

如果孤立地将例(9)(10)两例直接比较,似乎可以得出这样的认识:"A 得多"表示与其他事物相比的情况,"A 多了"表示与自身以往的状态相比的情况。然而实际情况并不那么简单。我们在考察中注意到：在一定的语境条件下，"A 多了"也可以表示与其他事物相比的情况。例：

（11）这情景比我刚才的想象显然好多了，然后我向他走去。（余华《此文献给少女杨柳》）

（12）走升官发财之路比捏着小命钻山林强多了。（廉声《月色狰狞》）

（13）如今我才知道，有时候，从某一种角色中退出，要比继续扮演难多了。（梁晓声《表弟》）

这样看来，我们对"A 得多"和"A 多了"的分工要重新概括。"A 得多"用于表示不同事物的静态比较；"A 多了"常常用于表示同一事物不同时期的动态比较，也可以用于表示不同事物的静态比较。"A 多了"用于动态比较突出时间性，用于静态比较则含有感叹意味，体现出明显的主观性。表示同一事物不同时期的动态比较的"A 多了"有时可以作为应答语单说，而"A 得多"则不行。如：

（14）a. 此刻山岗已将他的双腿捆结实了，便站起来用两个拇指在山峰太阳穴上按摩了几下，他问："怎么样？""舒服多了，再来几下吧。"（余华《现实一种》）
b. *舒服得多。

（15）a. 她只能多帮时人的忙，扶他坐起来，扶他躺下去，给他吃药，给他倒水；希望着能在这些小的接触上，引起一些话来。可是，及至说起来，话又是那么短！"还疼不疼？""好多了！"（现代\文学\老舍长篇1）
b. "还疼不疼？""*好得多！"

（16）a. 我连声问候大伯，他回答："好多了，现在好多了。村里正忙着修路办电呢！"（当代\报刊\1994年报刊

精选\01）

b. *好得多。

结合配价分析的观念，似乎可以说，用于表不同事物之间静态比较的"A得多"是二元（或称二价）的，对配价成分的出现要求较高，虽然陈述主体有时可以缺省，但表比较对象的介词短语不易缺省；而表同一事物不同时期的变化的"A多了"则可以说是一元（或称一价）的，因为不与其他对象做比较，只是有自身前后的动态比较，所以对前面出现介词短语的要求不是强制性的，对话中省去也不大影响句子的可接受性。

在实际语言运用中，还存在"A得多"与"A多了"的复合式，即"A得多了"，也是后置定位性的，如：

（17）她将自己和慧比较，觉得自己幸福得多了：没有生活的恐慌，也没有哥哥来给她气受，母亲也不在耳边絮聒。（茅盾《蚀》）

（18）你要找一只像这样熟练的牛来拖磨，要困难得多了，也许竟找不着。（司马文森《磨》）

两种格式的复合同时也伴随着语义的复合，即静态义和动态义被"中和"，并兼有主观评价色彩。

（二）主谓结构谓语位置的定位短语

主谓结构谓语位置上的定位短语有两种情况，一种是必须与主语同现根本不能独立"存活"的，另一种是进入主谓结构时只能后置作谓语，但有时可以脱离主谓结构单说，前者是绝对定位短语，后者是相对定位短语。

1. "语气副词＋VP/AP"

"语气副词＋VP/AP"有一部分可处于内嵌位置（即可处于被包

含状态）；另有一部分如"幸亏、难怪"等语气副词修饰主谓结构通常是独立成句的，不是内嵌形式（不处于被包含状态）。本书讨论的是前一种情况。

语气副词"真、够、简直、愈加、越发"等修饰谓词性成分构成的偏正短语，在句中能作谓语、补语，但不能充当前置的修饰语①，也不能充当主语。例如：

（1）"抱歉，我是准时到的，可迷了路，你们这儿的胡同真够难找的。"（王朔《动物凶猛》）

（2）"我真羡慕你，你怎么总能保持那么好的自我感觉，听着真叫人感动。（王朔《玩儿的就是心跳》）

（3）嗨，你这女人真烦人！（尤凤伟《石门夜话》）

（4）千人笼夜赶工，电灯亮堂堂的，老远只听到机器哗喇哗喇的响，忙得真热闹！（沈从文《新湘行记》）

（5）一个高官请张恨水到他的豪宅里面长谈，开始称赞写得好，写得真深刻，骂得痛快……（张中良《张恨水小说的社会风俗画》）

（6）万事俱备，又来东风，我真为他高兴。（《人民日报》1993年11月）

例（6）中的"真为他高兴"和"更高兴"同为以形容词为中心的状心结构，前者只能作谓语，后者还可以带"的"作定语，如：更高兴的人是我。对比之下，可以更清楚地了解到"语气副词+VP/AP"结构的定位性。

需要说明的是，"真VP/AP"有两种情形，一种情形是表示"实

---

① 宋玉柱（1995）较早专门分析了"非修饰性'副+形'结构"。朱德熙（1982：197）在语气副词分析中曾指出一些表示语气的副词只能出现在独立的句子中，而不大能在内嵌的成分中出现。

在……/太……",这个"真 VP/AP"是我们讨论的"语气副词 + VP/AP";另一种情形是表示"VP/AP 是真的不是假的",这时的"真"可看成形容词或区别词,"真 VP/AP"是不定位的。

从线性序列看,语气副词是修饰句子谓语,而实际上作用于整个句子(或者说整个命题),用来加强肯定、感叹等语气,带有句子层面的主观评议性,具有表述性功能[1],因此"语气副词 + VP/AP"一般不能降级为关系从句(主语从句、定语从句等)。需要说明的是,有的"语气副词 + VP/AP"可以置于"我觉得""我看"之后,似乎是可以充当宾语从句的。实际上,这时的"我觉得""我看"多半已倾向于虚化为表示说话人认识依据的话语标记,这样的句子已和典型的"主+动+宾"结构有所不同;而且"我觉得""我看"之后出现的常常是主谓结构小句,其中的"语气副词 + VP/AP"还是后置定位的。

"语气副词 + VP/AP"有时可以单说。这也就是说,这类偏正结构只有在被包含时是后置性定位短语,属于相对定位短语。

2. "A/V$_{心理}$ + 透/坏了"

形容词或心理动词带上表程度的唯补成分"透/坏",形成的述补结构只能作谓语,并对整个主谓结构构成感叹句起决定作用,具有表述性功能,不能充当描述性的定语等成分。例如:

(1) 我只知道你窝囊!窝囊透了!(琼瑶《聚散两依依》)
(2) 他强笑地说,"我也知道,这开头糟透了。"(张承志《北方的河》)
(3) 我儿子的心叫我给伤透了。(余华《活着》)
(4) 她自认为摸透了知识分子的心理和他们为人处世的特点。(王素萍《她还没叫江青的时候》)

---

[1] 参看张谊生《现代汉语副词研究》,学林出版社 2000 年版,第 48—55 页。

（5）远在昆明海埂基地的"足球妈妈"沈萍乐坏了。（新华社2001年10月新闻报道）

（6）这孩子是逼我使劲揍他，真把我气坏了。（余华《活着》）

在对话环境中，"A /V_{心理} + 透/坏了"有时也可以单说，属于相对定位短语。

3. "VP/AP 与否""VP/AP 不""VP 没/没有"

陆俭明先生（2003：25）提到后置定位短语时举出"参加不""研究与否"两例，没有展开说明。以陆先生的举例为线索，我们对"VP 与否""VP 不"及相关的谓词肯否相叠结构进行了考察，通过检索语料库（北京大学汉语言学研究中心语料库）及考察新近出版的多种报刊，了解到的具体情况如下。

（1）"VP/AP 与否"

"VP/AP 与否"没有单说的用例，以出现在主谓结构的谓语位置为常，其他位置偶有所见。这里分别说明几种情况：

（1）中国参加与否，它的各种规则对中国都有直接、间接的约束力，所以，恢复在关贸总协定的缔约方地位对我们是有利的。（新华社2001年11月新闻报道）

（2）无论政治问题解决与否，都可以加入欧盟。（新华社2002年5月新闻报道）

（3）美容是一项严肃的科学性工作，它不仅关系到一个人的容貌漂亮与否，也直接影响人的肌体健康。（当代\报刊\1994年报刊精选\07）

例（1）中"参加与否"置于施事主语"他"之后；例（2）中"解决与否"置于受事主语"政治问题"之后；例（3）中"漂亮与否"（是"AP 与否"）依然是后置于"容貌"。

（4）这一切都以成功与否为转移，成功便是一切事情的中轴。（劳伦斯《查泰莱夫人的情人》）

（5）"文盲"的内涵是什么？《现代汉语辞典》的解释是："不识字的成年人。"这里的主要标准是识字与否。（《人民日报》1995 年 7 月）

例（4）中"成功与否"作介词"以"的宾语，例（5）中"识字与否"作动词"是"的宾语，虽然脱离了谓语位置，但仍是后置的。

（6）米先生书写的"精气神"最近荣获日本国际书展金奖。在我看来，得奖与否并不重要，而其所书"精气神"倒是颇有"精气神"。（《市场报》1994 年 A）

例（6）中"得奖与否"代表的是另一种情况了。"VP 与否"所在的句子是承接上文的后续句，但"VP 与否"在它所处的主谓结构中不是处于谓语位置，而是居于主语位置（"得奖与否"相对于"并不重要"这一谓语来说是主语）。这种用法提示我们对"VP 与否"后置性的描述要进行必要的限制：在独立的单句中或始发句中，"VP 与否"通常是后置的；而在某些后续句、应答语中（该"VP"在上文已出现，后续句对正反两方面情况统一做出断言），"VP 与否"可以是有条件前置的。

(2)"VP/AP 不"

"VP/AP 不"具有较强的口语性，与"VP 与否"情形有所不同。

（7）a. 你妈都快为你急疯了你知道不？（梁晓声《一个红卫兵的自白》

b. 你还跟我借粮不？（汪曾祺《拟故事两篇》）

c. 乔夕的老婆漂亮不？（梁凤仪《豪门惊梦》）

d. 妈胆大不?（老舍《鼓书艺人》）

(8)"他被人打死了，对不? 告诉你，凶手就是我。"（廉声《月色狰狞》）

(9) 天大的事儿，先沉沉气儿再说，行不?（陈建功、赵大年《皇城根》）

(7)中各例,"VP/AP不"（"漂亮不""胆大不"是"AP不"）都是在紧密型的主谓结构中作谓语，例(8)(9)主语和谓语之间有停顿，有的主语还可加上句中语气词，但"VP不"仍然是作为谓语后置的。

(10) 老带着它，看见它就如同看见我，明白不?（老舍《牛天赐传》

(11) ……都当它是家乡，也就不值得你独自很想着它了，是不?（梁晓声《表弟》）

例(10)(11)中的"明白不""是不"有一定的独立性，似乎不宜再看成作谓语的（不能与前面的"……就如同看着我""……想着它了"构成更大的主谓短语），而可以看成跟在前一个断言小句后面的后续性假性探询句，虽然脱离了主谓短语，但仍具有后置性特征。

与书面语的"VP与否"不同，口语中的"VP不"在一定的语境下是可以单说的。如:

(12) 你饶恕我不? 原谅我不? 我是混蛋!（老舍《赵子曰》）

但是,"VP不"没有独立充当主语、宾语的情况。也就是说，它或是后置作谓语，或是单说，都是述谓性的，没有前置用法，没有起指称作用的用法。

(3) "VP 没/没有"

"VP 没有"与"VP 没"分布基本一致，语料显示前者使用频率较高，后者低一些（似乎受到一定的地域制约及表达风格约束）。"VP 没/没有"常作谓语，能单说，不能前置作主语，不能承担指称功能。

(13) a. 羊毛坎肩结好没有？我这时候要穿了出去。（钱钟书《围城》）

b. 你的尖耳朵听到没有？（钱钟书《围城》）

c.《现代》上又有一篇在骂你，见到没有？（唐弢《第一次会见鲁迅先生》）

例（13）各例谓语中 VP 或是述补短语或是述补结构合成词，都含有结果义。另有一些"VP 过没有""VP 了没有"作谓语的形式：

(14) 省军区的护麦告示你看过没有？（张一弓《赵镢头的遗嘱》）

(15) 到底偷了多少东西去，你看了没有？（叶圣陶《晨》）

(16) 端了一口茶汤孝敬公婆了没？（池莉《太阳出世》）

"VP 没/没有"可以单说，与作谓语的"VP 没/没有"结构语义特征相似。

(17) "开好没有？"许世友盯得很紧。（贺雨辰《许世友与聂凤智》）

(18) 关门了，吃完没有？都走别这儿瞎混。（王朔《看上去很美》）

(19) 考虑好了没有？（岑凯伦《蜜糖儿》）

(20) 洗完了没有？快点，有人要来的了。（刘宁《洗澡》）

（21）好点没有？还发烧么？（杨沫《青春之歌》）

例（19）（20）中 VP 是述补结构后面又加"了"。例（21）后一小句是"AP 点没有"，分布与"VP 没有"类似，这里不再赘述。

总体来说，"VP 没/没有"具有明显的述谓性、后置性，属于相对定位短语。

(4) "VP 不 VP""VP 没 VP"

"VP 不 VP""VP 没 VP"与"VP 不""VP 没/没有"的共同之处是常常后置作谓语，能够单说；不同的是"VP 不 VP""VP 没 VP"有时能充当主语，即在一定条件下可承担指称功能。

（22）去不去由你呗！（陈建功、赵大年《皇城根》）

（23）朱停道："来不来是一回事，说不说话又是另外一回事了！"（古龙《陆小凤传奇》）

（24）我决定探索普通人的死，看不看由你。（毕淑敏《预约死亡》）

（25）谢不谢不要紧，只要唤出"同志"这两个字来……（李英儒《野火春风斗古城》）

（26）那些会，到不到没关系。（周而复《上海的早晨》）

"VP 不 VP"作主语的用例相对较多，"VP 没 VP"作主语的用例比较少。为什么会存在这种差异呢？我们的初步理解是："VP 不 VP"具有无界性，因此获得事物性、指称性的机会相对较多；而"VP 没 VP"具有较强的有界性、动态性，不容易获得事物性、指称性。

(5) 现在我们可以把本小结关于多种谓词肯否相叠形式分布异同的考察作一个总结。在各种肯否相叠形式中，完整式"VP/AP 不 VP/AP""VP/AP 没 VP/AP"虽以承担述谓功能为常（后置），但有时也可以承担指称功能（作主语时前置），可以认为是不定位的；非完整式"VP 不""VP 没/没有"只有述谓功能,除单说情况外,以作谓语为基本职能,可以认为是相对定位的后置定位短语。"VP/AP 与否"似乎介于上述二者之间。关于形成这些肯否相叠形式的功能差异的根源,我们初步考虑可从结构制约功能的角度来分析:"VP 不 VP""VP 没 VP"都可以看成两个同功能单位("VP"与"不 VP"、"VP"与"没 VP")的联合,其整体功能与各成分的功能具有一致性,换句话说,各成分的功能决定了其整体功能;而"VP 不""VP 没/没有"不能看成两个同功能单位的联合("VP"与"不"、"VP"与"没"功能不一致),"不""没"本身都不可能承担指称功能,所以"VP 不""VP 没/没有"也就缺乏了获得指称性的结构基础,只能实现述谓功能。

4. 糅合型"A_1 得 A_2"

两个形容词按述补关系组合,可以组成不同类型的"A_1 得 A_2"。上文"后置性定位短语"一节谈到的表相对程度的"A 得多"是一种较常见的情况,后面的形容词"多"纯粹是附属于前一形容词表其程度的;这里所谓糅合型"A_1 得 A_2",是指构成该短语的两个形容词本来分别可以和另一名词性成分构成一个表述,它们组成的述补短语是由两个表述通过"糅合"造句方式形成的。〔参看沈家煊(2006)和本书第二章第五节及注释。〕

(1) 她是高兴得糊涂啦,那是个多么好看的孩子。(当代\翻译作品\文学\呼啸山庄)

(2) 大街上川流不息地来往着互不相识的人,既热闹而又冷漠。而且,四处不停地响着噪音,不一会儿就使他紧张得疲乏了。(当代\文学\大陆作家\佳作 2)

上述例句中的"A_1 得 A_2"两个形容词分别表述主语 N,这两个形容词之间又存在因果关系。这种因果关系与动结式的情形有所不同:动结式的结果是由动作行为造成的,动作行为与结果之间有明显的先后之别，而这类"A_1 得 A_2"结构中的因果关系不凸显先后之别，它似乎倾向于表示 N 因为具有 A_1 的性状便同时具有了 A_2 的性状。例(1)(2)分别包含的两个表述及其因果关系如下：

(1) 她高兴，　　　　　　（N——A_1）
　　她糊涂，　　　　　　（N——A_2）
　　她因为高兴而糊涂。　（N 因为 A_1 而 A_2）
(2) 他紧张，　　　　　　（N——A_1）
　　他疲乏，　　　　　　（N——A_2）
　　他因为紧张而疲乏。　（N 因为 A_1 而 A_2）

以"她高兴得糊涂"为例，我们来分析一下"A_1 得 A_2"的"糅合"过程：

a. 她 A （她处于某种状态）　　b. 她 A 得过分
x. 她高兴、糊涂　　　　　y. —　←　xb 她高兴得糊涂了

形容词有单独作谓语（"她 A"中的"A"）和带程度补语作谓语（"她 A 得过分"中的"A 得过分"）两种用法。y 项的产生是 x 项和 b 项糅合的产物，y 项截取了 b 项的结构框架和 x 项的词项。产生 y 项之后，就形成了 a 和 b 的关系对应于 x 和 y 的关系的格局。

"A_1 得 A_2"还有表因果关系以外的语义关系的，如：

(3) 青海湖的蓝，蓝得纯净，蓝得深湛，蓝得温柔恬雅。（冯君莉《青海湖，梦幻般的湖》）
(4) 炒风最盛时又以"楼花"业绩最佳，美得艳目，热得烫手，堪称一枝独秀。（当代\报刊\1994 年报刊精选\09）

例(3)(4)中的"A_1 得 A_2"没有因果关系，两个形容词分别说明主语 N 的某一种性状，但二者又不是联合关系：A_2 作为 A_1 的补语

从某一角度对 A_1 做出评议,说明 A_1 所代表的性状有什么特点。例(3)(4)分别包含的两个表述及其"评议"关系如下:

(3) a. 青海湖蓝, （N——A_1）
　　 青海湖纯净/深湛, （N——A_2）
　　 (这种) 蓝纯净/深湛。 （N 这种 A_1 是 A_2 的）
　　b. 青海湖蓝, （N——A_1）
　　 青海湖温柔恬雅, （N——A_2）
　　 (这种) 蓝温柔恬雅。 （N 这种 A_1 是 A_2 的）
(4) a. "楼花"业绩美, （N——A_1）
　　 "楼花"业绩艳目, （N——A_2）
　　 (这种) 美 (是) 艳目 (的)。
　　　　　　　　　　　　　（N 这种 A_1 是 A_2 的）
　　b. "楼花"业绩热, （N——A_1）
　　 "楼花"业绩烫手, （N——A_2）
　　 (这种) 热 (是) 烫手 (的)。
　　　　　　　　　　　　　（N 这种 A_1 是 A_2 的）

例(3)(4)中 A_2 对 A_1 的评议是顺向的(即褒贬方向是一致的),也有 A_2 对 A_1 做出逆向评议(即褒贬方向不一致)的用例:

(5) 大家都是聪明得有点糊涂的人,高高兴兴一局球打半天发现黑球不知道什么时候已经进了。(当代\网络语料\博客\韩寒博客)

(6) 整个的雨天的乡下蹦跳着扑上身来,如同一群拖泥带水的野狗,大、重、腥气、鼻息咻咻,亲热得可怕、可憎。(张爱玲《连环套》)

(7) 她属于那种美得奇怪的类型。(卫慧《甜蜜蜜》)

(8)"当然他会的,对吧,帕林?"坦尼的声音温柔得十分可怕。(当代\翻译作品\文学\龙枪传承)

表示逆向评议的 A_2 是补充说明 A_1 对正常状态的偏离。也就是说 A_1 的实际状态偏离了应有状态,A_2 对这种偏离表示了一定程度的否定,它的前面常出现"有点儿"一类的副词修饰。例(8)中 A_2 可以看成对 A_1 的评议,也可以看成对 NA_1 这个表述的评议〔坦尼温柔(这种情况)是可怕的〕。不论是"顺评议"还是"逆评议"都带有较强的主观性。

总体上观察"A_1 得 A_2"的构成,可以看到,进入"A_1 得 A_2"结构的形容词,A_1 以单音节形容词为多,双音节形容词少一些,A_2 则没有这个限制,单音节、双音节形容词、多音节形容词生动形式都可充当。这从一个侧面显示:现代汉语句法结构中,补语这个语法位置在结构上和语义上都有较大容纳能力。

糅合型"A_1 得 A_2"之所以具有黏着性、后置性,可以从配价要求和生成方式两个方面来认识:(1)与单个形容词及形容词性联合短语比,包含两个表述的"A_1 得 A_2"结构对作主语的配价成分出现的要求相对较高,一般不容缺省;(2)作为较晚出现的通过"糅合"方式生成的谓词性短语,它对"NP + A_1 得 A_2"句式的依赖性也比较强,脱离该句式单说比较困难。正如沈家煊(2006)所指出的,"糅合造句"方式形成的结构往往是黏着的。

(三)述宾结构中宾语位置的定位短语

1."怎么(怎样/怎么样)+一量+NP"

"怎么(怎样/怎么样)+一量+NP"(下文简称"怎么一个NP")是指下面这样一类名词性短语:

怎么一个人　怎样一个老师　怎么一个面貌

怎样一个单位　怎样一部作品

怎样的一次难忘经历　怎样（的）一个情景
怎么样（的）一个种族

这一结构的首个成分是表疑问的代词"怎么/怎样/怎么样"，"怎样、怎么样"可以后附"的"；其后的数量短语数词只能是"一"，量词可以是物量词也可以是动量词，以"个"为最常见；最后的 NP 是可量化、可作下位分类的指人指物名词或名词性短语①，可以是具体的，也可以是抽象的。这类短语整体意义是疑问性的（或者说是非确定性的），像下面例（1）中的"怎样 A 的一个 NP"是任指性的，不属于这一类。

（1）他回中国来仅只三天，但中国是怎样复杂的一个社会，他是向来了解的。（茅盾《子夜》）

这里，"怎样复杂的一个社会"中的"怎样"不是疑问性的，而是表任指的，它所在的结构既可以作宾语，也可以位于句首作主语，比如说成：怎样复杂的一个社会，他也不畏惧。因此"怎样 A 的一个 NP"不在我们讨论范围之内。

以下分析后置定位的"怎么一个 NP"的一些实际用例：

（2）至于他是怎样的一个人呢？（鲁迅《而已集》）
（3）这是怎样的一个人呢？（刘心武《如意》）

---

① "怎么一个 NP"这一格式 NP 位置上偶尔还可以出现能起指称作用的谓词性成分，不过很少见，我们在北京大学中国语言学研究中心语料库原 1.15 亿字的现代汉语语料中只找到两例：
（1）当三个女子从容地转辗于文明人所发明的枪弹的攒射中的时候，这是怎样的一个惊心动魄的伟大呵！（鲁迅《纪念刘和珍君》）
（2）一来二去的也不知怎么一个阴错阳差，七叔在北京就有了女朋友。（林希《"小的儿"》）

(4) 他到处打听到底牛教授是怎样的一个人。(老舍《四世同堂》)

(5) 这确是先前所没有料想到的。现在我已经记不清当时是怎样一个感想,但和猫的感情却终于没有融和。(鲁迅《朝花夕拾》)

(6) 点点消失,但不是散开,而是往里走,全凝聚到心里去……不知这是怎样一个过程。(冯骥才《一百个人的十年》)

(7) 我们应将怎样一个世界带入下一个世纪?(《人民日报》1996年9月)

例(2)(3)是特指疑问判断句①,"怎么一个NP"在句中充当判断宾语;例(4)—(7)不是疑问句,是陈述句,句中的"怎么一个NP"不是处在句子的主、宾语层面上,它是被包含在充当宾语(包括动词宾语、介词宾语)的关系子句里。在所处小句中,"怎么一个NP"依然置于宾语位置。

"怎么一个NP"也可以用在感叹句中,NP常常包含显示语义倾向的修饰成分如例(8);有时通过后续句来做进一步说明如例(9);如果语境足以显示感叹指向,NP也可以是光杆名词如例(10)。

(8) 冷水向伤口里浸泡,是怎样一个滋味啊!(冯德英《苦菜花》)

(9) 那是怎样一个家啊!空空的四壁,泥土斑驳陆离;一张旧床上,铺着几块破棉絮;唯一的家具是一条破长凳。(《人民日报》1996年1月)

---

① 杉村博文(2002)把现代汉语中由"谁""什么"构成的疑问性判断句称为"特指疑问判断句",把要求指出疑问代词所指对象的问句叫作指别性问句,把要求说明疑问代词所指对象的问句叫作说明性问句。杉村先生认为,"什么是X"这种问句问的是听话人对X的知识,而不是听话人对X的看法。"什么是X"问句的答案具备现成性和指别性。

（10）这是怎样一个残损错乱的膝关节啊！（《人民日报》1994年）

　　不论用于哪种句类，不论处于句子的哪一层次，"怎么一个NP"基本上都是出现在判断动词"是"后面作宾语。这与其他体词性疑问词语（什么、谁、什么人、什么时候、什么地方、哪一个/位等）的分布情况有所不同。

　　粗略地说，"什么、谁、什么人、什么时候、什么地方、哪一个/位"都不是一定要跟在判断动词"是"的后面，它们还可以和其他动词、形容词组成动宾结构或主谓结构，既可以后置作宾语，也可以前置作主语（"什么时候"也可以作状语）。"怎么一个NP"与上述疑问词语的分布差异、功能差异应该如何解释？又具有怎样的意义呢？我们打算通过"谁""怎么一个人""哪一个""什么人"的对比来做一些分析。

　　吕叔湘（1984）曾指出：因疑问成分不同，"谁是张老三"有两种功能，既可以要求指别，也可以要求说明，而"什么是爱情"只有一种功能：要求说明。因语序不同，"谁是张老三"有两种功能，既可以要求指别，也可以要求说明，而"张老三是谁"只有要求说明的功能。吕先生的文章虽然没有展开系统论述，但其中蕴含的不同疑问成分、不同序位具有不同功能的基本思想值得充分重视。

　　在语言交际中，不同的询问行为所涉及的询问域（或者说询问内容）存在种种差异，这些差异可以归结为在指出外延和说明内涵两方面对答语提出的不同要求。从某种意义上讲，外延的可别性与内涵的充分性呈负相关状态。以吕叔湘（1984）的分析为指导思想，根据个人语感，通过语言内省（linguistic retrospection），我们设想现代汉语的指人疑问成分存在下面这样的一个指别要求依次由强到弱、说明要求依次由弱到强的连续统：

第三章 内嵌性黏着短语(上):定位黏着短语 | 79

哪一个/位 > 谁 > 什么人 > 怎么一个人

"哪一个/位"通常具有现场性,不管出现在主语位置还是宾语位置,一般只要求指别,排在连续统的最前面;"谁"不必具有现场性,既可以要求指别,也可以要求说明,跟所处位置密切相关,排在第二位;"什么人"主要要求说明,偶尔要求指别,排在"谁"的后面;"怎么一个人"通常是在无须指别的前提下要求进行说明,排在最后。

上述假设得到了语料调查的支持。我们在北京大学中国语言学研究中心语料库(1.15亿字阶段)的现代汉语语料中对包含上述疑问形式的判断句进行了检索,结果显示如下。

"哪一个"充当主语23例,充当宾语20例,"哪一位"充当主语3例,充当宾语14例;"谁"充当主语558例(排除"谁是谁非"),充当宾语839例,"什么人"充当宾语105例,充当主语只有2例[1];"怎么一个人"充当宾语74例(其中"怎么一个人"16例,"怎么样一个人"14例,"怎样一个人"26例,"怎么样的一个人"2例,"怎样的一个人"16例),没有充当主语的情况。

指别性要求较强的疑问成分可以出现在主语位置,也可以出现在宾语位置,没有明显的限制;与"哪一个/位"一般单纯要求指别相比,"谁"有要求说明的用法,因此出现在宾语位置的用例明显多于出现在主语位置的用例;"什么人"倾向于要求说明而不是指别,因此出现在宾语位置与出现在主语位置的用例比例悬殊;"怎么一个人"

---

[1] "什么人"充当主语的两个用例分别是:
(1)……弄得我们分不清楚什么人是游击队,什么人是情报人员,什么人是一般平民,好像中国人都成了八路游击队。(方军《我认识的鬼子兵——一个留日学生的札记》,《作家文摘》1997)
(2)"邢表叔,"他说,"你说话要负责啊!""什么叫做负责哇!我就不懂,——什么人是你的表叔,你认错人了,是你表叔你也不吃我了!"(沙汀《在其香居茶馆里》)
例(1)是列项分说,例(2)是反问、感叹,都是有条件的。

不具有指别性,只是要求说明的,不能出现在主语位置。这就是"怎么一个人"后置性的原因所在。

我们在考察中注意到"怎样一个NP"与"一个什么样的NP"并用的情况。

(11) 在当前金融改革中究竟是一个什么样的思路呢?又是怎样一个政策呢?(《人民日报》1995年6月30日)

例(11)中"一个什么样的思路"与"怎样一个政策"并用,表明它们的功能有相同之处,但这两种格式的分布并不完全相同,"怎样一个NP"只能出现在宾语位置,而"一个什么样的NP"既可以后置作宾语,也可以前置作主语。如:

(12) 岳麓书院究竟是一个什么样的所在。(余秋雨《千年庭院》)

(13) 是一个什么样的女人,把你的魂勾去了?(作家文摘\1994B)

例(13)句首的"是"可以看成焦点标记,句法上可以省去。

"一个什么样的NP"接近于上面谈到的"什么人"形式,倾向于要求说明,但不是根本没有指别要求,因此尽管更多出现在宾语位置,但也有出现在主语位置的用法。

2. 表抽象"成果/后果/结局"义的定心短语

在一般的语法分析中,都把下面的动宾短语中的宾语分析为"结果宾语"。

做蛋糕　织毛衣　挖洞　修路　盖房子　写论文　造飞机

这些表"结果"的名词性成分不光可以后置于动词作宾语,还可以有条件地放在动词前面作主语。如:

蛋糕做好了　毛衣织完了　洞挖深了　路修完了　房子盖成了
论文写完了　飞机造出来了　……

我们所说的表抽象"成果/后果/结局"义的定心短语是指下面这样的带有描写性定语的体词性短语:

a. 辉煌的成绩　丰硕的成果　骄人的进展　非凡的业绩
圆满的成功　满意的结果　喜剧性的结果　共同的意见
广泛的共识　可喜的面貌
b. 糟糕的后果　严重的后果　恐怖的后果　毁灭性的后果
难以想象的后果　悲惨的后果　不幸的后果　消极的后果
悲剧性的后果　不想看到的后果
c. 美好的结局　最理想的结局　皆大欢喜的结局
大团圆的结局　喜忧参半的结局　失败的结局
悲剧的结局　如此狼狈的结局　不能接受的结局
两败俱伤的结局　悲凉的结局　不尽理想的结局
令人遗憾的结局

a 组定名短语通常是置于"取得"类动词(包括"取得、达成、创造(出)、出现"等)后作宾语,表示经努力取得的"重要成果"(即使是"呈现了可喜的面貌"之类,也是用于表达"努力之后取得成果"之意)。下面举例分析它们能够进入的多种句子类型的情况:

(1) 关贸总协定乌拉圭回合谈判在 12 月 15 日之前,"取得广泛的令人满意的结果"。(《人民日报》1993 年 10 月)

（2）队员的工资、住房、福利都由企业来保证，退役后将会有满意的安排。(《人民日报》1996年11月)

（3）公司不厌其烦地修改试点方案，先后易稿12次，使方案有了比较满意的结果，这种在改革中不等不靠，大胆探索，求实务实的态度，值得肯定。(《人民日报》1995年9月)

（4）算得出了一个使我满意的结局，这是我盼望已久的。(余华《偶然事件》)

（5）计算机集成制造系统、生物疫苗和药物、低温核供热堆等研究试验取得突破性进展。(《人民日报》1995年3月)

（6）纯碳分子在新材料领域孕育着广泛的应用前景，但有关研究现阶段还未取得突破性进展。(《人民日报》1995年4月)

（7）今天上午，他在同李鹏总理的会谈中，双方就此取得了完全一致的意见。(《人民日报》1993年8月)

（8）大家都可以自由发表意见，但最后要通过协商拿出一个一致的意见来。(《人民日报》1995年9月12日)

（9）垦区的农场体制改革，几经反复，至今也未能取得完全一致的意见。(《人民日报》1993年10月)

由上述实际用例可以看到，表"成果"义的 a 组定名短语可以用在已然句，如例（3）（4）（7）是肯定句，例（6）（9）是否定句中，也可以用于未然句如例（2）、（8）中。用在已然肯定句代表已经取得的成果，用在未然句、否定句代表期望取得的成果。

b 组定名短语通常是置于"造成"类动词（包括"造成、产生、出现"等）后作宾语，表示由于人为因素造成的"严重的消极的结果"（即使是"出现/产生……"之类，也是用于表达"人为造成"之意）。它们也能够进入已然句，如肯定句例（10）、否定句例（11）、未然句例（12）：

(10) 他们制造的假酒造成了严重的后果。(《人民日报》1993年11月)

(11) 按道理,这一点刀伤流不了太多的血,不应该造成这么严重的后果,可是,她原先就有极厉害的贫血症。(琼瑶《月朦胧鸟朦胧》)

(12) ……征收金融操作税、规定外资滞留最短期限等措施,以防止出现消极的后果。(《人民日报》1996年1月)

c 组定名词组中名词"结局"本身是中性的,整个短语通过定语显示其积极义或消极义,分别充当"有、是、出现、产生、走向、落得、导致"等动词的宾语,这些"结局"产生的必然性、人为性不尽相同,整个表达偏重于客观描述。它们能够进入的句子类型与 a、b 两组类似。实际用例从略。

从信息结构的角度来讲,句子一般都是遵循从已知信息到未知信息的原则来组织。代表已知信息、出现在句子前部的名词性成分,往往是先于动作行为就存在的事物(如施动者),也可以是在动作行为之后出现的事物。如果代表动作行为之后出现的事物的体词性成分作为已知信息安排在句子开头,一般它应该是规约性的、可预知性的,如前文提到的"饭做好了"的"饭"等等。本书讨论的表抽象"成果/后果/结局"义的定名短语并不是规约性的、必然出现的因而具有可预知性的,所以不适合作为已知信息出现在动词的前面、句子的开头。

根据典型性程度的不同,定位短语可以分为绝对定位短语和相对定位短语。凡表义单一或虽有多义性但不论表何种意义都处于内嵌位置且只能前置或只能后置的短语是绝对定位短语,例如"把"字短语定位于状心结构状语的位置上,"怎么一个 NP"定位于述宾结构宾语的位置上。它们是典型的定位短语。一些多义短语,在某种意义上是定位的,在另一种意义上是不定位的;一些短语处于内嵌位置时是定位的,但有时又可以单说,我们都看成相对定位短语。它们是非典型的定位短语。

同一结构类型的短语内部因下位范畴、演变层次的不同往往存在功能差异，在定位性上存在差异。如不同介词短语定位性由强到弱的顺序为：

"把、被、比"类 > "对、关于"类 > "在、向、给、于、以、往"类

（只作状语）（可作状语、定语）（倾向前置但有古汉语遗留后置用法）

现代汉语的定位短语，从构成类型上看，有实词加虚词构成的有标记性的派生短语也有实词与实词构成的复合型短语；从结构特性上看，不论是派生型的还是复合型的定位短语，其成分替换和扩展都受到不同程度的限制，如大部分定位性物量短语中数词只能是"一"，不能换成其他数词，作为前加成分的"形名"短语不能插入其他成分，只有部分成员可作有限扩展（如高层次→更高层次）；从语义特征上看，成分替换和扩展受到限制的定位短语一般意义的整体性也比较强，临时组合意味减弱。

第四章 内嵌性黏着短语(下)：非定位黏着短语

一 定心结构

(一) 紧缩型定心结构

紧缩型定心结构，是指通常情况下包含结构助词"的"而内嵌于某些长度受限的句法位置时"的"被压缩掉的黏合式定心结构。如：

a. 路边树丛　书中插画　冰箱饭菜　鞋上流苏　车上沙子
　　楼下小店　门外声音　身上缺点　脚下旅途　胸中抱负
　　心中想法　心头闷气　头顶光环　兜里钱财
b. 我衣服　他帽子　她电脑　你书　他笔　你钱　他电动车
　　他计算机　她超短裙
c. 孩子书包　弟弟衣服　省长轿车　电杆粗细　水果分量
　　材料硬度　英语地位

a组是方位结构直接修饰名词形成的定心短语，与方位结构后附"的"修饰名词构成的定心短语并存，前者不能单说，后者作为答语可以单说。陆俭明（1988）分析现代汉语里数量词的语法作用时，曾提到"方位结构不带'的'作名词的定语（如'桌上帽子'），是黏着的，只能处在被包含的地位"。我们扩大范围进行考察，了解到不光表示具体意义的"桌上帽子"之类是这样，带有隐喻性质的方位结构直接修饰抽象名词形成的定心短语（如"身上缺点"等）具有同样的特点。

b组是人称代词直接修饰具体事物名词形成的定心短语，与人称代词直接修饰亲属称谓名词的定心短语有所不同。沈家煊（1999：10）讲"象似关系"时谈到：可以说"我的父亲"也可以说"我父亲"，可以说"我的书桌"但不能说"我书桌"，因为"我"和"父亲"这两个概念之间的领属关系是不可转让的，两者的关系紧密，语言结构上"我"和"父亲"这两个词的联系相应的也比较紧密，"的"字因此可以去掉；而"我"和"书桌"之间的领属关系是可以转让的，两者的关系较疏远，所以必须插进去一个"的"。沈先生用"象似关系"来解说"我（的）父亲"与"我（的）书桌"的不同是令人信服的，不过，就实际语言运用的情况来看，我们与其用能说与不能说来概括"我父亲"与"我书桌"的差异，不如用自由与黏着来概括更确切些，即前者是自由形式，后者是黏着形式①。下一组的情况是类似的。

c组是名词（包括指人的、指物的）直接修饰事物名词（包括具体的、抽象的）构成的领属关系（非属性关系）的定心结构，与"儿童服装、木头房子"之类表属性关系的定中结构并存，前者是黏着的，后者是自由的。沈家煊（1999：266）已经指出：表示非属性关系的定中结构，如果中心语是表示亲属称谓的名词，通常不用"的"字，例如"我父亲""我弟弟"。其他表非属性关系的定中结构如果是包含在句子里，也可以不用"的"字，例如单说"弟弟书包""电杆

---

① 应该说明的是，"我家""你们单位"不同于"我书桌"一类，而与"我父亲"一类相同，可以单说，因为"我""你们"与"家""单位"概念关系紧密，是一种常规性组合，对更大单位的依赖性不那么强。

高度"不行，但"把弟弟书包撕破了""电杆高度是四米"可以说。

这些紧缩型定心结构一般内嵌程度较深，相对位置可前可后，是不定位的黏着短语。我们可以看一些实际用例：

(1) 山上树林很密也很杂。(邓友梅《和老索相处的日子》)
(2) 路旁树丛有一对少男少女，扯手搂脖窃窃私语地谈情说爱。[当代\报刊\读者（合订本）]
(3) 他望着还没亮透的湖边树林……（邓友梅《寻访"画儿韩"》)
(4) 他们骑自行车来到这里，下到河边树林里野餐、游泳、晒太阳。(当代\报刊\读书\vol-090)
(5) 医道如海，我辈不过在岸边沙滩上拾捡几个残贝！(王蒙《名医梁有志传奇》)

例(1)中"山上树林"、例(2)中"路旁树丛"都是在主谓结构中前置作主语，例(3)中"湖边树林"在动词后作宾语，例(4)(5)中"河边树林"和"岸边沙滩"内嵌程度更深，用在"介词……方位词"框架中。下面的例(6)加点部分也都是出现在"介词……方位词"框架内，例(7)"我衣服"后附"的"作定语，内嵌程度越深，被压缩成黏合式的要求越强。

(6) 他们的血溅在我衣服上，并且污染了我一切的衣裳。(《圣经》)
(7) 想从我衣服的质料上看出我是从什么地方来的。(古龙《英雄无泪》)
(8) 孩子衣服都是母亲的手泽……(金庸《白马啸西风》)
(9) 把裙子改成了孩子衣服，送给他大姊了。(戴厚英《流泪的淮河》)

例（8）中"孩子衣服"是前置的，例（9）中"孩子衣服"是后置的。

上述紧缩型定心结构的存在显示，尽管象似性原则在词语组合的直接与间接、体现规约性还是临时性方面起着重要的制约作用，但当表达式相对复杂，面对经济原则的要求的时候，它往往可以做出让步。张敏的作品（1998）是系统地运用象似性理论分析汉语的名词性定心短语中带不带"的"问题的代表性著作，该书（188页）指出：任何一个符号系统的构成，如果仅仅由象似原则支配而不受经济原则制约，这种系统一定不可能是有效的。我们认为这话是很中肯的、符合实际的。

除了上述"的"被压缩掉的黏合式定心结构外，指示代词"这/那"直接修饰名词形成的定心结构一般也都是内嵌性黏着形式，如：

这/那 + 时间名词：这/那年月　这/那时候　这/那两天/几天/一天

这/那 + 通指名词：这社会　这行情　这植物　这消息

这/那 + 专有名词：这姚明　那西门庆　这长江　那龙塔

这/那 + 事态名词：这态势　那形势　这局面　那局势

方梅（2002）谈到指示词作为话题标记的用法：把一个未知信息处理作已知信息，或者把一个确指程度不高的成分处理得"像"一个有定名词。运用指示词直接加在一个未曾提及的事物或行为前面，目的在于让这个位置上的成分在形式上符合话题位置的默认条件，这是信息包装的一种手段。方文还明确指出：北京话中的"这"已经产生了定冠词的语法功能，作为定冠词的"这"是指示词在篇章中"认同用"[①]进一步虚化的结果。我们感到，方文的分析足以用来解释上述

[①] "认同用"指引入一个可辨识性相对较弱的谈论对象，不是上文或语境里已经存在的，但却是存在于听说双方的共有知识当中的。

"这/那+名词"结构的黏着性,本书不再展开。

(二)糅合型定心结构

糅合型定心结构,是指那些在两个小句被整合为一个句子的"糅合造句"过程中形成的非原型性定心结构。[关于"糅合造句",已见于本书第二章第五节、第三章第二节。另可参看沈家煊(2006)]

1."NP 的 VP"

关于"NP 的 VP"结构的研究,已经有不少论文发表。较早的研究,主要注意力放在这一结构的中心语是否"名物化"以及如何处理它与"向心结构"理论的关系上。20 世纪 80 年代末 90 年代初以来,研究的重心逐渐转到对其构成及整体功能的具体全面的考察,并有新的理论解释介入。

(1)"NP 的 VP"的构成

这方面已经取得的研究成果较多,为了充分体现相关成果同时不至于占去太多篇幅,在这一部分里,我们概述相关文献和说明个人认识的过程中将尽量控制具体的例证说明。

1)"NP 的 VP"中的"VP"

关于能够进入"NP 的 VP"结构的动词,存在不尽相同的看法。

陈宁萍(1987)谈到:如果没有"的",所有的动作动词都可以出现在施事名词之后。插入"的"变为名词性短语后,单音节动词就不能进入该结构了。这说明单音节动词的动词性最强,而"N 的 V"结构具有把动词性最强的词分离出去的能力。我们考察语言事实、思考相关问题过程中注意到,可以说"N 的 V"结构倾向于不容纳动作性很强的动词,但并不是所有单音节动词都不能进入该结构,像非自主动词中的"死、喘、抖、吐、懂"以及自主动词"哭、笑、耍、闹、来、走、夸、推(推托)、爬、吵、逗、骂"等都是可以进入"N 的 V"结构的。

陈宁萍(1987)认为,状中结构的双音节动词不大出现在"N 的 V"格式里,张伯江(1993)的考察显示状中式复合词进入"N 的 V"结构的例子并不在少数。张文还指出除双音节动词外,还有一些动词性的四字词语或更多音节的熟语经常出现在这种格式里，其内部构成方式也是多种多样的。

张伯江（1993）对"N 的 V"中"V"前面可以出现的前加成分的情况做了全面的考察：专职的动词前加词（陈一 1989）修饰动词可以很自由地出现在"N 的 V"结构里。副词中，否定副词比较常见，而"没（有）"却不太容易用在这里，因为用"没"的场合带有明确的时间性，而动词的时间性特征在"N 的 V"结构里是很受限制的；含有语气意义的副词明显不能放在"N 的 V"里的"V"前；范围副词也不太容易出现在"N 的 V"里；时间副词通常不能出现在"N 的 V"结构里的"V"前。多数助动词如"要、敢、想、能、会、可能、可以、得、应该、应当、值得、愿意、情愿、乐意"等不能进入这种格式。但有一小部分否定形式的助动词（且限于否定词和助动词都是单音节的）有这种用法。形容词作状语的情况像专职动词前加词一样常见。

"N 的 V"结构里，"V"后出现宾语的情况是比较常见的，宾语的种类比较多，有单音节的，也有多音节的；有代词，有名词，也有谓词性的；有意义比较具体的，也有意义比较抽象的。

张伯江（1993）还指出"N 的 V"结构里不大容易出现 V 后带补语和带动态助词"了""着""过"的情况。"了""着""过"和趋向动词是汉语里典型的表示时态意义的语法手段，表示动作时间意义的语法特征（如动态助词、趋向动词、动量补语以及时间副词）最难出现在这个格式里，表示情态意义的某些副词和某些助动词也不那么容易出现。陈庆汉（1996）、沈家煊（1999）等还指出"N 的 V"结构的中心语 V 不能重叠。

詹卫东（1998b）也考察了动词进入"NP 的 VP"结构的能力差异，指出：有相当多的动词，光杆形式不能进入这个格式，但变成复杂形式就能进入了。如"吃—大吃大喝｜打—打手板｜舍得—舍得花钱"。VP 是复杂形式时，要进入这个格式，会有一些结构上的限制：

"NP 的 VP"结构不能是重叠形式,一般不能含时体标记,不能是组合式述补结构等。不能进入"NP 的 VP"的动词有:关系动词(如类似、当作、等于、包括、包含、大、属于)、"～得"动词(如晓得、记得、使得、显得、值得、觉得、懂得)、粘宾动词(如据说、感到、迎接、经受、敢于、妄图、开辟)、能愿动词(如可能、情愿、能够、肯定、愿意)、趋向动词(如出去、出来、上来、下来)、准谓宾动词(如进行、加以、予以、给以)。以上几类动词不是按同一标准划分出来的。为了揭示共性,詹文还根据认知语法的观点分析了动词语义上的差异,认为,"动作性"较弱、"事件性"较强的动词(如行为活动动词"安慰、恐吓、爱、笑、爱护、夸奖、重视、支持、召开"等等),其指称事件的侧面(profile)容易被凸显(salience),容易被"NP + 的 + VP"格式接纳;而"动作性"很强、"事件性"很弱的动词(如单音节的动作动词"打、跑、飞、跳、拉、塞、搬、扔、推、撞、拽"等),以及"动作性"和"事件性"均极弱的动词(如"有、是、姓、属于、包括、加以、进行、能够、可能"等),概念义中难以突显指称事件,因此,通常被这一格式排斥。高航(2010)把影响"N 的 V"结构成立的最重要因素归结为概念自主程度,认为动词的概念自主程度越高,"N 的 V"结构的可接受程度就越高,动词概念自主程度相同进入该结构呈现出差别的情况,可归因为名词化用法固化程度的差别。

2)"NP 的 VP"中的"NP"

詹卫东(1998b)从配价及语义侧重角度分析了动词对格式中 NP 的选择有不同情况。VP 为一价动词时,如"牺牲、休克、到来、灭亡"等,能进入这一格式的 NP 是动词的施事;VP 是二价或三价动词时,"受事突出的动词""施事突出而受事不突出的动词""对受事和施事突出程度相近的动词"对 NP 的选择存在倾向性差异。沈家煊、王冬梅(2000)引入"参照体—目标"构式概念做了更深入透辟的分析:在言语活动中,要确立一个表达目标,就要建立与目标的心理联系。在建立这种心理联系时,往往要借助一个参照体,遵循一定的规律。"NP 的 VP"格式也是一种"参照体—目标"构式,N 和 V 之间存在部分和整体的关系。所以以 N 为参照体来指称目标时,N 也必须有较高的信息度(指能为目标的识别提供可靠有效的提示信息的程度)。信息度的高低影响着什么样的 N 能进入"NP 的 VP"格式作为参照体:V 的主体的信息度高于宾体的(如"思念"类),N 一般总是主语而不是宾语;V 的宾体的信息度高于主体的(如"消灭"类),N 一般是宾语而不是主语;V 关联的两个 N 信息度都高(如"改革"类),则两者都适于作参照体。V 关联的两个 N 信息度都不高(如"等于、值得"类),则都不适宜作参照体。参照体 N 的可及度(指相关的概念从记忆或环境中提取的容易程度)也影响"NP 的 VP"构成。只有已经可及的概念才可以作参照体。一般来说,代词的可及度高于一般名词;有生名词高于无生名词;具体名词高于抽象名词。因此前者比后者更倾向于作话题。参照体的凸现度制约着"NP 的 VP"的构成。凸现度高的事物容易引起人的注意。在构成"NP 的 VP"时,针对目标 V,人们总是选择凸现度高的充当参照体。

在对"NP 的 VP"格式的各种表达成立与否的情形做出解释的基础上,沈、王文对各种"NP 的 VP"形式的成立与否做出单向蕴含式的"弱"预测:跟 V 相关联的两个 N 如果相对不凸现的 N 能出现在"NP 的 VP"格式里,那么相对凸现的 N 也一定能出现。反过来说,就是如果相对凸现的 N 能出现在这个格式里,相对不凸现的 N 不一定能出现。

我们在考察中注意到下面的用例:

(1)技术援助、智力开发的实现……(当代\报刊\1994 年报刊精选\09)

"技术援助、智力开发的实现"中定语位置上出现的是主谓短语的并列式（去掉一项不影响句子的可接受性）。由此，我们可以作这样的思考：既然作为一种特殊偏正结构的"NP 的 VP"构式是脱胎于主谓结构的，而汉语的主谓结构本不限于"NP + VP"一种形式，所以出现在"NP 的 VP"定语位置上的也并不是天经地义的只有名词，只要它既符合主语的要求又符合定语的要求就可以。当然，这里所谓主语和定语的要求，不仅是形式类别的要求，还包含可作为认知上的"参照体"的要求（可参看上文）。

虽然大多数研究者都把"NP 的 VP"看成体词性偏正结构，但也有学者提出不同的见解。姚振武（1995）认为，现代汉语的"NP 的 VP"与"NP/VP 的 NP"中的"的"，从本质上看，是历史上两个不同性质的材料在共时平面的一种外表重合，现代汉语"NP 的 VP"是上古汉语"N 之 V"的直接继承者，二者都不是名词性偏正结构，是某种主谓结构处于非独立的、指称状态下的一个变体。其中的"的"不是名词性偏正结构的形式标志，而是这种主谓结构处于非独立的、指称状态下的一个非强制性的形式标记。陆俭明（2003b）则依据以乔姆斯基（N. Chomsky）为代表的形式语法学理论中的"中心词理论"（head theory），对这类结构提出另一种新的分析思路，认为"NP 的 VP"是名词性结构，但不是偏正结构，而是由结构助词"的"插入"NP + VP"这种主谓短语中间所构成的另一类"的"字结构。"的"是决定整个结构语法功能的中心语。上述两位先生的观点，很值得进一步玩味、体会，不过，目前我们还是把"NP 的 VP"当作体词性偏正短语来对待，把工作重点放在对其内部构成及整体分布特征的分析上。

（2）"NP 的 VP"的功能

"NP 的 VP"不能单独成句，其基本的句法功能是作主语、宾语（包括动词的宾语和介词的宾语），不受副词修饰，不作谓语，因此可以看成一种黏着的体词性短语。这已成为大多数研究者的共识。

"NP 的 VP"结构中的 NP 与 VP 在意义上形成一个表述，"NP 的

VP"作为一个名词性结构又代表一件事物,这两个特点结合在一起,使得"NP 的 VP"结构成为把一个表述事物化的一种手段(参看张伯江 1993)。沈家煊、王冬梅(2000)谈到,名词指称"事物",动词陈述事物与事物之间的"关系"。当我们需要指称"关系"的时候,就把"关系"视作抽象的事物,于是便有了动词的指称化、事物化。郭锐(2000)也指出"NP 的 VP"格式具有把陈述转化为指称这一功能。正是由于具有指称功能,"NP 的 VP"才常常可以用来作文章标题,尹世超(1993,2001)对此进行过专门的、较为深入的分析。

关于"NP 的 VP"在主语、宾语位置上实现指称功能的具体情况,还存在认识上的差异。

陈宁萍(1987)认为这种格式倾向于用作宾语,张伯江(1993)据自己的统计指出,大概是作主语的占一半左右,剩下的一半里多一半是作介词宾语的,少一半作动词的宾语。V 为光杆动词或固定格式时,作主语和宾语都是常见的,而当 V 前后带上一些附加成分,整个"NP 的 VP"结构显得比较沉重的时候,作主语的倾向就十分明显了。这种现象至少可以有两个角度的解释:其一,汉语里较为复杂的结构往往是作主语的机会比作宾语的机会多,所以越是复杂的"NP 的 VP"结构越是倾向于作主语;其二,"NP 的 VP"格式本身往往是表示已知信息的(任何一个"NV"组合,不管 N 是施事还是受事,一旦中间加上"的"字,语法上就是一个主谓短语的体词化,语义上就是一个陈述的概念化,语用上就是由新信息转化成了旧信息),汉语里的旧信息一般是不出现在主句宾语位置上的,它常占的位置是句子的主语和介词的宾语等,因此,"NP 的 VP"结构也是以作主语和作介词宾语二者为常。"NP 的 VP"结构是汉语书面语里谓词体词化、陈述指称化和标志已知信息的一种重要手段。

以下我们对"NP 的 VP"作主语、宾语的具体情况做一些分析。

"NP 的 VP"作为一种特殊的体词性偏正结构,它的整体功能的体词性不是由中心语 VP 决定的。但是,"NP 的 VP"作主语时对谓语的选择、作宾语时对带宾语动词的要求，在很大程度上是由中心语 VP 决定的。我们说在很大程度上是由中心语 VP 决定的，而没直接说完全是由中心语 VP 决定的，这意味着我们认为：代表一个"事件"的"NP 的 VP"结构，其语义核心在 VP，VP 是决定"NP 的 VP"语义选择关系的核心因素，但 VP 的语义选择关系并不完全等同于"NP 的 VP"的语义选择关系，VP 对"NP 的 VP"选择谓语、选择带宾动词的制约是间接的。在下文的实例分析中，我们可以具体看到：作主语、宾语的"NP 的 VP"结构往往可以用"NP + VP"主谓短语或"VP + NP"动宾短语替换，多半不大容易用 VP 直接替换。

1）"NP 的 VP"作主语

A. 主语表原因，谓语说明结果：

（2）他们的到来，使徽因、思成的小家越发热闹，也使原来许多停留在计划中的工作能够实施。（当代\史传\张清平 林徽因）

（3）范志毅的离开，的确使中远的后防暴露出众多问题。（新华社 2002 年 5 月新闻报道）

这类句子中，"NP 的 VP"的 NP 有施事，有受事，不管是通指形式还是单指形式，一定是"定指"的；VP 表已然情况，谓语中往往包含"使、促进、引起、导致、逼得"一类动词。有时，"NP 的 VP"作主语，谓语表主语出现后产生的效用，如：

（4）网络技术尤其是因特网的出现，宣告人类进入信息化时代，全球经济一体化成为无法改变的事实，地球村变得越来越小。（当代\CWAC\AHJ0025）

（5）虚拟教学环境的出现，为现代远程教育的发展注入了新的活力，也为终身教育提供了一个新型的开放学习环境。（当代\CWAC\AET0017）

B. 跟上一类情形相反，也有主语表结果，谓语说明原因的：

（6）政府公共支出的追加，是由于社会需要与市场的引力的作用。（当代 \ CWAC \ CMB0203）

也有谓语表现促成或从事某一事件的目的的：

（7）一般而论，隐语的使用是为了保护本集团的利益，逃避公众眼光，稳定组织和成员。（当代 \ CWAC \ AHJ0027）

这类句子中，作主语的"NP的VP"里，NP多为受事，通常都是有定的。

C. 主语表预期结果，谓语表条件：

（8）中国的发展需要和平的国际环境。（当代 \ 应用文 \ 中国的和平发展道路）

这类句子中，作主语的"NP的VP"里，NP也多为受事，通常具有特指性，都是有定的。

D. 主语表前提，谓语推论结果：

（9）出错率和故障的增多必将导致可靠性和安全性的降低。（当代 \ CWAC \ SCM0429）

这类句子中，作主语的"NP的VP"里，NP可以是施事，也可以是受事，一般是有定的，表特指，VP为未然情况。

E. 此外，"NP的VP"作为"事件"主语，其谓语还可以有表示事件引起某种反响的如例（10）；描述事件状态的如例（11）；表判断、归属的如例（12）（13）；表示评断的如例（14）。

（10）这项措施的公布受到了广大人民群众的热烈欢迎。

（11）台湾年轻人与大陆年轻人的竞争日益明显。（新华社2004年新闻稿）

（12）这些问题的出现，是前进中的曲折，不必由此而惊慌失措。（当代\报刊\1994年报刊精选）

（13）生产资料的购买多属于合同性购买，购买次数少且数量大，购买关系比较固定。（当代\CWAC\CMT0222.）

（14）群众的发展是不会按照命令行事的。它受到群众所处环境的发展的制约，因而是逐步前进的。（当代\报刊\读书\vol-004）

还有由主谓短语充当谓语的，表示对话题的说明，这种情况中，作主语的"NP的VP"往往是意念上的宾语经"话题化"而来的。如：

（15）这些难题的处理，我都同意。

总起来看，"NP的VP"作主语的句子尽管主谓之间可以有多种不同的语义关系，但有一些特征是共同的：可以说作主语的"NP的VP"都表示一个事件（已然性的或泛时性的），都可以理解为话题，可以统一称为话题主语。

上面谈到的"NP的VP"作主语的句子的几种主要类型基本上都与某种复句存在转换关系。如：

因为客流叠加，所以北京铁路客运出现高峰。——客流的叠加，造成北京铁路客运出现高峰。

从谓语的结构类型看,"NP 的 VP"主语句的谓语主要有动宾谓语、兼语谓语、主谓谓语、复句形式谓语。动宾谓语、兼语谓语中动词限于意义抽象的非自主动词;形容词性短语充当的谓语偶有所见,其中的形容词限于表异同、利害、难易、快慢等,其他动词、形容词及体词性成分一般不能作"NP 的 VP"的谓语。

2)"NP 的 VP"作宾语

能带"NP 的 VP"作宾语的动词主要有以下小类:

a. 得到 受到 博得 赢得 接受 拒绝 避免 欢迎 抵制 躲避 失去 摆脱 遭到(动宾关系表示是否承受到某主体的某一动作)

b. 加强 改善 防止 保证 破坏 促成 禁止 中断 引起 推动 干扰 有利于 有碍于 防御 削弱(动宾关系表是否促成某一动作行为的实现)

c. 有 出现 发生(客观地叙述某一动作行为或事件的发生)

d. 是 如 像(这类动宾关系表示判断、归属等意义)

e. 看 看到 听 听见 观看 观察 观赏 察觉 期待 感到 发现(宾语表示感知内容)

总起来看,可以带"NP 的 VP"作宾语的动词为数不少,不过它们有共同特点:都不是纯体宾动词,而是谓宾动词的一部分。主要是既可带体词宾语又可带谓词宾语的动词,也包括个别只能带谓词宾语的动词。① 这些动词的特点也正反映了"NP 的 VP"短语的特殊性。这些充当宾语的"NP 的 VP"短语的共同特点是都表示某种"事件",可以统一称为事件宾语。这种"NP 的 VP"充当上述"得到、失去"一类动词宾语时,NP 一般是 VP 的施事,作其他动词的宾语时没有这

---

① 詹卫东(1998a)曾指出能带谓词性宾语同时也能带体词性宾语的"真谓宾动词",一般都能带"NP 的 VP"偏正结构作宾语;只能带谓词性宾语不能带体词性宾语的"真谓宾动词",有的能带"NP + 的 + VP"偏正结构作宾语(如"受到"),有的不能(如"企图、觉得")。我们的观察结果与这一概括是一致的。

个限制，可以是施事，也可以是受事。作宾语的"NP 的 VP"中，NP 可以是有定的，也可以是无定的，VP 表示的动作行为一般是泛时性的，不表现已然未然的对立。

能带"NP+的+VP"宾语的介词也都是既可带体词宾语又可带谓词宾语的（如对于、为、随着、以、通过、关于等），这些宾语也都是事件宾语。其中的"NP"有施事也有受事。詹卫东（1998a）指出"NP+的+VP"偏正结构可以填进"在……下（上/中）"介词槽中。这种情况下，NP 都是 VP 的施事或当事。如"在群众的支持下""在时间的流逝中"。

3)"NP 的 VP"作复句的分句

（16）由于三岛文学的出现，世界所有的评论家不得不重新认真考虑对日本文学的评价了。(当代\报刊\读书\vol-115)

（17）由于命运的驱使，我与他们相处了大半年。（叶蔚林《割草的小梅》）

（18）因他的降临，我重新拥有了一片翠绿、柔软的草地。[当代\报刊\读者（合订本）]

"NP 的 VP"作分句只限于因果复句的表因分句（出现连词"由于"明显多于"因""因为"），这时，NP 可以是施事，也可以是受事，但都是定指性的，VP 表已然情况。

（3）"NP 的 VP"与"NP 的 NP"的差异

"NP 的 VP"与"NP 的 NP"都是体词性短语，都可以出现在主宾语位置上，但对组合对象的选择存在差异。

同是作主语，它们对谓语的选择有所不同，从结构上说，"NP 的 VP"作主语时谓语不能是单个的动词、形容词等，"NP 的 NP"没有这个限制；从语义上说，"NP 的 VP"作主语对谓语有特定要求，已见前文，"NP 的 NP"没有那些限制。

同是作宾语，它们对谓语动词的选择也有所不同，"NP 的 NP"作宾语，动词可以是纯体宾动词；NP 的 VP 作宾语，一般要求动词是既可带体词宾语又可带谓词宾语的。

此外，"NP 的 VP"作主语的单句多与某种复句存在转换关系，而"NP 的 NP"作主语的句子则不然。

"NP 的 VP"作主语的句子一般不能将谓语部分的词语前移变成"NP 的 VP"或 VP 的修饰语，而"NP 的 NP"作主语的句子则往往可以将谓语部分作为"关系子句"改为"NP 的 NP"或后一个 NP 的修饰语，如："他的举动令人吃惊"可以改为"他的令人吃惊的举动"。

作主语的"NP 的 VP"一般可以用"NP + VP 这件事"或"VP + NP 这件事"来替换，如："她的离开使大家很扫兴"可以说成"她离开这件事使大家很扫兴"，"新星的发现是有特殊意义的"可以说成"发现新星这件事是有特殊意义的"；而"NP 的 NP"作主语则不然。

了解了"NP 的 NP"与"NP 的 VP"的差异，我们就可以由此出发去做出判断：以下各组包含"NP 的 VP/NP"的句子中，a 句中是"NP 的 NP"，b 句中是"NP 的 VP"。[①]

  a. 她的理解不准确。
  b. 妻子的理解让他感到欣慰。
  a. 他们的发明很有价值。
  b. 指南针的发明大大促进了航海技术的发展。
  a. 她的检讨写完了。
  b. 她的检讨是因为自己也知道自己有了过错。
  a. 这一学期工作的总结符合实际。
  b. 这一学期工作的总结有利于下一步工作的更好开展。
  a. 这个经历提高了我的觉悟。

[①] 参看陈一《动名兼类词与 N 的 V/N 结构》，《求是学刊》1998 年第 1 期。

b. 这个经历促进了我的觉悟。

了解了"NP 的 VP"与"NP 的 NP"的差异，认识到"NP 的 VP/NP"的歧义性，反过来，我们也就可以更明确地认识到："NP 的 VP"中的 V 并不等于 N，不仅说它转变成了名词是不妥的，就是说它正处在"名词化"的过程中也尚需谨慎，因为"NP 的 VP"与"NP 的 NP"在共时平面是存在功能上的分工的，既然二者有不同的存在价值，我们目前还没有充分的理由认为它们将来一定会"合二而一"。"NP 的 VP"的指称化、名词化，应该不等于其中的 VP 的名词化。

2. "NP 的 AP"

"NP 的 AP"与"NP 的 VP"有很大的共性，以往主要是在讨论动词、形容词"名物化"问题时一并论述的，某些分析"NP 的 VP"的文献连带提及"NP 的 AP"，但专门的研究工作还做得很不够。据我们观察，"NP 的 AP"的构成和功能具有独立的研究价值。

（1）"NP 的 AP"的构成

1）"NP 的 AP"中的 AP

陈宁萍（1987）曾谈到：和许多其他语言一样，汉语的静态动词（指一般所说的形容词）经常以被属有的动名词形式出现在"N 的＿＿"框架中。出现在"N 的＿＿"结构中的静态动词绝大多数是双音节的，单音节的较少见。我们对《现代汉语词典》（第五版）所收的形容词进行全面考察并辅之以语料库（北京大学中国语言学研究中心语料库）的验证，结果显示，上述论断基本符合语言实际，不过，"单音节的较少见"应该理解为"单音节的明显少于双音节的"，而不能理解为"单音节的很难见到"。这里不妨先举出一些单音节形容词进入"NP 的 VP"结构的实际用例：

（1）朝阳的领导者们，在几番调查研究之后，取得共识：朝阳的穷，因山因水更因人。（当代\报刊\1994 年报刊精选\04）

(2) 如果你受不了这里的热，就滚出这厨房。(当代\口语\对话\传媒大亨与佛教宗师的对话)

(3) 他的忙，为西关换来了"全市乡镇企业明星村"等荣誉称号。(《人民日报》1993年6月)

(4) 他们已感觉不到晚凉，也感觉不到石凳的冷，泥土的潮，青草的湿，他们相互望着，思绪满怀，不知不觉中，已彼此互握着手。(当代\翻译作品\文学\悲惨世界)

(5) 这就形成他或她容颜之春花的娇，朝霞的艳。[当代\报刊\读者（合订本）]

(6) 他有人间的性格，见到你的苦，不忍心你苦，要救苦救难。(当代\口语\对话\传媒大亨与佛教宗师的对话)

就我们的考察所及，有相当一部分单音节形容词能进入"NP 的 AP"结构：

懒 馋 傻 土 洋 笨 狂 贪 脏 烦 滑 呆 乖
巧 狠 凶 愣 好 坏 忙 快 慢 软 胖 瘦 乱
美 丑 穷 饿 饱 热 冷 静 甜 苦 辣 咸 香
臭 酸 贵 贱 薄 厚 硬 鲜 白 黑 红 绿 潮
湿 艳 媚 娇 浪 色 纯 蠢 倔 高 矮 脆 难
强 平 直

多数双音节形容词能进入"NP 的 AP"结构。在实际考察、调查中，我们一时难以克服使用频率的差异以及个人语感的差异给具体统计工作带来的困难，这里只好采取分组举出较为典型的例词的方式，为下文的进一步分析提供必要的准备：

a. 正直　勤奋　勤恳　善良　诚实　忠诚　成熟　纯洁

淳朴	朴素	天真	活泼	老实	刻苦	机灵	大方
开朗	深沉	精细	顽强	能干	单纯	勇敢	坚强
软弱	脆弱	固执	顽固	保守	糊涂	任性	淘气
调皮	自负	自卑	马虎	温柔	美丽	漂亮	贤惠
英明	高明	聪明	伟大	优秀	平凡	渺小	高尚
凶残	凶狠	狂妄	猖狂	凶猛	刁钻	狡猾	无耻
卑鄙	狭隘	愚蠢	残暴				

b.
发达	贫穷	贫困	落后	雄伟	壮观	辽阔	安静
寂静	荒凉	凉爽	热闹	熟练	雄壮	单调	华丽
重要	宝贵	干燥	舒适	恶劣	艰苦	深厚	鲜艳

c.
寂寞	气愤	愤激	愤怒	痛苦	悲痛	欢乐	喜悦
欣喜	得意	快乐	快活	悲观	忧郁	诧异	紧张
孤独	自满	焦急	烦躁	焦躁	悲哀	难过	惭愧

d.
严厉	严肃	诚恳	从容	沉着	镇定	热情	爽快
客气	恳切	亲热	冷静				

a 组是表示人的品行、性情的形容词（少数也可以用于动物），b 组是表示事物常态性状或"标志性"特征的形容词，这两组一般都具有恒常性、稳定性的特征，前面列出的单音节形容词基本上可以分别归入这两类；c 组是表示人的情绪、心理状态的形容词，d 组是表示对人对事态度的形容词，后两组一般是与一时一事相联系的，不是恒常性的。前两组表示恒常性、稳定性特征的形容词进入"NP 的 AP"结构一般不能再用否定副词"不"否定。后两组虽然都不是恒常性的，但又有差别：c 组进入"NP 的 AP"结构一般不能再用否定副词"不"否定，d 组进入"NP 的 AP"结构后可以用"不"否定。对此，我们初步考虑到这样的解释，进入"NP 的 AP"结构的形容词，其谓词性普遍受到限制，而不具有主观可控性的形容词倾向于不容易被否定；具有主观可控性的形容词，相对比较容易接受"不"的否定。

有的形容词在表示恒常性特征与临时性特征方面具有两面性，它们进入"NP 的 AP"结构时，是肯定形式还是否定形式在一定程度上伴随着语义特征的"恒常性"与"临时性"的差异，可看例句：

(7) 她的谨慎是全班有名的。
(8) 这次她的谨慎有些过分。
(9) 她的不谨慎让自己吃了苦头。

"AP"是肯定形式的例（7）（8）分别体现恒常性特征和临时性特征两种情况，"AP"是否定形式的例（9）表现临时性特征。

进入"NP 的 AP"结构的 AP 还可以是两个形容词组成的联合短语，联合短语可以是包含连词的组合式，如例（10）（11）（12），也可以是不用连词的黏合式如例（13），不限于并列关系，也有选择关系的，如例（14）。例如：

(10) 从他们的话里，我可以感到他们的喜悦和自信，感受到他们对自己所走道路的自豪感。（《人民日报》1995 年 12 月）
(11) 虽然我远在北京，依然可以想象出他们的兴奋和激动。（余华《在细雨中呼喊》）
(12) 初到山区，小镇的荒凉和闭塞使张雪峰感到震惊：没有一家乡镇企业，没有一条像样的街道……（《人民日报》1995 年 1 月）
(13) 欣赏她的踏实勤奋，她的一专多能，还有她永不满足的那股劲儿。（当代\报刊\1994 年报刊精选\11）
(14) ……不认识人或事物的伟大或重要。（当代\应用文\倒序现汉词典）

由上面的实际用例可以看到，进入"NP 的 AP"结构的都是性质形容词，没有状态形容词。而且，性质形容词经常以光杆形式出现，不带程度状语和程度补语之类，不带动态助词"了"等，不能以重叠形式出现。究其原因，恐怕是由于那些使形容词"有界化"的语法形式与"NP 的 AP"实现的指称功能难以相容。"NP 的 AP"中的 AP 可以受"不"否定，不能受"没"否定，大概也是因为前者不至于改变整个结构的无界性、指称性，而后者则与此相抵触。这里，我们也可以看到，"NP 的 AP"与"NP 的 VP"的情况有同有异，相同的是都不采用那些"有界化"的语法形式，不同的是，有相当多的动词，光杆形式不能进入"NP 的 VP"格式，变成复杂形式才能进入（参见詹卫东 1998b），而"NP 的 AP"中，性质形容词经常以光杆形式出现。这里，形容词与动词的不同，应该是它们的配价要求不同所致（如及物动词对配价成分出现要求较高的就不能以光杆形式进入"NP 的 VP"格式）。这一差异可以使我们想到：动词、形容词进入体词语法位置实现指称功能应该都是以满足其基本的配价要求为前提的。

有一小部分性质形容词不大容易进入"NP 的 AP"结构，主要是那些意义宽泛、不代表某种人或事物性状特征的形容词。如：

平常　正常　突然　偶然　意外　一般　广泛　彻底　显著
相似　明显　合适　妥当　关键　有用　有名　有效　外行
内行　好听　好看　好玩儿

2)"NP 的 AP"中的 NP

进入"NP 的 AP"结构的 NP 可以是单个名词如例（12）等，代词如例（10）（11）（13）等，也可以是多种名词性短语如例（16）等，有的是单指形式，有的是通指形式，一定是"定指"的。我们可以进行实例比较：

（15）她要用北平文化中的精华，教日本人承认她的伟大。

(老舍《四世同堂》)

（16）母爱与女性的伟大，在与丈夫离异后的下岗女工孙丽英含辛茹苦地用心培育残疾儿子的平凡生活中得到充分体现。(《人民日报》2000年)

（17）一个人的伟大、完美可以使人自卑、泄气。同样，一个人的平庸和缺陷也可以使人自信、振奋。(王朔《我是你爸爸》)

例（15）中的"她"、例（16）中的"母爱与女性"都是定指形式，整个句子都没有问题；例（17）中的"一个人"为不定指形式，句子的可接受性就打了折扣。

(2) "NP 的 AP" 的功能

与"NP 的 VP"结构一样，"NP 的 AP"也不能单独成句，其基本的句法功能是作主语、宾语（包括动词的宾语和介词的宾语），不受副词修饰，不作谓语，因此可以归为体词性黏着短语的一类。

"NP 的 AP"结构中，NP 与 AP 在意义上形成一个表述，整个结构作为一个名词性短语又具有了代表事物的功用，两种因素综合在一起，促成"NP 的 AP"结构成为把一个表述事物化的手段。

1) "NP 的 AP" 作主语

（18）她的漂亮仍是遮不住的醒目。(当代\电视电影\中国式离婚)

（19）法国人的浪漫远近闻名，但什么是法国式浪漫呢？(新闻\新华社 2004 年)

（20）他的善良、他的朴实正好被投机者所利用。(当代\1994 年报刊精选\01)

（21）这种中国劳动妇女的淳朴善良，在知识妇女身上就不那么明显。(潘虹《潘虹独语》)

（22）她的美丽透过黑纱辐射四方，人们隐约看得见黑纱里

朦胧而灿烂的微笑。(路远《白罂粟》)

(23) 女人的聪明，有许多不可及处，一根棉线，一下子就能穿入针孔。(梁实秋《女人》)

AP 表示人或事物恒常性、稳定性特征的"NP 的 AP"作主语，其谓语多为判断、评议性的，"是……的"格式较为常见，"是"为判断动词或语气副词的情形都有，"的"为结构助词或语气词的情形都有；其他评议性词语（能愿短语、比况短语、评议性主谓短语等）也可以充当这类谓语。

AP 表示人的情绪、态度之类非恒常性、稳定性特征的"NP 的 AP"作主语，其谓语常常是使令动词构成的兼语结构，或者溯因性的"是因为……"之类的小句形式。

(24) 她的美丽让吉尔赛那斯心中感到一阵揪痛，发出了叹息声。(当代\翻译作品\文学\龙枪编年史)

(25) 姑娘的热情使得青苗浑身上下又来了劲，心里一痛快，肚子也有了几分饿，端起饭碗就吃。(当代\文学\大陆作家\当代短篇小说1)

(26) 他的迟疑是因为不愿意接受这样的责任。(当代\翻译作品\文学\龙枪编年史)

(27) "四环"人的自信来自于他们产品的货真价实，来自于药厂身后的高科技后盾。(《人民日报》1993 年 10 月)

2) "NP 的 AP" 作宾语

a. 作动词的宾语

(28) 我们的生活不能没有梦，有梦的浪漫才有圆梦的风光。(《人民日报》1993 年 7 月)

(29) 这样，湖山才露出它们的雄壮。（冯至《罗迦诺的乡村》）

(30) 剧作突出他的才情，又状写他的无奈，笔墨是成功的。（《人民日报》1996年11月）

(31) 我真敬佩您的机智……（当代\报刊\读者合订本）

(32) 微笑这种行为，它可能表示对某人的好感，也可能嘲笑某人的愚蠢。（当代\CWAC\APT0099）

(33) 他承认实施这项法令会造成加拿大、墨西哥和欧洲许多公司的不愉快。（《人民日报》1996年5月）

能够带"NP 的 AP"宾语的动词主要有：判断动词，"有（着）、具有、拥有"之类抽象义领有动词，"显示、证明、表明"之类显现动词，"感到、想到、注意到"之类感知动词，"相信、佩服、喜欢、讨厌"等心理动词，"尊重、嘲笑、藐视、糟蹋"之类态度动词，"导致、勾起、引起"等部分致使动词。"使、叫、让"等几个一般讲的典型使令动词后面出现"NP 的 AP"，构成兼语结构。如：

(34) 为了不使自己的聪明凌驾于众人之上以至使群众产生异类感，他又有意讲述一些自己的尴尬事以示拙朴可爱。（王朔《我是你爸爸》）

b. 作介词的宾语：

(35) 这位年青的铁道卫士，以他的勇敢、机智和忠诚，守卫着首都的大门和千里铁道线。（《人民日报》1993年9月）

(36) 这是他对海的美丽的赞美，对海给予他启示的感激，也是对新的生活的呼唤吧。（曾卓《文学长短录》）

(37) 她请朱品为她画一幅肖像，想把她的美丽留在画布里。

(陆文夫《人之窝》)

（38）这孩子就以她的善良，和一颗纯真细腻的心，打动了我们每一个。(琼瑶《青青河边草》)

（39）人们的名望和值得尊敬的程度只与他们的善良相应。(当代\翻译作品\应用文\自然法典)

（40）当你踏上这片红土地，就会被它的美丽、神奇所吸引。(《人民日报》1995年11月)

（41）她被自己的冷漠吓了一跳，眼前的这个男人，她是曾经准备为他粉身碎骨……(张欣《爱又如何》)

有些句子，主语和宾语（含介词宾语）都采用"NP 的 AP"形式，显示了同一结构形式指称意义的相称性。例如：

（42）他们的强大在于他们的纯洁，人纯洁才能高贵。(张炜《柏慧》)

（43）它的自由正与它的伟大连在一起。(张炜《伟大而自由的民间文学》)

（44）中国儒家的原则本意是善良的，很可以作道德的根基，但在治理国家时，宗旨的善良不能弥补制度的粗疏。这话我相信后半句，不信前半句。(王小波《不新的〈万历十五年〉》)

总体来看，AP 表示人或事物恒常性、稳定性特征的"NP 的 AP"是"NP 的 AP"短语的典型成员，无论是作主语还是作宾语，"演员的浪漫""劳动者的淳朴""孩子的天真""大山的雄伟""狐狸的狡猾"这样的"NP 的 AP"往往都是用来凸显特定人或事物的"标志性"特征的。这与"NP 的 VP"常常用来指称一时性的事件形成对照、分工。

"NP 的 AP"也有作复句分句的，限于表原因的分句（居前居后的都有），有表示恒常性特征的，也有表示临时状况的。如：

（45）因为他的豁达乐观，缓解了我们对他的敌意。(当代\作家文摘\1997A)

（46）他们喜欢你，因为你的和善，你的开明，你的通情达理。(当代\报刊\1994年报刊精选\07)

总体来看，"NP 的 AP"充当分句的用例不多见，它也不大容易做文章标题，因而其独立性比"NP 的 VP"要更弱一些。在主语、宾语位置上，"NP 的 AP"与"NP 的 VP"可以并用：

（47）这对于社会的稳定，工业的发展，市场的繁荣，人民生活的改善，起了十分重要的作用。(《人民日报》1993年1月)

3. "N$_{施}$ 的 N$_{受}$"

"N$_{施}$ 的 N$_{受}$"是指：

（1）你的歌唱得很好。(莫怀戚《透支时代》)
（2）你的普通话说得不错，就到我的公司来当接线员吧。(作家文摘\1994B)

萧国政（1986）对"你的书（说得真好）""我的锣鼓（就敲到这里为止）"一类"定·名"结构进行了全面深入的考察，分析了这种由施事充当定语的黏着性"定·名"结构充当主语时谓语的七种情况：①VP 是动补结构；②VP 是状心结构；③VP 是 V 了；④VP 是"V 了没有"或"V 没 V"；⑤VP 是"是……的"结构；⑥VP 是不含行为动词的 VP，但可以恢复为包含行为动词的 VP；⑦VP 是一种不含行为动词的俗语说法，但可变换为与之相当的含有行为动词的 VP。

第四章　内嵌性黏着短语(下)：非定位黏着短语

有时含有这类定语的定名结构不是充当主语，而是充当宾语，然而充当宾语的句式一定以一个充当主语的句式为前提。比如：你的书说得真好，我喜欢听你的书。尽管"N$_施$ 的 N$_受$"更多出现在主谓结构主语位置，但毕竟也有用于述宾结构宾语位置的用法，因此，我们还得把它看成非定位性黏着短语。

在内部构造上，受施事定语修饰的名词前边可以加上动量性的指别结构"这场（次/回）"之类。从这一点看，在"N$_1$ 的 N$_2$"结构里，渗入了动性，可以认为，N$_2$ 兼表行为。

N$_2$ 一定得用名词，不能用动词、形容词。所用名词可以不是严格意义上的一个名词，可以是一个非自由运用的语素，可以是比词大的一个并列结构或偏正结构。如：她的婚还没结。他的网球和篮球打得好。

萧国政（1986）还指出，"N$_1$ 的 N$_2$"实际上是一种歧义结构，只有在特定语境中联系 VP 考察，才能断定其确定的含义。这又有三种情况。1. 同一形式含有跟不同动作相联系的隐蔽性施事定语。如"你的书说得真好"和"你的书听得真多"。2. 同一形式里的 N$_1$，有时代表跟动作有联系的施事定语，有时则代表不跟动作有联系的非施事定语。如"你的书说得真好"和"你的书借小王了"。3. 同一形式里的 N$_1$，分别代表跟同一动作行为有不同联系的隐蔽性施事定语和隐蔽性受事定语。如"你的相照得真好"（你给别人照相/别人给你照相）。隐蔽性施事定语和隐蔽性受事定语同形是由于汉语主动、被动同形的影响。

"N$_施$ 的 N$_受$"对进入其中的两个名词的语义属性的基本要求是，N$_1$ 应该具有施动力，N$_2$ 则没有施动力。如果一个句子所包含的"N$_1$ 的 N$_2$"中，N$_2$ 的有生无生不能确定，这个句子就可能是有歧义的。N$_2$ 在无生的意义上使用时，N$_1$ 是隐蔽性施事定语，N$_2$ 在有生意义上使用时，N$_1$ 则是非施事定语。（参见萧国政 1986）如：

（3）小李的爷爷演得好（小李扮演爷爷扮得好/小李的爷爷

扮演角色演得好）

范干良（1995）谈到特殊"名1的名2"偏正结构的语义结构关系："名1和名2是人物和角色关系"（请他的客），"名1和名2是与事和受事关系"（生弟弟的气），"名1和名2是施事和受事关系"（打他的篮球）。后一种实际上是萧国政（1986）谈到过的类型。史金生（2010）分析指出"他的老师当得好"句式是由"他当老师当得好"类动词拷贝句式经过插入"的"和删除第一个动词的句法操作形成的，可视为一种类推糅合，其动因主要是语言的经济原则。

4. "A 的 $N_专$"

（1）"A 的 $N_专$"的构成

"A 的 $N_专$"是指人称代词、专有名词前带上以"的"为标记的定语形成的体词性偏正结构。如：

a. 现在的我　眼前的她　现实中的她们　二十岁的他　十年后的我们

b. 谦虚的小王　聪明善良的小李　非常狡猾的老王
比你还要强的马小娟　旷课的他　考上清华的她
得了胃癌的他　努力学习的你们　年纪最小的小明
态度傲慢的李健　情绪不好的李校长　名誉被毁的莹莹
繁华的中央大街　喧嚣了一天的哈尔滨　冰天雪地的北极
耸立的珠穆朗玛峰　卷着裤管，扛着锄头，带着泥土气息的她（《人民日报》1995年11月22日）

a 组中充当定语的是时间名词、数量短语（表年龄的）、方位短语（表时间、方位处所的），我们记为"NP 的 $N_专$"。b 组中充当定语的分别是形容词及各类形容词性短语、动词及各类动词性短语、主谓短语、多小句组成的"复句式短语"等，我们记为"AP/VP 的 $N_专$"。

第四章　内嵌性黏着短语(下):非定位黏着短语 | 113

进入"A 的 N$_专$"结构的人称代词不限于指人的,也包括指动物、植物及其他拟人化事物的"它(们)":

（1）当你向企鹅含笑致意,娇憨的它们立即排成整齐美观的队列以示回应。(《人民日报》2000 年)

（2）稍不留意,大涨小回的它使抛出去的筹码就捡不回来。(当代\应用文\社会科学\股市宝典)

作为中心语的 N$_专$ 除单个的人称代词、专有名词,还可以是它们的等值扩展形式。如:

（3）环保工作的所谓拯救地球,其实也就是拯救地球上面的你和我,并且造福于子孙后代。(《人民日报》1993 年 11 月)

（4）正是这无忌的童言,就像那三月的春雨,给碌碌尘劳中的你我,带来了清新和温馨,使生活充满了乐趣。[当代\报刊\读者(合订本)]

（5）当时我无法看到自己的"光荣形象",可正在国内看电视转播的我妈妈,却"啪"地关掉了电视机。(当代\报刊\1994 年报刊精选\07)

（6）这样说来,就说明公共财政同我们的经济社会生活,同现实生活当中的你、我、他,我们每一个人的密切关系。(百家讲坛\高培勇\中国公共财政建设)

例（6）中的"现实生活当中的你、我、他"是虚指性的,但与其他实指性的"A 的 N$_专$"分布特征一致,可以放在一起讨论。

由上面的举例可以看到,"NP 的 N$_专$"结构中的定语与中心语只是一般修饰限制关系;而"AP/VP 的 N$_专$"结构中的定语与中心语可以构成一个表述。后一种情况,方梅(2006)称之为"谓语关系从句化"

（指将小句的谓语由陈述形式变为涉名关系从句形式、小句主语作核心名词），并将其作为汉语书面语的背景化手段之一进行了讨论，对于我们从更高的层面认识"AP/VP 的 $N_{专}$"的性质颇具启发意义。高增霞（2006）则将这种情况归入"主谓之间有篇章关系的句子"中进行统一分析。高文还特别指出：代词、专有名词作中心语的情况，尽管主要是在书面语中逐渐形成的一种现象，作为一种欧化句式，在初期也并不被接受，但现在甚至在儿童读物中，都使用了这种句式，可见这种欧化句式已经影响到了书面语的语法系统。已经在书面语的语法系统中稳定下来。

（2）"A 的 $N_{专}$"的功能

从句法功能来看，"A 的 $N_{专}$"主要用于句子主语、宾语位置，偶尔有其他用法，但不多见。

1）"A 的 $N_{专}$"充当主语

"AP/VP 的 $N_{专}$"充当主语的句子，主谓之间往往不是一般的陈述被陈述关系，而是包含复句分句间的逻辑语义关系（高增霞称为篇章关系）。具体地说，是主语中的定语与句子的谓语之间存在复句分句间那种逻辑语义关系。

通过大量相关语料的分析，我们具体了解到，"AP/VP 的 $N_{专}$"与其谓语之间的关系，有顺接性的，也有逆接性的。具体包括：

并列关系

（7）从不听别人意见的母亲经常是以自我为中心。（当代\报刊\作家文摘\1995A）

（8）从来不乱讲话的他这次仍然保持低调。（当代\1994年报刊精选\08）

递进关系

（9）生来温顺平和的她，面对困难时更是多了一份坦然（马钢《大漠孤烟》)。

(10) 已是腰缠万贯的他又开始筹谋新的发财之路了。(1995年高考作文)

(11) 原本不看重金钱、名誉、地位的王老师，现在更加淡泊了。(中学生习作)

因果关系

(12) 正值如花年纪的她也爱在训练之余穿上漂亮的衣服。《都市快报》2014年8月

(13) 靠养蜂发家致富的他，最喜欢的还是勤劳的蜜蜂。(中学生习作)

(14) 聪明的她知道治疗需要时间和支持。(当代\翻译作品\文学\心灵鸡汤)

逆接关系

(15) 要买鞋的同事只买了一双鞋，而不打算买鞋的我却一下子买了两双！(当代\报刊\作家文摘\1995B)

(16) 28岁的张凤春显然是太年轻了，然而年轻的生命却交出了一份成绩不菲的人生答卷，使这位年轻的商界女子在同龄人中卓尔不群。然而无欲无求普普通通的她却偏偏得到了命运的种种垂青。(当代\1994年报刊精选\09)

(17) 平常挺和气的你却来了火，很不客气地撵走了人家。(《人民日报》1996年2月)

(18) 外表看起来细皮嫩肉的她偏爱和泥土打交道……(新华社2001年7月新闻报道)

不管是顺接的还是逆接的，主谓之间的逻辑语义关系一般应该是可按常识来识解的，如果主语和谓语之间缺乏明显的规约性的逻辑语义关系，句子的可接受性就会打折扣。如：出生在花城的她从小就有运动的天赋。

"NP 的 N$_\text{专}$"充当主语的句子，则不包含复句分句间的逻辑语义关系，倒是往往包含两项"NP 的 N$_\text{专}$"的对照。如：

（19）难道我如浮士德一样，当真回到了那个"过去"了吗？我认识那眼睛，鼻子，和薄薄的小嘴。我毫不含糊，敢肯定现在的这一个就是当年的那一个。(现代\文学\散文2)

（20）了解中国的过去，也了解中国的现在，更了解为什么昨天的中国会变成今天的中国。(当代\报刊\读书\vol-014)

2)"A 的 N$_\text{专}$"充当宾语

宾语是对句子谓语再分析得出的下位成分，语义上处于带宾动词的控制之内，因此，"AP/VP 的 N$_\text{专}$"充当宾语的句子一般不像"AP/VP 的 N$_\text{专}$"作主语的句子那样明显包含复句分句间的逻辑语义关系，"NP 的 N$_\text{专}$"作宾语更不必说。充当宾语的"A 的 N$_\text{专}$"中，定语或是具有预设性（语境中蕴含或已被谈及），或是为后续小句提供背景信息。例如：

（21）这样一点也不像聪敏的你了。(当代\翻译作品\银河英雄传说09)

（22）那不正是我日夜思念的王蒙吗！我飞奔过去，想给他一个意外的惊喜。(方蕤《和王蒙：风雨同舟40年》)

（23）著名藏医学家强巴赤列用酥油茶、点心、糖果热情款待着远道而来的我们，挥洒自如地谈论着藏医药的今昔。(当代\报刊\1994年报刊精选\09)

（24）看着一身汗、一身泥的他，官兵们感激不已。(《人民日报》1995年1月)

第四章　内嵌性黏着短语(下):非定位黏着短语 | 117

(25) 他遣散了所有工人,走进房间,看着已无生命的她……(亦舒《红尘》)

"A 的 N_专"也可以充当介词宾语。语义特征与作动词宾语相似。如:

(26) 挫折对还非常年轻的他来说,未尝不是笔成长的财富。(新华社2004年新闻稿_001)

(27) 受了他的影响的卢克莱修,对于作为诗人的他曾给予极高的称赞。(当代\翻译作品\应用文\西方哲学史)

(28) 这时一位老工人站出来,一边痛骂他"死有余辜",一边把遍体鳞伤的他拉了出来,带到外面没有人的地方。(罗维扬《从"小胡风"到"林天津"》)

(29) 二爷或者是七爷,大抵不会再踏进芦家门了,为财是这样,若是为逃跑的她呢?她不知道。(龙凤伟《金龟》)

(30) 她暗恋的那位男生,今天参加篮球比赛时,突然回头向坐在观众席上的她微笑。她心花怒放,整晚睡不着觉。(张小娴《月亮下的爱情药》)

"A 的 N_专"还可以用于兼语结构,作前面动词的宾语、后面动词性成分的主语,如:

(31) 人生道路上的坎坷与沧桑,使生性热情开朗的她更增加了几分历练。(《人民日报》1994年)

(32) 始终学不到真正的手艺,也让作为母亲的她心里不悦。(当代\史传\窦应泰《李嘉诚家族传》)

(33) 妈妈如昙花般集聚了生命中所有的幸福微笑,使本不漂亮的她焕发出一种光彩。[当代\报刊\读者(合订本)]

"A 的 N$_专$"充当兼语成分的兼语结构,包含复句的逻辑语义关系,如例(31)包含递进关系,如例(32)包含因果关系,如例(33)包含转折关系。

"A 的 N$_专$"作定语的用例较为少见,我们在超过 2000 条的实际用例中只找到下面两个例子:

(34)她的笑声清脆、响亮,还有点稚嫩,这哪像接近中年的她的声音啊?简直就是一个童真少女的笑声。(当代\报刊\作家文摘\1997A)

(35)他听到了风琴声在楼下教室里缓缓升起,作为音乐老师的她的歌声里有着现在的笑声。(当代\大陆作家\余华)

这一情况显示:带了定语的人称代词、专有名词已不像单个的人称代词、专有名词那样容易充当"领有者",本身被修饰的人称代词、专有名词更倾向居于跟句子的核心动词直接关联的指称位置(即主语、宾语位置)。

"A 的 N$_专$"可以作补充性复说语,如:

(36)你呵,优美的你。(当代\报刊\读书\vol-136)
(37)我仿佛看见她,年轻时代的她,正挟着棉被从那仙台的红叶中……[当代\报刊\读者(合订本)]

某些文艺性语体中,"A 的 N$_专$"有独立作标题的用例。如:

《曾经的你》《同桌的你》《握不住的他》(歌曲名)
《就是溜溜的她》《痴心的我》(电影名)

为了行文方便,上面的分析中我们是把具有共同特征的人称代词和专有名词作中心语的"A 的 N$_专$"统一对待的。现在我们需要说明二者存在的差异。如果排除作"补充性复说语"和作标题这样的特殊情况，由人称代词作中心语的各种类型的"A 的 N$_专$"普遍具有较强的黏附性，不能脱离内嵌的位置自主成句，也不能单独回答问题；而专有名词作中心语的"A 的 N$_专$"则有不同的情况。试比较：

a. 天津的张子善刘青山　东汉的张衡　《水浒》中的李逵　三国的诸葛亮
b. 被处死的张子善刘青山　造指南车的张衡　那时的诸葛亮　赤膊抡斧的李逵
a. 唐代的杜甫　黑龙江的哈尔滨　英国的莎士比亚
b. 当代的杜甫　迷人的哈尔滨　中国的莎士比亚
a. 包子铺的李师傅　工会的李大娘　你们团的梁二宝　大一班的刘丹
b. 满脸煤末的马师傅　刚结婚的李小姐　身着婚纱的二妞　跑在第一的刘丹

a 中专有名词的定语是归属性的、固定性的，b 中专有名词的定语是描绘性的、比喻性的、临时性的，前者可以用来单独回答问题，后者有较强的黏附性，一般不能单独回答问题。

有些"A 的 N$_专$"结构表面相似，实际上功能有差异，如：

问：你找哪位？
答：卖盒饭的李师傅。
　　（正在）卖饭的李师傅。
　　买饭的李小宝。

"卖盒饭"如果是"李师傅"的职业性工作，"卖饭的李师傅"

可以单独回答问题;"卖盒饭"如果是"李师傅"某一时间的行为,"卖盒饭的李师傅"一般不能单独回答问题。同样的道理,"做豆腐的王老三、修鞋的孟师傅、唱歌的李玉、放羊的刘二小"等也都可以分化为两种情况。因为"买饭"通常不能是职业性工作,所以"买饭的×××"一般不能单说,不能单独回答问题。

与语言中的普通名词相比,可以说人称代词、专有名词是为了在话语中直接实现定指功能而存在的,它们充当定指性成分不需要限定性的定语来帮助,由此似乎可以反推,人称代词、专有名词所带的定语应该都是非限定性定语。高增霞(2006)就谈到:判断一个定语是限定性还是非限定性的,根据的是中心语是否定指。如果定语的中心语是定指的,定语的功能就是非限定性的;如果定语的中心语是非定指的,定语的功能就是限定性的。然而,在对"A的$N_{专}$"的考察中,我们却不能回避一些定语具有某种限定性的情况。如:

(38) 现在的他不仅满头白发,前额的发际更是后退许多。(当代\翻译作品\文学\龙枪——兄弟之战)

(39) 我在校邮局曾见过高先生一面(也是我们之间的最后一次见面),眼前的他完全没有平日精神矍铄的丰采,消瘦得令人吃惊。(1994年报刊精选\05)

(40) 生活中的他,处处都把自己当成是最普通的人。(1994年报刊精选)

(41) 夹在那厚厚的硬纸封皮的档案中的你,却可能是满身污点的另一个人。(冯骥才《一百个人的十年》)

这里,限定的需要来自同一个对象不同时期、处于不同角色、以不同的面貌呈现时的差别,这种差别的存在,使专有名词、人称代词的定指性具有了相对性,带上时间、处所词语等限定成分,其所指才得以进一步明确①。

定指、非定指并不与词语的自由、黏着直接对应,定语的限定、非限定也不与词语的自由、黏着直接对应。以定指性为其典型特征的专有名词尤其是人称代词,带上非限定性的定语,整个偏正短语倾向于成为背景信息(参看方梅,2006),而背景信息通常具有依附性,这似乎可以为"A 的 N$_专$"的黏着性提供概括力较强的解释。

二 状心结构

现代汉语中的状心结构主要包括"副词+动词/形容词""形容词+动词""时间/处所名词+动词""介宾短语+动词/形容词"等结构形式。整体来看,它们都可以构成能单说的自由形式。甚至有些动词本身是"粘状动词"——不带上某类状语不能单说,加上必要的状语成分后,整个状心结构便成了自由形式。蔺璜(1996)曾列出粘状动词:着想、自居、为首、为生、为敌、看齐、作对、相待、相称、论处、论罪、效劳、效死、效命、致敬、致贺、道别、道贺、撑腰、无干、长辞、争光等。下面举出我们的考察中发现的另外一些例子。如:

与 X 抵消　与 X 商榷　与 X 僵持　同 X 匹敌　与 X 接洽
跟 X 对峙　拿 X 撒气　拿 X 出气　拿 X 抵账　拿 X 抵押
拿 X 抵命　拿 X 凑数　向 X 问好　给 X 作保　替 X 分忧
给 X 解闷　为 X 奠基　为 X 生色

黏着的状心短语主要存在于"副词+动词/形容词"结构中。本书就目前的考察所及,对黏着的"不+动""不+形""一+动""再+

---

① 曹逢甫(2005)讲到:所谓限定性关系小句,就是指从时间、处所、领属等方面对中心语加以限制的小句,其作用是指出中心语所表示事物的范围。

形/动"等进行分析。

(一)"不+动"结构

这里,我们暂不涉及各种复杂的动词性短语受"不"否定的情况,只分析简单形式的黏着"不+动"结构。

1. "不+变化动词等"

否定副词"不"可较为自由地否定自主动词、非自主属性动词,形成的状心结构能够单说;"不+非自主变化动词"则是一种有条件的组合,只能以黏着短语的身份存在。马庆株(1988)论及"不"与非自主变化动词同现条件时就已揭示出:非自主变化动词单说时必须带着时体助词"了₁",一般不能直接受"不"否定。"变化动词受'不'否定要有一定条件。"

在马先生论述的启发下,我们做了进一步的具体考察,了解到:受"不"否定形成黏着结构的动词在语义上不尽相同,还可以细分为以下几类:

Va. 倒　塌　垮　毁　灭　熄　完　掉　爆　丢　跌　成
　　 醒　碎　陷　黄　谢　溢　裂　崩　断　死　坍　折
　　 炸(zhà)　中(zhòng,如中了大奖)
　　 丢失　牺牲　获胜　毕业　消失　失职　发生　塌架
　　 遇害　误事　相撞　遭殃　破产　问世　去世　失掉
　　 失学　迷失　失策　丧失　入迷　倒退　获取　梦见
　　 碰见　撞见　流失　走失　遗失　摔倒　变成　考取
　　 获胜　促成　倒闭　崩塌　脱落　崩溃　败露　沦陷

Vb. 流　飘　漂　淌　流传　流行　响　渗　病

Vc. 澄清　付清　点清　克服　征服　说服　辨明　证明
　　 阐明　查明　揭露　揭穿　认清　划清　分清　截断
　　 消除　打破　摆脱　战胜　推广　补正　剥夺　拆穿
　　 掉转　扭转　削弱　减弱　推倒　推翻　带动　推动

第四章　内嵌性黏着短语(下):非定位黏着短语

　　　　扑灭　吸取　听取　选取
　Vd. 苛求　玩弄　拐骗　欺骗　羞辱　欺辱　剽窃　虐待
　　　　迫害　侵占

　　Va 类动词具有［-自主］、［+变化］、［+完成］的语义特征,Vb 类动词具有［-自主］、［+变化］、［+状态］的语义特征,动词本身不单说,动词前加"不"也不能单说。Va、Vb 两类动词均属于非自主变化动词,无论是表示某一变化的完成,还是表示某动作状态的持续,它们的实现都是主观意志所无法控制的,这与通常表示"主观否定"的"不"的语义取向不太一致,使它们与"不"的组合受到限制,但两者也不是不能组合的。根据"关联标记模式"理论[1],我们认为"不"与一般的自主动词之间有一种自然的联系,构成无标记组配;"没"与非自主动词之间有一种自然的联系,构成无标记组配。一般情况这两种无标记否定均可以独立成句。一旦"不"与非自主变化动词短语合在一起就形成了有标记组配,它们的组配是非自然的、非常规的、非默认的,因此形成黏着结构,不能独立成句。

　　参考袁明军(1998)的观点,我们注意到"能显示属性功能的变化动词",如"褪色""挥发""缩水""掉色""欠""犯法""够格"等,它们既可以表示变化意义,也可以表示属性意义,受"不"否定后可组成自由的"不+VP"。

　　Vc 类动词在语义上呈现［+自主］、［+结果］的特征。从内部

---

[1] 沈家煊在《不对称和标记论》(1999)第二章指出:传统的标记理论通常只讲一个范畴中两个成员的关联,事实上许多语法范畴的成员不止两个,这种关联到两个或多个范畴的复杂的标记模式称作"关联标记模式"。如:名词的个体性跟单数有一种自然的关联,集合性跟复数有一种自然的关联,反过来名词的个体性跟复数则是非自然的关联,集合性跟单数也是非自然的关联。自然的关联是无标记的关联,非自然的关联是有标记的关联,结果是存在两个无标记配对、两个有标记配对:

	个体名词	集合名词
单数	无标记	有标记
复数	有标记	无标记

结构看，都是动结式复合词。这类词用来表示一种带结果的动作行为，从某种意义上说也就是具有有界性，不代表匀质的连续量，而是体现一种离散的量，关于"离散量""连续量"可参看石毓智（2001），这与"不"通常否定无界行为、否定连续量的特征不能构成无条件的自然组配。

Vd类动词具有［＋自主］、［＋非道义性］的语义特征，这一类动词受"不"否定不能成为自由形式，目前还缺少方便、简洁的解释。不过与相关的自由"不＋V"（如"不玩""不要求""不宣传""不看"等）联系起来考虑，我们似乎可以找到继续探求的线索：单说的V和不V一般构成祈使句或意志句，比普通陈述句中伴随其他同现成分的V和不V具有更强的主观可控性，而做与不做的选择，固然首先决定于要求者或施动者的主观意志，但也受到社会道义评价的约束，中性的V和不V的自主选择不与社会道义抵触，因而不受限制；可是具有［＋非道义性］语义特征的行为，按社会道义原则来看，是不可选择的不应有行为，因而以祈使句或意志句形式单说受到限制。至于在客观叙述已经做或没有做的已然陈述句中充当谓语则不受此限制。

总的来看，因为"不"在通常情况下是用来否定主观意志、否定连续量，而Va、Vb、Vc、Vd几类动词或是具有非主观性，或是不代表连续量，或是另有语用方面的原因，不能自由受"不"否定，但并不是根本不能受"不"否定，只不过"不"否定这些动词形成的状心结构是以黏着形式存在的。如：

（1）做到了金钱买不动，威胁吓不倒。（《人民日报》1996年4月）

（2）亨特显然受到强烈麻醉剂的影响，所以怎么也叫不醒他……（当代\翻译作品\文学\福尔摩斯探案集07）

（3）她经常发烧，一病就是四五天，不病也是郁郁沉沉，发不出个爽快的笑。（池莉《你是一条河》）

（4）不认清这一点，抓经济效益、抓扭亏增盈、抓限产压库就难以落到实处。（当代\报刊\1994年报刊精选\01）

（5）……改为"不调戏妇女""不虐待俘虏"。（当代\应用文\议论文\邓小平文选2）

2. "不+动+着（宾）"

典型的黏着"不+动+着（宾）"如：

不听着　不看着　不站着　不躺着　不锁着　不开着
不拿着……

李临定（1990）指出："'动作动词+着'单独不能有否定式，但当'动词+着'后边有其他成分时，也可以有否定式。"通过进一步考察，我们觉得可以对上述说法做一些调整，即："不+动+着（宾）"一般情况下是黏着形式，需借助一些同现成分方可构成句子，其中的同现成分有的在后，有的在前，有的是前后都要有。例如：

（6）她的同学回忆说，"很少看见她手里不拿着书的。"（当代\报刊\读书\vol-020）

（7）你怎么不听着/不看着/不站着/不躺着/不锁着？

（8）最重要的禁忌就是心不在焉，不看着对方，不吭气，表情呆板，不言不语，眼神他顾，心不在焉地握手。（百家讲坛\金正昆谈礼仪之握手礼仪）

（9）每天在楼下锻炼完回家，他就扫地、擦桌子，一点儿不闲着。（当代\应用文\健康养生\给老爸老妈的100个长寿秘诀）

（10）既然他跟那个女的认识和怀孕在先，为什么逃跑的时候不带着那个女的而是选择了她？（当代\口语\对话\女记者与大毒枭刘招华面对面）

(11) ……但它自身却不能不带着农民革命战争的色彩与封建的局限和烙印。(当代\报刊\读书\vol – 148)

(12) 沈二哥夹着那卷儿自由呢，几乎是随便的走，歪着肩膀，两脚谁也不等着谁，一溜歪斜的走。(现代\文学\老舍短篇)

大概是由于动词带上"着"后，意志性、自主性被弱化，突出呈现状态性、持续性，所以便不再自然地接受"不"的否定，"不+动+着（宾）"才只能作为黏着形式存在。包含黏着"不+动+着（宾）"的句子，有假设句、反问句、惯常句、双重否定句、连锁句，都不是一般的事件句。

3. 黏着"不+动"的分布

在单句中，黏着"不+动"可以出现在主语、宾语、补语位置，但各有一定条件限制。

1) 黏着"不+动"作主语

(13) 人吃五谷杂粮，哪能不生病？生病是绝对的，不生病是相对的。(当代\应用文\健康养生\给老爸老妈的100个长寿秘诀)

(14) 平时我们没时间老看着孩子上网，不看着又不放心，现在有了这个防黄软件，就能放心让孩子独立上网了。(新华社2004年8月新闻报道)

(15) 资都投到感情上了，不倒闭才怪呢！(《人民日报》1998年1月)

黏着的"不+动"作主语对谓语有限制，不能是光杆动词形式，常常要求"是""意味着"这样的关系动词，也可以是形容词、能愿动词。

2）黏着"不+动"作宾语

（16）坚持锻炼身体可以保证你不得病。（口语记录）
（17）她希望永远不生病。（口语记录）

"不得病""不生病"之类都是黏着的，它们作宾语，谓语必须是像"保证""希望"这样的真谓宾动词，它们主要表示意志、愿望等。

黏着"不+动"也可以在宾语小句中作谓语。例如：

（18）严禁对疫区的禽类动物及其产品流出疫区，确保疫情不扩散。（新华社2004年新闻稿）
（19）蛋白质纯化操作必须在低温条件下（4℃）进行，并加入蛋白酶抑制剂以保证蛋白质不发生降解。（当代\CWAC\SBL0395）

能带这一类小句宾语的动词较少，以"保证、确保"类为代表。

3）黏着"不+动"作补语

黏着"不+VP"可以充当可能补语，还可以充当结果补语、情态补语。充任补语的主要是"不+非自主变化动词"，能带这类补语的动词有自主动词，也有非自主动词。例如：

（20）原来在喝酒时，趁着混乱之机，他把酒都洒在上衣上了。这样，他不仅喝不醉，还把主人的酒带回家里。（当代\史传\李文澄《努尔哈赤》）（可能补语）
（21）中国度量是够大的，这点小风波吹不倒我们。（当代\应用文\议论文\邓小平文选3）（可能补语）
（22）大夫把他的腰治得不流脓了。（结果补语）
（23）一场秋雨随着冷风，一阵紧似一阵地落个不停。（新华

社 2004 年新闻稿_ 004）（情态补语）

4. 在疑问句中，黏着"不+动"可以居于谓语中心位置

（24）那么破旧的屋子为什么不倒（呢）？
（25）今天练习册怎么不丢了？
（26）她为什么不站着（呢）？
（27）革命，还能不流血？（吴强《红日》）

　　单句中黏着"不+动"所在疑问句可以是有疑而问的特指问，如例（24）（25）（26），这种问句中的疑问词"为什么""怎么""为何""如何"，传达疑问信息，因而也就决定了答语的内容是"不+VP"的原因、方式和情态。

　　黏着"不+动"还常出现在反问句中，如例（27）。反问句虽然采用疑问形式（如疑问代词和句末语气词）来表达，但实际上它是以对一个事实的确认为前提的，且反问手段的使用意味着对句子字面意思的主观否定。大概正是这种前提性、主观否定性使得反问句具备了一些一般肯定陈述句所不能实现的功能。反问句可以容纳通常不直接出现在陈述句谓语部分的黏着结构这一情况，也从一个侧面反映出一般单纯着眼于结构的句型分析的局限性，体现出对这种黏着"不+动"结构的分布进行独立考察的意义，它提示我们要把句法构造类型的研究与句类研究密切结合起来。

　　值得注意的是：通常情况下黏着"不+动"很少用于有疑而问的正反问句和选择问句。这是因为正反问是用谓语（或谓语中心词）肯定和否定叠合的形式进行提问，"V不V"是自由"不+动"的常用疑问形式，而黏着"不+动"一般没有这种肯否相叠形式。至于选择问句，问句中也要提出两种或两种以上情况，而多数黏着"不+动"不能在简单陈述句中存在，无法作为独立选项提出，所以在最简形式的选择问句中很少见到黏着"不+动"。

有些黏着"不+动"也可以在惯常句中居于谓语中心位置。

(28) 她从来不得病……｜我从来不得病……（当代\ 文学\ 翻译作品\ 安徒生童话故事集）

（二）"不+形"结构

许多语法书中有"动词、形容词都可以用'不'否定"的表述。石毓智（2001：126）则提出，一部分形容词"是语义程度极高的词，根据自然语言肯定和否定的公理，它们都只能用于肯定式，不能用于否定式"。书中举出的形容词包括①：

伟岸	漫长	肥胖	粗壮	巨大	遥远	短暂	长久	辽阔
深邃	美妙	细微	崎岖	高峻	沉重	异常	稀疏	熟稔
冗长	嘹亮	高亢	陈旧	奇巧	消瘦	繁密	艰险	简易
优秀	绝妙	剧烈	刁滑	显达	纷繁	凶恶

这些形容词究竟是根本不能受"不"否定，还是用"不"否定受到限制，需要某种条件？这是一个关乎否定、程度、性状多个语义语法范畴的重要问题，是一个应该仔细考察、慎重对待的问题。

石毓智（2001：130）在分析中谈到，一个形容词受程度词修饰的可接受性与它受否定词"不"否定的可接受性是一致的：如果一个词绝对不能用程度词切分（指可用"有点、很、最"分别修饰——引者按），那么它一定不能用"不"否定；如果一个词有时也可以用程度词

---

① 我们按"受'很'修饰而不能带宾语的谓词是形容词"的标准来鉴定形容词（参看朱德熙1982；陆俭明2003a）。石毓智（2001）所举的例子中还包含有区别词（摩天、崭新、稀有、首要等）、代词（一切、所有）、状态词（溜尖、溜圆、溜光、棒硬、飞快、闷热、神速、通亮、冰凉、滚烫、通红、喷香），通常只能出现在某些四字格中的功能受限词（玲珑、万端、夺目、空前、万能、火急等），我们认为不应笼统地作为形容词来讨论。

修饰，那么它加"不"否定也是可以被部分地接受的；如果一个词可以自由地为程度词序列所修饰，那么它也可以自由地用"不"否定。

　　为了验证上述论断的可靠性，我们对《现代汉语词典》（第5版）中所收典型的形容词（受"很"修饰而不能带宾语的谓词）进行了系统的考察。经过考察我们了解到，形容词对"不"的反应的确是存在差异的，这一差异与形容词对程度词的不同反应也的确是密切相关的。但是，就严格意义上的形容词来说，与其说有一部分根本就不能受"不"的否定，不如说它们用"不"否定受到限制或在一定条件下才能实现，换句话说，实际的情况是，有一类"不+形"不是自由的，而是黏着的。

　　一般地说，既能受高程度词（很/非常/最）修饰又能受低程度词（有点儿）修饰的非定量形容词可以自由地受"不"否定，这种不受限制的"不+形"结构可以单说，如：

不高　不大　不傻　不慢　不特殊　不难看　不可笑
不任性

　　只能受高程度词修饰而不受低程度词修饰的形容词（可称为高程度形容词）不能自由地受"不"否定，但并非不能用于否定式，这类形容词构成的"不+形"一般可以作为黏着形式进入"S+并+不+形"构式。例如：

　　（1）人真正的一生并不漫长，也就是五六十年、六七十年，而有效的生存年龄则更短暂。(1994年报刊精选\08)
　　（2）作家往往就是这个样子。这是一种并不潇洒的职业。它熬费人的心血，使人累得东倒西歪，甚至像个白痴。[当代\报刊\读者\读者（合订本）]
　　（3）我不得不一次次想象离我并不遥远的历史和人物，比如父亲、母亲、外祖父和外祖母、林中老爷爷……（张炜《柏慧》

(4) 这一天并不遥远。(张炜《柏慧》)

(5) ……身体粗壮但并不肥胖,她的下鄂很发达也很壮实,所以她的脸也就有些大了。(当代\翻译作品\文学\简·爱)

(6) 蔡世乐突然向医生伸出两条并不粗壮的胳膊:"医生,输我的,我俩血型一样!"(1994年报刊精选\03)

(7) 遗憾的是庐山会议上那场猝不及防的政治风暴结束了她的并不短暂的外交生涯……(作家文摘\1996B)

(8) 欧洲人都指望着他们能破天荒地从美洲大陆夺杯而回,但目前的情况并不美妙。(《人民日报》1994年)

"S+并+不+形"构式可以独立成句,更多的时候是充当分句,也有进入定语从句的。

关于语气副词"并"的作用,不少论著概括为"加强否定语气",胡勇(2006)提出不同看法,认为"并"的主要功能是激活所在否定句的"先设",并对其进行反驳。我们的认识与胡文相近:"并"可看作元语否定的标记,表示对语境中存在的一个命题(某种"共识"、某一说法)的否定。

构成黏着"不+形"结构的高程度形容词远不止石毓智(2001:126)所列的那些,这里可以再举出一些:

高贵	奇妙	激昂	悲痛	悲愤	豪迈	深厚	耀眼	幸福
平坦	吃惊	伤心	强大	远大	悠久	雄壮	荒谬	隆重
激烈	广阔	坚硬	宁静	凶猛	甜蜜	高超	壮烈	渺小
正确	古老	美好	辉煌	宏伟	美丽	崇高	繁荣	庞大
自豪	坚韧	高尚	伟大	忠诚	忠实			

按照关联标记理论,我们可以认为,"不"的级差性与非定量形容词量的连续性存在自然的关联,因此"不"与非定量形容词构成无

标记组配;而"不"的级差性与高程度形容词的定量性缺乏默认的关联性,因此二者构成有标记组配。可以表示为:

    非定量形容词   高程度形容词
不 无标记组配   有标记组配

这一情况与"不+动词"结构中"不+自主动词"构成无标记组配(自由形式)、"不+非自主变化动词"构成有标记组配(黏着形式)的情况具有平行性。了解这一情况,有助于我们深化对汉语谓词性成分内部差异、否定句内部差异的认识,也有助于加强不同语义语法范畴之间关联性的研究。

(三)"一+动词"结构

下面各例中加点部分都是"一+动词"形式:

(1)不管它画的是什么内容,一看就让你在心底惊呼,这才是人,这才是生命。(余秋雨《莫高窟》)

(2)岳阳楼值得一看。(汪曾祺《湘行二记》)

(3)回去后,我把情况一说,张艺谋比我还高兴,催我当天晚上就去公社办理手续。(肖华《我和张艺谋的友谊与爱情》)

(4)"就那么一说吧?你不工作了?净陪我老婆子逗闷子了?"(王朔《刘慧芳》)

(5)毛泽东微微一笑,"欢迎!"说着站了起来。(修来荣《陈龙在重庆谈判的日子里(中)》)

(6)她微微一笑,这次没有咧嘴,仅是微微一笑……(玛格丽特《失去的莱松岛》)

"一+动词"结构看似特殊,实际上使用很普遍。王力先生《中国现代语法》、吕叔湘先生《中国文法要略》就曾分析过动词前面的"一"。詹开第(1987)讨论口语里两种表示动相的格式,其中分析到"一+动词"的基本意义。殷志平(1999)专文考察动词前成分"一",

对前人的研究做出补充。这些文献中比较接近的认识可以综合为："一+动词"表示动作、变化过程短暂；该动作后达到某种程度、结果、状态，或紧接着出现另一种动作或情况。殷志平（1999）认为，动词前加成分"一"是古汉语中用在动词前表动作次数的成分在现代汉语中的延续和发展，其基本作用是表示动量，具体说是表示一次动量（时间或次数）中动作产生的结果。把"一"放入表事件的语流中，它有表示句子事件的情状类型的作用，标示动作进入起始点，类似一种体标记。

"一+动词"结构不能独立成句，通常要与前面或后面的其他词语组合后才能构成独立的句子。

能够后置的"一+动词"不太多，多半用于能愿动词后（值得一听/说/看），有的用于"就是/只是"之类限止成分后（就是么一说/只是一笑），有的用于某些真谓宾动词后（难免一死）。

多数情况下，"一+动词"是前置的，其后通常出现另一个动词短语，二者合起来构成一个连谓句、紧缩句或复句。

殷志平（1999）将"一V"与后续动词短语的语义关系具体归纳为以下几种。

1. "一V"表动作，后续成分表动作的结果、得出的结论或达到的状态。

2. "一V"表动作，后续成分表动作行为达到的程度。

3. "一V"表动作，后续成分表示进入一种状态。

4. "一V"与后续小句表示两个紧随的动作。

5. "一V"表条件或假设，后续成分表示结果。

吴春仙（2001）另外概括出一种情况："一V"通过人物的短暂动作来描写人物的姿势、表情、心理情绪等，后续小句表示在这样的情态下完成的行为。

殷、吴两文分析了大量的实例，我们这里就不再重复举例分析了。

方梅（2002）讨论"这""那"的语法化问题时涉及"一+动

词"格式的用法特点,概括了几个方面:用于这个格式中的动词都不能带"了₁""着""过";句法上不自足;可以出现在典型的谓宾动词之后(准备一搏/决心一死/难免一伤)。方文进而指出"一+动词"不表现内在的时间过程,不参与事件的叙述,不具备典型谓词性成分的属性,是一种弱化的谓词短语。这类弱化的谓词格式前面很容易加上"这""那",用来指称某种行为(那一哭……),前面还可以加人称代词(她那一哭……),更进一步,指示词可以直接加在动词前,构成"人称代词+指示词+动词"的格式(她那哭太好使了……),再进一步,指示词可以直接加在动词或形容词之前,构成"指示词+动词/形容词"(如:这上山是怎么回事?)。可以看到,"这一V""这V"也都是黏着形式。

(四)"再+形""再+动"结构

1. "再+A"可以用于多种句式,要而言之,可分为伴随前成分同现和伴随后成分同现两种情况。

伴随前成分同现的,用于"比N再A"格式、"A+得+不能+再+A+了"格式。

用于"比N再A"格式,"比N再A"仍是黏着的,如"比这个再大就超标了""没有比他再调皮的了"。上述用法都出现在否定句。

用于"A+得+不能+再+A(了)",意为"A到极点"。前后两个A是同一形容词,以单音节为多,也可以是双音节的,如"热得不能再热了""热闹得不能再热闹了"。

伴随后成分同现的,用于"再A不过了"格式、"再A也……"格式。

"再A不过了"格式相当于"最A了",带有较强的主观性,如"再合适不过了"。

"再A也……"等于"即使……也……",表示让步假设。如"再热也要坚持下去""再聪明也得努力"。

2. "再+V"视其所表示意义的不同有不同情况。吕叔湘先生主编的《现代汉语八百词》把动词前的"再"的用法分为两种：①表示一个动作的重复或持续。②表示一个动作将要在某一情况下出现，包括某一时间出现，或另一动作结束后出现。马希文（1985）讨论了跟副词"再"有关的几个句式。陆俭明（1988）则提出区分实际的重复（已然实际行为动作的重复）和空缺的重复（表示原计划或预想要进行、发生而由于某种原因未能进行、发生的行为动作的重复）。我们采用陆先生的提法，根据对自足与否的观察分别说明一下不同的情况。

表示实际的重复（包括持续）常常采用"再 + V + 动量/时量"形式来表达，如：

　　再去一趟　再看一下　再玩一会儿　再写几遍　再躺五分钟

"再 + V + 动量/时量"结构的自足性与主语密切相关。"再"的未然性，与意志、祈使相匹配。意志与第一人称主语是无标记匹配，祈使与第二人称主语是无标记匹配，因此，表意志的"我再 V + 动量"、表祈使的"你再 V + 动量"是自足的；而"他再 V + 动量"则构成非自足形式（只能充当先行性假设小句、条件小句）。这里，我们看到，同样的动词短语，进入不同的句类，与不同的人称代词组配，形成不同的句法后果。

在对话条件下，作为祈使句的"再 + V + 动量"形式，有时也可以省去"动量/时量"成分，直接说成："再看！""再去！"

表示空缺重复的"再"入句，通常要采用"表时词语 + 再 + V"形式，如：

　　下午再看　下个月再来　喝点水再写　看完电视再玩

可以清楚地看到，表示空缺重复的"再 + V"是黏着形式。

三　述宾结构

（一）"V个N"

述宾结构的"V个N"有两种不同的情况，我们可就下面各组例句中的a、b做比较：

(1) a. 甲：你干什么？

　　　乙：找个人。

　　b.（这地方，）找个人也这么麻烦！

(2) a. 甲：你吃点什么？

　　　乙：吃个芒果。

　　b. 吃个芒果要从海南运过来。

(3) a. 你在他本子上写个字。

　　b. 这儿不让人家写个字？

a中的"V个N"是"V一个N"省去"一"形成的，都可以添上"一"，都可以单说；b中的"V个N"则不是"V一个N"省去"一"形成的，不能添上"一"，也不能单说。这里要讨论的是后一种情况。

上面的例子里a中"V个N"的"个"较之"V一个N"的"个"表量意义已经有所弱化（由交代具体数目到不强调具体数目，已倾向显示"少"的虚量意义），而b中"V个N"的"个"较之a中"个"发生了进一步虚化：不再表示"N"的物量（前面连"一"都加不上），而是作用于整个"V+N"，显示这一行为的"分量之轻"。我们说它不再表示"N"的物量的最直接证据是，有大量的b类"V个N"中的"个"已不受N的控制（即脱离了该名词的语义选择要求），如：

(4) 人闲得着急了，总要找个事做吧？（《人民日报》1995年10月）

(5) 因为当地的习俗大家要喝个酒，不好拒绝，那么大家一起来喝这瓶酒是可以的……（百家讲坛\《世界遗产在中国》）

(6) 饿了，找个干净饭馆吃个饭，有什么过分？想要在吃饭时显示你有钱才过分。（王晓波《东西方快乐观区别之我见》）

(7) 坐个车也这么挤！

(8) 看个书也看不消停。

(9) 写个论文得累够呛。

(10) 坐个飞机就高兴成那样！

(11) 喝个水还用你管着了？

上述例句中的"事、酒、饭、车、书、论文、飞机、水"之类名词都是不能论"个"的，尽管汉语量词演变中出现了"个化"现象，量词"个"似乎还有进一步"泛化"的倾向，但也没有"泛化"到这些名词上。实际上，在这些句子中，"V个N"的"N"根本就不是被量化的名词，而是一种通指性成分，因此它前面的"个"也就不再起"限量"作用，而是虚化为一种通指标记，同时在一定程度上显示了整个述宾结构的"非句化"特征（后面将进一步具体说明）。

前面举出的都是"V个N"前置的例子，例（4）是居于连动结构前项，例（5）—（11）都是居于主谓结构主语的位置。"V个N"也可以是后置的，居于连动结构的后项，如例（12）（13），或处于主谓结构谓语（或谓语中心）的位置，如例（14）（15）。

(12) 她跑了这么久一定会想去喝个水的！（当代\翻译作品\文学\罗德岛战记）

(13) 找个地方一起吃个饭，有什么不可以的？

(14) "咋的了？老汉儿。你跟人家一起吃个饭，结论就出来

了?"(莫怀戚《透支时代》)

（15）我说中午我们一块吃个饭，当然中午呢也要了一瓶白酒，帮他们驱驱寒。（百家讲坛\2003年5月29日）

吕叔湘（1984）、李宇明（1988）、李炜（1992）曾分别指出此类结构中的"个"具有轻巧、随便等特殊语义功能。陈一（2007）分析道：这些不能单说的"V个N"是用来表示在"重要/郑重程度""力量付出需要/难度"的语义量级中处于低端的，容易完成或应该容易完成的行为，其所在句子中另有其他成分来表示"谁"（主语）完成、"怎么"（"跟……""一道"之类状语）完成，或对这种容易完成的行为不能像预期那样完成而做出逆向评议（谓语），所以，这些"V个N"不能表示独立事件，具有背景性，只能以黏着形式存在。作为述宾结构，它们还保留着一般述宾短语的多功能特征，可以前置也可以后置，是不定位黏着短语。周清艳（2012）认为，这里的"个"的作用在于表达说话人对"VN"所代表的动作行为的价值小量评价，体现在事件的难易度、重要性、平常性、社会评价值、所致后果的严重性等五个方面。

作为黏着短语的"V个N"表现出一些明显的非句化特征[①]。

1. V后带时态标记的能力降低。"V个N"的V后不能带"着""过"，一般情况下也不能带"了"——V后加"了"就被"有界化"，"个"也就相应地"实化"为可以前加"一"的实义量词了，"V个N"也就不再是黏着短语，而是能单说的述宾短语了。

2. "V个N"不再能够被自由地否定。谓语位置上的黏着"V个N"一般不能直接被否定，除非是疑问句；主语位置上的黏着"V个N"根本不能有否定式。

[①] 高增霞（2005）专门讨论"非句化"，指出从句的非句化就是在小句整合过程中语义上处于次要地位的小句逐渐失去作"句子"资格的过程。在这一过程中从句往往会逐渐失去完全小句的特征，陈述性逐渐消失，事件被"类化"。

3. 主语位置上的黏着"V 个 N"非句化程度更深，它已不能再加上施事成分，只能泛指一个"轻量性"行为。

这种表轻量、泛化行为的"V 个 N"构式一经形成，就具有了较强的类化能力，不仅可以压倒词语选择性（量词与名词的语义选择关系）的要求，还把势力范围延伸到述宾式的"离合词"，使之也可以扩展为"V 个 N"结构式。如：

（16）洗个头/刷个牙要用这么长时间么？

（17）看个病排这么长时间的队！

（18）考个试至于紧张成这样吗？

（19）杨某疑惑不解地问道："为什么理个发要收我这么多的钱？"（1994 年报刊精选\04）

（20）算了吧，先睡个觉去！他把头蒙上，睡了个顶香甜的大觉。（老舍《牛天赐传》）

（21）牛老者渴望卸了责任，睡个觉去。（老舍《牛天赐传》）

（22）下班了不去干诸如喝个酒，戏个果，包个奶，赌个博，应个酬，桑个拿，唱个歌，搂个小姐打个炮……之类的事，不就有时间了吗。（当代\网络语料\韩寒博客）

（二）"V 了 N"

下面例句中加点部分都是我们要讨论的"V 了 N"：

（1）一个星期六下午他请唐小姐喝了茶回家，看见桌子上赵辛楣明天请吃晚饭的帖子……（钱钟书《围城》）

（2）吃了饭看我收拾你。（曾卓《小鲁宾逊的一天》）

（3）那人将手臂放入篮内，给了钱就离去。（余华《古典爱情》）

朱德熙（1985）、怀宁（1985）较早指出"V了N"是黏着短语。其后有不少文章不同程度地谈及这类结构，有比较具体的考察，也有解释性的分析。

怀宁（1985）说："喝药""看书"因一个虚词的加入而转化为黏着短语（"喝了药""看了书"）。沈家煊先生（2002）则指出了"V过N"与"V了N"有所不同，"V过N"能独立成句，"V了N"不能独立成句。因为"V过"只是客观地报道曾经发生一个事件；用完成体的"了"，在叙述一个过去事件的同时还表示出说话人的视角：说话人从"现在"（即说这句话的时刻）出发来看待这个事件，把它跟"现在"联系起来，比如说，因为吃了野菜，现在肚子不舒服。正因为如此，"吃了野菜"给人以话还没有说完的感觉。

侯学超（1987）初步分析了不同"V了N"结构的差异：N为单个名词，此类格式大多数是黏着短语，是不定位黏着短语。宾语非单个名词的是自由短语，如：我吃了中午饭。｜买了一本书。由代词充任宾语的V了N（你吃了它！｜他打了我。）、由一些离合词组组成的V了N（他发了财。｜她的名字见了报。）、某些宾语是施事的V了N（家里来了客人。｜他红了脸。）也是自由短语。陈忠（2002）谈到"我昨天买了书""他买了自行车"宾语没有量化成分，有界性不明确，"了"不能无条件同现，因而在句法上不自足。董晓英（2005）提到"V了N"的N由专名充任也可以是自由的（如：他打了李晓娟）。在我们看来，除宾语中带有表量成分的"买了一本书"之类可以单独回答问题，"吃了它"之类可以作为祈使句单说（这里的"了"实际上是"lou"。参看马希文1983），其他的几种情形都只是能独立作谓语，并不是独立成句，应该加以区分。陈刚、陈力坤（2008）针对沈家煊先生的相关论述，提出"有界与无界"应分为三个层面：客观实际层面、主观认知层面、语言语法层面。宾语有界不局限于宾语为指示代词、专有名词，在宾语前面加数量词，也可借助主语与宾语的关系、句意乃至宾语自身来实现。"'V+了+宾语'为粘着结构"

的命题需要进一步细化。

方梅（2013）谈到简单结构"动词+了$_1$+光杆名词宾语"不能结句问题时，指出在叙事语体里确实存在这个限制。不过，这条规律在对话里似乎也是可以突破的。例如：

甲：吃早饭了吗？　乙：要了碗馄饨。
甲：吃什么了？　　乙：要了碗馄饨。

可见，这条限制必须加上一条语体特征说明。即，在叙事语体里"动词+了$_1$"后面如果是光杆名词宾语的时候不能结句。

方文还指出：对话语体可以"救活"的非法句子也是有条件的。表时间、原因、条件的小句所受限制较少，而表状态类小句所受限制较多。

郭锐（2015）论述现代汉语谓词性成分的时间参照有两种。"内部参照"以句中的后续动作发生的时间为参照。"外部参照"以外部世界的自然时间过程中的某一时间为参照。外部参照使句子表示的状况在现实世界中定位，而内部参照只显示句子内部多个状况之间的时间关系，与现实世界的时间无关。从时间参照角度可以解释"了、着、过"的语义功能，带"了$_1$""着""过$_1$"的VP之所以不能结句，是因为缺乏外部参照。带"了$_1$""着""过$_1$"的VP要站得住，需添加给它提供时间参照的成分，如后续的VP、数量短语，或者添加外部时间参照的"了$_2$""呢"。

多位学者的研究，使我们对问题的认识渐趋全面。

附带说明，"动趋+了+宾"一般也是黏着的，需要前有主语才能独立成句，比如：老师走进了教室。｜猴子跳上了汽车。

（三）"V着N"

"V着N"中的N可以是受事，也可以是施事：

看着书　拿着本（N为受事）　　站着人　停着车（N为施事）

1. N为受事的"V着N"的自由、黏着有两种情况。

少数具体行为动词（主要是"注视"类、"携带"类等）构成表示祈使的"V着N"可以单说，如：

看着屏幕！盯着她！带着书包！拉着他！

大多数"V着N"用于陈述句，客观描述动作行为的进行或状态的持续，不能单说。

由心理动词构成的"V着N"一般要求施事成分同现。如：

他还爱着我。｜她始终思念着北京的朋友。

其他"V着N"除往往要求施事出现外，还需要有时间、语气、情态之类完句成分同现。（参见董晓英2005）如：

(1) 时间词语或后续小句，如：

小李进来时，她正刷着牙。｜她正刷着牙，小李进来了。
她拉着脸，一声不吭。

(2) 句末语气词"呢"，如：

她俩聊着天呢。｜他盯着你呢。

(3) 动词前的情态状语，如：

我默默地流着泪。｜他漫不经心地玩着手机。

2. N 为施事的"V 着 N"一般不能脱离句首的处所词语单说。如：

楼下站着两个人 | 门口睡着一只猫 | 院里长着两棵树

总体看，多数黏着"V 着 N"可以用于其他动词性成分前面，也可以用在后面，所以是不定位黏着短语：

开着车上学　　上学开着车
开着灯睡觉　　睡觉开着灯

(四)"对待动词 + 宾语"

彭利贞（2005）就"对待"类动词的黏着现象进行了专门的考察，指出："对待、对（对待义）、待（对待义）、看待、看（看待义）"等"对待"类动词语义上缺损方式、态度语义成分，在成句过程中强制地要求方式、态度等语义成分与之同现，表现出很高的黏着性。"对待"类动词的方式或态度语义成分强制地实现为句子状语或话语的述题。彭文的部分内容实际上涉及"$V_{对待}$ + 宾"的黏着性问题。为了就相同的现象说明问题的不同侧面，我们下面的分析将直接援引彭文的部分举例（出于集中、醒目的考虑，我们对较长的例子中不相干的枝节做了必要的删节，具体出处不再一一标出）。

彭文谈到，"对待"类动词所强制要求的方式、态度语义成分以状语来承载的，有：

1. 副词性或形容词性形式，如：

要恭恭敬敬地对待我的老师 | 设法使自己冷漠地看待这种情况
仍然自虐般地对待自己 | 让我们冷静地看待自己 | 一定要好好待她

永远不以嘲笑的态度对待你的每句话 | 不允许用不严肃的态度对待它

2. 代词形式

表方式、态度语义的成分是以状语性代词"这样/么""那样/么""怎样/么"来表示的，如：

必须习惯这样看待她 | 你不该这么对待我们 | 今后该怎么对待孩子 | 不管别人怎样看待她，在我眼睛里，她是个女人。

通过上述各例，我们可以看到，"V$_{对待}$+宾"都是黏着的，前面必须用上表方式、态度的状语。不仅如此，实际上"方式/态度+V$_{对待}$+宾"还不是自由形式，它们是用在体现特定情态类型的词语（"要""一定要""必须""该""不该""仍然""永远"）及致使性词语（"设法使自己""让我们""不允许"）等成分之后才构成能单说的自由形式的。

"V$_{对待}$+宾"也可以出现在主语位置，表示方式、态度的词语则作为说明出现在谓语中，谓语部分也往往包含情态成分（如"不能""不可"等）。

对待恋爱婚姻就不能当儿戏 | 对待平民百姓，不可傲慢无理 | 他待她越来越冷淡

对主语部分的"V$_{对待}$+宾"进行说明的谓语部分也可以出现"V$_{对待}$+宾"，不过要采用"像+对待+宾"形式，如：

丈夫对待她简直像（父亲）对待女儿。

彭利贞（2005）指出"对待"类动词与"虐待"类动词（优待、善待、慢待、苛待、厚待、远待、薄待、宽待、错待、亏待、虐待等）有所不同："对待"类动词表达的概念外延比"虐待"类动词表达的概念外延大，前者是对后者的抽象，在这种抽象过程中，却也缩小了内涵。所以，在表达的过程中，"虐待"类动词要自由得多，而"对待"类动词却表现出高度的黏着特征。出现这种情况，正是因为"虐待"类动词具有比"对待"类动词更丰富的语义内涵。换句话说，"虐待"类动词在成句过程中不要求与方式、态度语义成分同现，因为这些词的前一个语素本身就负载了这类语义成分。彭文揭示"对待"类动词与"虐待"类动词在是否要求方式、态度成分方面存在差异是很有意义的，但我们同时需要说明，大规模语料调查显示："虐待"类动词构成的动宾短语多半仍然是黏着的，与上面说到的"方式/态度＋V$_{对待}$＋宾"类似，往往要求某些情态、评议等成分同现才能成为独立的句子。如：

(1) 解放军不注意影响虐待幼女。（王朔《看上去很美》）
(2) 《动物管理条例》并没有关于动物福利的具体内容，只是要求爱护动物，不能虐待动物。（新华社2004年新闻稿002）
(3) 如果一位学生学业优秀，你要善待他，他可能是未来的科学家，对社会可能有所贡献。（陆步轩《屠夫看世界》）
(4) ……也因为45岁的单身汉兰斯柯伊为人厚道，能够善待前夫的子女，所以娜达丽亚第二次结婚。[当代\报刊\读者\读者（合订本）]

总体来说，尽管"对待"类动词与"虐待"类动词存在内涵上的差异因而对"方式/态度"词语的要求不同，但它们作为具有［＋对待义］特征的动词，也有要求与能愿动词等情态成分同现的共性，不像一般的动作动词那样有较大的自由度/独立性。

(五)"形式动词+宾语"

这里所说的"形式动词+宾语"是指"加以、给予、予以、进行、从事"一类虚义动词带动词性宾语所形成的述宾结构。刁晏斌(2004)曾指出"进行"类动词有的不限于带动词宾语,也可以带名词性宾语,还可以有不带宾语的用法,因而不宜看作 dummy verb 那样的"纯形式"性动词,于是着眼于"意义宽泛"的共性特征来立类,称为"虚义动词"(将"做""干""弄""搞"等也包括在内)。我们认为这样的处理有合理性,不过,从自由、黏着角度观察,"虚义动词"带动词性宾语和带名词性宾语两种述宾结构存在差异,这使得我们仍有必要对它们加以区别,因此我们将虚义动词带动词性宾语的述宾结构仍概括为"形式动词+宾语"结构。

"形式动词+宾语"结构有简单式,也有多种扩展式,如:

进行讨论　加以研究　给予帮助　予以打击
进行(了)热烈讨论　加以认真研究　给予真诚帮助
予以严厉打击

有的"形式动词+宾语"结构中宾语是动词性联合短语,如例(1),有的还可以包含双宾语,如例(2)。

(1) 劳动者申请仲裁或者提起诉讼的,工会应当依法给予支持和帮助。(当代 \ CWAC \ LRL0378)
(2) 马蒂亚尔今天谴责发生在巴基斯坦的劫持学生和教师的行为,并呼吁给予劫持者最严厉的惩罚。(《人民日报》1994)

无论是简单式,还是扩展式,一般都不能单说,它们经常在主谓结构中充当谓语(包括在后续分句作谓语),例如:

第四章　内嵌性黏着短语(下):非定位黏着短语 | 147

(3) ……他义正词严地进行驳斥。(《人民日报》1995年11月)

(4) 对藏族实行的天葬、土葬、水葬,国家也给予保护和尊重。(当代\应用文\中国政府白皮书\中国的少数民族政策及其实践)

(5) 政府加大了检查力度,对举报者给予重奖。(当代\CWAC\CEB0133)

(6) 不同语言中存在着共性成分,这是长期以来哲学家从事研究的问题。(当代\CWAC\ALE0038)

例(3)"进行驳斥"带上情态状语后在主谓句中作谓语,例(4)的"给予保护和尊重"及例(5)的"给予重奖"是居于引入对象或与事成分的介词短语后充当谓语中心,例(6)是在作定语的主谓小句中作谓语。

有时,句子的主语可以不出现,但"形式动词+宾"结构前面还是要有能愿动词或副词及引入对象或与事的成分同现,如:

(7) 这就要求对犯罪的客观要件进行具体分析,科学定性。(当代\报刊\1994年报刊精选\09)

上面的用法都属于后置的情况。"形式动词+宾语"结构也有前置用法,即充当主语或后附"的"作定语。如:

(8) 进行更新需要有新的技术力量。
(9) 进行改革需要建立坚实的群众基础。
(10) 从事销售最吃香。(当代\报刊\市场报1994年)
(11) 有一家从事销售的企业公司,每当向客户订货时,一定先去调查对方公司的工会组织。(当代\应用文\哈佛管理培

训系列全集\ 第 13 单元）

（12）在商品社会中，专门有一批经营借贷业务的企业，就是从事借贷的金融业，主要是银行。（当代\ 应用文\ 中国儿童百科全书）

总体来看，"形式动词 + 动词性宾语"结构具有语用上的"正式性"特征，这就要求它们通常要出现在结构完整的句子中，"形式动词"虽然要求其宾语动词不再带宾语，但宾语动词的受事成分通常要借助介词在该动词前面出现，有时还要求与事成分出现，换句话说，使用"形式动词 + 动词性宾语"结构的语用取向不是简省而是郑重周密，这大概可以看成这种述宾结构具有黏着性特征的原因。姜自霞、丁崇明（2011）由留学生偏误现象出发，认为"进行"类虚义动词也是一种完句成分，主要是着眼于"对……探讨/宣传/惩罚"不能成立，说成"对……进行探讨/宣传/惩罚"才能成立。这种情况与"对 + 受事"介词短语对所修饰动词性短语的选择要求直接相关，并不表明未受"对"字短语修饰的"形式动词 + 宾语"本身是自由形式。

（六）"动词重叠式 + 数量 + 名词""不 + 动词 + 数量 + 名词"

吕叔湘先生（1983）谈到抽象公式具体实现的限制问题时提到下面两种句法结构：

（1）"动词重叠式 + 数量 + 名词"构成的动宾结构。
　　（*）今天要谈谈两个问题
（2）"不 + 动词 + 数量 + 名词"结构。
　　（*）今天不谈两个问题
　　（*）这个月不演三场电影

陆丙甫（1984）明确指出它们都不是不成立而是不自由的句法组

合。对于"动词重叠式+数量+名词"的不自由,我们感到可以从动词重叠式具有构成可控事件的特征因而不大能与不定指称分构成无标记组配来解释①。对于用"不"否定的动宾结构排斥数量词的原因,石毓智(2001)从否定与量的关系角度进行了分析,沈家煊先生(1995b)则用"有界/无界"的观念做出了更有说服力的解释。"没"专门否定有界成分,而"不"专门否定无界成分。正是由于"不"的这一性质,所以"(*)今天不谈两个问题"和"(*)上星期不上四节课"这种带数量宾语(有界名词)的句法结构是不自由的。把"不"换成"没","今天没谈两个问题"和"上星期没上四节课"就都可以说了。

(七)"动+补+宾"

"动+补+宾"可简写为 V+C+O,包括动词带结果补语后面带宾语、动词带趋向补语后面带宾语形成的述宾结构。下面例句中加点部分的 V+C+O 都是黏着形式。如:

(1)你若是告诉他们,日本鬼洗完澡把水喝了,他们都得照方儿办……(老舍《浴奴》)

(2)当我写完那部小说的时候……(当代\口语\对话\女记者与大毒枭刘招华面对面)

(3)10来分钟就可以办好手续开走车。(新华社2004年新闻稿_001)

(4)万选蓉从抽屉里拿出一封信给我看。(1994年报刊精选\02)

(5)要做到这一点,就必须坦率地和不带偏见地总结历史教训,拿出勇气面对真理。(《人民日报》1994年第3季度)

(6)里边只有一点水,还掉进去了许多灰土。(刘流《烈火

---

① 陈立民(2005)指出动词重叠表示事件是可控事件。动词重叠形式可以跟定指成分、无指成分连用,但不能与作为有指成分的不定指成分连用。

金刚》)

朱德熙先生（1985）提到 V + C + O 黏着形式。陆俭明（1988）和其他几类述宾结构联系起来做了统一考察（见下一小节）。

（八）双宾语结构

黏着的双宾语结构如：

(1)【添箱】旧时指女家的亲友赠送新娘礼物或礼金。(当代\应用文\倒序现汉词典)
(2) 给人家好处，别放在心上；受人家好处，永远要记住。[当代\报刊\读者（合订本）]
(3) ……给大家加班费了吗？(电视剧《北京人在纽约》)
(4) 我教给大家施工技术方面的知识，他们也很快就能学会，干起绑扎钢筋、打桩抹灰等活计来都很出色。(《人民日报》1998 年)

陆俭明先生（1988）对双宾语结构的自由、黏着做了概括分析：如果间接宾语为人称代词，直接宾语带不带数量词，所形成的双宾结构都是自由的，如"给我（一杯）酒""送他（一块）衣料"；当间接宾语为名词，带数量结构的双宾结构是自由的，如"送学校一幅油画"，不带数量词的话则是黏着的，"送学校油画""给隔壁奶奶带鱼"都不能单独成句。我们利用北京大学中国语言学研究中心语料库及互联网上的多种搜索引擎对双宾语动词构成的各种句子进行了大规模检索，结果证明陆先生的观察是很准确的。不过像例(2)(3)(4)这样的用例也显示，"人家""大家"作间接宾语的双宾语结构，与"你""我""他（她）"等典型人称代词作间接宾语的双宾语结构的自由度有所不同，它们更接近间接宾语为名词的双宾语结构，直接宾语带数量结构的是自由的，不带数量词的则是黏着的，不能单独成句。

陆俭明（2002）在讨论动词后趋向补语和宾语的位置问题时还谈及"动+趋+宾""动+宾+趋""动+趋$_1$+宾+趋$_2$"三种结构的自由与黏着：如果宾语带有数量成分，这三种格式都可以成句（如：搬上来了一箱啤酒｜搬了一箱啤酒上来｜搬上了一箱啤酒来）；如果宾语不带有数量成分，三种格式也都可以采用，但都是黏着的，即都不能单独成句（如：搬上来了啤酒｜搬了啤酒上来｜搬上了啤酒来）。当"·开来"这一趋向补语跟受事宾语共现时，不管宾语带不带数量成分，都只能采用"动+趋$_1$+宾+趋$_2$"格式，且不能单独成句。像"打开（了）（一个）箱子来"等都不能单说，它们后面一定还要跟上别的词语，如：打开（了）（一个）箱子来一看，原来里面都是书。

陆俭明先生的多项研究系统地揭示出这样的事实：在现代汉语里，有些同样结构类型的句法结构，是自由的还是黏着的，取决于其中是否有数量词。陆先生讲到的"没有数量词只能形成黏着的句法结构"包括了"动词+了+名词"、"带结果补语或趋向补语的动补结构后面带上名词性宾语形成的述宾结构"（即上文的V+C+O）、"由施事充当宾语的述宾结构"（指表出现、消失的，不包括表存在的）及双宾语结构等。对于这样一类现象，沈家煊（1995b）做出了统一的解释：数量词对句法结构的制约实际上是"有界""无界"对句法结构的制约。"盛碗里鱼""飞进来苍蝇""吃了苹果""打破玻璃"等句法组合之所以不成立或不自由，那是因为其中的有界动词（事件动词）跟后面的无界名词不匹配，换句话说，事件动词的后面跟上有界名词宾语，动作的自然终止点才有了着落，变成"实际的"终止点，整个组合才能表示一个完整的事件。古川裕（2001）提出"显著性原则"来说明汉语名词在什么情况下需要数量词修饰，什么情况下拒绝数量词修饰的问题。他认为在隐现句、结果宾语、消失宾语、双宾语句和存在句中的宾语名词，代表跨越界线"出现"或"消失"的事物，因为认知结构上很显眼,很容易被看作个体事物,所以这类宾语名词一般都要带上数量词宾语的标记。

四 述补结构

述补结构包括动词带趋向补语、结果补语及动词形容词带程度补语等多种类型,我们分别讨论。

(一)"动词+趋向补语"

因动词类别和趋向补语在虚实、指向等方面的多样性,动词带趋向补语的述补结构的自由与黏着呈现出相当复杂的情况。侯学超(1987)较早分析了"V起来"结构的自由与黏着,指出"起来"与V可以构成不定位黏着短语,对后来的相关讨论起到了先导作用;杨德峰(1988)全面考察了各类"动词+趋向补语"结构的自由和黏着,毕凤云(1999)、董晓英(2005)等有不同程度的补充。因所据标准不完全一致,大家的描述、分析存在不尽相同之处,基本规律尚未得到清楚的揭示。

在已有文献基础上,我们做了进一步考察、验证,以下说明我们对"动词+趋向补语"结构自由、黏着情况的考察结果。为了在一定程度上避免纷繁、琐细的"形同实异"的例外现象影响基本规律的梳理,我们将已经词汇化的"动趋式"、趋向词完全失去趋向义的特殊情况(如"想开、看来"之类)予以排除,在分项说明的过程中,对某些词义项不同伴随用法不同的情况,只按义类、功能归类列举,一般不加琐细的随文注释。

1. 动词+单音节趋向动词

1)"V来/去"

当V为自主动词,"来/去"表受事运动的趋向,且"V来/去"能进入"把+N+V+趋向动词"这一格式的,一般能够作为祈使句单说(如:拿来、带去)。其他的"V来/去"都是黏着的。

2)"V上"

当V为自主动词,"上"语义指向受事,表示趋向及由此而来的"合拢""添加""达到一定目的","V上"能够作为祈使句单说。如:穿上、写上、装上、安上、戴上、镶上、关上、锁上、缝上等。"上"表示施事"由低处向高处"的运动趋向(飞上、跳上、跑上),表示动作开始并继续(喜欢上、爱上、吃上、喝上、聊上、议论上)等,一般都是黏着的。表示施事运动趋向的"跟上"可以单说,但其凝固性较强("跟"不作为动词单用),属于个别情况,不体现普遍性。

3)"V下"

当V为自主动词,"下"语义指向受事,"V下"能进入"把+N+V+趋向动词"这一格式的,一般能够作为祈使句单说(如:放下、收下、记下)。"下"表示施事"由高处向低处"运动趋向的,除"趴下、坐下、躺下"等几个高频形式作为祈使句能单说外,其他的"V下"是黏着的。如:跳下(公交车)、跑下(台阶)、摔下(山腰)等。

4)"V进/出/回/过/起"

一般都不能单说,作为黏着的动词性结构,它们要带上宾语才能入句,才有单独成句的可能。如:跳出(方框)、跑进(寝室)、收回(合同)、拿起(钢笔)、走过(沙漠)等。

5)"V开"

当"开"表示实在的"随动作分开、离开"时,"V开"一般能够作为祈使句单说,如:打开、放开、松开、分开、撕开、张开、睁开、散开、躲开等。当"开"作引申义讲时,"V开"都是黏着的,如:哭开、唱开、议论开、闹开等。

就陈述句中的情况而言,"动词+单音节趋向动词"结构普遍具有黏着性,一般首先后面要带上宾语,而且往往还需要有另外一些同现成分才能成为独立的句子:

a. 句末语气词"了$_2$":(她)跑回寝室了。|(小狗)跑出

院子了。

　　b. 后续动性词成分：（她）摘下眼镜仔细端详这个人。

"V 来/去/过/起"等，可不带宾语，需要在 V 前加上表示对象或方所的介宾短语，并且与主语同现，才能构成独立的句子。如：

　　王雪向我走来。| 飞机从上空飞过。| 五星红旗在广场飘扬。

各类"动词+单音节趋向动词"自由、黏着情况表

动趋结构 \ 句类		祈使句	陈述句	疑问句	感叹句
Vz 来/去	趋指受事	⊙趋实	（*）	⊙	（*）
	趋指施事	（*）	（*）	（*）	（*）
Vf 来/去	趋指受事	*	（*）	*	*
	趋指施事	*	（*）	*	*
Vz 上	趋指受事	⊙	（*）	⊙	（*）
	趋指施事	个别⊙	（*）	（*）	（*）
Vf 上	趋指受事	（*）否定	（*）	（*）	（*）
	趋指施事	（*）	（*）	（*）	（*）
Vz 下	趋指受事	⊙	（*）	⊙	（*）
	趋指施事	个别⊙	（*）	（*）	（*）
Vf 下	趋指受事	（*）否定	（*）	（*）	（*）
	趋指施事	（*）否定	（*）	（*）	（*）
V 进/出/回/过/起	趋指受事	（*）	（*）	（*）	（*）
	趋指施事	（*）	（*）	（*）	（*）
Vz 开	趋指受事	⊙趋实	（*）	（*）	（*）
	趋指施事	⊙趋实	（*）	（*）	（*）
Vf 开	趋指受事	（*）	（*）	（*）	（*）
	趋指施事	（*）	（*）	（*）	（*）

注：V_z 表示自主动词，V_f 表示非自主动词，V 包括自主动词和非自主动词。⊙表示该结构是自由形式，（*）表示该结构是黏着形式。*表示不能说。"趋实"指趋向词表示具体趋向。

2. 动词+复合趋向动词

1)"V开来"

因"开来"比"开"多出些状态义,表具体趋向的作用相对弱化,所以"V开来"基本上不能像"V开"那样独立构成祈使句,总是在陈述句中伴随前后的其他成分同现,是黏着形式,如:扩展开来(进行分析)、(在大厅里)弥漫开来等。

2)"V起来"

V为自主的具体动作动词,"起来"表"从下到上"的具体趋向义,表"完成、达到目的"的,一般能单说,如:立起来、挂起来、坐起来、站起来、捡起来、锁起来、藏起来、埋起来、捆起来等。"V"不是具体动作动词时,"V起来"一般不能单说,如:想起来、记起来、组织起来、开展起来。"起来"表"开始并继续"的体意义时,不管V是什么动词,"V起来"一般不能单说,如:哭起来、玩起来、抖起来、抽搐起来、争吵起来。上述"V起来"后附语气词"了"则可以构成应答句。另外,表示估量、表示着眼某一方面的"V起来"(如:读起来、听起来、算起来、看起来、喝起来、吃起来、闻起来、做起来、学起来)黏着性更强,必须有后续谓词性成分才能成句。

3)"V出去/回来/回去/进来/进去/上去/下去/下来"

"V"为自主动词,趋向补语表示受事运动的趋向时,一般能单说,如:拿出去、送回去、搬回来、递进去、抬进来、交上去;趋向补语表示施事运动的趋向时,"V出去"等也能单说。"V"为非自主性动词,"V出去"等是黏着形式,如:淌回来、漫出去、飘进来、流回去、倒下去、凹进去、掉下来、涨上去等。

4)"V出来/上来/过来/过去"

基本情况与上面说明的"V出去"等相似,"V"为自主动词,趋向补语表示受事运动的趋向时,一般能单说,如:拿出来、交上来、递过来、送过去;趋向补语表示施事运动的趋向时,"V出来"等也能单说,如:爬上来、钻出来、走过去、跳过来。"V"为非自主性动词,

"V 出来"等是黏着形式，如：漫过来、流过去、长出来、冒上来等。

与"V 出去"等不同的是，"过来、过去、出来、上来"都有不表具体趋向的引申用法，如：回答上来、认出来、昏过去、醒过来等，这些"V 出来""V 上来""V 过来""V 过去"都是黏着的。

5）"V + 了 + 趋向补语"

不论动词、趋向补语为哪种类型，"V + 了 + 趋向补语"（如：跑了出去、爬了起来、跳了上来、倒了下来、走了过去、抖了起来）这类格式都不能构成祈使句；构成陈述句，要有伴随成分才行。孔令达（1994）谈到"主语 + 动 + 了 + 补（趋向）"格式不能自足，添加以下语言形式可以变成自足的句子：①在主语前添加表示事件发生时间的词语"当……"。②在"动"前添加表示事情在前不久发生的词语，如"刚刚才……"。③在"动"前添加强调动作在很早就已经发生的词语，如"老早就……"。④在"动"前添加表示动作的方式、情态的词语，如"好不容易、终于"等。就我们这里讨论的"V + 了 + 趋向补语"来说，在前面添加"刚刚才"或"老早就"也能成为自由形式（如：刚刚才爬了起来｜老早就跑了出去）；而在前面添加"当……"或表示动作方式、情态的词语，依然不能变成自由形式，如"当音乐响起时站了起来""好不容易站了起来"都不能单说，非要求施事主语出现不可。由此我们也可以看到，"V + 了 + 趋向补语"的黏着性与"主语 + 动 + 了 + 补（趋向）"的黏着性并不完全是同一个问题。推而广之地讲，动词性短语的自由与黏着，与包含该动词性短语的主谓结构的自由与黏着，虽然有着密切的联系，但不可完全等同，有必要分别考察。

各类"动词 + 复合趋向动词"自由、黏着的大体情况如下表：

动趋结构	句类	祈使句	陈述句	疑问句	感叹句
V 开来		*	(*)	*	(*)
V_z 起来	趋指受事	⊙具体动作｜趋实	(*)	⊙具体动作｜趋实	(*)
	趋指施事	⊙具体动作｜趋实	(*)	⊙具体动作｜趋实	(*)

续表

动趋结构 \ 句类		祈使句	陈述句	疑问句	感叹句
V_f 起来	趋指受事	(*) 否定	(*)	(*)	(*)
	趋指施事	(*) 否定	(*)	(*)	(*)
V_z 出去 ……	实义趋向	☉	(*)	☉	(*)
	趋向虚化	(*)	(*)	(*)	(*)
V_f 出去 ……	实义趋向	(*) 否定	(*)	(*)	(*)
	趋向虚化	(*) 否定	(*)	(*)	(*)
V+了+趋	全部	(*)	(*)	(*)	(*)

就"V出""V进"等与"V出来""V进去"等进行比较，我们可以看到部分单音节趋向动词及其构成的述补结构因语义明确度不足都具有"粘宾性"（强制要求宾语同现），复合趋向动词构成的述补结构则相对自由些。在此基础上总体观察，表具体动作的自主动词带实义趋向补语的述补结构，趋向义指向受事的，往往能够单说，对受事同现没有强制要求；趋向义指向施事的，高频的身体位移动词（站、坐、躺、走、跑、跳等）构成的述补结构能单说，其余一般要求施事等成分同现；非自主动词、虚义趋向词构成的述补结构往往是黏着的。同样的动词和趋向词组成的述补结构，词的义项的不同可导致功能分化，形成自由、黏着两种情况。如："拎起来""跳起来"，当"起来"表示"由低到高"的实义趋向时，可以单说；当"起来"表示虚化的"估量"或"着眼点"时，就是黏着形式了，只能成为"（这支舞蹈）跳起来很优美""（那个皮箱）拎起来费劲"之类句子的构句成分。

杨德峰（2001）指出"动+趋+了"可以单独用来提问或回答问题，"动+了+趋"不能单独用来提问或回答问题。

（二）"形容词+趋向动词"

形容词可后附"起来/下去/下来"构成述补结构，都不能单说。如：

（天气慢慢）暖和起来/冷下去　（书房）亮起来/暗下去　（她的态度）硬起来/软下来　（她的旋转）快起来/慢下来　（不要再）糊涂下去/马虎下去　（他逐渐）聪明起来/认真起来

（三）"动词+结果补语"

"动词+结果补语"述补结构可再分为"述"与"补"直接组合的黏合式和中间加"得"的组合式。整体而言，黏合式往往不能单说，组合式一般可以单说。郭继懋、王红旗（2001）指出：黏合补语是通指性的（generic），而组合补语是特指性的（specific）。黏合补语表示的是一种一般的、常见的、概括的、已模型化的、没有时间/空间/量/方式等规定性的、可预测性高的、信息价值比较低的性状。而组合补语表示的不仅可以是这样的性状，还可以是一个不一般的、具体的、尚未模型化的、可预测性低的、信息价值高的情况或事件。我们体会，黏合式、组合式在黏着、自由上的差异也正是二者在语义概括与具体、信息价值低与高方面的差异所决定的。

黏合式的"动词+结果补语"的内部情况有必要做进一步的说明。这类述补结构的结果补语可以由动词、形容词充当。能够充当结果补语的动词不太多，常见的主要有"懂、透、破、赢、走、跑、成、掉、会、倒、翻、怕、死、丢"等单音节动词。它们同动词组合而成的述补结构一般都是黏着的，如"听懂、打赢、搞丢、钻透、磨破、骂跑、气走、拽掉、打死、做成、推倒、学会、弄翻、输怕"等。这些黏着短语构句时，有的需后附语气词"了"（如学会了｜看懂了），有的要后附动态助词"了"再带宾语或前加"把……"再后附"了"（如弄丢了护照｜把护照弄丢了），有的可前加"被（宾）"、句末加语气词"了"（被他气哭了｜被我逗乐了），有些自主性、动作性很强的动词带补语构成的述补结构可直接带宾语构成祈使句，其宾语都是定指性很强的名词性成分，以代词为最典型，如：拍死它！｜

拽掉它！｜推倒他！｜敲碎它！

一半以上的形容词能够充当结果补语，单音节、双音节形容词都很多，这里不作一一列举。以形容词为补语的述补结构，自由形式是少数，多数为黏着形式。其中：

"收存、保管"类动词带补语"好"构成的"V 好"一般能单说，如：

拿好！｜放好！｜收好！｜锁好！｜保存好！｜保管好！

表达类、环境处置类动词带表积极结果的补语构成的述补结构一般能单说，如：

写清楚！｜说清楚！｜洗干净！｜扫干净！｜擦干净！｜清理干净！

其他述补结构，不管形容词是表示一般意义，还是偏离意义[①]，通常都是黏着的，需要后附语气词"了"才能成句。如：

（她）做对了｜（你们）算对了｜（他的脚）磨坏了｜（他）说错了

（课本）弄脏了｜（头发）染黄了｜（他）长胖了｜（爸爸）累瘦了

（她们）来早了｜（衬衫）买大了｜（鱼）做咸了｜（鞋带）系松了

[①] 关于形容词的"一般意义"和"偏离意义"，可参看崔永华（1979）的论著。

(四)"动/形+程度补语"

心理动词、形容词带程度补语形成的述补结构,分直接组合的黏合式和中间加"得"的组合式。

黏合式述程结构一般都是黏着形式。成句时起码要后附语气词"了"。如:

想死了!|烦透了!|嫉妒坏了!|讨厌死了!
棒极了!|差远了!|酸死了!|糟透了!|好看多了!

组合式述程结构一般可以单说(单独回答问题),是自由短语。如:

担心得厉害。|狡猾得很!|冷得很!|累得够呛。|干练得很。

五 主谓结构

在汉语语法系统中,主谓短语与其他短语地位平等,主谓结构也有自足、不自足的分别。不能自足的主谓结构,包括内嵌性的黏着形式,也包括以对举为成句条件或需要添加某些完句成分才能成句的非自足形式。这里主要谈内嵌性的黏着形式,以对举为成句条件的非自足主谓结构(包括需要添加完句成分的非自足形式),将在第六、第七章讨论到。

殷志平(2002)对"不能成句的主谓短语"进行了专门的探讨,文章谈到的两种类型可以看作我们所讲的内嵌性黏着结构。以下对这两类黏着结构略作说明。由于在语言材料考察范围、性质认定、异同分合上我们的认识与殷文不尽相同,这里部分引用该文材料,扩充一些该文未涉及的语料,按照我们的认识进行整合性分析。

(一) 主宾同形主谓结构"N+V+N"

"N+V+N"指由同形的光杆普通名词充任主语和宾语的黏合式主谓结构。

  a. 面对面 背靠背 背对背 肩靠肩 肩并肩 脸贴脸
   脸挨脸 口对口 嘴对嘴 手拉手 手挽手 手把手
   心连心 心贴心 头顶头 脚对脚
  b. 门挨门 床挨床 床对床 窗户对窗户 楼挨楼
   圆圈套圆圈 齿轮咬齿轮 床㩙床 杯子碰杯子
   箱子㩙箱子 桌子顶桌子 椅子㩙椅子 钱生钱 人托人

殷志平(2002)还将"硬碰硬、黑吃黑"等作为小类列出,考虑到它们有较强的熟语性,不能广泛类推,我们未将这种情况作为临时组合对待。

这两组主谓结构的共同特点是主语与宾语同形,同形的主语、宾语是非专指性的光杆名词。本来,非判断性的主谓宾结构,主语与宾语通常具有异指性,分别代表不同的事物,上述主宾同形结构也受同样原则的控制,进入实际表述层面时分别对应同类事物的不同个体;但是黏合型"N+V+N"结构上的对称性在一定程度上弱化了主语与宾语的异指性特征,加上动词都是体现[+对待/+邻接]语义特征的,这类短语便用于凸显表示同类事物某种接触状态的意义,不能用来表示独立的事件。这些"N+V+N"也就无法获得独立表述性,不能实现为独立的句子。

具体来看,a组主谓短语的主语、宾语是代表身体部位的名词(以单音节为主),动词表示身体部位以某一方式接触("心连心、心贴心"意义有所引申),整个短语表示方式义、状态义,充当状语、谓语/谓语中心,也可带"的"作定语,凸现不同侧面。例如:

(1) ……就又回到卧室，掩上门，与蒋经国面对面坐定，一时竟相对无语！（胡辛《蒋经国与章亚若之恋》）

(2) 病痛与精神的折磨，使我与他面对面却几乎不敢认了。（胡殷红《谢觉哉与王定国》）

(3) 虽然丢人，我也不想涂改历史，说我"跟造反派展开了面对面的斗争"。（邓友梅《好您哪，宗江大哥》）

b组主谓短语的主语、宾语是代表独立事物（包括人）的普通名词，动词表示相邻、相接及累加意义，整个短语凸显关系性状态义，偶有作状语的，但以作谓语为常。例如：

(4) 一家8口三世同堂住着30多平方米的低矮的平房，屋内到处床叠床，儿孙拥挤在一处。（《人民日报》1995年11月）

(5) 吴金印了解到五保户武忠体弱多病，便住进了他家，和老人床挨床，铺挨铺。（《人民日报》1996年12月）

(6) 中间环顾一圈，定下心来一想，就悟到这院子是单调的四方形，四面门对门也很烦琐。（邓友梅《步入中庭》）

(7) 圈套圈儿、环连环儿，又渐渐结成了光点闪闪的网套儿。（冯苓植《猫腻》）

(8) 这是间狭窄逼仄的旧平房，柜子挤柜子，箱子摞箱子，在大床和单人床之间挂着塑料布。（王朔《无人喝彩》）

总体来看，主宾同形的"N+V+N"一般都处于内嵌位置（有的小句主语承前省略），V前不能添加否定、程度、情态、意愿、趋向和数量等范畴成分，V后可以带动态助词"着"，这时状态的持续意义被强化。如：

(9) 原先，我们手牵着手，就像一道波涛，在汪洋大海上怒

意地欢快奔跑……（张贤亮《绿化树》）

（二）一价名词＋形容词/动词

"一价名词＋形容词/动词"指一价名词作主语，形容词或动词作谓语的主谓结构，可简写为 N^1 ＋ AP/VP。如：

  a. 性格刚烈/软弱 脾气好/不好 弹性小/好 形状奇特 颜色鲜艳 味道鲜美
  b. 眼睛小 眉毛细长 耳朵大 脖子细 腰疼 手脚发胀 腿瘸 脚崴（了）

"N^1 ＋ AP/VP"结构的黏着性主要是其主语名词的配价要求决定的。a组主谓短语的主语是属性名词，表示事物的属性，谓语是表示该属性特征的形容词；b组主谓短语的主语是部件名词，表示隶属于整体的一个部件，谓语是形容词或动词，表示该部件的性状或动作、变化。因为这些主谓短语中的主语都是一价名词，这些一价名词在句法组合中出现时，通常要求另一个名词（主体名词）作为配价成分与之共现。如果配价成分不出现，主谓短语的主语的所指就不明确，就不能与特定现实发生紧密联系。"N^1 ＋ AP/VP"结构经常在主谓谓语句中充当谓语，表明句子大主语或话题所指事物某一方面的性状或事件特征；"N^1 ＋ AP/VP"也可以后附"的"出现在定语位置，N^1 的配价成分出现在中心语位置。"N^1 ＋ AP/VP"的谓语部分能够添加表程度和时体的成分，但添加以后仍然意义不完整，不能独立成句［参看袁毓林（1994），殷志平（2002）］。下面是部分实际用例：

  （1）她的父亲性格古怪，脾气暴躁，在家里终日打骂妻子。（当代\翻译作品\文学\茶花女）
  （2）万历皇帝是历史上少有的性格古怪的人，他最大的特征

是小气和贪财。(电视片《故宫》解说词)

(3) 它脚感舒适,颜色鲜艳,在众多少年儿童和青年学生中很有市场。(市场报 1994 年 B)

(4) ……突然成为他眼中唯一清晰可辨、颜色鲜艳的东西。(王朔《我是你爸爸》)

(5) 那是个小女孩种的,一个眼睛大大、辫子长长的小女孩。(古龙《天涯·明月·刀》)

除了上述两类黏着主谓结构,马真、陆俭明(1996)还谈及只能在"的"字结构里构成主谓关系的"名词+动词"词语串,例如"小王爱好(是音乐)""小王病的(时候)"里的"小王爱好""小王病"。它们都是内嵌性黏着语法形式。"小王病"似乎可以代表"名词+光杆变化动词"结构,"小王爱好"中"爱好"一类的动词范围有多大,还有待于进一步考察。

六 联合结构

一般地说,两个或多个名词直接构成的体词性联合短语(如"冰箱、电视机""北京、上海、天津")、两个或多个动词/形容词直接构成的谓词性联合短语(如"唱歌跳舞""诚实、勤奋、善良")通常可以像它们所由构成的名词、动词、形容词那样能够单说(起码可以单独回答问题)①。

不能单说的联合短语大体有两种情况,一是同类词联合因某种连词的使用造成的黏着形式,一是异类词联合短语。

---

① 各类黏着词,如尹世超(1991)所谈多种黏着动词、杨锡彭(1992)讲的粘宾动词、蔺璜(1996)讲的粘状动词、周海峰(2000)讲的粘补动词等,一般不构成联合词组。构成联合词组的词本身通常是能单说的。

(一) 用"和"连接的动词性、形容词性联合短语

胡裕树先生主编的《现代汉语》多个版本都指出,"和"连接动词,一般须共管一个宾语,或者有共同的状语。"和"连接形容词,一般有共同的状语。如:

(1) 婚姻法颁布后,全国开展了大规模的宣传和贯彻婚姻法的群众运动,使大量封建婚约得到解除,打骂、虐待妇女的现象迅速减少,自由恋爱、婚姻自主蔚然成风。(当代\应用文\中国政府白皮书\中国妇女的状况)

(2) 有些人对护养的功效持怀疑态度,更有些人过分迷恋和迷信"某些护肤品的神效",这些都是不客观和不可取的。(当代\应用文\健康养生\张晓梅《修炼魅力女人》)

(3) 党中央、国务院下决心搞载人航天工程的决策是非常英明和正确的。(新华社2002年12月新闻报道)

(4) 因为种种原因,这一进程实际上极其艰难和缓慢。(当代\报刊\读书\vol-206)

这也就是说,"动$_1$+和+动$_2$"一般是"黏宾形式"或"黏状形式","形$_1$+和+形$_2$"一般是"黏状形式"。用"和"连接的动词性联合短语,其宾语如果上文出现过,可以省略,这时联合短语前面还是要有能愿动词之类,不能单说。

(5) 很多在"5月事件"中受到伤害的人现在却表示愿意原谅和宽恕那些悲剧事件的参与者。(新华社2004年新闻稿)

另外,据我们观察,"讨论并通过、研究并决定"一类"动$_1$并动$_2$"结构一般也不能单说,通常总是要伴随主语、宾语同现,如:

(6) 外长们讨论并通过了向首脑会议提交的会议最后文件《卡塔赫纳宣言》。(《人民日报》1995年10月)

(7) 国家旅游局根据中共中央和国务院的指示，超前研究并指导旅游全行业的非典防控工作……（新华社2004年新闻稿_001）

我们可以把不能省略主语的谓词性短语称为"黏主短语"，进行系统的考察。

"讨论并通过""研究并指导"这类联合短语不能单说，而"讨论""通过""研究"等可单说，这似乎显示，谓词性成分对配价成分要求的强制性，不光决定于句法语义属性，还与语体类型有关，"动$_1$并动$_2$"结构通常用于"正式性"特征突出的书面语体，因而很难以简省方式单独成句。

（二）异类词联合短语

储泽祥、谢晓明（2003）专门研究了异类词联合短语。文中涉及的实例有：

厌恶和恐慌	聪明和力量	和平和发展	又紧张又怕
谦卑和巴结	恐惧和恨意	讥笑和耻辱	同情和慈悲
温柔和体贴	依恋和伤感	理想和追求	怀疑和奸诈
礼貌而蔑视	机遇和挑战	期望和现实	骄傲和资本
难堪与隐痛	精明和胆量	亲吻和唾沫	学校和学习
善良和同情	尊敬和谢意	幽默和智慧	关注和兴趣
看重和友好	轻松和解脱	谢意和亲昵	细心和友谊
处境和艰难	关注和反响	皱纹和忧愁	眼泪和绝望
喜爱并在行	睡意和困倦	问候和见面礼	狂傲和笑
又气又笑	又羞又笑	流氓盗窃	

储、谢的文章指出，每一个语法范畴，都有典型性问题。各个词类中，不典型的成员，功能容易发生游移；典型的成员，处在某个话语环境或句法环境里，也可能出现范畴解体，出现非范畴化。异类词联合短语里的名词、动词、形容词，绝大多数都不是各类词里的典型成员，它们的功能容易游移，词性容易中和，容易非范畴化。文章还对异类词联合短语为什么单说能力弱进行了解释。

一是异类词联合短语主要分布在宾语位置，而述语动词只带体词宾语的居多，这就要求异类词联合短语体词化、指称化，通常的手段是加修饰语。这种要求，降低了异类词联合短语的单说能力。二是异类词联合项上的名词，大多是与心理、人际、礼节有关的名词，这类名词一般有配价要求，动词、形容词当然也有配价要求。如果联合项上的词是支配成分，往往要求配价成分同现。

从本书区分定位性黏着短语和非定位黏着短语的角度来看，异类词联合短语充当动词的宾语或介词的宾语时，相对于动词、介词来说是后置的；它们也可以出现在主语位置，这时相对于谓语来说是前置的，因此这类短语属于不定位黏着短语。

储、谢的文章还附带指出："我走""买书""北京和天津""伟大而光荣""讨论并通过""在酒楼上""补好"等几类短语，之所以前边的比后边的单说能力强一些，是因为前边的短语配价要求比后边的低一些的缘故（至少是重要原因之一）。这对影响短语自由与黏着的因素的进一步探索具有启发性。

（三）"的"字短语

袁毓林（1995）考察揭示："提取不同语义格的主宾语而形成的'的'字结构，其句法功能和语义功能大不相同。大体说，提取施事、当事和受事、结果的'VP＋的'是自由形式，既能作定语修饰中心语，又能称代中心语独立作主宾语；提取时间、处所、工具、与事等的'VP＋的'是黏着形式，通常只能作定语修饰中心语，不能称代中心语独立作主宾语。"沈阳（2008）对"VP的"转指结构，采用"论元提取"原则,根据是不是论元提取建立"可转指 VP 的",根据直接指派论元提取建立"独立转指 VP 的",根据间接指派论元提取建立"非独立转指 VP 的",并区分了"复杂结构限制的非独立转指 VP 的"和"特定结构拉动的非独立转指 VP 的"。在讨论"的"字短语的自由与黏着问题时,沈文的分类有重要借鉴意义。

第三、第四两章我们对定位短语、非定位短语分别进行了考察。在定位短语、非定位短语的研究中有必要引进连续统的观念。某种语义语法性质,为若干个短语类型所共有,但是,不同的短语类型或一个短语类型内部的不同小类所具有的这种或这些性质在程度上有所不同,从而表现为以程度强弱为序的连续统。从不同角度观察可得出不同的连续统。

从短语的句法功能是否单一的角度,我们可以把现代汉语的短语分为三大类:A. 只定位于一种句法位置上的短语,包括只作名词前加成分的"形名"短语、定位的物量短语、只作状心结构状语的介词短语、只作动词前加成分的"形名"短语等;B. 可以在两种或两种以上句法位置上出现,这两个句法位置有一定的共同点,如"多民族"类可作主语、定语,都是前置的,能作状语又能作定语的介词短语都是前置的,"A 得多"作谓语也能作补语,都是后置的;C. 出现在多种句法位置上并且位置可前可后的短语,在汉语短语中占多数。A、B、C 形成"固定>半固定>不固定"的连续统。

定位短语与不定位短语存在相互转化的情况,不定位短语向定位短语的转化如介词短语的整体定位化倾向(参看第三章第一节),定位短语向不定位短语的转化如某些定位性"形名"短语的功能游移(参看第三章第一节)。总体而言,现代汉语中不定位短语占绝对优势,定位短语基本上只存在于某些大的句法结构类型的一些下位小类中,有的小类成员较少。因此,我们可以说,在类型学特征所决定的汉语词类、短语普遍具有多功能性的大背景下,定位短语在汉语短语系统中处于弱势地位。

第五章　对举结构的多角度分类

现代汉语中有大量的非自足构式存在于对举表达式中。对各种对举表达形式及相关问题的深入研究，应该以必要的分类工作为前提。

在具体讨论之前，首先说明我们对对举表达式范围的理解。从现有文献来看，刘丹青（1982）的描述是："都可以分成构造相同的两半，拿掉其中的一半，剩下的一半就成了不合语法常规的组合，整个句子也就站不住。不仅内部构造相同，词的数目也一样，而且，用词上都有相同、相对的部分。"张国宪（1993）关于对举格式范围的界定是："指两个字数相等或相近、结构相同、语义相反相成的语句。"后来有文献讲到：对举结构是汉语里联合（并列）结构的一种特殊表现形式（殷志平，2004，资中勇，2005）。根据对更大范围语言事实的考察，从结构模型相对于语义关系具有一定独立性的认识出发，我们对于对举表达形式做更宽泛的理解。即陈一《现代汉语非自足句法组合研究》（2007）所界定：对举表达式，只以话语表达中两个并用单位的结构性对称（或称组织性对称）为依据，不限于一般所说的并列关系的对称语句，从独立的复句，到包含于单句内部的从句、句子成分，只要是结构上具有平行、对称特征，不管语义关系属何种类型，也不管一部分能否脱离另一部分而独立，都包括在讨论范围之内。

刘丹青（1982）把"对称格式"分为内对称、外对称两类，前者指"某个语言单位本身依靠对称才得以成立，去掉同它相对的一半就不能成立"，"是对称才使得这种组合成立"，举例有"你一句我一句"等；后者指"对称式的一半可以成立，但整个对称式在和某些成分发生结构关系时，它的一半就不能独立"，"是对称才使这种语言单位带上某种语法功能"，举例有"满屋子的人你看看我我看看你"等。张国宪（1993）把"对举格式"分为内部对举、外部对举，含义与刘文有所不同，内部对举指在短语内部实现的对举，如"有说有笑"；外部对举指短语（或分句）与短语（或分句）之间的对举，如"小王写钢笔，小赵写毛笔"。在刘、张两位先生分类的基础上，我们进行了多层面多角度的分类。

一 熟语性对举和非熟语性对举

首先，根据对举结构中的构成成分能否自由替换，我们应该区分熟语性对举和非熟语性对举：构成成分不能自由替换的称为熟语性对举，构成成分能够自由替换的称为非熟语性对举。

熟语性对举如：

你一言我一语　深一脚浅一脚　丁是丁，卯是卯
亲帮亲，邻帮邻

非熟语性对举如：

①昨天踩得深，今天踩得浅。　他喜欢你，你喜欢他。
　你想一句，我想一句。　包子是包子，饺子是饺子。
②忙家里，忙外头　黑龙江生黑龙江长
　吃这个，喝那个　飞机来，飞机去

吵归吵，闹归闹　吃了饭，喝了酒

区分熟语性对举和非熟语性对举有助于我们把趋于定型的成品和具有能产性的结构模型分别对待，避免非同质的语言现象模糊我们的视线，影响基本规律的描写与解释。

当然，对举表达式是否具有熟语性，也有程度问题。如：

课本不看作业不写——饭不吃酒不喝——头不抬眼不睁/头不梳脸不洗

可以看到，上面一组例子，越靠右边的熟语性越强（成分不能替换或替换明显受限），越靠左边的临时组合的特征越明显（成分替换较少限制）。

"人不人，鬼不鬼"之类，语法书上通常用具有熟语性来解释，对于说明汉语副词一般不修饰普通名词这一基本结构规则有益处。但是鉴于这一格式还可以类推出不少其他甚至带有临时性的说法（如：官不官，民不民；演员不演员，导演不导演；学者不学者，官员不官员；衣服不衣服，裤子不裤子；等等），我们又不能不承认它具有一定程度的能产性。看来，对举格式到底能接纳哪些"超常规"组合，条件是什么，限度是什么，我们都还需要进行系统考察。［刘丹青（1982）、张国宪（1993）做了一些开拓性工作。］

其次熟语性对举形式基本上都是黏着的，而非熟语性对举形式则可以分为自由的与黏着的两种。

自由的如：上文非熟语性对举部分的①组
黏着的如：上文非熟语性对举部分的②组

有些文献中暗含了对举表达式有"完句"作用的认识，有的则对此做出明确概括（如殷志平，2004；赵立云，2005）。对对举表达式做出自由与黏着的区分有利于关于"完句"作用的思考。

关于对举格式的"完句"作用，我们曾试图用"通过基础结构模型的叠用可实现具体化"来解释（见陈一，2004：264）。考察自由、黏着两种对举形式的差别后，比较不同的对举形式，可以使我们认识到，既然有的对举形式能自主成句，有的不能，就不好简单地说"对举"总是具有"完句"作用。对问题进一步加以思考，我们的认识可以有所前进："完句"和构成某种"完形"（Gestalt）不宜等同。从整体意义和功能来看，各种对举结构都具有"整体大于部分之和"的特点，都可以构成某种"完形"（Gestalt），然而，不同类型的对举表达式代表不同的"完形"，不同类型的对举形式在整体义是否体现完句范畴方面是有所不同的①，这才是影响对举表达式能否自主成句的直接因素。比较：

　　字典厚，本子薄。——对比句体现程度范畴，能自主成句。
　　重活年轻人，轻活老年人。——分配句体现时体范畴（经常性/说话时），能自主成句。
　　叫这个，喊那个｜飞机来飞机去。——某些泛指性、例举性（不是完全的据实列举）对举形式体现方式、状态之类意义，不具备完句范畴，不能自主成句。

"构式语法"（construction grammar）的理论方法用于分析汉语的多种对举结构应该具有一定解释力。

---

① 贺阳（1994）、黄南松（1994）、孔令达（1994）、竟成（1996）、金廷恩（1999）等讨论汉语完句成分问题时，分别谈到语气范畴、情态范畴、意愿范畴、时体范畴、程度范畴、数量范畴等有完句作用。我们基本认同这种观点，本书不再具体展开讨论。

二 并立性对举和依存性对举

第一,根据各对举项是否能够独立,可以将对举表达形式分为并立性对举和依存性对举:各对举项都能够独立的称为并立性对举,至少有一个对举项不能独立的称为依存性对举。

并立性对举如:

老李很瘦,老王很胖。
他干活,你睡觉。
我了解这个人,他不了解这个人。
我没输,他没赢。
我是高中生,他是大学生。

依存性对举如:

①老李瘦,老王胖。
　一个字认识,一个字不认识。
　我高中生,他大学生。
　不输(也)不赢。
　饭我吃,酒你喝。
②你不介意,我介意。
　小刘有点不高兴,小张有点高兴。

第二,区分并立性对举和依存性对举,可为两种对比工作提供前提。一种对比是并立性和依存性两类对举表达式整体的对比。如:

　你喝酒,我吃饭。——常规语序的单纯对举,如不借助重音不凸显对比焦点。

　　酒你喝，饭我吃。——对举与成分移位双重作用，凸显对比焦点。

方梅（1995），张伯江、方梅（1996，第六章）专门讨论了对比焦点的表现手段，指出：对比焦点成分在口语里总是伴随着强制性对比重音，对比重音把对比项从句子语流中凸现出来。除了语音手段以外，汉语里表现对比焦点还有两种句法手段：①用非线性成分做焦点标记，直接加在对比成分前，或用"是……的"格式标定对比成分。②通过语序变化造成句子语义成分的超常配位，使被强调的成分处于"非常规"位置上。沈家煊（1999：216）指出：OAV 中的 O 可以有对比性，AOV 中的 O 一定有对比性。我们把并立性对举和依存性对举的区分与上述文献的研究成果联系起来，似乎可以得出这样的描述：不包含成分移位的并立性对举要凸显对比焦点一定得借助重音，包含成分移位的依存性对举似乎可不借助重音凸显对比焦点；虽然单项的 OAV 中的 O 不是必然具有对比性，但是两项 OAV 对举，对比性就会得到凸显。

　　小王很瘦，小李很胖。——用一般标准衡量的绝对义凸显，二者相较的相对义隐含。
　　小王瘦，小李胖。——只有二者相较的相对义。

我们看到：并立性对举各对举项在结构及意义上独立性都较强，依存性对举各对举项在结构及意义上独立性都较差，整个对举结构具有更强的"完形性"。

　　另一种对比是两类对举表达式中能独立的语法形式（"我吃饭"之类）与不能独立的语法形式（"饭我吃"之类）的比较，也即自由语法形式与黏着语法形式的比较。

马真、陆俭明（1996）讨论"名词+动词"词语串的不同情况时就曾论及能成为语法形式的"名词+动词"词语串可分为两小类：一类是自由语法形式，一类是黏着语法形式。文章还指出："名词+动词"构成主谓关系的自由语法形式也并不是都能没有任何限制地单独成句，它要成句得受到语用上的限制。文中讲到的语用条件有：表示祈使，提问，对话中回答问话或接话，表示对比。其中表示对比的例句如：

你不干，我干。｜小王烧火，老李掌勺。｜牛肉吃，羊肉不吃。

由此，马真、陆俭明两位先生认为还应进一步区分"相对自由语法形式"和"绝对自由语法形式"，前者指必须借助情景语境或上下文才能单独成句的自由语法形式，后者指不必借助情景语境或上下文就能单独成为陈述句的自由语法形式。如："泰山的日出很美""老王来了"。"名词+动词"构成主谓关系的自由语法形式只是一种相对自由语法形式，由它形成的句子只能是"语境句"，不能是"独立句"。

郭锐（1997）根据加"了"后能否表示动作结束区分动态动词和静态动词（后者如"知道、认识，是，等于，保持、有，喜欢、姓"等），并指出：实际上静态动词作谓语不用带"正在、呢、了"等"完句成分"也能成句。动态动词作谓语时非现实句不用带这些成分，只有现实句需要带这些"完句成分"。

马、陆两位先生及郭锐先生的研究显示：以往关于汉语中自由形式与黏着形式的刻画由于较为粗疏而尚未充分揭示语言系统及其实际运用中的复杂情况，对各类相关、相近语法形式异同的比较、分化有待大力加强。我们在对举结构的研究中强调并立性对举和依存性对举的区分，对于自由、黏着问题的研究由笼统向细致前进应该有所助益。

三 互依性对举与偏依性对举

第一，依存性对举又可分为互依性对举、偏依性对举：各对举项都不能独立、彼此互相依存的称为互依性对举（如依存性对举①组的"老李瘦，老王胖"之类）；两对举项中有一个能够独立，一个不能独立而要依附于对方，称为偏依性对举（如依存性对举②组的"你不介意，我介意。"之类）。

互依性对举和并立性对举表面上相似，实际上在结构、语义方面都有差异。（参看上面的比较。）

第二，通过考察互依性对举，可以认识汉语语法中的许多"有标记组配"①，也有助于研究不同语义语法范畴的关系。例如：

（1）他的酒量比丁元英大多了，此时从容地倒上两杯酒，手不抖酒不颤地递给他一杯……（电视剧《天道》）

（2）它在600摄氏度高温下仍能确保高屈服强度，不折不弯，因而可大大提高建筑物的防火安全性和稳固性。（新华社2001年11月新闻报道）

（3）科技下乡是农民十分欢迎的事。但停留在乡镇的科技下乡，不沾泥、不流汗，很难使大多数农民受益。（《人民日报》1996年10月）

上面例句中的"抖、颤、折、弯、沾（泥）、流汗"都是非自主变化动词，它们受否定词"不"或"没"否定的自由度是不同的。马庆株先生（1988）就揭示了"不"与非自主动词变化动词组合受限的

---

① 本书关于"关联标记模式"理论的"无标记组配""有标记组配"的理解源自沈家煊（1999）。

情况。陈一（2005）运用"关联标记模式"理论分析："不"与一般的自主动词之间有一种自然的联系，构成无标记组配；"没"与非自主变化动词之间有一种自然的联系，构成无标记组配。一般情况这两种无标记否定均可以独立成句。一旦"不"与非自主变化动词组合在一起就形成了有标记组配，它们的组配是非自然的、非常规的、非默认的，因此它们形成的"不V"结构也往往是黏着的，不能独立成句；对举表达式可以接受"不+非自主变化动词"构成的有标记组配。

系统考察互依性对举结构，更多地了解不同语义语法范畴之间、不同次范畴之间组配的不同条件，我们对汉语语法系统的整体认识也会得以深化。

第三，考察偏依性对举表达式，可以了解其中存在的功能类推机制。

一是某些一般不能单用的单位在对举表达式中与通常就能单用的词对举时可以成为单用的词，如"一个打孩子，一个护孩子""哥哥养鸡，弟弟养鸭""说有易，说无难"。张国宪（1993）就曾指出对举格式具有"缔构词"的功能（使不成词语素独用成词的功能）。今天看来，我们倾向于说，这种类推、"同化"过程，也许不是发生在不同性质的单位之间（成词的与不成词的），而是发生在不同"自由度"的单位之间。系统地进行类推动因、限度的研究，是我们今后需要做的工作。

二是对举使功能不对称的单位对称化。

同一语义语法范畴下的不同语法单位在功能上常常存在对称中的不对称。对这种情况进行解释，一般是由语义特征的同中有异对分布的制约作用入手。关于反义词之间的不对称已有一些学者做过多方面探讨，沈家煊先生（1999）的分析相当精辟（涉及相反词与三类相对词，正面义、反面义，逻辑、认知、评价上的肯定项与否定项等）；关于肯定与否定的不对称，沈家煊（1999）、石毓智（2001）有较为系统的探索。在对举结构的考察中，我们感到，某些类型的语法单位在功能上由不对称向对称转化的现象还有必要进一步做专题性的讨论。

(4) 小李水平不太高。
　　＊小李水平不太低。
　　小李水平不太高，也不太低。
(5) 小刘比小王漂亮。
　　＊小刘比小王不漂亮。
　　不能说小刘比小王漂亮，也不能说小刘比小王不漂亮。

我们通常能说"不太高"，不说"不太低"；通常能说"有点生气"，不说"有点高兴"；通常能说"比 N A"（如"比小王漂亮"），一般不说"比 N 不 A"（如"比小王不漂亮"），但对举条件下就可以说"不太高，也不太低"，"我有点生气，他（却）有点高兴"……，这都是功能类推机制在起作用①。

再看肯定与否定由不对称到对称的情况：

(6) 他那样子不雅观，你这样子就雅观吗？（反问有否定作用）
(7) 你不好意思，我好意思。
(8) 老王没声息了，老张又有声息了。

我们通常可以单说"没声息""不好意思""不雅观"，一般不单说"雅观""好意思""声息"（参看石毓智，2001）。在对举表达式中，这些所谓"极小量词语"的否定形式与肯定形式并用，使得肯定否定不对称的情况出现了临时的、局部的对称。

---

　　① 邢欣教授在第三届语义功能语法研讨会上提示笔者：这里，词组层面的不对称在句子层面形成对称。这个提法对相关问题的进一步思考有重要启发意义。

在讨论反义词的不同语义特征（褒义/贬义，积极/消极等）和不同分布特征的时候，在讨论 A/V 与"不 A/不 V"的语义特征同异和分布特征同异的时候①，考虑到对举表达式中的情况，我们就可以对静态的、系统中的对称不对称与动态语流中的对称不对称分别加以说明，这样就可以使描写和解释更加全面。

四 叙述性对举和元语性对举、封闭性与开放性

第一，沈家煊（1993）等关于语用否定的分析，对我们区分不同层面的对举形式有重要启发。根据对举表达式是直接叙述客观情况、说明对客观情况的认识还是表达说话人对语境中一个命题的态度，我们可以区分叙述性对举和元语性对举。

上文 1、2 两节所举的例子都是典型的叙述性对举，沈家煊（1993）分析的语用否定现象中包含类似下面的属于元语性对举的情况：

（1）我没唱两首，我就唱了一首。
（2）什么叫"你"第一次见他，"咱们"第一次见他。
（3）不是有点累，是太累了。
（4）不是有点喜欢，是非常喜欢。
（5）不是讨厌，是很讨厌。

---

① 现有的研究中，对 A/V 的语义特征、分布特征与"不 A/不 V"的语义特征、分布特征的对比考察尚不够深入、全面，存在认识分歧。如关于"不 A"是性质否定还是程度否定，李宇明（2000）、张国宪（2000）、石毓智（2001）等有不尽相同的表述：李宇明（2000：264）认为："'不+Ax'（Ax 指性质形容词）的否定对象是 Ax，表明事物具有'非 Ax'的性质；'非 Ax'在语义上虽然与 Ax 相反或相221，但是因为它仍然是一种性质，所以'不+Ax'的语法性质基本上同于 Ax，与 Ax 具有相似的语法功能。"张国宪（2000）认为在"不+形"的组合里，"不"并不是否定形容词所表示的性状没有出现，而只是表述该性状的程度尚未达到某性状主观或客观的标准。石毓智（2001：27）认为"不+形"都是差等否定，或者说是不完全否定，否定的含义是少于、不及其原来的意义程度，用"不"否定的结果为形容词所表示的性质依然在一定的程度上存在着。

(6) 不是可以发言，是必须发言。
(7) 他不是什么"非正常死亡"，他是自杀。
(8) 不是基本满意，是非常满意。
(9) 我们不是毕业、结婚，是结婚、毕业。

　　区分叙述性对举和元语性对举不仅可以把话语理解、语义解释的分析做得更加深入、确切，还可以完善语句可接受性的判断标准，使我们对形式和意义关系的认识得以深化。
　　第二，综观多方面的实例，我们还注意到，不同的对举表达式在是否具有开放性上存在差异。表示正反相对的对举结构都是封闭性的，而表示平行列举的对举结构有的可以是开放性的。如：

(10) 一本书看过，一本书没看过。
　　＊一本书看过，一本书没看过，一本书印象模糊。
(11) 不懒（也）不馋。
　　＊不懒不馋也不奸。
(12) 饭我吃，汤你喝。
　　饭我吃，汤你喝，骨头他啃。
　　不咳嗽，不发烧。
　　不咳嗽，不发烧，不流鼻涕。

　　是否具有开放性，与认知框架的类型有关。"男人……"与"女人……"对举，不具有开放性，"大学生……"与"小学生……"对举则可能具有开放性，可以另加上"中学生……"。认知框架有相对性，如"男生""女生"可以构成一个认知框架，"男生""女生""老师"也可以构成一个认知框架。刘云（2006）区分强制性对举、非强制性对举时，将前者的特征描述为：对举式的前面、中间和后面都无法再插入类似的结构，用来对举的两个部分也缺一不可；将后者的特征描述为：对举式的前面、中间和后面都可以再插入类似的结构，用来对举的两个部分也并非缺一不可。这一分类把是否具有依存性和是否具有开放性综合在一起，概括程度较高。由此可以进一步提出的问题是：依存性与封闭性、非依存性与开放性，是否简单对应？这需要在考察大量语言事实的基础上做出回答。本书第六章将结合明示语义互补关系的对举结构的分析进行一些讨论。

第三，我们谈对举表达式，是着眼于结构性对称（或称组织性对称），对于对举项之间的语义关系（逻辑关系）不应该做出人为的限定。我们在考察中注意到，对举表达式多数是并列关系的，但不限于并列关系的。如：

（13）只要还有一点儿事情没做完，工作就一分钟不会停止。（条件）

（14）你一刻不原谅我，我就一刻不得安宁。（条件）

（15）因为游戏多玩了一会儿，所以作业少写了一会儿。（因果）

（16）饭没吃两口，酒却喝了四瓶。（转折）

（17）在学校的日子很舒服，可到了社会就不那么舒服了。（转折）

并列关系的通常不需要关联成分，其他关系的一般要有关联成分。对举表达式不限于并列关系，这一情况不容忽视、不容小觑，它向我们显示：对称的形式在一定的条件下可以超越狭义的意义的平行对称，具有相对的独立性；从更高的层面上来看，对称的形式又可以表现本不完全对称的意义关系中对称的一面，由此我们可以获得"对称性转折""对称性因果"之类的概念，进而与"非对称性转折""非对称性因果"加以比较，以更好地说明形式和意义的关系。

第四，既然我们对于对举项之间的语义关系（逻辑关系）不该做出人为的限定，那么我们对于对举项是否跨句类同样没有理由预先做主观限定。对举表达式多数是同一句类内部的句内（包括单句和复句）对举，但也有跨句类的。如：

（18）他那样不文雅。你那样就文雅吗？（陈述句+疑问句）
（19）她有一点小紧张。你有一点小放松？（陈述句+疑问句）
（20）时间花了不少！本事学了多少？（感叹句+疑问句）
（21）我不好意思！你好意思吗？（感叹句+疑问句）

不光是汉语，其他许多语言也不同程度地利用对称、对举手段，对举既是表达方法，也是语言系统自组织的一种机制。Haiman（1985a）在时间接续性/同时性和显著性两个向度上讨论"对称象似动因"问题，沈家煊（1999）由语言中形式与意义间的"扭曲关系"入手，结合汉语例证论述形式和意义之间的对称与不对称问题。这为相关研究提供了理论前提。对各类对举结构的多方面考察则可以使我们比较系统地思考形式对称、意义对称的相对独立性及其在句法、语用共同作用下的互动。

考察多种对举现象，我们可以比较系统地了解到：某些原本认为不能说的组合形式，其实是有条件能说的，这可以揭示汉语中一系列非自足句法组合形式及有标记组配。本书第六章、第七章将分别对现代汉语的各种互依性对举结构、偏依性对举结构及存在于其中的各类非自足构式进行全面的考察。

第六章 互依性对举结构中的非自足构式

互依性对举结构是对举项都不能独立、彼此互相依存的对举结构，这种对举表达式由两个结构相同、功能相同的非自足构式组成。互依性对举结构中的非自足构式，有的是两个语法单位的非常规组配形成的，有的是非常规语序造成的，有的是同语自述性组合形成的，有的出自回环式对举，有的出自明示语义互补关系的对举结构，还有一些其他类型的。下面我们分别讨论。

一　非常规组配

这里所说的"非常规组配"不是指突破语法规范的组合形式，是指体现不同语义语法范畴的两类语法单位的组合不属于自然的、默认的关系，而是非默认的有标记组配。

（一）副词与动词的有标记组配

存在于互依性对举结构的副词与动词的有标记组配以"不+非自主变化动词"结构为代表。

现有的研究显示："不"通常表示主观否定，"没（有）"表示客观否定；"不"是对非过程时状的否定，"没（有）"是对过程时状的否定（参看郭锐，1997）；"不"否定连续量，"没（有）"否定离散量（参看石毓智，2001）。这些说明从不同侧面反映出"不"和"没

(有)"的分工,为我们认识不同否定副词与动词不同下位类型的组配关系提供了条件。马庆株(1988)已经揭示:自主动词受"不"否定是自由的,而非自主变化动词受"不"否定有条件限制。按照"关联标记模式"理论来分析,我们认为,可以说"不"与一般的自主动词之间有一种自然的联系,构成无标记组配;"没"与非自主变化动词之间有一种自然的联系,构成无标记组配。一般情况这两种无标记否定均可以独立成句。一旦"不"与非自主变化动词组合在一起就形成了有标记组配,它们的组配是非自然的、非常规的、非默认的,因此它们组合成的偏正结构也往往是黏着的,不能独立成句;而对举表达式可以接受"不+非自主变化动词"构成的有标记组配。例如:

(1) 不买/卖/赌/玩/打。

(2) ? 不赔 | ? 不赚 | ? 不输 | ? 不赢 | ? 不舍 | ? 不得

(3) 【够本】①生意不赔不赚;赌博不输不赢。(《现代汉语词典》第五版484页)

(4)(老王)没发烧。

(5) ? 老王不发烧。

(6) 老王不发烧,也不咳嗽。

(7) 价格没涨/落。

(8) ? 价格不涨/落。

(9) 问:你认为沈阳的房价明年是涨还是跌?
    答:不涨不落。(沈阳消费网/消费论坛)

例(1)中"不"否定自主动词"买/卖/赌/玩/打"之类,构成无标记组配,可以单说;例(2)中"不"否定非自主动词"赔/赚/输/赢/舍/得"之类,属于有标记组配,单说站不住;例(3)中"不赔""不赚"对举,"不输""不赢"对举,分别构成一个互依性对举结构,句子便能站得住。例(4)中"没"否定非自主变化动词"发烧",构成无标记组配,可以单说;例(5)中"不"否定非自主动词"发烧",属于有标记组配,单说可接受性差;例(6)中"不发烧"与"不咳嗽"对举,构成一个互依性对举结构,句子便能站得住。例(7)(8)(9)与(4)(5)(6)情况类似。

(二)形容词与动词的有标记组配

形容词与动词都可以再分为无界形式、有界形式,无界形式与无界形式、有界形式与有界形式都构成无标记组配,而无界形式与有界形式则构成有标记组配。形容词与动词组合成的状心结构、述补结构都存在不自足的有标记组配。

沈家煊(2004)指出:"慢慢走"和"慢慢说"这样的说法或者是祈使句(祈使句的动作是未实现的),或者是不自由的,要对举才能说:他慢慢说,我慢慢记。陈述一个完整事件一般要说成"他慢慢地走过来"和"他慢慢地说完"。

按照我们的理解,沈先生的分析就是揭示了:作为有界性状的形容词重叠形式(有时要后附"de")与作为有界动作的动补结构(走过来、说完之类)组成的状心结构是无标记组配,可以单独构成陈述句;而作为有界性状的形容词重叠形式与作为无界动作的光杆单音节动词组成的状心结构是有标记组配,不能单独构成陈述句,要组成对举结构才行。

沈家煊(2004)还指出:"张、抢、抱"等简单动词代表无界动作,只能跟"大、光、紧"等性质形容词匹配,"张得、抢得、抱得"等复杂的动补结构代表有界动作,只能跟"大大的、精光、紧紧的"等状态形容词匹配。"V得+性质形容词"也不是绝对不可以说,而是只能对举着说:

站得高,望得远。
攀得高,摔得重。

这是有界动作与无界性状构成有标记组配须进入互依性对举结构的例证。

（三）介词短语与动词短语的有标记组配

我们在考察中，发现介词短语与动词短语之间存在以对举为条件的有标记组配。以目前考察所及，这里只就"［在+处所］+心理动词""［在+处所］+［是+名词］"结构略作分析①。

（1）a. 我在书馆学习。｜我在办公室办公。
　　　b. 我在国外想家。
　　　c. 我在国外想家，在国内不想家。

（2）古人在唐诗宋词中表达的情感基本上都是妻子在家思念远行的丈夫，几乎没有丈夫在家思念远行妻子的。

（3）现在基本上是父母在家里惦记孩子，孩子在学校不惦记父母。

例（1）a中"在+处所"与表动作行为的动词词组组合，可以单独作谓语或单说；b中"在+处所"与表心理活动的动词词组组合，不能单说；c中"在+处所"与表心理活动的动词词组组合，进入对举结构，句子便比较自然。例（2）（3）都是包含"［在+处所］+心理动词"结构的两项主谓小句对举的实例。

通过若干实例的对比，我们注意到，表方所的介词词组与行为动词构成常规的无标记组配，可以在简单陈述句中作谓语；表方所的介词词组与心理动词、否定性动词结构都构成不自足的有标记组配，一

---

① 关于"在+处所+动词"结构中的"在"的性质存在不同看法，认为是介词的，是着眼于这里的"在+处所"与其他一些介词词组在分布及语义范畴上有共同之处；认为是动词的，是考虑到"在+处所"可以在语义不变的情况下单独充当句子的谓语（后面不必出现其他动词），根据同一性原则，不宜把"在"分别处理为介词和动词。我们感到这两种看法各有一定道理，本书着眼于与"从"类介词词组在分布、语义范畴上的相类性，暂且把"在+处所+动词"结构中的"在+处所"看作介词短语。

般不以简单陈述句形式出现。而这种有标记组配在对举表达式中就容易接受。似乎可以说，两项"在 N$_{方所}$"对举，有时处所义弱化，体现出时间意义，有些接近于"在 N$_{方所}$的时候"之义，这一方面应该是经济原则在起作用；另一方面也有认知上的理据。陈平（2004）介绍了许多语言学家（尤其是从心理认知角度出发的语言学家）都赞同的所谓"地点理论"（localism），认为相对于其他有关概念而言，空间地点概念在语义和语法上是基本概念，时间概念，甚至……概念大都由地点概念衍生而来。这一理论可以对我们的上述分析提供一定的支持。

储泽祥（1998）以能否进入"在 + L + VP"或"V + L +（了）"为鉴定标准，把动词区分为空间适应性动词、空间不适应性动词。这对揭示动词内部在空间适应能力方面的不平衡性很有意义。仔细观察储文所列举的"空间不适应性动词"，我们注意到：其中"V 或'V + O'能受程度副词修饰，带有'程度性'"的一类里，有一些不是绝对不具有空间适应性，它们在对举条件下能进入"在 + L + VP"。如：

愿意：在学校愿意，在家不愿意。
能：在单位能理解，在家不能理解。
服务：在家服务老爸，在单位服务领导。
同情：在家同情家长，在学校同情孩子。
细心：在单位细心，在家不细心。
讨厌：在家讨厌家长，在学校讨厌老师。
舍得：在家舍得花钱，在单位不舍得花钱。
想念：在国内想念在外留学的女朋友，在国外想念家乡的父母。
希望：在单位希望工作顺利，在家希望父母健康。

在考察上述情况的基础上，我们进一步感到：在不同语义语法范畴关系的研究中，"关联标记模式"理论的"无标记组配""有标记组配"观念,对于加强观察、描写的充分性,提高解释的适切性,较之以往简单的"二元对立"分析模式,具有明显的优越性。相关研究中,对举结构的分析在扩大观察视野、提供鉴定手段等方面,都可以发挥重要的辅助作用。

"[在+处所]+[是+名词]"一般也不能单说,常常要进入互依性对举结构。如:

(4) 爸爸在家是主人,在外是仆人。
(5) 他们在公司是同事/朋友/搭档,在家里是夫妻/兄弟/亲人。
(6) 现在很多在校学生都具有双重身份——"在学校是学生,在企业是学徒"。
(7) 许多男人在家里是模范丈夫,在单位是中坚力量。
(8) 他在学校是个好学生,但在家里却是个熊孩子。
(9) 在学校是弟子们的老师,在硅谷是企业的老板。(报刊精选\1994\05)

例(4)(5)(6)中"是"的宾语是光杆名词,这时的"[在+处所]+[是+名词]"是较为典型的非自足形式;例(7)(8)中"是"的宾语是偏正词组(其定语是限定性的),信息量有所增加,这时的"[在+处所]+[是+名词]"的自足性也似有增强,然而还是用于对举表达式可接受性更高;例(9)中"是"的宾语也是偏正词组,且其中的定语具有描述性,进一步增加了整个结构的自足性,之所以采用对举表达式,更多的是为了满足肯定形式与否定形式语义互补的要求。

如果"[在+处所]+[是+名词性词组]"中名词性词组的修饰语具有充分的描述性,则这类结构可以脱离对举结构单说。如:

(10) 李淑琴在单位是上下公认的女强人。(《人民日报》1993 年 11 月)

(11) 他在学校是一名优秀学生。(《人民日报》1995 年 4 月)

(12) 他们在家乡是不受欢迎的人。(当代\翻译作品\没有钥匙的房间)

附带说明一下,"[在+处所] + [是+名词]"构成的互依性对举结构,有时形式上可略有变化,比如"在家……"通常与"在外……"相对,有时把"在外"换成"出门"之类的动词性成分,实际作用是一样的,例如:

(13) 李小姐是典型的归侨女性,在家是贤妻良母,在外是夫婿业务上的得力助手。(1994 年报刊精选)

(14) 我看到的王蒙,始终不失他的本色,在家是个乖孩子,出门是个乖人……[当代\报刊\读者(合订本)]

(15) 她在家是个好女儿,好姐姐,在校是个好学生,好教师,好朋友,出嫁是个好妻子,好母亲。(冰心《我的良友》)

例(15)中,"……[是+名词词组]"多项并举,其中的名词性词组都是联合词组。

(四) 表处所、工具的名词性成分与动词的有标记组配

汉语中部分名词小类可以修饰动词,其中时间名词修饰动词比较自由;而表示处所、工具的名词、名词性词组修饰动词则有条件限制,往往要在对举结构中实现。表方位处所的名词性成分在对举结构修饰动词的情况如:

(1) 他是个地道的哈尔滨生哈尔滨长的东北小伙儿。

（2）那间寝室一望无尽，睡着近百名昏昏沉沉的婴儿，床上吃床上拉，啼哭声不绝于耳。（王朔《看上去很美》）

（3）课上强调课下强调　天上飞地下跑　风里来雨里去

表工具的名词性成分在对举结构修饰动词的情况如：

公司班车接，班车送。
老地主大秤进，小秤出。
好汉们大碗喝酒，大碗吃肉。

表工具的名词作状语时可以加上介词"用"，前面另有施事主语。有时，表工具的名词性成分也可以直接作主语（句中没有施事主语），如：

（4）这个碗装酒，那个碗盛饭。

"这个碗""那个碗"是工具主语，类似的"工具+动词"组合通常对举使用，一般很少单用。（参看徐默凡，2004）

（五）非规约性黏合式定心结构

汉语的定心结构，有的带"的"，有的不带"的"。有的认知语法论著认为：在属性构造中，不带"的"的定语通常表示规约性分类；带"的"的定语则不表示规约性分类。反过来说，不表示规约性分类的词作定语一般要加"的"（参见张敏，1998）。如：

a. 大箱子/小箱子　——定语代表规约性分类，不带"的"，可单说。

b. ?重箱子/?轻箱子　——定语不代表规约性（惯常的）分类，不带"的"一般不能说或不能单说。

根据我们的观察，在对举条件下，情况可以有所变化。有些通常要带"的"的"形的名"（可称为带非规约性定语的组合式定心结构），对举条件下可不加"的"，形成带非规约性定语的黏合式定心结构。

张敏（1998：274）也曾构想了一个"重箱子"能够成立的场景。比如，车站站长对旅客说："我们把要托运的箱子根据重量分成两类，10公斤以下算作轻的，10公斤以上当作重的。轻箱子每人可以托运两个，重箱子每人只能托运一个。"张敏先生的进一步分析是：由此可以推测，只要D表N概念较稳固的属性，相当多一般不能成立的DN在特定场景中都有成立的可能性。……这种现象并不表示de字隐现缺乏内在的规律，而只表明其中的限制，正如沈家煊（1997）所说，"并不是语法上的限制"。

按照我们的理解，可以说：本来要带"的"的定语，在对举表达式中可以不带"的"，实现由"临时性"到"规约性"的转变、由"描写性"到"限制性"的转变。也可以说，对举表达式在容纳非规约性黏合式定心结构的时候，具有凸显修饰成分的"分类性"的作用。

二 非常规语序

（一）$N_{施} + N_{受} + VP$

汉语的句子里，动词前面可以出现多项名词性成分，它们的语法地位不是平等的，次序先后也有自由与受限之别。

吕叔湘先生（1946）就讲到：在"施事+受事+VP"式的句子中，受事成分一般前头得有个"连"字，或隐含"连"字的意思，或者表示对比、平行、周遍等特殊意义，而"受事+施事+VP"式的句子就没有这个限制。范继淹（1984）说明：受事居首的双项NP句居多，施事居首的少。双项NP的施受句以"受事+施事+VP"

式为常见，其中一部分有对应的"施事 + 受事 + VP"式。陈平（1994）从功能语法的视角认为"施事 + 受事 + VP"是一种特殊句式。

方梅（1995）指出：作为常规配位，在主题句 NP$_1$ + NP$_2$ + VP 里，NP$_2$ 的施事性一般应强于 NP$_1$，或者说 NP$_1$ 的受事性强于 NP$_2$，依照这个规律配位组合的主题句是常规句。一些"非常规配位"作为中性的句子是不能说的，但是带上对比焦点以后却是合格的句子。

  a. 这事老高有办法。　　　　　　［系事 + 施事 + VP］
  b. *老高这事有办法。　　　　　　［施事 + 系事 + VP］
  c. 老高′这事有办法。　　　　　　（别的事就未必了）。

方梅（1995）分析到"你我接管了"这样的句子时指出："你"和"我"理解为"接管"的施事或受事的可能性几乎不分高低，但是"人们一般把 NP$_1$ '你'理解为受事，把 NP$_2$ '我'理解为施事，颠倒过来的可能性几乎没有"。

袁毓林（1996）也分析了客体格通常处在主体格之前，客体格出现在主体格和 VP 之间受到一定限制的情况。王静（1996）讨论被动句时谈到：在施事受事均出现的无标记被动句中有一个位置级差，以句首是受事为强式，此时句子（在满足语义搭配的条件下）独立，以句首是施事为弱式，此时句子黏着。王文分析的实例中有：

  a. 猪张三杀了。
  b. 张三猪杀了，鸡留着。
  c. 病人医生救活了。
  d. 医生病人救活了，自己儿子没救活。

通过上述文献的分析和例证，我们可以看到：单项的简单句容许"受事+施事+VP"序列，但不大容易接受"施事+受事+VP"序列；在对举句中，两个"施事+受事+VP"结构并举，就显得比较自然了。

陈平（2004）进一步全面分析汉语的"双项名词句"，指出在其他条件相同的情况下，可以根据 NP_2 和 NP_1 的语义角色排列是否遵照"施事>感事>工具>系事>地点>对象>受事"这条优先序列而分成两大类别。相对而言，OSV 是汉语里的常态结构，SOV 是非常态结构。OSV 包括：

NP_1 为对象　这本书我已经看了。
NP_1 为受事　那道题他已经做完了。
NP_1 为系事　这事小李有意见。
NP_1 为工具　这把刀我切肉。
NP_1 为地点（事件或处所）　那个角落我想放一个沙发。
NP_1 与 NP_2 有隶属关系　小李思想很前卫。

我们认为上述各类 OSV 结构如果要变换成 SOV 结构，多半要以对举为条件，如分别说成：

我这本书已经看了，那本书还没看。
他那道题已经做完了，其他的题还没有做完。
小李这事有意见，那事没意见。
我这把刀切肉，那把刀切菜。
我那个角落想放一个沙发，这个角落放书架。
思想小李很前卫。——不是 SOV 结构

吕叔湘先生（1986b）就各种主谓谓语句进行分类举例时，涉及不少对举的用例。我们把对举与单举的例子做一些对比分析，也可以看到，非采用对举结构不可的往往是非常规语序的主谓谓语句。如：

　　他这个人，该忘的没有忘，不该忘的却总记不住。
　　他吃不讲究，穿不讲究，可是总得生着法儿弄点好茶叶喝喝。

　　单就动词与受事成分的序位关系而言，也可分常规、非常规两种情况。沈家煊（1999：207、242）谈到：OV 相对于 VO 是有标记语序。OV 语序中，O 一般为有定；O 为无定，则取 VO 语序。无定或非指称性的 O 取 OV 序的也有，但必须是对举的情形，如"一个不卖，三个才卖""钱没有，命有一条"，或者是表周遍义的 O，如"一字不识""他什么都要"。

（二）数量词与动词

　　沈家煊（1999：97、98）谈到表示极小量的"一 + 名量/动量"与动词的组合，常规形式是"休息了一天"，而"一天休息了"不合语法。不过，"一天休息"这样的话在对举时能说，如"一天工作，一天休息"。

　　沈家煊（2004）在说明与有界、无界有关的词语匹配问题应在一定认知域内讨论时涉及："隧道我穿行 10 分钟"可以单说，而"我 10 分钟穿行隧道"单说不成立（不是自由形式），因为单纯动词"穿行"表示无界动作（动补结构"穿过"则是有界的），时间数量词"10 分钟"置于谓语之前时识解为有界动作（置于谓语之后时识解为无界动作），两者不匹配。对举着说成"我 10 分钟穿行隧道，10 分钟吃爆米花"能够成立，可以理解为"10 分钟穿过隧道，10 分钟吃完爆米花，在规定时间内完成规定的项目"。在这种对举的情形下，通常表示无界动作的"穿行"和"吃"要向"10 分钟"的前置语序让步，被识解为有界的"穿过"和"吃完"。这里的分析显示，同样的语法单位，出现在不同语法位置，或者说处于不同序位中，其有界、无界特征可以发生变化。那么，我们似乎也就可以这样理解，这里所涉及的有界成分与无界成分组配形成非自足小句的情况，实际上是常规语序改变为非常规语序所造成的。

储泽祥（2005）专文分析汉语时量成分与动词组合的语序安排，指出常规的情况是：否定式中，时量成分位于动词的前边；肯定式中，时量成分位于动词的后边。并做了如下比较：

十年没离婚　离婚十年　*没离婚十年　*十年离婚
三天没打球　打了三天球　*没打三天球　*三天打了球

我们注意到，在对举结构中，非常规性的语序排列可以得到容许。如：

（1）没上三次课，只上两次课。——对举前项为否定式，时量成分出现在动词的后边。
（2）两个月在省内，两个月在省外。（《人民日报》1996年9月23日）——肯定式对举结构中，时量成分出现在动词的前边。
（3）两天上课，三天休息。

就例（2）（3）来看，对举结构一方面使非常规语序得以实现，同时也改变了句子的信息结构，在前面的时量成分倾向于有定化（指称特定范围内的已分配时间），后面的动词或动词性词组被处理为新信息。

三　同语自述性非自足组合

在一个小句结构中，同一词语在陈述与被陈述成分中重复出现，往往形成缺乏表述意义（或称表述性）因而不能单说的非自足构式，如"饭是饭""吃的吃""你吃你的饭"等等。这样的非自足构式在现代汉语中存在复杂多样的结构类型，其中有一部分已有文献分别进行过考察，考察范围及观察角度各有不同，有的分析侧重修辞、表达方面，有的侧重语汇方面，也有文章从语法、语用、认知等角度来思考问题。考虑到不同的格式间存在一定的共性特征——都在陈述与被陈述成分中重复出现相同词语、整体上都常以对举形式出现，我们把它们统称为"同语自述性非自足组合"，希望以此显示它们内部的共性并与其他类型的非自足构式相区别。

在多种涉及相关现象的文献中，周荐（1991）的描写、分析最为细致、全面，另外一些文章则是各有侧重。陈一（2007）在已有研究基础上从互依性对举结构的角度做了一些概括性的分析。

（一）主宾同形结构

1. N_1 是 N_1，N_2 是 N_2

  a. 厨房里盆是盆，碗是碗，整齐利落。
   人家这姑娘长得鼻子是鼻子，眼睛是眼睛。
  b. 学生是学生，老师是老师。
   理想是理想，现实是现实。
   一是一，二是二。
   TBG 是 TBG，DNA 是 DNA。（www.gamer.com.tw 电玩资讯站）
   染色体是染色体，DNA 是 DNA。（口语记录）

a 组对举形式表示呈现的状态很像样、令人满意的意思。这一类成员有限（能进入该结构的名词一般受到"布置/呈现"意义的约束），不能大量生成，带有一定的熟语性，不是"N_1 是 N_1，N_2 是 N_2"的主流。b 组表示各有各的情况、不容混同之意。这一类能够容纳各种类型的名词（连"分子、原子""语素、词素""染色体、基因/DNA"这样的专业术语甚至直用外文的"字母词"也能进入该结构），可以大量生成，是"N_1 是 N_1，N_2 是 N_2"的主流。[①]

郑丽雅（1994）、黄伟和旷书文（2006）都谈到有些对举结构各分句内部可以根据表达需要增添修饰成分，如：制度是学校的制度，习惯是个人的习惯 | 钱是你的钱，人是我的人。我们感到，添加了区别性定语的"N_1 是 A 的 N_1，N_2 是 B 的 N_2"结构进一步强化了格式义，凸显的是"界线分明、不能彼此替代"的意味。

不仅进入对举格式的名词可以扩展，该格式中判断词"是"的前面也可以添加副词性修饰成分，添加副词后甚至可以形成"……不是……"与"……是……"的对举形式。如：

(1) 你大妈已经不是你六年前的大妈，你大爷永远是你大爷。（小品《说事》）

周荐（1991）、郑丽雅（1994）、殷何辉（2006）都讲到"N_1 是 N_1，N_2 是 N_2"中"是"的前面加上副词的情况。殷文认为"NP + 副词 + 是 + NP"式表达说话人对某一事物的主观判断，即断定思维对象与人的主观世界中存在的对该对象的理想认知模型是否相符合，从而表达说话人对事物某一特性的主观认识和评价。与其相适应，它要求进入该结构的名词所代表的事物具有可评价性。能够进入这一结构的副词有语气副词、范围副词、关联副词、否定副词等几类，判断词"是"受到不同副词的影响，会使结构产生不同的语义。这里，我们要强调的是，单纯的"N_1 是 N_1，N_2 是 N_2"结构具有较强的互依性，而加上副词的"NP + 副词 + 是 + NP"结构则往往可以脱离对举结构，

---

① 张爱玲（2011）对单项式、双项对举式、多项排比式同语反复格式统一观察，概括出五种语用类型：(1) 解－反预期型；(2) 有所保留的认同型；(3) 不容混淆型；(4) 不容类推型；(5) 毫无保留的称赞型。陈一（2007）分析的只是对举结构的基本情况。

与其他小句连用，甚至可以单说。如：

（2）亲人就是亲人！（面对亲人的竭力相助时）
（3）科学家就是科学家！（在科学家有高新发明时）
（4）幻想就是幻想，再怎么也变不成现实。
（5）老板就是老板，决不扮演家长的角色……（莫怀戚《陪都旧事》）

刘德周（2001）指出：同语式可以用来表达人们对某一类对象所表现出来的典型特征的态度。它是通过交际双方对事物典型特征的共识来达到交际目的的，因而在使语言精练含蓄的同时又留有回味的余地。潘国英（2005）谈到同语格的实现机制是具有某种属性意义的名词置于特定句法结构，语义重心发生偏移，附加属性意义凸显。高航（2010）称"重言式"是一个独立存在的构式，功能是对事物的范畴资格进行重新确认，从而使其典型特征在当前语境中得以凸显。一事物典型特征的凸显度与该范畴的复杂程度正相关，与其意义的固化程度负相关。潘国英（2006）分析同语格的焦点，认为可以有三层理解，N2是句法显性焦，名词的附加属性义是语义重点，附加属性义中的某一特定内涵是核心。名词附加意义形成的基础是认知背景，而对名词附加意义的显现和接受起到重要认定作用的是话语背景。殷何辉（2007）认为这种同语式的基本语用价值是表达主观判断，断定思维对象与人对该对象的理想认知模型是否相符合。其中的主观认识和评价是一种隐含的"言外之意"。可用格赖斯会话原则和Fauconnier的空间映射论做出解释。周韧（2009）指出同语式中的同形同音成分意义并不相同。前项只具有理性意义（真值条件），而后项具有内涵意义（社会大众或个人的普遍或主观认识），利用"是"将后项所具有的内涵意义赋予前项。范振强（2015a）认为"N是N"同语式实际上涵盖着同形异义和同形同义两个类别。动态范畴构建论可为同语式提供统一的分析框架。范振强（2015b）认为同语在言语交际过程中传达的丰富语用义可以在关联理论和认知语言学的整合模式下得到有效解释。关联理论可以解释同语的三种语境效果（语境假设的增强、完全冲突和部分冲突）；认知语言学能够解释同语的使用动因。

2. "V_1 是 V_1，V_2 是 V_2" "A_1 是 A_1，A_2 是 A_2"

"V_1 是 V_1，V_2 是 V_2" "A_1 是 A_1，A_2 是 A_2" 与 "N_1 是 N_1，N_2 是 N_2"格式义（主流 b 组）具有一致性，也都表示"不是一回事，不容混同"的意思。

(1) 讲是讲，做是做，只要不做出什么错事来，老桂木匠是宽容的。（当代\大陆作家\佳作2）

(2) 文静是文静，内向是内向。

"A_1 是 A_1，A_2 是 A_2"的某些例子如"绿是绿，红是红"可表示"该是什么样就是什么样，很像样"的意思，这种用法具有熟语性，不能大量类推生成。

把上述格式中的 N、V、A 做进一步概括，我们就得到"A 是 A，B 是 B"格式。在考察中我们注意到，"A 就是 A，B 就是 B"与"A 就 A，B 就 B"的用法有明显差异，前者主要用于强调不相同或不相容，后者在不同语境中可以表示两种不同的意思。

(3) 男人就是男人，女人就是女人，怎么能一样呢？
男人就男人，女人就女人，怎么还说不清呢？
男人就男人，女人就女人，怎么都行。

(4) 行就是行，不行就是不行，你给个明白话！
行就行，不行就不行，你给个明白话！
行就行，不行就不行，我无所谓。

(5) 冷就是冷，不冷就是不冷，不用含糊其辞。

冷就冷，不冷就不冷，不用含糊其辞。

冷就冷，不冷就不冷，又能怎么样呢？

有"是"的对举形式，倾向于凸显"各是各"之意；隐去"是"的对举形式，求异的意味被弱化。

另有一种"A 归 A，B 归 B"对举形式，根据格式中 A、B 的语义关系可分为两种用法，例如：

a. 想法归想法，实际归实际。

牢骚归牢骚，工作归工作。

b. 说归说、笑归笑，这几个肉乎乎娇滴滴的小东西也真难为他了。（《人民日报》1996 年 4 月）

a 组 A 与 B 存在对立关系，整个格式在强调不能混同的同时把语义重点放在后一小句（参看周荐，1991），对举式可以单独成句；b 组 A 与 B 是同义关系，对举的前后两个小句语义上是并重的，它们合起来构成让步句，后面还要有另外的结论性小句出现。周明强（2007）谈到"X 是 X"和"X 归 X"两格式在一定条件下可以互相替换。单用时可表示区别、对比的意思，决定两格式能否互换的是句子重心；并用时可表示对比、强调等意义，决定两种格式能否互换的是看连用的两项是否对立。

3. "N_1 不像 N_1，N_2 不像 N_2""N_1 不 N_1，N_2 不 N_2"等

"N_1 不像 N_1，N_2 不像 N_2"是原型，"N_1 不 N_1，N_2 不 N_2"是减缩形式。（参看周荐《论对称结构》，《语文研究》1991 年第 3 期）

a. 车子不像车子，房子不像房子。

妻子不像妻子，丈夫不像丈夫。

b. 鸡蛋不像不像鸡蛋，鸭蛋不像鸭蛋。

书不像书，本子不像本子。

a 组的 N_1 和 N_2 分别代表有一定独立性的（不具有相似性）两种事物或两个方面，整个格式表示所列举的事物都不像样、都不让人满意。b 组的 N_1 和 N_2 既可以分别代表有一定独立性的两个事物，也可以代表有某种相近性、相似性的两个事物，因此，整个格式有时表示所列举的事物都不像样、都不让人满意，有时又可表示本该属于其中一种的东西哪个都不像、不伦不类。a、b 两组的差异显示了格式与成分的互动性。

"N_1 不像 N_1，N_2 不像 N_2"可以省去谓词性成分"像"，就形成"N_1 不 N_1，N_2 不 N_2"形式。这样的情况在单项主谓句中是不被允许的。是对举前后项的互相依托才使谓语中动词的省略没有导致结构不可接受。换句话说，是对举结构使一般认为不能成立的词语组合"不 N"得以存活。张国宪（1993）把这种情况称为对举格式"缔构短语的功能"（有些违反了句法规则的结构进入对举框架，成为合法结构）。范晓、张豫峰（2003）讲"动态短语与静态短语"时，提到"他不人不鬼的"中"不人"是动态短语，也包含了类似的意思。

"N_1 不 N_1，N_2 不 N_2"格式一经形成，在构成要求上、整体意义上就都具有了一定的独立性，N_1、N_2 通常只能是相反、相对的关系，整个格式则表示不伦不类或不当不正的意思。如：

人不人，鬼不鬼。
上不上，下不下。
南不南，北不北。
女不女，男不男。

与"N_1 不 N_1，N_2 不 N_2"并存的还有"N_1 没 N_1，N_2 没 N_2"（杯子没杯子、茶叶没茶叶之类），表示该有的东西没有、做事情的必要条件不具备。

黄佩文（1988）曾分析过形容词构成的"A不A，B不B"格式，并认为动词不大容易进入这一格式。我们在考察中发现，一部分动词也可以进入这一格式。我们分别码化为"A_1不A_1，A_2不A_2""V_1不V_1，V_2不V_2"。例如：

紧不紧，松不松｜大不大，小不小｜咸不咸，淡不淡｜方不方，圆不圆

死不死，活不活｜进不进，出不出｜哭不哭，笑不笑｜开不开，关不关

"A_1不A_1，A_2不A_2"表示性状不合标准，非自主动词构成的"V_1不V_1，V_2不V_2"表示不是应有状况因而让人看不过去，自主动词构成的"V_1不V_1，V_2不V_2"则表示行止不当妨碍别人之意。黄佩文（1988）指出"不A不B"可以表示不满意的意思（不阴不阳、不人不鬼、不年不节），也可以表示适中、恰到好处、令人满意的意思，含褒义（不长不短、不肥不瘦、不大不小）；"A不A B不B"（阴不阴阳不阳、人不人鬼不鬼、年不年节不节、长不长短不短、肥不肥瘦不瘦、大不大小不小）只具有令人不满意的意思，只含贬义色彩。

主宾同形的非自足组合构成的对举结构还有"A对A，B对B"，其中，表交锋的"刀对刀、枪对枪"有熟语性，不必具体讨论；表示分别对应的"兵对兵、将对将"还可以生成"老师对老师、学生对学生""男的对男的、女的对女的"之类临时组合，可以看成一种对举性分配句（参看本章第六节一节）。

（二）主谓局部同形结构

1. "V_1 的 V_1，V_2 的 V_2"

"V_1 的 V_1，V_2 的 V_2"是一种列举、分说表达式，V_1 和 V_2 通常是类义关系，也有反义关系的；对举前项与后项中的动词可以同是不及物动词，也可以同是及物动词；整个格式通常是用于主动语态，一般不用

于被动语态的,动词为处置义及物动词的可用于"把"字句。例如:

(1) 沿路南宋官员降的降,逃的逃,金兵前锋很快渡过淮河,逼近扬州。(当代\应用文\《中华上下五千年》)
(2) 那些小学生吓得哭的哭,叫的叫。(当代\台湾作家\白先勇\小说集)

例(1)(2)中 V_1 和 V_2 同是不及物动词,属类义关系,用于主动语态。

(3) 身边的同事走的走、升的升,只有她原地踏步。(当代\网络语料\网页\C000022)
(4) 去的去,来的来,小城故事真可爱。

例(3)(4)中 V_1 和 V_2 同是不及物动词,属反义关系,用于主动语态。

(5) 每天的集市特别热闹,买的买,卖的卖。

例(5)中 V_1 和 V_2 同是及物动词,属反义关系,用于主动语态。

(6) 将党政军中那些贪官污吏撤的撤,抓的抓,一时间人心振奋。(当代\文学\大陆作家\张正隆)

例(6)中 V_1 和 V_2 同是及物动词,属类义关系,用于处置式。

(7) 乐团里吹的吹,拉的拉,弹的弹,唱的唱,形成完美的合音。

例（7）中"吹的吹"与"拉的拉"对举，"弹的弹"与"唱的唱"对举，两项"V_1 的 V_1，V_2 的 V_2"又形成更大的对举。

上述各例，V_1、V_2 都是光杆动词，"V_1 的 V_1"与"V_2 的 V_2"结构完全相同，音节数也相同。这种对举结构的扩展形式（V_1、V_2 变成 VP_1、VP_2）则存在种种变化。如：

(8) 很多老骥又出来驾辕的驾辕，拉边套的拉边套。（电视连续剧《编辑部的故事·修改后发表》）

——对举前后项结构相同，但音节数不完全相同。

(9) 剩下的物品，扔掉的扔掉，送人的送人。

——VP_1 是述补词组，VP_2 是动宾词组，结构略有不同。

(10) 扔的扔掉了，送的送完了。

——"V 的 VC"成立。

(11) 扔掉的扔，送人的送。

——"VC 的 V""VO 的 V"难以成立。

比较例（10）（11），似乎可以认为，"V 的 V"的扩展形式中，"前简后繁"比较自然，而"前繁后简"好像不是"好的"组合形式。其实不然，我们可以看另外的例子：

(12) 需要拿的拿走，需要留的留下。
(13) 能扔的扔，能送人的送人。

(14) 内设机构不搞上下对口，该撤的撤，该并的并。

例（12）（13）（14）中，"V 的 V"的扩展形式都是"前繁后简"。再与例（10）（11）比较，我们可以看到，孰先孰后不是决定于结构的繁简和音节的多寡，而是决定于语义性质，能愿动词结构在前、动词基本型在后是正常的，具有结果义的述补词组在前、动词基本型在后是不可接受的，因为前者符合由可能到现实的认知规律，后者违反了先有行为后有结果的认知原则。

简单形式的"V_1 的 V_1，V_2 的 V_2"没有否定形式，不能说"逃的不逃，死的不死""笑的不笑，哭的不哭"；部分扩展形式可以有否定式，如：

(15) 该走的不走，该留的不留。
(16) 不该问的不问，不该想的不想。
(17) 该看的没看，该听的没听。

还有对举的前后两项分别为肯定形式、否定形式的，具体表现为，对举式的前项与后项，主语中的 VP、谓语中的 VP 在肯定、否定上刚好相反，整个格式用来表达：按说话人的愿望或标准，目前呈现的是不应有的状况。

(18) 该想的没想，不该想的想了。
(19) 该哭的没哭，不该哭的可哭了！

在一般单项简单句中，时体、语气等意义通常要用虚词来表达，在"V_1 的 V_1，V_2 的 V_2"对举表达式中，表时体、语气等意义的虚词可以不出现而不影响意义的表达。比较：

(20) 哥哥们已经上大学了。
(21) 哥哥们上班的上班，上大学的上大学，都在忙自己的。
(22) 小朋友们正在唱歌呢。
(23) 小朋友们唱的唱，跳的跳，教室里热闹极了。

似乎可以说，"V₁ 的 V₁，V₂ 的 V₂"这种对举形式不需时体成分就可以表已然或正在进行的意义，不可能表示未然意义。

储泽祥（2010）指出"X 的 X"小句的显著特征是主谓同素互动。"X 的"具有次范畴化功能，不仅促动了"X 的 X"格局的形成，也导致小句的不自足，并且还是"X 的 X"小句"认证"功能的决定性因素。"X 的 X"小句的连用式具有"共时情状各异"的语义特征，这造成其连用式只能是陈述语气，一般不用体标记，大都充当谓语或构成复句来描写已知事物。

2. A₁ 的 A₁，A₂ 的 A₂

对举的"A₁ 的 A₁，A₂ 的 A₂"仍是列举、分说表达式，但不是一般性的分说。其中 A₁ 和 A₂ 为反义关系的构成一种极性对照式的列举，用来表示总说词语范围内的各部分成员都不符合某一标准、不能适应某一方面的要求。如：

(1) 这些竹竿粗的粗，细的细，都不合适。
(2) 这些本子厚的厚，薄的薄，没有我想要的。

"A₁ 的 A₁，A₂ 的 A₂"的扩展形式可以用来表示不均衡、两极分化严重。

(3) 多个地区农村庄稼减产，旱的旱死，涝的涝死，农民的收入堪忧。

同类的情况还可以举出"宽的真宽，窄的真窄""忙的忙死，闲的闲死""好的很好，差的很差""好的真好，差的真差"等等。

A_1 和 A_2 为类义关系的"A_1 的 A_1，A_2 的 A_2"，表示各部分成员特征鲜明，这种情况下对举结构是开放性的，可以添加并列项。

（4）……越发红的红，白的白，烨烨的一大片，她也觉得壮观。（张爱玲《小团圆》）

（5）五颜六色的菜，摆了满满一桌，红的血红，绿的翠绿，黄的金黄，……（董保存《梦，绿色的》，转引自周荐，1991）

侯学超（1987）谈到"甲的甲，乙的乙"格式中甲、乙都是谓词或谓词性结构。徐国玉（1994）列举出"方位名词·的·方位名词"（东的东，西的西）、"主谓词组·的·主谓词组"（我吃的我吃，你吃的你吃）等形式。

3. "$N_1 + V + N_1$ 的 O，$N_2 + V + N_2$ 的 O" "$N_1 + V + N_1$ 的，$N_2 + V + N_2$ 的"

"$N_1 + V + N_1$ 的 O，$N_2 + V + N_2$ 的 O"是完全式，"$N_1 + V + N_1$ 的，$N_2 + V + N_2$ 的"是省略式（参看周荐1991）。以下分别举例说明。

（1）他有他的想法，我有我的想法，请你理解我。
（2）你有你的问题，我有我的问题，谁也别批评谁了。

例（1）（2）对举前项与后项 V、O 相同。

（3）你有你的想法，我有我的观点。
（4）我弹我的古筝，你弹你的吉他。
（5）我做我的日本人，你做你的中国人，可是咱们俩好，永远好。（邓友梅《别了，濑户内海！》）

例（3）(4)(5)对举前项与后项 V 相同，O 不同。

(6) 他做他的饭，我整理我的房间。
(7) 老师讲他的课，我溜我的号。
(8) 你走你的路，我过我的桥。
(9) 你圆你的梦，我寻我的情，你闯你的荆棘路，我织我的七彩虹。(《作家文摘》\ 1994A)

例（6）(7)(8)(9)，前项与后项 V、O 都不同。

由上面的例子可以看到，"N_1 V N_1 的 O，N_2 V N_2 的 O" 中，N_1、N_2 是常量，V、O 是可变量。就一部分用例来观察，两对举项之间相同成分的数量与二者互相依赖的程度似乎呈负相关，相同成分越多，二者互相依存的程度越低（各小句独立性较强）；相同成分数量越少，二者互相依存的程度越高（各小句独立性较弱），试比较：

a. 你读你的书，我读我的书。| 你学你的习，我学我的习。
b. 你读你的书，我喝我的茶。
c. 你读你的，我学我的。

孤立地看"你读你的书""你读你的""我喝我的茶""我学我的"是有歧义的，既可以像 a 中那样表示"自己用自己的东西"（表达这个意义时独立性较强），又可以像 b 那样表示"你做你的事情，我做我的事情，互不妨碍"之意（表达这个意义时独立性较弱）。侯国金(2012)从认知语用视角分析"某 V 某的 N"构式，论及语用预设、语用隐含和语用歧义，指出该构式具有一定的回声重复性，构式语力多为允许、劝诱、劝诫、命令、敦促、警告、讽刺或批评。

省略式"N_1 V N_1 的，N_2 V N_2 的"中，对举前后项中的 V 可以相同，也可以不同。V 相同的，隐含的宾语一般是相同的，似乎也可以不同。如：

(10) 这个项目你研究你的，我研究我的，互不干涉。

(11) 目前的电（光）缆敷设方式落后了，交通与通信互不相干，你干你的我干我的，修路不考虑通信，通信也与修路无关。（报刊精选\ 1994 \ 01）

例（10）"你研究你的，我研究我的"中两个"研究"隐含的宾语相同。例（11）"你干你的我干我的"中两个"干"隐含的宾语不同（也可以认为这里的"干"是不及物用法）。

对举前后项中的 V 不同的，隐含的宾语通常是不同的，但也可以相同。如：

(12) 你吹你的，我打我的，谁也不管谁。（现代\ 文学\ 老舍长篇2）

(13) 你吃你的，我煮我的。

例（12）隐含的宾语不同。例（13）隐含的宾语可以相同，如"饺子"。

"$N_1 V N_1$ 的，$N_2 V N_2$ 的"中的 V 还可以是不及物动词，甚至可以用上部分形容词，如：

(14) 我们在法国的时候表面上是住在一起，其实和分居没什么两样，她玩儿她的，我工作我的。（当代\ 文学\ 大陆作家\ 安顿）

(15) 一个科学的现代的社会，分工明确，你忙你的，我忙我的，人和人之间留有间隙……（当代\ 报刊\ 读书\ vol - 184）

(16) 我当部落首领时的想法是"你穷你的，我富我的"，而

现在当了村委会主任后才认识到"共同致富"……（新华社 2004 年新闻稿）

整个"$N_1 V N_1$ 的，$N_2 V N_2$ 的"构式用来表示"各有各的情况，难以统一"［如例（1）（2）（3）（5）（7）（14）（16）等］，表示"各得其所，不必一致"［如例（4）（6）（8）（10）（15）等］，表示"各做各的，互不妨碍"［如例（11）（12）（13）等］。表示"各有各的情况，难以统一""各得其所"时，对举结构的互依性特征较强；表"各做各的"时，对举结构的互依性特征相对弱一些，有时可以隐去一个对举项，如：

（17）目前有一种很不好的风气，就是你说你的，我干我的，有令不行，有禁不止。（当代\报刊\1994 年报刊精选）

（18）不要管，你说你的。（周立波《暴风骤雨》）

（19）老侯，你说你的吧。（周立波《暴风骤雨》）

（20）你说你的。（张平《十面埋伏》）

（21）你说你的。（王朔《无人喝彩》）

（22）你说你的吧。（周立波《暴风骤雨》）

"$N_1 V N_1$ 的 O，$N_2 V N_2$ 的 O""$N_1 V N_1$ 的，$N_2 V N_2$ 的"都可以添加成分，如：

（23）你有你的问题，我<u>也许</u>有我的问题。

（24）那就你批评你的，我<u>还是</u>做我的。

（25）你烦你的，我<u>照样</u>说我的。

（26）有人听麻木了，干脆，<u>台上</u>你讲你的，<u>台下</u>我干我的。（《人民日报》1996 年 10 月）

单在对举后项的 V 前添加副词的，往往标志着后项是语义重点。

有些"N₁ V N₁ 的，N₂ V N₂ 的"表示"你不让我做我依然继续做"，语义重点也是在后面。如：

（27）你罚你的，我做我的，令行不止，屡禁屡犯。（报刊精选 \ 1994 \ 07）

（28）要么就干脆置之不理，你管你的，我上我的。（1994年报刊精选 \ 04）

（29）组织里八零年后的人比较多，对于七零年后的师傅来说，有些事情并不太好理解，好在八零年后的人很宽容，你说你的，我干我的，我就是这样子。（当代 \ 相声小品 \ 郭德纲相声集）

四 回环式对举

以往关于回环的研究大多是在传统修辞学领域进行，主要描述其首尾互换的结构特征和循环往复的修辞效果。陈一的《现代汉语中两类回环式对举结构的认知分析》（2012）一文以认知语法、构式语法为理论背景，对两类回环式对举结构包含的认知因素及其语义功能进行了一些分析。

回环式对举是相同词语颠倒语序构成的对举结构。从对举项内部的结构特征来看，回环式对举未必都具有典型的互依性（可以是能独立的结构类型）；从语义上看，对举前项与后项是依存、互补的。根据对举前项与后项的语义关系，回环式对举可以分为交互性对举、同义性对举两种情况。

（一）交互性回环式对举

所谓交互性回环式对举是句子成分次序颠倒后语义关系相应颠倒

而形成的对举形式。如：

(1) a. 大家你看看我，我看看你，谁也不说话。
　　b. 两个人你看看我，我看看你，谁也不说话。
(2) 战争的对峙状态是你攻他守，你守他攻。
(3) 北总布胡同的槐树黄了又绿，绿了又黄，胡同里梁家和金家的聚会却无论冬夏，常年不断。（当代\史传\张清平《林徽因》）
(4) 白糖和咸盐弄混了，菜甜的变得咸了，咸的变得甜了。
(5) 有的人活着，他已经死了；有的人死了，他还活着。（臧克家《有的人》）
(6) 走的不放，放的不走。（要求调走的人单位不放，单位不想留的人不要求调走）
(7) 买的不抽，抽的不买。（买名烟的人自己不抽送别人，抽名烟的人无须自己买）

例（1）中的对举格式"你V我，我V你"表示双方分别向对方发出某种动作行为。属于这一类的对举说法还可以举出"你帮我，我帮你""你推给我，我推给你"等。杨成凯（2003）分析说："你看看我"在一般意义中，"你"对应听话人，"我"对应说话人；在任指意义中，"你"逐一对应一批人的每一个人，"我"逐一对应除"你"所对应的人之外的每一个人。这一分析完全适用于例（1）a，但例（1）b略有不同，因为只涉及两个人，所以"你""我"并非逐一对应一批人中的每个人，只能对应两人中的某一个人。尽管例（1）b中的"你""我"是分别对应两个人中的某一个人，但也并不是分别对应"听话人""说话人"，因而它们的用法同样不是实指性的，可以称为虚指。用虚指的概念可以使例（1）a、b的分析统一起来。虚指的"你""我"并用，弱化了人称意义，强化了交互义。

例（2）中的"你攻他守，你守他攻"表示处于对待关系的双方反向行为的交互性。属于这一类的对举说法还可以举出"你退他进，你进他退""你进来她出去，你出去她进来"之类。这里对举的代词是"你"和"他（她/它）"，它们通常不是虚指性的，"你"或是直接用来指听话人，或是用在说话人叙述中的自指（即转指"我"），"他（她/它）"则用来指称语境中可以明确的第三方（可以指人也可以指被赋予［＋有生］特征的事物）。这种对举形式，作为一个完型构式，表示双方的交互性的反向行为不是一次终结的，而是具有持续、反复的特征。

例（3）中的"黄了又绿，绿了又黄"表示两种状态的连续性和交替性。同类的例子还可以举出"吃了吐，吐了吃""吵了好，好了吵"等。这种较为简短紧凑的回环式对举格式常用来表现间隔不久的交替反复，可以说正是符合形式与意义的象似性原则的。

例（4）中的"甜的变得咸了，咸的变得甜了"用来表示两种状态的相向性变化。"（现在）大的小了些，小的大了些"等可以看成此类。这种对举表达方式适用于在某种"中和"力量作用下两个对象的关联性变化，因而具有互依性。不采用这种回环式对举形式，就无法简洁地表现两种变化的"相向性"。

例（5）中的"活着""死了"分别两次出现、交互关联构成回环性对举表达式。同一对象自身的反向对照为两个对象之间的反向对照提供基础，因而整个对举表达式的前后两部分是互相依存的，共同表达了"完全相反、反差鲜明"的整体意义。

例（6）（7）中的"走的不放，放的不走""买的不抽，抽的不买"是代表两种关联行为的动词的肯定、否定形式的交互组合构成的对举表达式。回环式对举中两种行为的对照、肯定否定的对照，互相依存，才有效凸显了事态的不和谐性。我们以为，这里也体现了形式与意义的象似性。

（二）同义性回环式对举

所谓同义性回环式对举是基本语义相同的两个表判断的小句的对举。如：

(1) 什么是爱情？爱情是什么？

(2) 自力就是他力，他力就是自力，有自力方有他力，无自力即无他力。（当代\应用文\社会科学\佛法修正心要）

(3) 历史就是小说，小说就是历史，都是荒诞的，又都是真实的。（当代\报刊\读书\vol-124）

(4) 我是中国的台湾人，是台湾的中国人。（中央电视台访谈节目；spaces.live.com/网络日志）

例（1）是吕叔湘（1984）提到的在一篇小说里看到的前后相连的两句问话。由此吕先生还联想到"谁是张老三？张老三是谁？"的问题。方梅（1995）论及汉语中这种疑问词有两种位置的特指问句，认为这两种问句的实质区别在于预设的性质乃至焦点性质不同。如"王朔是谁？"="王朔是什么人？"要求说明的句子与之相配；而"谁是王朔？"="哪个人是王朔？"要求指别的句子与之相配。与"什么""什么+N"相匹配的回答是句子的常规焦点；与"哪(个)+N"相匹配的回答是句子的对比焦点。杉村博文（2002）分析说："什么是爱情？爱情是什么？"这两句问话的顺序不能颠倒过来，我们只能说"什么是爱情？爱情是什么？"，而不能说"爱情是什么？什么是爱情？"理由是，第一，从人们的思维习惯来说，一般会先问现成的解释或公认的定义，然后再问听话人的具体看法。第二，如果先问"爱情是什么？"的话，不管爱情有没有现成的解释或公认的定义，说话人主要是希望听话人提供他自己对爱情的看法，所以也就不需要听话人再回答现成的答案，再问"什么是爱情？"就没有意义。杉村先生的分析等于说：特指疑问句连用，可以先问知识后问看法，不能先问看法后问知识。这一见解当然是言之成理的。不过,随之而来的还有一个问题需要回答:从整体功能上来说,"什么是X"与"X是什么"对举的表达方式,是不是单问知识和单问看法两个单项问句的简单相加?人们是不是在想要先听知识后听看法的时候才使用这种对举表达式?我们认为并不是这样,从构式语法整体大于部分之和的思想考虑问题,同时结合我们的语感,我们觉得,这种回环性对举表达式整体的语义语用功能,不是两个单项问句的简单相加,人们往往并不是在想要先听知识后听看法的情况下才使用这种对举表达式;采用这种回环式对举的语用动机,倒是类似于词语的叠用,意在通过形式的增加实现意义的加强,某种意义上具有对现成的或已知答案不满意而要深究一步的意思。正是从这个角度考虑,我们才把回环式对举放在互依性对举结构部分来讨论。

王灿龙(2010)经全面考察指出"NP是谁"和"谁是NP"句式语义和功能跟NP是什么名词有密切的关系,不可一概而论。"NP$_专$是谁"可以表示陈述关系和等同关系,表陈述关系的用法是无标记的,表等同关系的用法是有标记的。表示等同关系时既可用"谁是NP$_专$",也可用"NP$_专$是谁",前者是无标记式,后者是有标记式。普通名词进入"谁是NP"是常见的用法,表陈述关系而不是等同关系;普通名词进入"NP是谁",它的外延属性将会明显提升,可有等同和陈述两种功能。就普通名词来说,"谁是NP"是无标记式,"NP是谁"是有标记式。王文所谈无标记式、有标记式,虽然不是与自足、非自足简单对应的,但有密切关系,对于分析相关问题大有裨益。篇幅所限,这里不做过多引述,感兴趣的同仁可详阅原文。

例(2)(3)也是主宾换位形成的对举表达式。与例(1)不同的是,例(2)(3)是陈述句。这种对举表达式成立的基本条件是:互换的主语、宾语从概念的角度说是同一关系/依存关系/相似关系而不是种属关系——起码在特定的语境中说话人有理由认为它们是同一关系;听话人不了解这种同一关系而是认为两个概念是种属关系或代表两个不同的对象。采用这种回环式对举的语用动机，依然是通过形式的增加实现意义的加强，具体说就是，不仅要指明两个概念的同一关系/依存关系/相似关系，而且要强调这种关系，让听话人确信不疑。

例（4）是定心结构局部的成分换位形成的广义的回环，具体说，这种回环式对举是通过领属性定语和中心语的换位调整形成的，它不是用来强化同一关系，而是用来强化归属关系。这仍然是通过形式的增加实现意义的加强。例（4）除了说明"我"是"台湾人"，是"中国人"，还间接强调了"台湾"与"中国"的关系。

在上述讨论基础上，我们似乎可以说，除文字游戏的情况外，典型的同义性回环式对举总是伴随着整体语义的增强，这一表达方式可以看成句子层面的叠用现象，可以称为"小句的变形叠用"。

附带提一下，王灿龙（2010）曾谈到"文人是孔乙己"一类句子（普通名词+是+专有名词）自足性较差，只有在对举表达中可接受性才有所提高，如："文人是孔乙己，粗人是武大郎。"其实王文认为不能说的"*谁是哥哥"，也并非根本不能说，对举条件下是可以接受"你俩谁是哥哥？谁是弟弟"之类句子的，用于表达限定范围的指认。

五　明示语义互补关系的对举结构

这里所说的互补关系指在特定认知域中非此即彼、没有第三种情况的语义关系。从语言系统中客观存在的概念网络来说，名词、动词、形容词及相应词组中都大量存在体现这种互补关系的成对词语；从认知及表达的主观性来说，说话人选择具有这种互补关系的词语或者按照自己的理解赋予某些词语这样的互补关系，并把它们并用在对举的两个小句中，就形成一个互依性对举结构。

刘云（2006）区分强制性对举、非强制性对举，并指出：强制性对举式在形式上一般有一个比较明显的成对的标志，如"左/右""你/我""高/低""东/西"等。我们的分类体系与刘文有所不同：凡是两个非自足组合构成的对举形式，不管是否带有成对的标志，都视为互依性对举结构（可以描述为具有强制性）；本节要谈的明示语义互补关系的对举结构，只是互依性对举的一部分。在我们的认识中，语义互补关系的"明示手段"不限于少数高频出现、可列举的方位词、代词、形容词之类，它有多种多样的表现形式，某种意义上说是无法穷尽列举的。下文只是举例说明一些较有代表性的情况。

A. 方位词对举：

（1）这就是，上有政策，下有对策。（当代＼应用文＼中国农民调查）
（2）母亲想前想后，心里有些明白，可又有些糊涂。（冯德英《苦菜花》）
（3）北方冰天雪地，南方艳阳高照。
（4）天津居于环渤海地区的"中心"位置，前有良港，后有腹地。（当代＼报刊＼1994年报刊精选）

B. 代词对举：

（5）人家是富家小姐，你却是穷小子一个。
（6）人家得了便宜，我们吃了大亏。
（7）人家唱歌要钱，他唱歌要命啊！（小品《说事》）

张伯江、方梅（1996：164）曾指出"人家"用作区别的时候，话语中往往有一个跟"人家"对举的"我"或"你"。我们注意到，有时"他"也可以和"人家"对举。

C. 普通名词、名词性词组对举：

（8）妻子瞧丈夫不顺眼，丈夫瞧妻子不顺眼。

(9) 聪明者善于用人，愚蠢者善于被人利用。

D. 形容词性成分对举：

(10) 天气一天天的冷下去，我的心却一天天的暖起来。
(11) 敌人一天天衰颓下去，我们一天天振作起来。

对举的形容词都是具有反义关系的。

E. 动词性成分对举：

(12) 这个方案，听上去简单，做起来复杂。
(13) 这种设计，看上去很美，搞起来不成。
(14) 生是偶然，死是必然。天命难违，早走早安。（《人民日报》2000年）

对举的动词不一定是反义关系的，只要特定的语域中只能有这两种情况、没有另外的情形可言，就可以构成互补关系的对举结构。

F. 配对性"数（量）名"结构对举：

(15) 一手抓学习，一手抓工作。
(16) 病床中的老人总是感叹一只脚在土里，另一只脚在世上。

G. 比例性数量词对举：

(17) 他说话你不要全信，十句话有一句真，九句假。
(18) 他的脸上挂着三分笑意，七分忧惨。（老舍《四世同堂》）
(19) 大部分武侠小说三分事实，七分虚构。

H. 词语肯定形式与否定形式对举：

（20）说同意的是你，说不同意的也是你。
（21）有钱的出钱，没钱的出力。

还有一种通过说明两端来划定范围的表达式采取"大到……，小到……""上至……，下至……"之类对举形式，也形成一种互依结构。如：

（22）大到树木的枝干，小到高粱秆，都是糖（纤维素）在其中起着支撑作用。（当代\应用文\中国儿童百科全书）
（23）平民百姓不仅参与了对政府行为的评价，还对小到社区服务、大到政府决策提出了意见和建议。（新华社 2004 年新闻稿）
（24）两宋之间，上至宰相、尚书，下至知县、教谕，竟出了一二百人。（新华社 2004 年新闻稿）
（25）巴西人爱开玩笑，上至总统，下至百姓都热衷于此，电视上也充斥着搞笑的节目。（新华社 2004 年新闻稿）
（26）有 6 个省的 3000 多封信和电报纷然而至，献名者小到 3 岁垂髫、老到 9 旬耄耋。（《人民日报》1993 年）

考察互补关系的对举结构，为我们就封闭性对举结构、开放性对举结构进行对比提供了必要的条件。

例（16）中"一只脚在土里"和"另一只脚在世上"对举，因为具有互补关系，所以构成封闭性对举结构；与之相近的"一会儿在土里，一会儿在天上"不具有典型的互补关系，另外加上"一会儿在水中"也是可以的，所以构成开放性对举结构。例（17）中"一句……"和"九句……"对举，因为具有互补关系，所以构成封闭性对举结构;与之相近的"(股市上)一个赚,八个赔"不具有典型的互补关系,另外加上"还有一个不赚不赔"之类也是可以的,所以构成开放性对举结构。例(21)中"有钱……"和"没钱……"对举,因为具有互补关系,所以构成封闭性对举结构;与之相近的"有钱的出钱,有力气的出力气"不具有典型的互补关系,另外加上"有主意的出主意"之类也是可以的,所以构成开放性对举结构。总之,是否具有"互补关系"、是否明示"互补关系",是区分封闭性对举结构、开放性对举结构的一项重要标准。通过上面的示例比较,我们也可以看到,封闭性对举结构中的两个对举项具有很强的互依性,都是非自足句法组合形式;开放性对举结构虽然具有开放性,但并不意味着各对举项乃至添加的列举项就都是自足的句法组合形式,实际上,开放性对举结构同样常常容纳一些非自足句法组合形式。在这一点上,开放性对举结构与封闭性对举结构具有同等的功用。

六 对举式分配句、对举性体词谓语句

沈家煊(1999:212)讲到"有一些 AVO 序的句子是可逆的,变为 OVA 序后施受关系保持不变"时分析了五类句子,其中有一类对举式分配句:

    汽车走上层,火车走下层 上层走汽车,下层走火车
    矮个站前边,高个站后边 前边站矮个,后边站高个
    菜盛大碗,饭盛小碗   大碗盛菜,小碗盛饭

沈先生还指出,这种对举式的分配句,动词也可以省略而不影响分配义:

    上层汽车,下层火车   汽车上层,火车下层

前边矮个，后边高个　　矮个前边，高个后边
大碗菜，小碗饭　　　　菜大碗，饭小碗

沈家煊（1999：261）谈到"名词谓语句"受到的限制，其中也涉及"经常以对举的形式出现，有时必须是对举"：

我买的鲤鱼，他买的草鱼。
这孩子圆圆的脸，大大的眼睛。
*他黄皮鞋。　他黄皮鞋，我黑皮鞋。
*他鲤鱼。　他鲤鱼，我草鱼。（他要的鲤鱼，我要的草鱼。）

根据我们的观察，体词谓语句中，主语与谓语的联系如果是固定性的、常识性的、规约性的，如"兔子大耳朵""鲁迅绍兴人""十月一日国庆节"，一般可以单说；主语与谓语的联系如果是临时性的，往往需要对举着说。除了上面的例子，由数量词组、数量名词组作主语或谓语的体词谓语句也有类似情况：

一个月十五天。（主谓关系是规约性的，可单说。）
一个哈尔滨，一个海南。　哈尔滨一个，海南一个。（对举）
五步一回头，十步一侧身。（对举）

七　呼应性对举结构

这里所说的呼应性对举结构是指同一个体词性成分先后两次出现、前后呼应构成的表示条件与结论关系的对举结构。常见的是由疑问代词前后呼应构成的"连锁句"。如：

(1) 你忙什么，我忙什么。

(2) 什么时候开学，（就）什么时候见你。

(3) 他选谁，我选谁。

(4) 谁不参军，谁不爱国。

(5) "哪里没有法律，哪里就没有自由，因为自由意味着不受他人的束缚和强暴，而哪里没有法律，哪里就不能有这种自由。（当代\CWAC\APM0079）

(6) 哪里不打油，哪里不滑溜。（《人民日报》1993\R93_10）

(7) 钱从哪里来，人往哪里去。（吴晓波《激荡三十年——中国企业史1978—2008》）

这类对举形式中虽有疑问词语，但不起表疑问的作用，而是两相呼应，凸显前项与后项的类同性，也可以说，是配合语序手段显示特定条件对特定结果的决定性。

吕叔湘（1992）分析了同一个"一 N"前后呼应的句子的多种语义类型，文中的一部分例句属于我们所说的呼应性对举结构，如：

不好用包退，有一个退一个。｜新品上市！旧款买一个送一个咧！

我交代，有一件交代一件，决不隐瞒。｜我见一个问一个，都说没发现。

做一天学生学一天习。｜这事情一天不解决，我一天睡不着。

这些由两个"一 N"呼应构成的对举结构同样是配合语序手段显示特定条件对特定结果的决定性。

近些年社会流行的下面这一类说法，我们也看成呼应性对举结构：

我思考,我存在。
我努力,我成功。

这里前后呼应的是人称代词,前后小句是因果关系,可以看成广义的条件与结果关系。

八 分说性无定 NP 主语句

王灿龙(2003)谈到"回指性对举",指出它的使用必须满足两个条件,一是无定短语充当照应语,回指前面的某个成分;二是两个无定主语句同时使用,构成对举。类似下面的用例:

(1) 他一下招聘了两名员工,一名员工是有两年工作经验的,一名员工是刚毕业的大学生。
(2) 我请了两个阿姨帮我收拾房间,一个长期工,一个临时工。

王文还注意到,无定短语中的名词常常省去,有的甚至不便使用名词。如:

(3) 村里先后出过两个状元,一个因得罪国舅被杀了,一个因看破红尘出家了。
(4) 她生了一对双胞胎,一个是男孩,一个是女孩。

我们在考察中注意到,这种分指性的无定 NP 主语句,还可以有多项并举(即多于两项)的情况,如:

(5) 这三个工人,一个是木工,一个是瓦工,还有一个油工。

(6) 我们兄妹三人，一个在海南，一个在南京，一个在天津。

九　光杆谓词作谓语的主谓结构的对举

朱德熙（1956）曾将形容词性成分分为"形容词的简单形式"和"形容词的复杂形式"两类，前者包括单音节形容词和一般双音节形容词；后者包括形容词重叠式、带后加成分或前加成分的形容词和以形容词为中心构成的词组。朱先生指出，形容词复杂形式充任谓语的句子可以独立出现；而形容词简单形式充任句子的谓语，"含有比较或对照的意思，因此往往是两件事对比着说的"，"只有在具体的语言环境能显示出比较或对照的意思时，这一类句子才单独出现"。吕叔湘（1966）也讲到单音节形容词单独作谓语，一般只出现在问答和对比的场合。陆俭明（1986）的考察显示：现代汉语中大约有50%的动词可以单独作句子的谓语，但并不很自由，要受到语义上的限制。只有在下面几种语境中，这些动词才能单独作谓语：一、表示意愿；二、表示对比；三、表示祈使；四、提问。如果把单个动词看作动词的简单形式，把动词前后加了些别的成分的动词性成分和动词重叠式看作动词的复杂形式，那么可以说，在现代汉语里，动词的简单形式作句子的谓语不自由，要受到很大限制；而动词的复杂形式作句子的谓语相对来说要自由得多。陆先生还指出，动词简单形式作句子的谓语不自由，动词的复杂形式作句子的谓语是自由的，这一语法现象与形容词简单形式作句子的谓语不自由，形容词复杂形式作句子的谓语是自由的这一语法现象正好是平行的。

前辈学者所揭示的形容词简单形式作谓语、光杆动词作谓语受限的情况，从短语、句子的层面说，就是这些形容词简单形式、光杆动词作谓语的主谓结构不能自足的问题。

关于不自足的主谓结构添加哪些"完句成分"、具备哪些完句范畴可以实现为自足的句子，自20世纪80年代后期以来已有不少文献进行过探讨，甚至一度成为研究热点。因相关文献众多，这里不便展开全面具体的评述，只举出部分较有代表性的观点。

胡明扬、劲松（1989）较早指出，汉语的助词、副词等虚词可以充当完句成分，语序变化、否定以及疑问、祈使等句法形式也可以起到完句作用。

黄南松（1994）谈到，疑问句、反问句、祈使句、感叹句和否定句可以自主成句，以形容词为谓语的陈述性肯定句要自主成句，必须具备程度范畴或功能语气范畴；以动词为谓语的陈述性肯定句自主成句，则要具备时体范畴或功能语气范畴。孔令达（1994）分析了不同句子格式中起完句作用的语言形式有所不同的具体情况。

贺阳（1994）的看法是：汉语中除语调之外，某些助词、副词、时间词语以及否定词、助动词、数量短语和某些状语、补语都可以起完句作用。这些完句成分可概括为语气、否定、情态、意愿、时体、趋向、情状、程度、数量等语法范畴，它们对短语成句起着制约作用。李泉（2006）基于外国留学生汉语偏误语料探讨汉语完句成分、完句手段，将完句范畴概括为十个类型：时体范畴、语气范畴、程度范畴、数量范畴、方所范畴、情态范畴、趋向范畴、结果范畴、指代范畴、关联范畴。贺文、李文都谈到表达这些范畴的完句成分大都能独立起完句作用，也有一些句子需要有两种或多种完句成分才能带上语调后独立成句。

邢福义（1995）提出"小句中枢说"，论及"小句成活率"，实际上是把完句成分涵盖在内的宏观思考。邢先生就"小句成型"（句子语气＋可成句构件语法单位）和"小句生效"（句子语气＋可成句构件语法单位＋意旨的有效表达）的基本条件做出了概括。

竟成（1996）强调时间因素是汉语完句的必要条件。Tang 和 Lee（2000）提出的一般性原则是每一个句子都必须得到时态或焦点解读。

胡建华、石定栩（2005）用形式句法的概念分析，从语义方面讲，所谓句子不自足，就是句子中含有没受约束的自由变量（freevariable）；从句法方面讲，就是句子含有没被允准的指称特征，也就是VP 或 NP 没有分别投射成 IP 或 DP。所谓的句子的信息量要足实际上是指句子中的自由变量要受到约束，结构成分的指称特征要得到允准。汉语句子不一定非要指称时间，它只要通过某种合法途径把句子中的自由变量约束住，就可以完句。

顾阳（2007）认为汉语的场景体中有无"定点"对句子的成句性有决定意义。场景体缺少"定点"，就得借助其他功能成分才能成句。含有"定点"的场景体的句子，其定点要在句中明确表示出来，方能成句，否则也要借助其他功能成分才能成句。文章给出一系列"句法固有成分"并用演绎方式证明它们都与时空参照点有关，与指涉事件有关，进而认为汉语的句子中具有时制中心语，支配句子的构建。

郭锐（2015）认为，"完句"的实质是满足现实句的现实性在谓词的时间性、名词的指称性和形容词的程度性的"实现"（grounding 入场）要求，现实句要求谓词表达的事件在时间上是实际发生的，体词论元成分所表达的事物实现其指称性（定指、不定指、类指等）并满足句法位置的要求，形容词所表达的属性的程度性是指明的（程度高、程度低、比较性程度）。

本书以考察汉语非自足句法组合形式的类型及其存在条件为基本任务，不参与关于"完句成分"的讨论。这里，我们只就没有添加"完句成分"的不能自足的主谓结构直接出现在对举环境的情况简要说明我们的认识。

形容词简单形式作谓语的主谓结构的对举：

(1) 这种贵，那种贱。
(2) 地球大，月球小。
(3) 老王矮，老李高。
(4) 香蕉甜，柠檬酸。

光杆动词作谓语的主谓结构的对举：

（5）你做，我吃。
（6）你们研发，我们支持。

针对某些小句不能单说，两项对举后成为独立句子的情况，有些文献得出对举格式有"完句"作用的认识（如殷志平，2004；赵立云，2005等），我们也曾试图用"通过基础结构模型的叠用可实现具体化"来进行全面性概括。在更广的范围考察各种对举形式、了解到其内部差别后，我们注意到，有的对举形式能自主成句，有的不能，这样，我们就不能说"对举"总是具有"完句"作用。对问题进一步加以思考，我们感到："完句"和构成某种"完形"（Gestalt）不宜等同。从整体意义和功能来看，各种对举结构都具有"整体大于部分之和"的特点，都可以构成某种"完形"（Gestalt），然而，不同类型的对举表达式代表不同的"完形"，不同类型的对举形式在整体义是否体现完句范畴方面是有所不同的，这直接影响到对举表达式能否自主成句。比较：

A 小王灵，小张笨。
　　——名词实指，两小句互为参照使性状的程度得到约束，可整体表达一独立对比命题。
　　张家好，李家坏
　　——名词虚指，两小句参照性、对比性不凸显，性状的程度未受约束，整体为例示义。
　　一笔轻一笔重
　　——缺乏指称性成分，整体表达依附性的方式、状态义。
B 老师讲，学生听。
　　——名词实指，两小句互为参照体现行为即时性，整体表达可独立的复合事件。

　　张家走，李家串

　　——名词虚指，两小句间缺乏参照作用，动作的时间性未具体化，整体为例示义。

这个唱，那个跳

　　——名词虚指，两小句间缺乏参照作用，整个对举式表达依附性的状态义。

通过对比，我们可以看到，整体表达独立的对比命题的对举表达式能够自主成句，整体表达独立的复合事件的对举结构能够自主成句；而整体表达例示义、方式状态义的对举结构（包括主谓结构对举）不能自主成句。作为独立句子的对举结构中的单项非自足主谓小句，只具有指称现实的潜在能力，如果不添加完句成分，唯有让两项互为参照、互相约束，才可以使这种表述功能具体化、现实化。

第七章　偏依性对举结构中的非自足构式

偏依性对举结构是两个对举项中有一项能够独立,一项不能独立而要依附于对方的对举结构。这种对举结构一般都是对功能不完全等值的语法单位、语法单位的组合进行对称化操作形成的。汉语中存在于偏依性对举结构中的非自足构式类型多样。陈一《偏依性对举结构与语法单位的对称不对称》(《世界汉语教学》2008 年第 3 期)将偏依性对举结构分为自由度不同的单位的对举、极性词的正反对举、有界成分与无界成分构成的有标记组配的正反对举、反义词无标记项与有标记项的对举,并对非极性词肯定式与否定式的对称与不对称等情况分别进行了考察研究。

一　自由度不同的单位的对举

某些一般情况下不能单用的单位在对举表达式中可以与能够单用的词对举,构成偏依性对举结构。例如:

(1) 哥哥养鸡,弟弟养鸭。
(2) 他不带书,不带本,怎么上课?
(3) 妻子老打孩子,老公总护孩子。
(4) 父母说他不听,老师管他不从。

(5) 创业不易，守成不难。

张国宪（1993）就曾结合"胜不骄败不馁""你一言我一语""前怕狼后怕虎"等例指出对举格式具有缔构词的功能（指使不成词语素独用成词的功能）。后来的部分文献也有类似的分析。我们注意到：如果对举形式两端都包含通常不能单用的成分，整个表达式总是具有一定程度的熟语性。而像上面例（1）—（5）这种临时组合的对举表达式，往往是一个本来单用的单位"同化"了另一个通常不能单用的单位（如"鸡"同化了"鸭"，"书"同化了"本"），这就体现了一种功能类推机制。这种"同化"、类推过程，似乎应该认为不是发生在不同性质的单位之间（成词的与不成词的），而是发生在不同"自由度"的单位之间。

吕叔湘先生《汉语语法分析问题》（1979）在分析一个语素成词不成词的问题时，曾列出"一般不单用，但在一定格式里可以单用"（如楼、院），"一般不单用，但在专科文献里可以单用"（如氧、叶），"一般不单用，但在成语、熟语里可以单用"（如虎、言、语），"说话不单用，文章里可以单用"（如云、时）等多种情况说明问题的复杂性。这充分表明汉语中成词语素与不成词语素很难一刀切，从作为独立的词单用的机会来看，有一些语素是介乎于典型的成词语素与典型的不成词语素之间的。我们在 2500 常用字（记录的是现代汉语中构词能力较强、复现频度较高的成词及不成词语素）范围内进行考察[①]，发现其中有相当一部分自由度较低的语素形式，一般不大作为独立的词参与造句，但在对举表达形式中，与同义、类义、反义关系的词对举，就可以获得独立成词的机会。以下分组举例中"——"左边是较为典型的词，右边是一般不单用、对举能单用的依附形式。

[①] 这里指国家语言文字工作委员会、国家教育委员会 1988 年发布的《现代汉语常用字表》。其中包含 2500 常用字，1000 次常用字。

同义：

喝——饮　进——入　长——久　躲——避　停——止
多——丰　剩——余　好——佳　挑——担　怕——惧
钱——款　躺——卧　敲——击　算——计　听——从
找——寻　陪——伴　帮——助　爱——恋　卖——销
疼——痛　看——阅　宽——阔　偷——窃/盗

类义：

妈——儿　狼——虎　碗——杯　刀——斧　血——泪
锹——铲　山——峰　门——窗　手——拳　喘——咳
丑——贫　爱——怜　人——兽　腿——臂　车——房
米——柴　嘴——唇　铜——金

反义：

去——返　停——行　清——浊　广——狭　饱——饿
送——迎

在1000次常用字（记录的多半是典型的不成词语素）中进行考察，情况就有所不同了：构词能力相对较弱、复现频度相对较低的"不成词语素"，进入对举结构独立成词的机会也相对小得多。

由上述两方面情况我们可以看到，当功能完全等值的单位不能满足选择需要的时候，出于追求结构对称、韵律和谐及变文避复的动机，人们可以在自由度不同的单位之间进行对举操作；这种对举操作也是有限度的，一般独立运用受限的语素，进入对举结构单用的机会，与其构词能力、复现频度呈正相关。

二 极性词正反对举

语言中有些词语通常只能用于肯定句,有些词语通常只能用于否定句。如果把肯定、否定看作正、负两极,那么,通常只用于肯定句或只用于否定句的词语属于"极性词"(polarity words)。(参见沈家煊,1999:91)

(一)通常只用于肯定句的极性词的正反对举

石毓智(2001:53)举出汉语中一些"不能直接加'不'或'没'否定","只用于肯定结构"的词,如"铭记、钦佩、倾诉、吻合、专注、咬定、中伤"等。这些词语义程度高,因而肯定性强,通常不用于否定句,但这不是绝对的。正如沈家煊先生(1999:92)所指出的:语义程度实际上是个连续变化的过程,所以词语用于肯定结构和否定结构实际是个频度问题。随着语义程度由小到大的变化,用于肯定结构的频率也由小到大,用于否定结构的频率则由大到小。而我们在考察各类对举结构过程中还发现,汉语中一种正反对比的偏依性对举结构,往往可以容纳那些以用于肯定结构为常态的极性词的否定形式。如:

(1)该忘记的没忘记,该铭记的也没铭记!(bbs. huash. com/bbs/modules/newbb/viewtopic)

(2)铭记名人名言也许会铸造你辉煌的一生,不铭记名人名言也许会使你成为懦弱无能的人。(常江《忘记和铭记》)

(3)如果觉得是他帖子先中伤你们而你没中伤他,可以发出来让大家评论。(bbs. joyfish. com. cn/archiver/)

(4)你当然没咬定退货,是咬定要货!(www. photofans. cn/showthread)

(5)不倾诉,只倾听。(Windows. Live. Spaces 日志)

（6）不钦佩小说里面主人公的艺术水平怎么样，只欣赏两个人的精神能够用一种物体形式表达出来，达到交融的程度，实在是不容易。(http://www.rong shuxia.com)

（7）我不钦佩他的成功，我钦佩他的努力。(http://blog.tom.com/blog)

（8）喜欢"专注"，却不专注。(http://www.x5dj.com/kissysunny个人主页)

上述对举表达式中，否定形式依附于肯定形式而得以存在。人们利用这样的偏依性对举结构，为满足对比表达的需要而突破语义属性所决定的常态分布的限制。这类表达形式的存在也给我们探讨语用超越语义的条件提供了一些线索。这里，有必要进一步说明的是，"不钦佩……"之类并不是只能以偏依性对举结构为存活条件，在一定的语境条件下，我们也可以单独说"我才不钦佩他的善良呢""我不钦佩约翰牛又怎么啦"。这就要求我们对语法单位及其组合的常态分布、非常态分布问题做多层面的思考。现在我们的初步认识是：人们在一般客观叙述性简单句中观察到的词语常态分布是语义属性所决定的。一方面，对举性对比表达在对称化操作过程中可以使语义程度的高低被"中和"因而可以改变常态分布；另一方面，某些"求异性"主观表达式也可以通过意义的"异于常态"或"异于预期"而使词语的常态分布被突破。所谓"求异性"主观表达式，即指那些用来表达说话人与众不同或与听话人预期不同的态度、认识的感叹句、反问句等，意义的"异常态"往往映射为组合形式上的"异常态"。它们不表现为显性对举形式，但也常常是在对话条件下实现的针对特定引发句的后续性、应对性表达，因而与对举表达式具有相通之处。这里主要分析对举结构，关于"求异性"主观表达式与超常规组配的关系待另文专题讨论。

（二）通常只用于否定句的极性词的正反对举

汉语中还有一些词通常要用于否定式中，不大能用在肯定句。据石毓智（2001：57）的考察，《现代汉语词典》释义中已注明"多用于否定式"或"只用于否定式"的词条约 150 个，其中动词和形容词占多数，名词和副词只有一小部分。这里摘出部分动词、形容词、名词来讨论：

A. 动词

  介意 在乎 在意 理会 理睬 捉摸 作美 消受
  罢休 容情 认账 买账 照面 务正 问津 吭声

B. 形容词

  像话 起眼 得了（liǎo） 打紧 相干 景气
  抵事 济事 碍事 雅观 中用 受用

C. 名词

  好气儿 声息 二话

沈家煊（1995a）曾指出："正极词用于肯定句，负极词用于否定句，这是指一般的简单陈述句而言，在特定的语境里不一定如此。"这里，沈先生没有专门提到对举，但分析中涉及了比较句。按照本书的思路，我们可以设想出在简单陈述句里通常用于否定句的那些词在对举句中用于肯定句的情形：

（9）他不介意。
（10）我不介意，你介意吗？／我不介意，他介意。

(11) 她那样子不雅观。
(12) 她那样儿不雅观，你这样儿雅观吗？（反问有否定作用）
(13) 小李没声息了。
(14) 小李没声息了，小王又有声息了。

我们通常可以单说"没声息""不介意""不雅观"，一般不单说"有声息""介意""雅观"。（参看石毓智，2001：57）但在对举表达式中，这些所谓"极小量词语"不光能以否定形式出现，也可以有肯定形式并用，前者是可独立的，后者是依附性的，这时，肯定与否定不对称的情况出现了临时的、局部的对称。

三 有界成分与无界成分构成的有标记组配的正反对举

沈家煊先生（1995b；2004）分析了事物在空间上有"有界"和"无界"的对立，动作在时间上有"有界"和"无界"的对立，性状在程度或量上有"有界"和"无界"的对立，论述了人在认知上形成的"有界"和"无界"的对立在语法结构中的具体反映。他指出一些句法组合形式不能成立或不自由，是由于"有界"成分和"无界"成分不相匹配造成的。本节就几类有界成分与无界成分构成的有标记组配"存活"于偏依性对举结构的情况进行分析。

（一）"动+数量+名"与"不+动+数量+名"对举

除表极小量的情况外，"动+数量+名"结构带有传递具体量信息的特征，使其在一般现实句中具有较强的肯定性，因而以构成肯定句为常态，进入否定句则明显受限。如：

(1) a. 今天谈两个问题。
　　b. 今天不谈两个问题。
(2) a. 我们下午上四节课。

b. 我们下午不上四节课。
(3) a. 他今天吃三顿饭。
b. 他今天不吃三顿饭。

沈家煊先生（1995b）曾指出，"没"专门否定有界成分，而"不"专门否定无界成分。正是由于"不"的这一性质，所以"今天不谈两个问题"和"上星期不上四节课"这种带数量宾语"有界名词"的句法结构是不自由的。在本书的观察视角下，上述"不＋动＋数量＋名"结构作为无界成分与有界成分组配而成的一种非自足句法构式，虽然不能单说，但可以进入肯定否定并列的对举结构。例如：

(4) 今天我们不谈两个问题，只谈一个问题。
(5) 下午不上四节课，改上三节课。
(6) 今天他没食欲，不吃三顿饭，只吃两顿饭。

这种对举结构一般用来表达尚未发生的事情，而且前后都要附带一些成分。在"不＋〔动词＋数量词＋宾语〕"的前面的表示时间的词语多是未然标志，像"明天""下次课"等。"今天"虽然算不上未然标志，但在句中也是指向今天当中的将来时。如果表示时间的词语指向过去，这种对举结构不能成立，比如：

(7) *昨天不上四节课，改上三节课了。

把上例中的"不"换成"没"，对举结构则可以成立：

(8) 昨天没上四节课，改上三节课了。

这是因为句首的时间名词"昨天"是已然标记，而"没"也主要用来否定过去发生的事，两者之间存在自然的关联，它们的组合是一种常规搭配，是无标记组配。一般来说，这种结构还要与一个后续分句对举出现，复句中的两个分句的结构基本相同，它们的对举则主要凸现了数量上的差异。

（二）"不 + 比 N + A + 大量/定量补语"与"比 N + A + 小量补语"对举

"比 N + A + 大量/定量补语"是指"比他高很多""比他高三公分"一类结构。它们也具有较强的肯定性特征，以构成肯定句为常态，进入否定句明显受限。如：

（1）小王比她胖很多。
（2）小王不比她胖很多。
（3）他比我高四公分。
（4）他不比我高四公分。

例（2）（4）这样的"不 + 比 N + A + 大量/定量补语"结构虽然不能单说，但是可以与"比 N + A + 小量补语"构成偏依性对举结构，前者依附于后者而存活。如：

（5）小王不比她胖很多，只比她胖一点点。
（6）他并不比我高四公分，只（比我）高了两公分。

对举后项的"比 N"往往可以省略。如：

（7）阿飞并不比他快很多，只快一分。（古龙《小李飞刀》）
（8）你纵然不比她好看十倍，至少也有九倍半。（古龙《圆月弯刀》）
（9）皇轻石的武功就算不比他高很多，但绝对要高一点点。

（西陆文学《天下第一盾》）

上述"不 + 比 N + A + 大量/定量补语"结构，不是否定句子的真值条件，而是否定了句子表达命题方式的适合性，即否定句子的适宜条件，可以认为是一种"语用否定"，是一种有标记否定。因为单说"我不比她胖很多""我不比他高四厘米"这样的句子，在语义上给人不自足的感觉，说话人为了提供足量的信息，在这样的"不比"句后面补上一个后续句形成对举句式，来满足其否定的适宜条件，句子才语义完足。

四　反义词无标记项与有标记项的对举

关于反义词之间的不对称已有一些学者做过多方面探讨，沈家煊先生（1999）在已有研究基础上进一步综合分析（涉及相反词与三类相对词，正面义、反面义，逻辑、认知、评价上的肯定项与否定项等），从认知、评价、常规几个方面来解释反义词的标记模式，讨论颇具深度和广度。我们在非自足构式的考察工作中，试就一些反义词在对举条件下功能上由不对称向对称转化的现象做一些分析。

沈家煊（1999：155）指出，对"相对词"而言，有标记/无标记的对立主要存在于"大小类"和"好坏类"[①]，用"有多 + A？"提问，A 为"大"时是中性问，"大"是无标记项，A 为"小"时是偏向问，"小"是有标记项。用"A + 吗？"提问，A 为"好"时为中性问，

[①] "大小类"包括：大－小，长－短，高－矮，深－浅，厚－薄，宽－窄，轻－重，粗－细，远－近，快－慢等。反义词的两项都可以有"虚比"：这只箱子很小，但是比那只大。这只箱子很大，但是比那只小。"好坏类"包括：好－坏，细心－粗心，认真－马虎，聪明－笨，大方－小气，容易－困难，积极－消极，成熟－幼稚，清楚－糊涂，整齐－杂乱等。"好坏类"只有正面义的有"虚比"，反面义的不能有"虚比"。

"好"是无标记项，A 为"坏"时是偏向问，"坏"是有标记项。"冷热类"不存在有标记/无标记的区别①。这是因为"大小类"和"好坏类"都有其中一项可以指称整个量级上的各个量：例如"长"可以指整个长度量级上所有的量，而"冷"或"热"都不能指称整个温度量级上所有的量。沈先生的上述分析对于考察反义词在其他格式中的不同反映也有重要意义。

（一）"不太大"与"不太小"对举

我们在考察"不太 + A"结构时注意到，一般单项式中，程度副词"不太"② 所修饰的形容词、动词，多半是能自然进入"A/V 吗"或"有多 A/V"构成中性问的无标记形式，与之相对的有标记形式单独受"不太"修饰则往往不够自然。比如：

(1) 不太大｜不太重｜不太深｜不太浓｜不太好｜不太多

不太小｜不太轻｜不太浅｜不太淡｜不太坏｜不太少

(2) 屋子里的温度不太高。

屋子里的温度不太低。

之所以存在上述情况，大概是因为在整个量级上覆盖面大的无标记项比覆盖面小的有标记项更能自然地适应"不太"由高到低（"太"到"不太"）的语义要求，因而"不太"与能覆盖整个量级的"无标记项"可以构成无标记组配。在整个量级上覆盖面较小的有标记项与"不太"只能构成有标记组配，这种有标记组配常常以进入对举结构

---

① "冷热类"包括：冷—热、干—湿、甜—苦、肥—瘦、高兴—难过、舒服—难受、自豪—自卑等。都只有"实比"，没有"虚比"。

② 不少文献把"不太"作为一个程度副词处理（如周小兵，1995 等），本书认同这种看法，不展开讨论。

为存活条件。例如：

(3) 她骨盆因生过孩子只稍微张大一点，乳房还很结实好看，不太大也不太小，肚子稍稍有点圆。(作家文摘\1995A)

(4) 亚里士多德则认为善人获得的恰好是他自己的收入，既不太多也不太少。(当代\翻译作品\应用文\西方哲学史)

(5) 温度不太高也不太低。(www.looo.cn/博客)

(6) 这些不太强也不太弱的身份谁更好用？(tieba.baidu.com)

(7) 光洁的小额头，孩子气的眉毛，既不太浓，也不太疏，长得那么恰好，稍微有点弯。(王晓波《绿毛水怪》)

(8) 顾青枫目中露出歉意："这玩笑当然并不太好。"……"不太好，也不太坏。"陆小凤道："至少每次有人跟我开这种玩笑时，我都会觉得自己运气不错。"(古龙《陆小凤传奇》)

沈家煊先生（1999：157、158）指出："多"和"少"作形容词、副词都是"多"为无标记项，"少"为有标记项。比如有"多半"，没有"少半"；"多一半"和"少一半"也不对称：

多半人同意了　　*少半人同意了
多一半人同意了　　少一半人同意了

不过，沈先生在相关注释中也提到对举时能说多一半人不同意，少一半人同意了。这里，我们也就看到，"少一半 NP + VP 了"不是不合语法的，只是不能自足，它依附于"多一半 NP + 不/没 VP"，形成偏依性对举结构，便可以存活。在对举结构中，原本功能不完全对称的"多"和"少"被进行对称化处理，满足了对比表达的需要。

(二)"有点+反面词/中性词"与"有点+正面词"对举

一般情况下,程度副词"有点(儿)"后面出现的形容词、动词是反面词或中性词,不大能出现正面词①。

(9) 有点讨厌他。
    有点喜欢他。
(10) 有点陌生。
    *有点熟悉。
(11) 这条裤子有点儿小/大。

"大""小"是中性词,但受"有点儿"修饰后也用来表示不合标准、不如意,与反面词分布环境相同。

在对举结构中,"有点儿+正面词"可以依附于"有点儿+反面词"而存活。如:

(12) 上海这个城市我住了很久,有点厌恶也有点喜欢,要理解这个城市的味道,可以先去看看张爱玲的小说。(www.xitek.com/forum/sorthread.php–threadid)
(13) 有点陌生、有点熟悉,有点伤感、有点愉悦,有点孤独,有点感动!(http://hi.baidu.com/iloveyouforchao/blog/item/)
(14) 他有点生气,我(却)有点开心。
(15) 你有点嫉妒他,我还真有点佩服他。

这里,表达"同等程度的相反状态同时存在、形成对比"的需

---

① 《现代汉语八百词》指出"有点儿"多用于不如意的事情。沈家煊先生(1999:185—188)在介绍 Leech 提出的"乐观原则"后,分析多种相关汉语现象时提到:人总是倾向好的一面,令人如意的事情就希望往大里说,不如意的事情就往小里说,这种说法固化的结果就是程度副词"有点儿"只修饰贬义词。

要,突破了"缩小贬义、不缩小褒义"的语用惯例的约束。

(三)"V 好/不好"与"V 坏/不坏"对举

人们在谈论能否做好某件事时,一般可以说"V 好""V 不好",不说"V 坏""V 不坏"。这里有"乐观原则"和委婉表达的原则分别在起作用。比较:

(16) 做好 | 做不好 | 搞好 | 搞不好
　　 做坏 | 做不坏 | 搞坏 | 搞不坏

"好"的结果不受限制,"坏"的结果受到限制,这体现了"乐观原则";表达"坏/不好"的结果时,采用"V 不好"而不采用"V 坏",则是出于委婉的考虑。

在对举表达式中,"V 坏"可以依附于"V 好","V 不坏"可以依附于"V 不好"而存活。如:

(17) 陈主编说的是对的,一个刊物,办好不容易,办坏很轻松。(电视剧《编辑部的故事·修改后发表》)

(18) ……不就是个杂志吗?办不好还办不坏嘛!(徐静蕾博客文章《办不好还办不坏嘛》)

(19) 就是玩呗!玩不好还玩不坏吗?玩不高兴还玩不郁闷吗?(www.blogcn.com/博客)

(20) 摆弄不好还摆弄不坏吗? | 考不好还考不坏吗? | 教不好还教不坏吗? | 养不好还养不坏吗? | 写不好还写不坏吗? | 做不好还做不坏吗? | 拍不好还拍不坏吗?(来自互联网多个网站上的文章)

类同的格式还有:"不能做多还不能做少嘛""做不大还做不小吗""不能拿多还不能拿少吗"等。显示这种偏依性对举结构具有一定的能产性。例（17）"V好"与"V坏"对举，用于对比表达；例（18）（19）（20）代表的"V不好还V不坏"构式用来表达可以做某事或可以坚持做某事的态度，含有"对V的结果不必顾虑"的意思。

（四）"男/女N"与"女/男N"对举

与极性词的肯定、否定情况相类似，一部分名词与"男、女"的组合也存在常态、非常态的差异。

张敏（1998：287）谈到，"按一般的认知模式，相当多的社会角色被看作是仅由或通常由男性充任的，如英雄、战士、将军、国王、强盗、流氓等，也就是说，'男'属性与这些事物之间的概念关联是无标记的、原型性的，而'女'属性的关联是有标记的、非原型的。这时能说的往往是'女N'，而'男N'不大能成立，勉强说出时则是出于对比的需要"。我们也知道，按一般的认知模式，有一些社会角色被看作通常由女性充任的，如护士、保姆等，"女"与这些事物之间的概念关联是无标记的、原型性的，而"男"的关联是有标记的、非原型性的。这时一般说"男N"，而不大说"女N"，一定这样说时也往往是出于对比的需要。下面例句中加点的部分都是依附形式：

（21）不是女领导，是男领导。
（22）不是女保镖，是男保镖。
（23）他家雇的是女保姆，我家雇的是男保姆。
（24）医院不仅有女护士，还有很多男护士。

上面所说的"对比的需要"使一般"不大能成立"的变成能说的形式，实际上是整体形式的对称要求其各构成成分意义、功能上对称；而作为成分的"女领导"与"男领导"的对应、"女保姆"与"男保姆"的对应，则体现了意义对称有时要映射为形式对称的要求。

五 "非极性词"肯定式和否定式的对称与不对称

与本章第二节所说的通常只能用于肯定句或只能用于否定句的"极性词"相对，语言中那些自身不含有明显的肯定性倾向或否定性倾向因而进入肯定结构、否定结构较为自由的普通动词、形容词，我们这里称为"非极性词"，它们是肯定式、否定式常规并存的谓词性成分。如果说极性词的存在，反映出语言系统中组配方面的不对称性，那么，非极性词肯定式、否定式成系统并存，可以说体现语言系统在组配方面的对称性。石毓智（2001）对肯定与否定的对称与不对称的系统考察，侧重在语言系统的组配方面。沈家煊（1999：43—57）在分析复杂的组配现象的基础上，揭示了肯定句、否定句的一系列语义、语用差异。我们这里谈到"非极性词"的肯定式和否定式，是打算把它们分别看成词与短语层面的独立的功能单位（着眼于聚合），分析二者在分布上的对称与不对称。

现有的研究中，关于动词（V）与其否定式"不/没 V"、形容词（A）与其否形式"不/没 A"之间关系的分析，更多是侧重在语义方面；关于分布特征的对比考察尚不够具体、全面。李宇明（2000：264）讲到："'不 + Ax'（Ax 指性质形容词）的否定对象是 Ax，表明事物具有'非 Ax'的性质；'非 Ax'在语义上虽然与 Ax 相反或相异，但是因为它仍然是一种性质，所以'不 + Ax'的语法性质基本上同于 Ax，与 Ax 具有相似的语法功能。"如果笼统地从充当句法成分的能力来看，A 与"不 A"的句法功能的确是基本相同的，它们都经常充当谓语、补语，都可以作定语（A 有带"的"不带"的"两种情况，"不 A"必须带"的"），甚至都可以有条件作主宾语。如果具体考察 A 与"不 A"进入各种句法结构的各种位置的情况，我们会发现它们在分布上存在不完全对称的情况。

（一）"比 N + A"与"比 N + 不 A"对举

"比 N + A"通常能单说，而"比 N + 不 A"单说不行或可接受程度较低，如：

(1) 你比他勤劳。
 ＊你比他不勤劳。
(2) 我比她知足。
 ＊我比她不知足。
(3) 汉语的语法比英语复杂。
 ＊汉语的词序比英语不复杂。
(4) 我比他难过。
 ＊我比他不难过。
(5) 张三比她努力。
 ＊张三比她不努力。
(6) 她比你漂亮。
 ＊她比你不漂亮。

上面的情况显示，在一般简单句中，A 与"不 A"对"比 N ＿＿＿"语法槽的反应有所不同，也就是说它们的功能并不完全对称。不过，这种不对称也不是绝对的，在对举条件下，"不 A"可以被 A 所同化。如：

(7) 我们当然不能说汉语的词序一定比英语灵活，可是我们也不能说汉语的词序一定比英语不灵活。（朱德熙《语法答问》）
(8) 技术方面不比他们好，也不比他们不好。
(9) 生活条件比我优越的人不是没有，可是比我不优越的人更多。

例（7）（8）（9）中"灵活""好""优越"分别同化了"不灵活""不好""不优越"。而下面的例（10）（11）（12）则是由"N₁ + A，N₂ + 比 N₁ + 还 A"类化出的"N₁ + 不 A，N₂ + 比 N₁ + 还不 A"，可以说是在聚合层面上 A 同化了"不 A"。

（10）你不着急，他比你还不着急。
（11）她不开心，小王比她还不开心。
（12）你不自由，他比你更不自由。

当然，不是所有形容词都能进入"比 N 不 A"结构，能进入这一结构的形容词都是非定量形容词①，"不 A"也是非定量的，可以受系列程度副词修饰，具有量的伸缩性。只能受"很/非常/最"之类高程度词修饰的定量形容词（如细微、漫长、伟岸、巨大、辽阔、肥胖、消瘦、高峻、繁密、深邃、熟稔、崎岖等）不能进入这一结构。

从语义特征方面看，进入"比 N 不 A"结构的形容词基本上都是"正面词"，一般不能是反面词。这反映了"不 + 正面词"与"不 + 反面词"整合程度（或者说词化程度）的差异。据沈家煊（1999：177）介绍，Zimmer（1964）、Boucher 和 Osgood（1969）发现，在各种语言中，几乎不可能有"反面词 + 否定词缀"来构成正面词，但相反却经常用"正面词 + 否定词缀"来构成反面词。汉语也一样，"不舒服""不懂事""不踏实"趋近于成为一个词，而"不难受""不调皮""不浮躁"只能是词组。这是因为人们用言语进行评价，尤其是评价人的社会行为时，对坏的往往要说得委婉，对好的则要说得充分。于是，在对优点进行肯定时直接用正面词，不用"不"加相应的反面

---

① 非定量形容词指可以受"有点、比较、很、最"等系列程度副词修饰的形容词，与此相对，不能被该程度系列分别加以修饰的形容词是定量形容词。参看石毓智（2001：120）。

词;相反,指出别人的缺点时,一般不宜直接用反面词(有损面子),往往用"不+正面词"来代替,这就使得"不"和反面词仍保持松散的关系,"不"和正面词的结合变得很紧密,"不"逐渐变为一个"否定前缀",因此"不+正面词"整合程度(词化程度)较高。也正是由于这个原因,"不+正面词"才能像一个形容词那样适应"比 N ＿＿＿＿"语法槽的要求。

与"比 N + 不 A"情况相似,"比 N + 不 VP"也是不能单说但可以进入对举结构的。如:

（13）他比你愿意走。
　　　*他比你不愿意走。
　　　你不愿意走,他比你还不愿意走。
（14）你比她了解我。
　　　*你比她不了解我。
　　　她不了解我,你比她更不了解我。
（15）他比我会表达。
　　　*他比我不会表达。
　　　我不会表达,他比我还不会表达。

"比 N + 不 VP"中的 VP 是能愿动词或心理动词带宾语的动宾词组,具有程度性。

"N_1 + 不 A,N_2 + 比 N_1 + 还不 A""N_1 + 不 VP,N_2 + 比 N_1 + 还不 VP"的实现条件是:"不 A/不 VP"在话语中已经被提到,现在把它作为"引述"性成分来使用;对举后项中,"比 N"修饰的"不 A/不 VP"往往要加上"更"或"还"等表程度增加的副词。这样形成的对举结构属于偏依性对举结构。石毓智(2001)曾谈到,"还"表示"动作或者状态持续不变,仍然"时,既有肯定式,又有否定式;"还"为"把事情往大里、高里、重里说"时,只有肯定式,没有否定式。这一概括没有考虑到上述偏依性对举结构,可以做适当调整。

(二)"对 N + 不 + 行为动词""不 + 对 N + 形容词/态度动词"

介引对象的"对"字介词词组可以修饰行为动词(以言说动词为主,也包括其他一些),也可以修饰表示态度的形容词和态度动词(宽容、负责、敬重、尊重、恭敬之类),构成性质不同的"对"字句。

"对 N + 行为动词"通常能单说,"不 + 对 N + 行为动词"也可以单说,而"对 N + 不 + 行为动词"单说不行或可接受程度较低,如:

(1) 对他说/笑。
　　不对他说/笑①。
　　对他不说/笑。

这一情况显示,在一般简单句中,行为动词与"不 + 行为动词"对"对 N ＿＿＿"语法槽的反应有所不同,也就是说它们的功能并不完全对称。不过,这种不对称也不是绝对的,在对举条件下,可以说:

(2) 当我们发现大家都不觉得奇怪时,也就不对别人说什么了,对自己也不说什么,仅仅对他们的才华做些评价。(当代\翻译作品\文学\追忆似水年华)

(3) 对你说,对他不说。(口语记录)

(4) 杨过对旁人油嘴滑舌,胡说八道,对她却从不说半句戏言。(金庸《神雕侠侣》)

"对 N + 形容词/态度动词"的情况有所不同,"对 N + A/V""对 N + 不 A/V"通常都能单说,"不 + 对 N + A/V"单说不行或可接受程

---

① 我们考察到的语料中有这样的用例:(1) 一个字也不对他说。(骆宾基《一九四四年的事件》)(2) 伊并不对他笑。(鲁迅《阿 Q 正传》)

度较低，如：

(5) 你对我冷淡。
   你对我不冷淡。
   你不对我冷淡。

(6) 对学生负责。
   对学生不负责。
   不对学生负责。

(7) 对他关心。
   对他不关心。
   不对他关心。

在对举条件下，则可以说：

(8) 你不对我关心，自有对我关心的。
(9) 学校只对学生负责，不对老师负责。
(10) 只对关心你的人热情，不对讨厌你的人热情。
(11) 你王怀中是只对省委负责，不对农民负责！（当代\应用文\中国农民调查）
(12) 有了孩子你就会对孩子好不对我好了。（王朔《过把瘾就死》）

根据上述两方面的情况，我们可以看到，以行为动词为谓语中心的"对"字句和以形容词/态度动词为谓语中心的"对"字句各有两种否定形式，两种否定形式中，都有一种自足程度高，一种自足程度低，我们可以把它们分别看作无标记形式和有标记形式。作为动态句（偏重动态、偏重行为）的"不 + 对 N + 行为动词"是无标记形式，"对 N + 不 + 行为动词"是有标记形式；作为静态句（偏重状态）的

"对 N + 不 + 形容词/态度动词"是无标记形式,而"不 + 对 N + 形容词/态度动词"则是有标记形式。对于形成差异的原因,应该做出解释。我们的初步思路是,典型的行为与对象关联度高,概念距离近,整合程度高,适宜于对[对象 + 行为]整体进行否定,不大适宜把对象置于外层而单独否定行为;而形容词或态度动词(不属于典型的行为范畴)独立性较强,与对象的整合度不高,因而更适宜于单独接受否定。

(三)特指问结构的肯定形式与否定形式对举

一般所讲的特指性疑问句,其肯定形式和否定形式在功能上是不完全对称的,肯定形式自由度较高,否定形式自足性较低(这里将不表实际疑问的反问句、假设条件句暂时排除在外)。

"V + 疑问代词"(述宾结构)、"介词 + 疑问代词 + V"(偏正结构)是自由形式,"不 + V + 疑问代词""不 + 介词 + 疑问代词 + V"则是受限形式,它们不能成为独立的疑问句,可以与肯定形式对举成句,如:

(1)他喜欢什么?

他不喜欢什么?

他究竟喜欢什么不喜欢什么?(《人民日报》1993 年 5 月)

(2)给谁呢?

不给谁呢?

到底给谁不给谁呢?(《人民日报》1996 年 10 月 30 日)

(3)应该做什么?

应该不做什么?

那么在这种情况下,我们的政府和舆论应该做什么应该不做什么呢?(陆步轩《屠夫看世界》)

"不+V+疑问代词""不+介词+疑问代词+V"有时可以作为肯定形式的对应性应答语，但这时疑问词转为虚指用法。如：

（4）问：你们干什么？
　　　答：不干什么。随便看看。
（5）问：你们找谁？
　　　答：不找谁。

下面分别是"与谁VP"与"不与谁VP"对举、"V什么"与"不V什么"对举、"能V什么"与"不能V什么"对举、"V谁"与"不V谁"对举、"该V谁"与"不该V谁"对举、"V谁N"（双宾语结构）与"不V谁N"对举的一些实例：

（6）我有没有权利选择与谁做朋友，不与谁做朋友？（当代\应用文\哈佛管理培训系列全集\第一单元 哈佛经理职业素质）
（7）我自己的生活当然我自己安排，我想干什么不干什么……你管不着！（王朔《我是你爸爸》）
（8）治沙、改造沙漠戈壁有个能干什么不能干什么的课题，要尊重地理学规律。（《人民日报》1993年2月）
（9）常委会上，他和大家一起摆诸人选的长短，分析用谁不用谁的优劣。（《人民日报》1996\96News04）
（10）在病人中调查该送谁、不该送谁。（《人民日报》1994年）
（11）对于该给谁奖不该给谁奖，应当"有个说法"，不能长官意志，率意而为……（《人民日报》1993年4月）

"疑问代词+VP/AP"格式的主谓结构似乎比"V+疑问代词"（述宾结构）、"介词+疑问代词+V"（偏正结构）自足性要高一些，有时可以在对话中作为"疑问词回声问"① 单说，如：

(12) 甲：他指导的人不行。
　　　乙：谁不行？
(13) 甲：这款衣服不赚钱。
　　　乙：什么不赚钱？

不过，"疑问代词+不VP/AP"与"疑问代词+VP/AP"对举成句/入句的实际用例更常见一些。如：

(14) 步兵团长，一个师部有仨，谁行谁不行，说不清楚。（柳建伟《突出重围》）
(15) 这究竟证明是谁行谁不行呢？（赵树理《三里湾》）
(16) 通过这些法，告诉百姓，什么应该做，什么不应该做，法一经公布，君主就必须明察百姓的行为。（冯友兰、涂又光《中国哲学简史》）
(17) 武厂长和他的同事们，比较好地掌握了人生的辩证法：什么该办，什么不该办，什么事，要站在前面，什么事儿要在最后面，……（当代\报刊\《人民日报》1994\94Rmrb2）
(18) 什么可以接受，什么不可以接受？（百家讲坛\030523-030626\理解质量革命\韦恩·科斯特）
(19) 他为自己保留了这种特权，即他可以决定什么可以批评而什么不可以批评。（当代\翻译作品\文学\领袖们）

两项"不+V+疑问词"构成连锁结构"不想V什么就不V什么"

---

① 关于"疑问词回声问"可参看刘丹青《句类及疑问句和祈使句：〈语法调查研究手册〉节选》（《语言科学》2005年第5期）。

一般也不单说，通常也要和"想 V 什么就 V 什么"对举才能说，如：

（20）假日里在家想干什么就干什么，不想干什么就不干什么。

由上面所分析的特指问结构的肯定形式自由度较高，否定形式自足性较低的情况，我们似乎能够看到，如果可以说肯定性陈述句是一个基式，疑问、否定等都是在此基础上进行某项语法操作形成的，那么，就可以说，在通常情况下（单项现实句），疑问和否定操作不能同时进行。用关联标记理论（沈家煊，1999）的概念来讲，有疑而问与肯定表达式构成无标记组配，与否定表达式构成有标记组配，换句话说，疑问与肯定是自然相容的关系，而疑问与否定在语用上具有竞争的关系，它们往往需要在对举表达式中或在非现实句中（反问句、条件句等）才能相安无事。

（四）"能愿动词 + V"与"能愿动词 + 不 V"

能愿动词可以分为可能、必要、愿望、估价、许可等几个小类（参看马庆株，1988a），每个小类内部还存在细微差异。据我们考察，"可能"类能愿动词的最典型成员"可能"，对后续成分为肯定形式还是否定形式的要求近于中性，表许可的"可以"后续成分为肯定形式的居多，后续成分为否定形式的情况也不罕见；其他能愿动词，后面出现动词肯定形式较为自由，出现动词否定形式明显受到不同程度的限制，换句话说，动词肯定形式进入这些能愿动词后的语法位置较为自由，动词否定形式进入这些能愿动词后的语法位置明显受限，也就是说，动词肯定形式和否定形式对"能愿动词＿＿"这一语法槽的反应存在明显差异。我们以表必要的"应该"、表推断的"会/能"、表能力的"能"为代表来举例分析。比较：

（1）a. 你应该说普通话。
　　　b. 你应该不说普通话。

（2）a. 她会/能来的。
　　 b. 她′会/能不来的。
（3）a. 小王能讲英语。
　　 b. *小王能不讲英语。

上述情况反映着人们在有关"必要""事态展望""能力"的表达中存在一个"肯定性倾向"：一般更愿意从正面说明，而不大从反面说明。

尽管"能愿动词+不V"是一种使用受限的结构形式，但并不是不成立，这一结构在反问句和"不应该不……""不会不……""不能不……"之类双重否定句中可自然出现，还可以充当假设条件句的条件项或结论项；与肯定形式对举，也是其"存活"条件之一。如：

（4）贤明的领袖应该不坐在民众上头，而站在民众中间；他们和民众面对面，手挽手。（当代\文学\大陆作家\许纪霖）
（5）观看这种影片应该不用放映机，而用看片机（人工的要比电动的好）。（当代\翻译作品\应用文\世界电影史）
（6）我喜欢上了一个特别的人，我是应该喜欢，还是应该不喜欢？（http：//zhidao.baidu.com/question/23667231.html）
（7）我应该做还是应该不做？｜他应该离开还是应该不离开？｜我应该写还是应该不写？
（8）她会支持还是会不支持？｜她会同意还是会不同意？｜她会去还是会不去？
（9）我明白应该做什么，应该不做什么。

例（4）（5）是正反对举的陈述句，例（6）（7）（8）都是选择问句，例（9）中对举结构作宾语。

"能不V"与"应该不V""会不V"有所不同，它常常是出现在

"能不 V + 应当/尽量不 V"（紧缩式条件句）、"能不 V 的 + 应当/尽量不 V"（主谓结构）这样的结构中，这里有非现实句和对举两种因素在起作用。下面举出部分实例：

（10）这夫妻啊，只要能不离，就尽量不离，尤其是有了孩子以后。（电影《中国式离婚》）

（11）对行政案件能不受理的就尽量不受理，或者受理了，也只能判决维护行政机关的处理决定。（《人民日报》1995 年 4 月）

（12）各施工单位要多为群众着想，尽可能为他们创造一些好的行路条件，能不扰民的坚决不扰民！（当代 \ 报刊 \ 1994 年报刊精选 \ 05）

（13）能不办的事坚决不办，能缓办的事尽量缓办。（当代 \ 报刊 \《人民日报》1994 年）

（14）只要能不跑，他就尽量避免奔跑。（当代 \ 翻译作品 \ 文学 \ 人性的枷锁）

（15）能不召开的会议坚决不开，确有必要召开的也必须注意节俭。（当代 \ 报刊 \《人民日报》1993 年 12 月）

"能不 V 的 + 应当/尽量不 V"结构中的 V 以单音节的为多，也有双音节的，如例（15），甚至也可以是长度更大的动词性词组，如：

（16）能不让家长担心的尽量不让家长担心。

表许可的"可以不 V"单说的机会比"应该不 V""会不 V""能不 V"要大，因为"许可"可以针对想做某事的要求也可以针对不想做某事的要求，不像有关"必要""能力""事态展望"的表达那样存在明显的"肯定性倾向"。尽管如此，"可以不 V"也还是大量用于对举表达式中。有的是肯定形式与否定形式对举：

(17) 这点我可以相信也可以不相信。(当代\翻译作品\文学\罗杰疑案)

(18) 可以存着也可以不存着……(老舍《"火"车》)

(19) 酒席可以不办，但花轿一定要坐。(《人民日报》1996年4月)

(20) 饭可以不吃，但烟必须要吸。(高伟《带夫招婿》)

例（17）（18）是肯定在前否定在后、取舍未定的肯否对举，例（19）（20）是否定在前肯定在后、取舍已定的肯否对举。下面的例（21）（22）（23）是否定形式与双重否定构成的肯定的对举：

(21) 生命可以不要，航海却不可不去……(当代\读书\vol-194)

(22) 女人可以不带在身边，但是，化学的书籍却是不可以不带的。(当代\口语\对话\女记者与大毒枭刘招华面对面)

(23) 饮茶本是广东人最大的嗜好，饭可以不吃，茶却不可不饮。(古龙《陆小凤传奇》)

下面的例子是两项、三项"可以不V"对举后作为一个整体再与双重否定式"不可不V"对举：

(24) 那时，饭可以不吃，觉可以不睡，《毛主席语录》不可不带。(韦梅雅《〈毛主席语录〉编发始末》)

(25) 他可以不吃饭，可以不睡觉，甚至可以逃学，可以考试不及格，但不可以不看闪烁着童心光芒的小人书。(当代\史传\史玉柱传奇)

"可以不V"进入表全量的"疑问词+都……"格式形成的"什

么/哪儿/谁都可以不 V"，几乎是必须与肯定形式的"什么/哪儿/谁都可以 V"对举，我们在北京大学汉语言学研究中心语料库超过 2.6 亿字的现代汉语语料中没有找到对举之外的用例。以下是对举实例：

（26）像今晚上，一个人在这苍茫的月下，什么都可以想，什么都可以不想，便觉是个自由的人。（朱自清《荷塘月色》）

（27）自上而下的行政支配中，国有资产谁都可以管理，而谁都可以不负责任。（当代\报刊\1994 年报刊精选\12）

（28）什么都可以有，就是不能有病；什么都可以没有，就是不能没有钱。（陆步轩《屠夫看世界》）

"能愿动词＋不 A"也往往要出现在对举表达中。如：

（29）《应该快乐还是应该不快乐》（新浪网 BLOG\朱平 BLOG 文章标题）

（30）从不懂到"懂得"的过程会"累"些，真正懂得了，反而会不累了。（《人民日报》1995 年 2 月 8 日）

（31）女人可以不漂亮，但女人不可以不温柔。（潘虹《潘虹独语》）

（32）深圳可以没有农村，但不可以没有农业。（当代\1994 年报刊精选\06）

我们也注意到，"××会不高兴"之类说法常常可以单说，其中的"不高兴"实际上已凝结为一个词，失去了一般"不 A"的临时组合的特征。

（五）否定式自由、肯定式受限的情况

上面谈的"V/A"与"不 V/不 A"分布情况的对比，都是肯定式自由、否定式受限的情况。沈家煊先生（1999：177）提到也有否定式自由、肯定式受限的情况。如：

你不来也罢。
＊你来也罢。
他不同意也罢。
＊他同意也罢。

对举条件下才可以说"你来也罢，你不来也罢……"等。沈家煊（1999：177）指出"他同意也罢，不同意也罢"肯定否定对举，实际是表示"不同意也罢"。我们理解，这是由于含有"无奈"意味的"也罢"与代表非期待状况的否定形式构成自然的关联，与代表期待状况的肯定形式不能构成自然的关联，只能形成有标记组配的缘故。

六 元语性对举

本书第五章第四节曾谈到，根据对举表达式是叙述客观情况、说明对客观情况的认识还是表达说话人对语境中一个命题的态度，可以区分叙述性对举和元语性对举。叙述性对举是直接叙述客观情况、说明对客观情况的认识，元语性对举是指针对某一现有说法/认识的适宜性做出否定进而用结构相同相近的另一种说法来加以修正的对举表达形式。如：

(1) 哥哥不认真，弟弟很认真。
(2) 不是认真，是非常认真。（http：//politics.people.com.cn）
(3) 妹妹不聪明，姐姐很聪明。
(4) 这孩子不是聪明，是很聪明。（www.waok.net/khwy）

例（1）（3）是直接叙述客观情况或说明对客观情况的认识，属于叙述性对举；例（2）（4）分别是将"××认真""××聪明"的说法修正为"非常认真""很聪明"，这就构成元语性对举。例（1）（3）中各对举项都可以单说，是并立性对举，例（2）（4）中"是非常认真""是很聪明"代表的"是+［程度词+A］"可以单说①，而"不是认真""不是聪明"所代表的"不是A"却不能单说，依附于对举结构而存活，所以我们把这种对举结构看成偏依性对举结构。

元语性对举与语用否定密切相关②，但语用否定不都是元语性对举形式。如"他不是'喜欢'打麻将——都走火入魔了"属于否定语句适宜性的语用否定，但修正性说法与原有说法结构不相同，不构成对举表达式。

元语性对举形式中，针对现有说法/认识的修正可以表现在程度、数量、倾向性/方向性、事物性质、模态判断适宜性、顺序适宜性、措辞风格色彩等方面，下面分别举例说明。

A. 对程度表达适宜性的修正

（1）不是还行，是非常好。(电视剧《天道》)

（2）聂卫平观看棋局后评论说，这棋已不是一般的乱，而是十分乱。(《人民日报》1994年)

（3）老克道："我的刀不是快，是很快！"(当代\网络语料\《看完没笑?!你绝对够狠!》)

（4）他不是一点点执拗，是非常非常执拗！

（5）不是基本成功，是完全成功！［当代\报刊\读者（合订本）］

---

① "是+［程度词+A］"在对话中单说有两种情况：重音在"是"上，表示认同之意；重音在程度词上，表示修正之意。前者的自由度较后者大。

② 沈家煊（1993）等关于语用否定的分析，对我们讨论元语性对举有重要启发。

就考察到的实例看，元语性对举对程度表达适宜性的修正多半是由一般程度或较低程度修正为很高的程度，没有见到相反的情况，如不能说"*不是很好，是好"，但我们觉得"不是很低，是有点低"应该是可以接受的。

B. 对数量、规模表达恰切性的修正

（6）它自自然然地时时刻刻都在说，说的也不是一点点，而是说了无量无边。（当代\应用文\社会科学\佛法修正心要）

（7）哪怕是极小的一点点质量过失，加起来可就不是一点点，而是一大堆了，这样生产出来的产品还有什么质量可言？（当代\《市场报》1994年B）

（8）这哪里是北京呀，分明是个偏居一隅的小山村。（当代\史传\中国北漂艺人生存实录）

例（6）"说"可看成积极行为，修正是"由少到多"；例（7）是谈消极行为的危害，修正也是"由少到多"；例（8）是规模"由大到小"的修正。

C. 对认识倾向性/方向性的修正

（9）它哪里是穷乡僻野，分明是一片充满神奇魅力的土地，资源甚厚，物产丰富。（《人民日报》1994年）

（10）不是过量，而是还不够。

（11）心神宜静，不是不动而是不妄动。（王昕《黄帝内经中的女人养生养颜经》）

（12）曹操不是不要名人，而且是很欢迎名人。（当代\电视电影\易中天品三国）

（13）这哪里是在做生意，简直是欺诈！（当代\报刊\1994年报刊精选\07）

(14) 那哪是大跃进，简直是大倒退、大破坏。(当代\作家文摘\1995A)

(15) 这哪里是文化艺术，简直是文化垃圾。(《人民日报》1996年10月23日)

如果说对程度表达适宜性的修正是在肯定某一性状前提下就程度高低进行调整，那么，关于认识倾向性/方向性的修正则是针对肯定还是否定某一性状做出相反的判断。例(9)(10)先否定"穷、僻""过量"进而肯定"魅力""不够"，例(11)先否定"不动"进而肯定"不妄动"，例(12)先否定"不要"进而肯定"欢迎"，例(13)先否定"做生意"进而肯定"欺诈"，例(14)先否定"大跃进"进而肯定"大倒退、大破坏"，例(15)先否定"是艺术（好）"进而肯定"是垃圾（不好）"，都是方向性的修正。

D. 关于事物性质认定的修正

(16) 当时我想这哪里是在跳操，完全是在跳性。(莫怀威《透支时代》)

(17) 这哪里是什么放炮呀，分明是用炸弹炸碎我们这些人的心啊！(当代\报刊\1994年报刊精选\01)

(18) 这哪是玩乐呀，简直是玩命。(当代\报刊\作家文摘\1993A)

(19) 这哪里是一碗粥啊，分明是老区人民一颗颗滚烫的心哪！(当代\报刊\《人民日报》1995年4月)

关于事物性质认定的修正不像关于认识倾向性/方向性的修正那样明显地是由两极的一极到另一极，而是由一种定性到另一种定性的修正。如例(16)先否定"是跳操"进而肯定"是跳性"，字面上并没有体现出对同一种性状直接由肯定到否定或由否定到肯定的修正。当然，C、D 两类有时界限未必很清楚。

E. 对模态判断适宜性的修正

（20）不是可能，而是确实……（当代\翻译作品\文学\复活）

（21）中国队不是可能赢阿曼队，而是百分之百地能赢！（新华社 2001 年 10 月新闻报道）

（22）刘招华在陈炳锡的面前，不是应该，而是从来就是小字辈。（当代\口语\对话\女记者与大毒枭刘招华面对面）

模态判断是反映对现实性、可能性、必然性认识的判断。例（20）先否定"可能"进而肯定"确实"，是将可能判断修正为必然判断；例（21）先否定"可能"进而肯定"百分之百能（一定）"，也是将可能判断修正为必然判断；例（22）先否定"应该"进而肯定"从来就是……"，等于是将道义情态判断修正为实然判断。这种修正通常在"可能""可以""应该""必须"等之间进行。

F. 对顺序适宜性的修正

在语言表达中，不仅行为、事物出现的时间先后，通常可由词语的先后次序表现出来的，目的与行为关系、因果关系、主体与客体关系等的表现也常常伴随着词语的先后关系。对这些"先后关系"的理解，不同的人有不同的认识，就有可能出现修正话语顺序适宜性的对举表达。常见的对话语顺序适宜性的修正有大家熟悉的"屡战屡败—屡败屡战""结婚恋爱—恋爱结婚""结婚怀孕—怀孕结婚""先上车后买票—先买票后上车"等，下面是另外一些实例。

（23）不是我学他，是他学我！
（24）不是为了相信而理解，而是为了理解而相信。（当代\翻译作品\应用文\普通心理学）

(25) 我们办事都该先考虑效果，而不是先考虑手段。(当代\史传\宋氏家族全传)

(26) 我们不是先搞城市，而是先搞农村，用农村包围城市。(当代\议论文\《邓小平文选》2)

例(23)是就主客关系进行修正，例(24)是讲目的与行为(广义)关系，例(25)是讲考虑手段与考虑效果的先后关系，例(26)是讲狭义的先后关系。

G. 对措辞的风格、色彩的修正

较为单纯的对措辞的风格、色彩的修正如"不是臀部，是屁股""没有接吻，亲嘴来着"(参见沈家煊,1993)，下面的例子既包含关于事物性质认定的修正，又包含对措辞的风格、色彩的修正。

(27) 他自己也有一些申明，说自己经商根本不是什么"嗜利之举"，而是要"做点实事"……(当代\报刊\读书\vol-114)

(28) 不是什么堂兄，而可能是表哥。(莫怀戚《透支时代》)

(29) 这种人根本不是什么狂人，说不定是个疯子！(电视剧《乔家大院》)

例(27)由"嗜利之举"到"做点实事"有事物性质认定和风格特征上的修正，例(28)由"兄"到"哥"有语体色彩上的修正，例(29)由"狂人"到"疯子"也含有语体色彩上的修正。

有时，措辞上的修正甚至可以是用仿造词语修正语言系统中"现成"的词语。

(30) 有些人已不是小贪小占而是巨贪大占。(《人民日报》2000年)

(31) 南京大屠杀已不是"弃市"而是屠市，不是"示众"

而是戮众。(当代\报刊\读书\vol-180)

(32) 这论文哪里是写出来的,简直是爬出来的。(陈染《无处告别》)

上述几例中,"小贪小占""弃市""示众""写出来"是语言系统中现成的词语,而用来修正它们的"巨贪大占""屠市""戮众""爬出来(用于写作)"则是说话人临时造出来的。就实质来说,这种修正已不是风格、色彩方面的,而是关于事物性质认定的。

元语对举表达式通常包含一些标志性词语,如上文的"不是什么""哪里是"等,这些标志性词语的"确信性"程度有差异,如"哪里是……"的修正一般确信程度高,而像下面例句中的"简直是……"则意味着说话人还只是认为"像……"而"并不就是……"。

(33) 这哪里是一个游泳"运动员"啊!这简直是一个挣扎的溺水者!(新华社2004年新闻稿_003)

(34) ……是寄稿时附的一封信。但,这哪里是信,简直是一段小戏曲。(当代\报刊\读书\vol-020)

通过上述各类实例的分析,我们可以看到,对语境中存在的某一说法进行修正,采用结构相同相近的元语性对举表达式,与非对举性的单纯的内容上的修正相比,可以使对照的意味得到进一步强化,两个对举项间同中有异的部分,往往构成对比焦点。

第八章　若干非自足构式的个案专题研究

一　非自足构式"包括 i 在内的 C"多维分析

(一)"包括 i 在内的 C"的来历及其特殊性

关于不同语言如何表达整体与部分关系（简称 Wp 关系），国内外学者做过不同程度的考察研究。Winston 和 Chaffin（1987）将 Wp 关系概括为实体—部件、集体—成员、物质—局部、原料—实体、地区—地方、活动—特征等 6 类。董秀芳（2009）考察了"整体—部分"关系在汉语词汇系统中的表现及在句法中的突显性。陆丙甫（2010）阐述了"整体—部分"关系在人类语言中的重要作用。方清明、王葆华（2012）指出，实体—部件、集体—成员、地区—地方是典型的 Wp 关系，而原料—实体、物质—局部、活动—特征等则不属于典型的 Wp 关系。在观察汉语事实、研读相关文献的过程中，我们注意到，在"整体—部分"关系的多种类型中，集体与成员关系的复杂性及其语言表现还缺少专门研究，而相关构式所涉认知、语用因素丰富复杂，应该给予充分的关注。

现代汉语中，说明集体与成员的包含关系（下文简称为 C-i 关系），一般使用"C 包括 i1、i2……in（等）""C 包括 i 在内"两种构式，前者用于成员列举，后者用于个别成员归属的特别说明。这两种构式在民国初期的《清史稿》及小说《雍正剑侠图》《民国演义》等记述类语篇中已见到部分用例,其后几十年使用范围逐渐扩大,到了当代汉语阶段,开始广泛使用。这些句子述谓部分的"包括 i1、i2……in(等)""包括 i 在内"一般是作为未知信息、前景信息处理的。随着现代汉语中"关系从句＋的＋NP"构式影响力的逐渐扩大[①],"包括 i 在内的 C"构式得以类推形成(其中"个别成员"一般只举一项,也有两项或两项以上情况,本书码化采用最简形式)。如:

(1) 包括中国在内的 142 个国家和地区
　　包括两艘航空母舰在内的 100 多艘军舰
　　包括美国人民在内的世界各国人民
　　包括朝鲜在内的会谈各方
　　包括记者在内的任何人

方梅(2008)论证"描写性关系从句＋核心名词"是背景化触发的句法结构,对相关研究具有重要启示。"包括 i 在内的 C"构式,定语从句不是典型描写性的,但也难说是典型限定性的,因而其语义功能存在特殊性[②]。"包括 i 在内的"经句法降级处理为定语从句后并非都是背景信息。因集体概念的稳定性、规约性存在显著差异,成员的典型性或隶属度存在显著差异,"包括 i 在内的 C"构式中集体与成员关系复杂多样,加之发话方与受话方认知语境、认知立场的时同时异,该构式的语义蕴含、语用功能便常常会体现出某些微妙游移的特征。

---

① 将原有主谓句的谓语由陈述形式变为关系从句,原句的主语充当核心名词而形成的"关系从句＋的＋NP"结构,一般认为是 20 世纪初期新文化运动后兴起的"欧化"语法形式。方梅(2008)从背景化需求驱动句法降级的视角做出新的分析,认为这一结构反映了汉语信息包装的特点。

② 方文指出:限制性关系从句是用已知事件或共有知识来限定所指对象的范围,明确名词所指,删除会影响核心名词所指的可辨性。描写性关系从句不是通过已知活动或者共有知识对事物命名或者追踪,删除后名词的所指依旧是明确的。二者分别回答"哪一个""什么样的"。本节考察的"包括 i 在内的 C"难以简单被概括其中,需要单独考察。

本书拟由梳理其成员与集体关系的多种复杂情况入手，进而就与此相关的概念整合、信息包装、语篇概念域、语用推理、交互主观性机制等层面展开分析。

（二）构式中 i 与 C 的互动与信息包装策略

具体考察"包括 i 在内的 C"构式的多样性实例，可以看到 i 与 C 之间包含关系的共知性或规约性存在不同。有的 i 与 C 之间的包含关系不具有高度规约性和共知性，可称之为不言不明型，句式一般能变换成（或者说还原成）"……C，包括 i 在内"；另外一些 i 与 C 之间的包含关系是众所周知的（C 一般带有全量成分），可称之为不言而喻型，通常只能说"包括 i 在内的 C"，不能变换成"……C，包括 i 在内"，或变换后会给人违背量原则之感（即 C 出现了就没有必要在后面追补交代 i）。换句话说，作为未知信息、前景信息的 i 能出现在 C 的前面，也能出现在 C 的后面；作为已知信息或可推知信息的 i 可以出现在 C 的前面，一般不出现在后面。以下我们对两种情况分别进行具体考察。

1. i 不言不明型"包括 i 在内的 C"

成员与集体具有相对独立性，对 i 的说明与对 C 的说明本来可以是两个独立的叙述，采用"包括 i 在内的 C"则将二者整合起来形成一个复合性叙述。如：

（2）a. 两艘航空母舰参加了演习。
　　　b. 100 多艘军舰参加了演习。
　　　c. 包括两艘航空母舰在内的 100 多艘军舰参加了演习。

这种复合性叙述，语义上并非两个独立叙述的语义简单相加，而是通过 i 与 C 的互动配合而产生语义增值效应。在特定认知语境中使用的"包括 i 在内的 C"构式，不光是个别成员和集体分别得到明确指陈，还有附加功能实现：有的通过成员的择取使集体的部分隐含属性得以凸显，有的通过该成员的例示进一步明确了集体的外延范围。

(1) i 凸显 C 的部分隐含属性

这里所说的"i 凸显 C 的部分隐含属性"，换个角度也可以说构式中择取的 i 赋予 C 某种内涵义，通常是言者预期受话方更为关切或希望受话方更多关注的元素。此类"包括 i 在内的 C"一般可以变换为"……C，其中包括 i 在内"，"其中"的作用实际上不是指示范围，而是着重性、择要性提示[①]。以下将几种具体情况分别加以说明。

(3) 法国巴黎戴高乐机场 2E 候机厅发生屋顶坍塌事故，造成<u>包括两名中国公民在内的 4 人</u>遇难。[②]（新华社 2004 年新闻稿_002）

可变换为：……造成 4 人遇难，其中包括两名中国公民。（为节省篇幅，同类变换式下文不再逐一列出。）

(4) 导弹几乎将所有房屋完全摧毁。巴方医护人员说，<u>包括一名两岁儿童在内的数名伤者</u>情况危急。（新华社 2004 年新闻稿_001）

例 (3) 是以中国人为受众的报道，言者择取"两名中国公民"置于 i 位置，可显示此次事故遇难者群体一定程度上含有"同胞"属性；例 (4) 在 i 位置给出"两岁儿童"，意在赋予或凸显"数名伤者"无辜、令人痛心之内涵。此类表达常体现言者注重受话人利益关切或情感倾向的视角。

[①] 王桂亮（2014）分析了"其中"的择要解说功能：选择回指对象中重要或特殊的突显情况来阐释。

[②] 本书所考察的是 CCL 语料库中的 1000 条语料。文中例句出处只作简单标注。

第八章 若干非自足构式的个案专题研究 | 269

（5）在包括中央音乐学院在内的8家著名音乐学院中，四川音乐学院是第一个开设戏剧专业的。（新华社2004年新闻稿_001）

（6）该组织已经建立了包括元首会晤在内的12个会晤机制。（新华社2004年新闻稿_002）

例（5）（6）"包括i在内的C"通过i例示影响力最大、最具代表性或等级最高的成员显示整体C具有较高层次的属性。

（7）传销公司这种欺诈手段，使包括我在内的许多人受骗受害。（《人民日报》2000年）

（8）因为处在商品时代，包括我自己在内的许多读书人总有些不尴不尬不伦不类，带着些孔乙己之流的可笑可叹的酸腐之味儿。[读者（合订本）]

例（7）（8）的"包括我（自己）在内"即包括言者在内，使其所在群体带有了亲历者属性，有助于增加信息的可信性，也有利于体现所表达的态度、认识的切身性。

（9）……共同维护包括我们两国在内的广大发展中国家的共同利益和合法权益。（新华社2002年3月新闻报道）

（10）如果太平间像手术室那么明亮，那么清洁，像产房那么温馨，像花房那样鲜花摆满窗台和墙角，充满生气，对包括我们在内的迟早要在太平间逗留然后重返大自然的人来说，不是一个极大的安慰吗？（1994年报刊精选\01）

例（9）中的"我们两国"、例（10）中的"我们"，包含了发话、受话双方，以此为i可显示C具有"利益共同体"的属性。此类

"包括 i 在内的 C"具有通过指示策略来引导、强化双方共识的作用。

(2) i 明确 C 的外延/范围

有些"包括 i 在内的 C"中，C 的范围并非任何情况下都会得到受众一致认知，而是可能存在因人而异、因时因地而异的不同理解。在这种情况下，明示 i 可以让人们准确解读 C 的范围。此类"包括 i 在内的 C"一般可以变换为"……C，也包括 i 在内"或"……C，i 也包括在内"，"也"正可以满足非常规认知状况的表达需要①。

(11) 日本足协将公布<u>包括海外球员在内的 18 人名单</u>。（新华社 2004 年新闻稿_ 001）

(12) 美军士兵在爆炸现场方圆一公里范围内禁止任何汽车通过……<u>禁止包括记者在内的任何人</u>进入。（新华社 2004 年新闻稿_ 001）

例（12）可变换为：……禁止任何人进入，也包括记者在内/记者也包括在内。

例（11）谈某一国家的足球队成员名单，因为人们往往认为都会是本国人，所以在 i 的位置将"海外球员"明示出来，该集体的范围才更加清楚。例（12）有所不同，"包括 i 在内的 C"中的 C 是"任何人"，按理应该包括"记者"，言者考虑到人们对作为"无冕之王"的记者是否有特权可能存在不同认知，便将其明示出来，使 C 项在该语境中的指涉范围更加明确。

概括地说，这里被特别明示的成员通常是属性特殊、来历特殊的成员，或者是处于临界点的边缘性成员。"包括特殊性/边缘性成员的 NP"除了使集体的范围更加明确，还常常体现出涵盖全面、没有遗漏

---

① 与"修女也疯狂""美女也愁嫁"一类表达中的"也"功能相同。张谊生（2011）曾分析过"X 也 Y"构式中"各种不合常态的扭曲关系"，对解释此类情况具有佐证性。

之意。

有些特殊成员是"常态之外的成员"或"超预期成员",进入该构式也可体现涵盖全面之义,但更侧重于凸显常态外成员/超预期成员的被包含,常常用来传递不同寻常之意。如:

(13) 俄中之间已经建立的高度互信和互谅关系使两国可以讨论<u>包括最敏感话题在内</u>的任何问题。(新华社2004年新闻稿_001)

(14) 美国侵越战争从一开始就受到<u>包括美国人民在内</u>的世界各国人民的强烈谴责。(CCL\中国儿童百科全书)

有些"包括i在内的C"用"包括i"来明确C的边界起(止)点,如:

(15) 中国市场的开放程度越来越高,预计<u>包括今年在内的未来三年</u>间将进口价值一万亿美元的货物。(新华社2004年新闻稿)

"包括i"还可以用来明示主体成分连带的附加性构成成分。

(16) 此次向嵊泗供水,<u>包括运输成本在内的水价</u>是每吨3.25元。(新华社2004年新闻稿_001)

上面所谈"i凸显C的部分隐含属性"与"i明确C的外延范围"两种情况,只是相对的,体现不同的侧重点,有时并非界限分明。比如下面的用例似乎是内涵、外延兼顾的:

(17) 缅甸作出的努力和取得的成绩已得到<u>包括联合国和美国在内</u>的国际社会的认可。(新华社2004年新闻稿_002)

例中的"包括联合国和美国在内",既凸显了"国际社会"含有的最重要成员的内涵,同时也明确了其所指范围。

2. i 不言而喻型"包括 i 在内的 C"

不言而喻型"包括 i 在内的 C"一般不能变换为"……C 包括 i 在内",主要决定于信息性质(可及度),也往往与当事者话语立场直接相关。

(18) 银河系是<u>包括地球在内的太阳系</u>生活的"家园"。(新华社 2004 年新闻稿_ 002)

(19) 日本华侨华人联合总会 13 日发表声明说,<u>包括旅日华侨华人在内的所有海外中国人</u>多年来一直期待着中国和平统一。(新华社 2004 年新闻稿_ 001)

例(18)中"太阳系"包含"地球",例(19)中"所有海外中国人"包含"旅日华侨华人",是常识上、逻辑上确定无疑的。在这样的确定性包含关系下,发话人仍用"包含 i 在内的 C"对"地球""旅日华侨华人"予以特别提示,是用来对该成员做出强调从而引起关注。

(20) 韩方表示将继续致力于发展韩中全面合作伙伴关系,并同<u>包括中方在内的各方</u>一道共同推动北京六方会谈进程。(新华社 2004 年新闻稿_ 001)

(21) 中国商务部副部长于广州在会见来访的美国贸易代表佐利克时说,中国十分重视与<u>包括美国在内的所有世界贸易组织成员</u>协调立场,共同推动世贸组织新一轮谈判进程。(新华社 2004 年新闻稿_ 001)

例(20)(21)"包含 i 在内的 C"是"包括受话方所代表的立场

主体或利益主体+全量 NP"。尽管集体项中的全量成分"各（方）""所有"已蕴含包括受话方在内，言者仍将其明示出来，语用动机是在论断全体的同时明示对受话方所代表的立场主体或利益主体的特别关注。例（21）似乎可以变换成"……中国十分重视与所有世界贸易组织成员协调立场，当然也包括美国在内的"。这种不言而喻的"包含 i 在内的 C"若要变换成"C 包含 i 在内"，添加"当然"是必不可少的，这个"当然"的使用，既是此类已知信息置后句或易推信息置后句的允准条件，也能产生言者对该成员的立场、态度并不含糊、无需含糊的语用效果。

着眼于话语立场的"包括 i 在内的 C"还有一种"包括不同立场成员在内的 C"，如：

(22) 到第二轮会谈开幕前夕，<u>包括美国、朝鲜在内的所有六方</u>均表示希望这轮会谈能获得进展……（新华社 2004 年新闻稿 002）

把 C 中持有不同立场的成员特别明示出来，通常用于某种临时的对话群体在某一方面或某些方面"希望找到共同语言"的表达。

有一种比较特别的"包括 i 在内的 C"是将全部成员明示出来，如：

(23) 他说，无论是前来旅行的外国人还是<u>包括全体中国人在内的广大居民</u>，都不会有什么危险。（新华社 2004 年新闻稿_001）

(24) 他指出，<u>包括自卫队和警察在内的伊拉克武装部队</u>的总人数即将达到 22.6 万。（新华社 2004 年新闻稿）

(25) 与会各国领导人通过了一份<u>包括 13 项内容在内的全面改革计划</u>，以推动阿拉伯国家政治、经济和社会改革与现代化进程。（新华社 2004 年新闻稿_ 002）

例（23）成员部分出现"全体"类词语，用于强调范围之大。例（24）用于明确成员种类。例（25）则是标示全体成员的具体数量。

3. 概念整合与信息包装

基于"集体—成员"认知框架，集体的行为、属性，与成员的行为、属性通常具有一致性或对应性。汉语构式系统中，人们在对集体的特征、行为、状态等进行说明时，通常使用下述 a 形式，对个体进行说明，则使用 b 形式：

a. NP_{集体} + VP/VP + NP_{集体}

如：广大发展中国家面临挑战/支持广大发展中国家。

b. NP_{个体} + VP/VP + NP_{个体}

如：中国面临挑战/支持中国。

当人们对集体进行说明，随后又要进一步明示个别成员时，常采用 c 或 d 形式：

c. NP_{集体} + VP，包括 NP_{个体}在内/VP + NP_{集体}，包括 NP_{个体}在内

如：广大发展中国家面临挑战，包括中国在内。

支持广大发展中国家，包括中国在内。

d. NP_{集体}（包括 NP_{个体}在内）+ VP，/VP + NP_{集体}（包括 NP_{个体}在内）

如：广大发展中国家（包括中国在内）面临挑战。

支持广大发展中国家（包括中国在内）。

相对于 a、b 两式，c 式是一种复合，采用的是将成员置于对集体的表述之后作追补性说明的处理方式，这通常适用于该成员为未知信息的情况；d 式则是采用集体概念后加括注的形式来明示个别成员，是带有元语性的表达形式。

当言者出于调控受话方注意力指向考虑，有意让某种成员先行出现，将成员与集体的关系预设化、背景化的时候，上述几种构式均不胜其用。于是，人们便在已有构式系统基础上，通过整合来创造新构式。在有 a、b 两种形式可为新构式提供源供体，又有"关系从句+的+NP"可作类推原型的条件下，"包括 i 在内的 C + VP"（如"包括

中国在内的广大发展中国家面临挑战")、"VP+包括 i 在内的 C"（如"支持包括中国在内的广大发展中国家"）完成概念整合、构式整合得以形成。

就整合过程来看，概念结构层面，处理集体与成员关系时舍弃那些不予明示的成员，可视为一种概念压缩（Conceptual Compression）过程；句法层面，将所例示成员的被包含关系从句化，实现了成分嵌套操作（以"包括……在内"为句法实现手段）。综合而言，这里体现了糅合、类推、句法降级操作的构式整合机制。

利用现有构式进行概念整合、构式整合，配置成新构式是实现新的语用功能的一个重要途径。

如果说"C+VP, 包括 i 在内"（简称为"包括"追补句）某种意义上体现汉语流水句的特点①，"包括 i 在内的 C+VP"（简称为"包括"定语句）则是一种重新进行信息包装的有标记形式。后者的信息包装策略很值得研究。一方面，"C-i"与"i-C"序位的不同，实际上代表了不同的"参照体—目标"模式，以"集体"为参照定位"成员"，是一种顺向聚焦认知方式，以"成员"为参照定位"集体"，则可以说是一种逆向聚焦认知方式。另一方面，"包括"定语句将成员内嵌于定语从句位置是一种降级操作，使"包括"追补句中一定是前景信息的成员部分地发生背景化，前置了的有标记的"包括 i"还有吸引关注的效应。也就是说，语序和句法地位的双重调整，完成了认知程序的调控。

经过上述构式整合、信息包装的"包括 i 在内的 C"，构式意义自然也就不是其成分意义的简单相加，而是浮现出新的构式义。结合前文的分析，我们可以看到各种用例中成员与集体分别在境遇、损益、行为、态度、属性等方面呈现出一致性，i 与 C 在某一维度的共同点

---

① 可参看沈家煊（2012）：汉语流水句具有"并置性"和"指称性"，是汉语通常的表达方式。

得以"在线"确定。据此,我们认为,"包括 i 在内的 C"的构式义可统一概括为:凭借明示特定成员与集体的包含关系而在线凸显的一个境况共同体或行为、属性共同体。与汉语同位同指组合中前项与后项间具有阐释关系相类似(参看刘探宙、张伯江,2014),"包括 i 在内的 C",具有一种非典型同位、部分同指的特点,成员与集体之间也具有阐释关系。

4. 焦点识别的多种相关因素

马喆、邵敬敏(2015:32)曾用可转换为"连……也/都"、可与"甚至/甚而"共现,证明"包括 NP 在内"具有聚焦性。该文的考察对象是"包括 NP 在内",对谓语、定语位置的语例未区分对待。就大量实际语料进行观察可以看到,谓语位置的"包括 NP 在内"大多可以作上述变换,即体现聚焦性;而"包括 i 在内的 C"情况则有所不同,经重新进行信息包装处理而前置的"包括 i 在内"虽往往具有吸引关注的效应,但因有背景化机制同时发生作用,所以不宜笼统全部指认为焦点。像例(15)那样明示边界成分、例(16)那样明示附加成分、例(24)和例(25)那样列举全体成分的情况,只是用于明确范围,i 并非焦点成分。另外,考察中我们还注意到,某些不言而喻型"包括 i 在内的 C"用例,不只是体现成分与集体的关系,还可以用于暗含递进关系的表达。作为背景信息的"成分"被处理为基础项,作为前景信息的"集体"被处理为递进项,二者被赋予"不仅 i 而且 C"的扩展性递进关系。如:

(26)他希望借此机会祝愿包括北京市民在内的中国人民猴年春节快乐,身体健康!(新华社 2004 年新闻稿_ 001)

像这样具有"不仅 i 而且 C"隐含义的"包括 i 在内的 C"也都是不能作"连……也/都"变换(理解)的,i 只是递进表达的基点,递进项的信息地位高于基础项。此类情况提示我们,分析句子的焦点指派问题，对结构与语序因素的作用需要兼顾考虑，在不同主旨的语篇中，需要结合特定认知语境、视点、话题链的不同进行综合考虑。涉及篇章层面的问题，下文有所涉及，此处不展开。

（三）句内分布与篇章功能

作为一种经句法降级操作形成的特殊名词性短语，"包括 i 在内的 C"不能单说（包括单独回答问题），属于一种非自足结构。从句法层面看，它分布位置不固定（是不定位黏着短语），可以出现在句中多种位置。从语义、语用层面看，一部分"包括 i 在内的 C"体现出特殊的篇章关联性。

1. 句内分布

"包括 i 在内的 C"可出现在句子主语位置、主语中的定语位置，这在小句内是前置性的，但其所在小句一般不是始发句，通常是跟在别的先行句或先行成分后面的，i 常常是回指入场的。如：

（27）美国市场的牛肉价格连日大幅下跌，<u>包括牛肉加工在内的相关行业</u>将面临巨大损失。（新华社 2004 年新闻稿_001）

（28）2000 年 9 月，在联合国千年首脑会议上，<u>包括中国在内的 149 个国家</u>的首脑通过了《联合国千年宣言》。（新华社 2004 年新闻稿_001）

例（28）中的"中国"是言者话语立足点所在，具有较高可及度，不以回指入场为条件。

"包括 i 在内的 C"出现在动词宾语位置、介词宾语位置，相对于动词、介词是后置性的。其中的 i 仍往往具有回指性。如：

（29）美国安全部门的一位发言人 31 日表示，根据他们获得的情报，英法两国赴美航班很可能再次成为恐怖分子袭击的目标。他们已将这些情报通知了<u>包括英法两国在内的一些外国政府</u>。

(新华社2004年新闻稿_001)

（30）中国虽未加入该准则，但一直<u>与包括准则成员国在内的各方</u>保持沟通，共同致力于防止弹道导弹扩散。（中国政府白皮书\中国的军控、裁军与防扩散努力）

"包括 i 在内的 C"还可以出现在宾语中心语的定语的位置[例（31）作名词的定语，例（32）作动词的定语]，进入兼语结构中兼语成分位置，如例（33），其语义关联性与上面情况类似。这里举例从简：

（31）……享有和行使<u>包括台湾在内的全中国</u>的主权。（中国政府白皮书\一个中国的原则与台湾问题）

（32）……获得了<u>包括中国在内的几十个国家</u>的承认。（应用文\中国儿童百科全书）

（33）……促进<u>包括南中国海在内的本地区</u>和平与稳定。（新华社2004年新闻稿_002）

"包括 i 在内的 C"句法、语义上的非自足性，与其"在线生成"的临时组构性质直接相关。由此及他，我们似乎可以说，一种句法组合，越是具有在线性（临时性、关联性）就越是具有依附性。另一方面，"包括 i 在内的 C"能进入内嵌程度不一的多种句法位置，显示了其语法化程度已经较高。

2. 篇章功能

大量用例显示，"包括 i 在内的 C"的所在小句一般也不单说，通常有伴随句组成更大语篇。从存活条件来说，这体现着其篇章依赖性；从句内成分与篇章的互动性来看，也可以由此考察其篇章功能。

（1）语篇三域与"包括 i 在内的 C"的主观化

在"包括 i 在内的 C"篇章分布的考察中，我们感到，建立行域语篇、知域语篇、言域语篇的概念，有助于对不同语篇类型的功能及关系做出新的讨论。

1) 行域语篇

行域语篇是记述、说明、报道现实世界中实际存在的人物、事件及其关系的语篇。用于此类语篇的"包括 i 在内的 C"占全部语料的大多数。行域语篇中的"包括 i 在内的 C"成员与集体的包含关系及其共有性状、行为，是实际存在的，一般没有异议的。

2) 知域语篇

知域语篇是在事理论说或事态分析过程中表达说话人认识的语篇。此类语篇中的"包括 i 在内的 C"所表示的包含关系是说话人认识的一部分。具体说，有的"包括 i 在内的 C"是说话人认为存在这一包含关系，如（34）；有的"包括 i 在内的 C"表示的包含关系虽原本存在，但该成员和集体可能共有某种态度、行为及损益，是说话人的判断，如（35）。

(34) 无论是前来旅行的外国人还是<u>包括全体中国人在内的广大居民</u>，都<u>不会</u>有什么危险。（新华社 2004 年新闻稿_001）

(35) ……这种粗暴干预中国主权的行径，<u>理所当然地</u>受到<u>包括港人在内的中国人民</u>的强烈谴责。（新华社 2004 年新闻稿_001）

3) 言域语篇

言域语篇是表达说话人倡议、号召、宣称等言语行为的语篇，常有相关言语行为动词作为标志。其中"包括 i 在内的 C"包含关系的组构及成员与集体共同行为的设想，体现了说话人的意志。如：

(36) 我们呼吁，<u>包括台湾同胞在内的全体中华儿女</u>一起努力，共同推动祖国的完全统一早日实现。（新华社 2004 年新闻稿001）

(37) 我们相信，<u>包括香港同胞在内的全国人民</u>一定能紧密团结，排除干扰，乘长风破万里浪，完成历史赋予的光荣使命！(《人民日报》1996 年 6 月)

我们对 CCL 语料库中的 1000 条语料进行了具体考察。下面列出各类"包括 i 在内的 C"及其语篇分布（见表 1）。

表 1　　　　　　　　"包括 i 在内的 C"的类型及其语篇分布

包括 i 在内的 C 小类		语篇分布	行域语篇 702	知域语篇 233	言域语篇 65
不言不明	凸显隐含义	特别关切成员 + C　　(121)	114	7	
		最具影响力成员 + C　　(378)	363	15	
		包括言者的 + C　　(26)	8	16	2
		不同立场成员 + C　　(28)	21	5	2
	明确外延	特殊性/边缘性成员 + C　　(107)	43	31	33
		常态外/超预期成员 + C　　(104)	73	29	2
		明示全部成员的 C　　(5)	2	2	1
不言而喻		常识性成员 + C　　(152)	45	95	12
		包括受话方的 + C　　(52)	19	24	9
		包括发话受话双方 + C　　(11)	4	4	3
不够典型、类属难定的其他语料　　(16)			10	5	1

通过表 1 可看到：各类"包括 i 在内的 C"中，用于行域语篇的占大多数，用于知域语篇、言域语篇的合起来也将近三成；在不同关系类型中，"包括最具影响力成员的 C"占比最大。具体用例中，使用了主观性修饰语、主观性标量成分的为数不少[1]。由此可见，"包括 i 在内的 C"更多用于主观化语篇，逐渐被塑造成成员与集体互动以示彰显的主观化构式；行域用法具有原型性，知域和言域用法是依托行

---

[1] 这里所说的主观性标量成分，如"多（人）""数百（人）""亿万（农民）"等。因有些语例中标量成分是否带有主观性，存在见仁见智情况，我们便没有进行数量统计。

域用法的叙实性模因来"运作"的，可视为一种将相同立场或权益预设化的信息包装形式。我们认为，套用叙实性原型构式负载信念性命题体现了提升可信度的传信策略和实现两重互动（"部分—整体""客观—主观"）的语用功能。

(2) 篇章管控与话题衔接

"包括 i 在内的 C"的使用受篇章制约，同时具有语篇衔接功能。

有些"包括 i 在内的 C"就是由贯串整篇文章的论说对象（语篇话题）所决定的。比如：《中国性别平等与妇女发展状况》一文中多次出现"提高<u>包括流动妇女在内的广大农民工</u>的就业能力""<u>包括城镇妇女在内的 2205 万城镇居民</u>领取到最低生活保障金"一类的句子，《一个中国的原则与台湾问题》一文中则多有"享有和行使<u>包括台湾在内的全中国的主权</u>"一类句子。此类语篇话题所决定的"包括 i 在内的 C"，i 都是被贯串说明的成分。

不同的"包括 i 在内的 C"对话题链有不同的依赖度。i 的可及度越高，在认知语境中的显著度越高，对话题链的依赖度越小。如：

(38) 关于薛定谔的猫，<u>包括爱因斯坦在内的许多科学家</u>是持怀疑态度的……（新浪爱问/天文学）

如果"包括 i 在内的 C"，i 的可及度不高，语义内在关联性不显著，对话题链的依赖度就比较高。如：

(39)（广东省人大会议上）有代表指出，现在<u>包括浙江、海南在内的多个省份</u>已经开始将"绿色 GDP"纳入国民经济统计体系……（新华社 2004 年新闻稿_ 001）

例（39）的先行话语没有为当前话语提供"浙江、海南"出现的缘由，为什么会说"包括浙江、海南在内"就无法得到准确理解。若说成"浙江、海南等多个省份已经开始将'绿色GDP'纳入国民经济统计体系",才不会让人感到"浙江、海南"的入场方式有些突兀。由此,我们似乎可以看到,进入"包括i在内的C"构式的i,如果是确指形式,往往以回指为允准条件,如果是示例概指形式,则不要求以回指为允准条件。

(3) 入场方式和话题延展

考察大量实际语篇,我们看到,除极少量新闻报道语篇中的"包括最具代表性成员的NP"(i可及度高)出现于始发句,大部分"包括i在内的C"是用于后续句的。"包括i在内的C"具有显著的话题衔接功能,i往往具有承前性,C部分具有启后性。从认知入场的角度说,有相当一部分i是"回顾入场"。其中,较为常见的情况是i为回指性成分,就像例(27)(29)(30)那样的情形。

在话题链中,"包括i在内的C"常用于使话题得到延伸、扩展。如:

(40) 为了让中国游客能有宾至如归的感觉,新加坡旅游局将与新加坡民航局、陆路交通管理局及各旅游景点合作,在更多地方设立包括华文在内的多种文字的路牌、告示牌。(新华社2004年新闻稿_001)

(41) 罗德树2003年在四川打工……春节刚过,包括罗德树在内的亿万农民就接到了一份新年"大礼":中央"一号文件"。(新华社2004年新闻稿_001)

例(40)中"华文"承接前面的"中国游客"而入场,属于蕴含性延伸。例(41)中第二个"罗德树"是长距离回指入场,由"罗德树"扩展到"亿万农民",是个体扩展到同类。

综合观察,"包括i在内的C"中,中心语C项一般是处于半活动状态的易推信息(在先行话语中未必出现过,但受话人可以通过背景知识推出），C 的量项通常是未知信息。构式中不言不明的 i 与不言而喻的 i，可及性有所不同，语用价值也有所不同，但整个构式在话题链中的衔接作用具有较高的一致性。

(四) 总结

"包括 i 在内的 C"较早用于客观报道语篇，后来越来越多地被用于主观化语篇。它所表现的包含关系有临时性的、动态的、言者认为的不言不明型，也有恒常的、客观的、公认的不言而喻型。不言不明型满足提供新信息的需要，不言而喻型则具有更强的人际互动功能，二者都具有关系凸显、话题衔接功能。其行域用法具有原型性，知域和言域用法是依托行域用法的"叙实性特征"运作的，是一种将共同立场或共同权益预设化的信息包装形式。行域用法对特定成员的明示体现说话人的视点（多着眼于利害损益或会话参与者关系），知域用法体现说话人的认识（对成员与集体共有态度、行为及损益的判断），言域用法体现说话人的情感态度，不同程度实现诱使移情等人际关系调控功能。套用叙实性原型构式负载信念性命题体现了提升可及度、可信度的传信策略和实现两重互动的语用功能。由此可以认为，"包括 i 在内的 C"构式是一种通过概念整合操作形成的主观化构式，因成员与集体关系的不同情况而凸显主观性的不同方面。其语义解读，对认知语境、认知框架等有较强的依赖性。

霍珀（Hopper, 1998）曾指出，言者"对可替换形式做出突出和选择"是一种言语策略，旨在激活受话人的共享知识和情感体验，诱使其主观移情，进而达到说听双方共鸣的效果。"包括 i 在内的 C"对 i 的择取就具有"诱使移情"的话语功能，常常伴随"诱使推理"，这是交互主观性的重要表现。然而，这并不是我们的分析的最终落脚点。需要进一步指出两点。

1. 这种语用推理通常建立在特定认知框架、特定维度上，如果认知框架不确定、推理维度不确定，推论也就带有不确定性。比如：

a. 她的计划遭到包括小孙子在内的全家人的反对。
b. 她的计划遭到包括老伴在内的全家人的反对。
c. 她的计划遭到包括儿子/女儿在内的全家人的反对。

"小孙子"某种意义上说是非典型或边缘性成员,在"反对的资格"这一维度上处于较低端,此类情形可转换成"连……都……"句,可推出"反对者范围大"这一蕴含义。"老伴"在"反对的资格"这一维度上一般不处于较低端,然而是否处于较高端却也会因认知语境而异;在立场、想法一致性维度上,"老伴"更容易一致还是更容易不一致,也不容易确定。"包括儿子/女儿在内……",脱离明确的认知语境,同样不容易准确理解其蕴含义。可见,因为集体中的不同成员,具有属性的多样性、非对等性,用于"包括 i 在内的 C"可能产生不同语义解读,因此,对认知语境有较强的依赖性。

2. 有相当一部分"包括 i 在内的 C"句,是一种代人表态/表情的句子。言者某种意义上是"代言者","包括在内者"某种意义上是"被代言者",话语是一种"代言话语"。"代言者"的"代言资格"往往存在差异,那么,言者采用的"诱使移情"策略,能否如期望那样带来理想的"诱使推理",便也往往存在差异。换句话说,那些强主观性"包括 i 在内的 C"句,其"意义为言者赋予"的特征十分显著,受话者对句子意义的解读另外受到哪些因素制约很值得做进一步的研究。

二 关于"有点小(不)A/V"的初步考察和思考

近些年来,像"有点(儿)小开心""有点(儿)小不开心""有点(儿)小不理解"这样的"有点(儿)+小+形容词/动词"、"有点(儿)+小+不+形容词/动词"(简称为"有点小(不)A/V")的表达形式逐渐广泛流行开来。大量出现在各种网络论坛、网络贴吧中,屡屡出现在电视节目中,在青少年的日常口语、短信、作文中乃至中年人的聚会聊天场合都频频出现。陈一《说"有点小（不）A/V"》（《中国语文》2014年第2期）一文对此进行了专项研究。

为了通过互联网初步估量这类构式的活跃度，我们利用百度搜索引擎的"高级搜索"进行了抽样性检索。下面列出部分检索结果数据（本节多处给出的网络语料数据均为2012年12月22日百度搜索结果）：

有点小 A

有点小郁闷 7420000 个　　　有点小伤感 4170000 个
有点小伤心 197000 个　　　　有点小紧张 792000 个
有点小纠结 654000 个　　　　有点小失落 625000 个
有点小生气 177000 个　　　　有点小空虚 120000 个
有点小得意 837000 个　　　　有点小兴奋 3100000 个
有点小激动 1230000 个　　　　有点小感动 1110000 个
有点小开心 41700000 个　　　有点小满足 4440000 个
有点小满意 1920000 个　　　　有点小喜悦 544000 个
有点小高兴 232000 个　　　　有点小愉快 59800 个

有点小不 A

有点小不开心 1960000 个　　　有点小不愉快 1010000 个
有点小不高兴 920000 个　　　　有点小不顺心 709000 个
有点小不自在 339000 个　　　　有点小不痛快 20400 个

有点小 V

有点小触动 3430000 个　　　　有点小促动 54000 个
有点小打动 33100 个　　　　　有点小下降 166000 个
有点小提高 734000 个　　　　　有点小增加 10300 个

有点小不 V

有点小不理解 5360000 个　　　有点小不适应 5670000 个
有点小不相信 172000 个　　　　有点小不甘心 404000 个

有点小不情愿 281000　　　有点小不愿意 4220000 个

上述例证只是考察所得的一小部分（其他情况后文进一步分析），应该已经可以显示"有点小（不）A/V"构式的旺盛生命力。面对这一状况，我们首先要思考这种构式适应了什么样的表达需要，它产生、流行的动因是什么；同时，对它的生成机制及其所体现的汉语的某些类型学特征，也应该进行多方面的探索。

（一）流行的动因和构式的功能

1. 长期以来，我们能够清楚地观察到，汉语的程度范畴不断有新的成员加入，也存在一些成员的更迭。最突出的情况是表达高程度的词语不断地推陈出新，像"很、非常、特别、相当、格外、极其、十分、万分、十二万分、超、巨……"的陆续使用，一方面显示高程度副词久用往往发生语义磨损，新的高程度副词会应运而生；另一方面也适应了不同语体、风格等方面的需要。相比之下，低程度副词远没有高程度副词那样"发达"，成员较少，且长期稳定。二者的不平衡、不相称孕育着创造新的低程度表达式的内在需求。当人们逐渐感觉到一定时期集中涌现的大量高程度词语某种程度上伴随有浮躁的语言奢华，并逐渐失去新鲜感的时候，便开始转而注重细腻、细微的表达。于是，有新鲜感的低程度表达形式便有了应运而生并被大家接受的社会心理基础。

2. 汉语里低程度副词"有点（儿）"的使用本来就有一定的受限性。吕叔湘主编《现代汉语八百词》曾指出"有点儿"多用于不如意的事情。沈家煊（1999：185—188）在介绍 Leech 提出的"乐观原则"后，分析多种相关汉语现象时提到："人总是倾向好的一面，令人如意的事情就希望往大里说，不如意的事情就往小里说，这种说法固化的结果就是程度副词'有点儿'只修饰贬义词。"陈一（2008）注意到，在偏依性对举结构中，以"有点儿+反面词"为依托，部分"有点儿+正面词"可以被接受。不过总体来看，"有点儿+正面词"

还只是偶有所见,仍然是受限形式。观察语言交际中的大量实例,我们很容易看到,对别人做出正面评价时,即使实际上该正面状况的程度不高,出于"礼貌原则"的考虑,人们也常常用高程度词;对别人做出负面评价时,即使实际上该负面状况的程度不低,人们也常常用"有点(儿)"而不用高程度词。例如:

(1)这个书名<u>有点刁钻</u>。我先从《词源》查了"啮"字,注解说,同"数""咬"。《辞源》引出《汉书》……(《读书》1989年第Z1期)

(2)我和他从小认识,他脾气<u>有点暴躁</u>,可人正直,埋头工作,我们生活得清贫但是很骨气。(冯骥才《一百个人的十年》)

"刁钻""暴躁"之类形容词本身含有程度较高的意味,加上"有点"来修饰只不过是为了起到委婉的作用。

在话语理解过程中,人们对上述"乐观原则""礼貌原则"作用下的程度表达与实际程度的出入有时并不"计较";但有时也可以经过"语用逆推"进行"语义还原",就会产生"高者不高"或"低者不低"的意识。结果,"有点(儿)"是否总是显示低程度,就带有了一定程度的不确定性。

3. 当越来越多的人逐渐感到需要使用更明确的低程度表达形式的时候,用双重手段表示低程度的"有点小(不)A/V"应运而生。这一新异构式不仅使低程度意味被进一步明示,而且进一步在更大范围突破了"有点(儿)"选择负面词的限制。

(1)"有点小A"的低程度可与"有点A"相比而显。例如:

(3)林宛芝心噗咚噗咚地跳,<u>有点激动</u>,但是她努力忍受着。(周而复《上海的早晨》)

(4)"我不喜欢鬼鬼祟祟的。像政客!"孙悦说,她<u>有点激</u>

动。(戴厚英《人啊人》)

(5)"胡闹!"毛主席声音很大,显得有点激动,非常生气。(CCL语料库\读者合订本)

(6)今天提交订单了,正在审核中,有点小激动。(www.mmbang.com)

(7)抽中的奖品收到了,有点小激动啊。(育儿网–bbs)

对比例(3)(4)(5)和例(6)(7),可以比较明显地感觉到,"有点激动"的程度并不低,"有点小激动"才是低程度表达。

(2)由(二)中的举例,我们就可以看到,"有点小A"既能容纳"小郁闷/小伤感/小伤心/小生气"等负面词语,也能容纳"小开心/小满足/小满意/小喜悦/小高兴/小愉快"之类很多正面词语;"有点小V"既能说"有点小下降",也能说"有点小提高"。那么,"有点小A/V"为什么能够大范围地显著突破"有点(儿)"选择负面词的限制呢?我们以为可以从语义和谐、风格协变和主观化等方面来认识。

1)前面谈到在"乐观原则""礼貌原则"作用下,人们通常倾向于把好的、令人如意的事情往大里说,对别人的正面评价一般习惯使用高程度词。久而久之,形成正面词与高程度词语义和谐而与低程度词不和谐的局面。"小+正面词"出现后,使正面词的语义分量减弱,再与低程度词"有点(儿)"组合,就便于实现"同性相容"、语义和谐了。

2)"有点小(不)A/V"作为一种较为新鲜的表达形式,带有一种诙谐、轻松的风格特征,也可以说,风格上"有点小清新"。在实际的语言运用中,诙谐幽默式的表达常常伴随对语法、语用常规的不拘;在语言发展的过程中,新的风格情调与新的语句组配方式往往是互为因果、协同变化的。"有点小A/V",让通常修饰名词的"小"修饰形容词、动词,是突破语法常规;用通常修饰负面词语的"有点

(儿)"修饰正面词语,是突破语用常规。正是这双重突破才营造了"小清新"的风格,反过来说,是因为有了追求清新风格的语用动机,才会通过这双重突破来让它得以实现。

3)"有点小(不)A/V"是表现说话人态度、认识的主观化构式。

在"有点小(不)A/V"中,A 多为心理状态形容词(如"郁闷、开心"类),V 多为心理动词(如"不理解"类)、能愿动词(如"不情愿"类),都直接表达说话人的情感、态度。不过,这并不等于整个构式所体现的说话人的态度和认识,我们所说的整个构式所体现的说话人的态度和认识是指说话人对 A/V 所代表的情状及其程度的态度和认识。下面通过实际用例来加以说明:

(8) 心情不好,<u>有点小郁闷</u>。(http://bj.jiehun.com.cn/bbs/topic)

(9) 今天得到老师表扬,<u>有点小开心</u>。(高中生作文)

(10) 丧事上表演舞蹈,这民俗<u>有点小不理解</u>啊!(tieba.baidu.com)

(11) 爸爸虽然<u>有点小不情愿</u>,但看我很喜欢,而且又知道我们已经好了几年了,也还是很快接受了。(dzh.mop.com/qghj)

例(8)前面说"心情不好",后面再说到"郁闷",其程度较高或较低均可说得通,是说话人觉得其程度低并且希望不含混地明示其程度低,才没有说成"有点郁闷",而是说成"有点小郁闷",这样就既表明了有郁闷情绪,又表明说话人觉得并无大碍的态度。例(9)"得到表扬"之后的"开心"作为正面词,按语用常规不宜拿"有点"修饰,说成"有点小开心",则既恰如其分地表示出"开心"的程度,又传达了说话人俏皮、活泼地记述这一状况的态度。例(10)的"有点小不理解"既体现了一定程度的"不理解",也显示说话人并无反感、抵触的情感、态度。例(11)中"有点小不情愿"的是

"爸爸"而不是说话人，但还是反映着说话人认为"不情愿"的程度低且对事态不发生重要影响，才采用了这一说法。

即使是并未包含心理状态形容词、心理动词和能愿动词的"有点小提高""有点小下降"之类也同样体现着说话人的态度和认识。

（12）业绩比过去<u>有点小提高</u>，这一点还是很令人欣慰的。(www.doc88.com/房地产销售年终总结)

（13）虽然这几年价格<u>有点小提高</u>，不过味道一如既往的好吃。(map.baidu.com/place)

（14）体重今天早上<u>有点小下降</u>，心中有点小高兴。(dongfengaibao.blog.sohu.com)

（15）气温<u>有点小下降</u>但年轻人过来不需要准备外套。(www.douban.com/group/to-pic)

例（12）中的"（业绩）有点小提高"用于表达变化幅度不大，但变化方向符合说话人的愿望。例（13）中的"（价格）有点小提高"用于表达虽然变化方向不符合愿望，但幅度不大，尚可接受。例（14）中的"（体重）有点小下降"，满足说话人的愿望、期待。例（15）中的"（气温）有点小下降"不符合愿望，但幅度不大，说话人认为对行动不会造成什么影响。通过上述实例分析可以看到，表变化的"有点小V"语义上具有非自足性，它所要传递的说话人的态度和认识应该联系其陈述对象来理解，且常常要通过伴随句才得以进一步明确。

我们的抽样考察显示："有点小郁闷"100例中，主语为第一人称（说话人）的99例（另1例为"谁都有点小郁闷"）；"有点小伤感"100例中，主语为第一人称的89例（其他11例为"有点小伤感的歌曲/文章/照片/签名/网名"之类定名结构）；"有点小生气"100例中，主语为第一人称的96例；"有点小开心"100例中，主语为第一人称（说话人）的94例；"有点小高兴"100例、"有点小愉快"100例中，主语全部为第一人称（说话人）。可见，"有点小A"是较为典型的"言者主语"句，是较为典型的主观化表达。"有点小V"有两种情况，心理类"有点小V"主语仍以第一人称占绝大多数；量变类"有点小V"主语虽不是第一人称，但却是说话人的移情对象（业绩、价格、体重等），所以也是较为典型的主观化表达。在说话人的认知心理上，事物的"小"与某些性状程度的"小"（程度低/程度轻）具有相似性，那么，拿通常修饰名词的"小"来修饰形容词、动词，表示程度的"微小"，既有具象感又有新鲜感，于是，主观的新异追求便成了超越"常规"的主导力量。

4. 在当代语文生活中，互联网每每成为一种新兴的、有生命力的表达形式得以迅速流行的重要推手。"有点小（不）A/V"借助网络的传播力，在不断扩散过程中表现出很强的能产性。

（1）上文已经提到的进入该构式的形容词、动词主要是：心理状态形容词、心理动词、能愿动词以及"心理影响"义动词（如"促动、打动"类）、"量变"义动词（如"下降、增加"类）。实际上，在考察中我们还陆续看到许多其他形容词、动词进入该构式的用例：

［表示人的态度、性情的形容词］（"｜"前面为贬义词，后面为褒义词。）

冷淡　傲慢　马虎　放肆　轻浮　浮躁　幼稚　自私　世故
计较　娇气　任性　霸道　孤僻　迂腐　懒惰　拖沓　啰唆
｜直率　豪爽　直爽　坦率　正直　洒脱　仗义　勇敢
认真　机灵　可爱　成熟　稳重　干练　忠厚　憨厚
老实　天真　浪漫　执着　贪婪　骄傲　风流　清高
矜持（褒贬同形词①）

---

① 这里参考了马彪、冯莉（2012）的认定。

［说明创作风格的形容词］

清新　清丽　淡雅　温婉　空灵　幽默　搞笑　俏皮　别致
复古　怀旧　飘逸　华丽　梦幻　妖娆　恢宏　粗犷　田园
（名词转为形容词）｜单调　诡异　晦涩

［表示某种不如意状况的"不＋形容词"］

不顺利　不方便　不文明　不健康　不兼容　不稳定
不正常　不给力　不熟练　不通顺　不靠谱　不负责
不着调　不要脸　不搭嘎（后几例已有熟语性）

［部分表示症候、状态、变化的动词］

发烧　咳嗽　溜号　走神　僵持　交叉　押韵　模仿　应验
前进　长进

［表示某种不如意状况的"不＋动词"］

不支持（人/电脑配置）　不赞成　不同意　不配合

　　这里的"不＋形容词""不＋动词"中的形容词、动词都是正面词，没有负面词。沈家煊（1999：177）曾谈到，各种语言中，经常用"正面词＋否定词缀"构成反面词，几乎不可能有"反面词＋否定词缀"来构成正面词。汉语表达中，在对优点进行肯定时直接用正面词，不用"不"加相应的反面词；做出负面评价时，一般不直接用反面词（有损面子），往往用"不＋正面词"来代替，于是，"不"和正面词的结合变得很紧密，"不"逐渐变为一个"否定前缀"，正因为

"不+正面词"整合程度（词化程度）较高，才能够像一个形容词那样适应"有点小_____"语法槽的要求。

（2）上面谈的都是双音节 A 或 V 构成的"有点小（不）A/V"。其实，单音节 A 构成"有点小 A"的用例在网络上也可以搜索到一些。如：

  心里有点小爽 心里有点小堵 脾气有点小急 身材有点小胖
  皮肤有点小黑 价格有点小贵 味道有点小辣 网速有点小慢
  电脑有点小卡 内容有点小黄

还有不少"不+单音节 A/V"进入该构式的（带下划线的"不X"已经词汇化为一个词）：

  有点小<u>不爽</u> 有点小<u>不妙</u> 有点小<u>不灵</u> 有点小<u>不顺</u>
  有点小<u>不对</u> 有点小<u>不好</u> 有点小<u>不快</u> 有点小<u>不悦</u>
  有点小<u>不满</u> 有点小<u>不适</u> 有点小<u>不雅</u> 有点小<u>不良</u>
  有点小<u>不利</u> 有点小<u>不便</u> 有点小<u>不同</u> 有点小<u>不足</u>
  有点小<u>不慎</u> 有点小<u>不公</u> 有点小<u>不懂</u> 有点小<u>不会</u>
  有点小<u>不够</u> 有点小<u>不舍</u> 有点小<u>不解</u>

（3）某些多义词多个义项都可进入这一构式，因而使用频率很高。像褒贬同词的"骄傲"有"自豪"和"自以为了不起"两个义项，均可进入"有点小骄傲"（百度搜索共得到3310000例）。比如：

（16）刘翔坐经济舱回国，<u>有点小骄傲</u>：哪里都没家乡好！（sports. qq. com/a/20120314）

（17）刘翔表示每场比赛都有收获，同时他也承认，第一场比赛就打破亚洲纪录，"<u>有点小骄傲</u>"……（http://sports. si-na. com. cn/o/20120314）

上文举出的其他几个褒贬同形词"天真、浪漫、执着、贪婪、清高、风流、矜持",我们也都分别搜索到了褒义义项、贬义义项进入"有点小 A"的用例,数量多寡不一,与具体词褒贬义项本身不同的使用频度呈正相关。

有的形容词语义宽泛,结合面较宽,充当多种名词的谓语时都可进入这一构式,使用频率也很高。像"复杂",表示"(事物的种类、头绪等)多而杂",① 只有一个义项,但可以与"心情、情况、设置"等多种名词组合,均有进入"有点小复杂"的用例(百度搜索共得到4400000 例)。有的形容词、动词本身结合面并不宽,但构成"有点小 A/V"构式使用频次却很高,如"有点小清新"27200000 例,"有点小不爽"2500000 例(显著多于"有点小爽"的 491000 例),"电脑有点小卡"2160000 例,"有点小发烧"4510000 例,"有点小不懂"1680000 例。这些数据分别显示了"时下热门词""网语常用词""生活常用词"的一些基本线索。

5. 总体来看,"有点小(不)A/V"构式中的"(不)A/V"可以粗略概括为两大类:一是情状类,主要包括多种形容词、心理类动词等及其否定式;二是变化类,主要是表示量变的动词。"小"加在情状类词语之前,表示"量级不高的(往往也是非典型的)";"小"加在变化类动词之前,表示"幅度不大的"。情状量级的高低一般具有模糊性、相对性,因而对它的感知、说明可带有明显的主观性;变化幅度的大小通常具有可测性、实据性,因而对它的感知、说明常含有较多的客观性。尽管存在一定差异,但概括地看,两类"小(不)A/V"都是往小里说,前面再加上"有点",都有进一步"轻化"的作用。由此,也可以说它们具有共同的语义特征——[+轻微(显著)],二者的成分组合意义则可合并概括为"(呈现了)程度轻微的

---

① 本节所涉释义及词性判断,均以《现代汉语词典》(第 6 版)(下文简称《现汉》)为据,一般不再具体展开说明。

某种情状或变化"①。作为主观化构式,说话人用它把负面情况往小里说、往轻里说,也就常常伴随"无大碍"的意味;用它把正面情况往小里说、往轻里说,也就常常伴随"不张扬"的意味。在解析成分的作用和说话人赋予该构式的主观因素的基础上,根据"有点小(不)A/V"整体使用中体现出的语义功能特点,我们似乎可以把这一主观化构式的构式义概括为:感受到某种"我"认为程度轻微的情状或变化。

一个构式最初都是由其典型成分构建而成,一旦形成便具有了完形性,在后来的使用中对进入该构式的非典型成分形成制约。所以,某些自身语义含有"较重、较大"意味的词语,进入"有点小(不)A/V"构式之后,也同样会被"轻化",比如"有点小崇拜""有点小恢宏"等。

对比来看,如果说礼貌原则下使用的"有点(不)A/V"所体现的"低程度"常常带有委婉之意,而"有点小(不)A/V"的"低程度"则更多体现含蓄意味。委婉偏重于对人,含蓄偏重于述己。

这种偏重于体现言者认识、感受的"有点小(不)A/V",在实现低程度表达细腻化、新颖化追求的同时,也常常传达出说话人"淡定、从容、轻松、洒脱"的言说态度。

从句法功能角度看,"有点小(不)A/V"在绝大多数用例中是充当句子的谓语。不过,我们也看到一些进入定语从句的情况,如"<u>有点小伤感</u>的歌曲/文章/照片/签名/网名""<u>有点小清新</u>的歌曲/诗词/电影/网站"等;还发现了进入状语从句的用例,如"今天<u>有点小认真</u>地做了几道菜"(jiaxing.19lou.com)。进入从句,不仅以流通度的提高为条件,似乎也显示了其在汉语语法系统中被容纳度的提高。

---

① 我们认为,由动词虚化而来程度词"有点(儿)"还包含着原本动词"有"的语义滞留,换句话说,程度词"有点(儿)"还隐含着"存在、呈现"义,所以才用"(呈现了)……"来概括。

（二）生成机制及相关的新生歧义、混沌现象

1. 关于副词"有点（儿）"的来历，董秀芳（2011：283）已有分析：最初，"有一点（儿）NP"是一个动宾结构，其中"有"是动词，"一点（儿）"修饰后面的名词性成分，并与之一起构成"有"的宾语。省略"一"后，"有点（儿）NP"也仍是动宾结构。"有"和"点（儿）"并不在同一个句法层次上。在使用中（特别是在口语中），"有点（儿）"的频率逐渐高于"有一点（儿）"。"有"和"点（儿）"由于经常连用，逐渐发生了跨层词汇化［"有"和"点（儿）"构成一个双音节标准音步］。"有点（儿）"发生词汇化之后，功能上也发生了变化，可以接谓词性成分。这时候"有点（儿）"变成了一个副词。现代汉语中的"有点（儿）"旧有的功能和新的功能并存，是一个歧义形式。如果对董书词汇化角度的描述作语法化视角的观察，我们也可以说，"有点（儿）"的副词功能是组合范围变化后（由名词扩大到谓词）新的同现成分塑造的，其间经历了前轻后重、重新分析的过程，"有"和"点（儿）"得以融合，并从语境中吸收到"程度不高"的副词义。

2. "小"作为形容词充当修饰语，原型是"小+名"结构。上古汉语语料中，"小畜""小禽""小民""小邦""小过""小事"均有不少用例，出现时间先后似乎不是很分明，但按照一般的认知规律，当是先有修饰具体名词后有修饰抽象名词的用法；而后才有"小+动"结构，如<u>小决使道</u>"（《左传》）、"<u>小聘</u>"（《礼记》）；同时或稍后有"小+形"结构，如"<u>小治而小乱</u>"（战国《商君书》）。由小动物、小物体，到小事物、小事情，到小行为、小状况，是一个基于相似性的隐喻映射过程。

3. 说明了"有点（儿）"的语法化过程和"小 A/V"的隐喻映射，还不足以充分了解"有点小 A/V"的生成机制。我们认为，"有点小 A/V"的生成过程中还包含"类推糅合"（参看沈家煊，2006b）。先以"有点小发烧"为例加以分析：

a. 我病了　　　　　b. 我有点小病

x. 我发烧了　　　　y. —　　← x+b 我有点小发烧

"病"为动名兼类词，a 中是动词，b 中是名词，分别构成两个相关但不同的句式；而"发烧"是动词，并不是兼类词，原来只有"我发烧了"，没有"我有点小发烧"句式，y 项空缺。说话人抽取 x 的词项和 b 的结构框架，让二者糅合才产生 y 项（我有点小发烧）。y 项产生之后，就形成了 a 和 b 的关系对应于 x 和 y 的关系的格局。

"有点小提高"之类情况是类似的（具体分析从略）：

a. 价格变化 v 了一点　　b. 价格有点小变化 n

x. 价格提高了一点了　　y. —　　← x+b 价格有点小提高

再以"有点小郁闷"为例：

a. 我感受到了（某种心情）　b. 我有点小感受

x. 我郁闷了　　　　　　　y. —　　← x+b 我有点小郁闷

a、b 为两种并存的相关句式；原来只有与 a 类似的"我郁闷了"，没有与 b 类似的"我有点小郁闷"句式，y 项空缺。说话人抽取 x 的词项和 b 的结构框架，让二者糅合产生了 y 项（我有点小郁闷）。y 项产生之后，a 和 b 的关系对应于 x 和 y 的关系的格局也就形成了。如果上述分析成立，则我们就可以认为，"有点小 A/V"的产生是隐喻映射和"类推糅合"共同作用的结果。作为基本句法结构形式的"有点小 N"具有原型性，使其被选为"类推源项"；事物的存在（有点小 N）与动作行为的存在（有点小 V）、性状的存在（有点小 A）具有一定相似性，这为物量向动量向心理量投射提供了认知基础。汉语较少强制性的形态限制，使得这种隐喻映射和"类推糅合"比较容易发生。在缺乏丰富多元的话语氛围的社会条件下，由"有点小N"向"有点小V""有点小A"的糅合类推，开始只是表现为个人类推、局部类推；当语文生活多样化的条件形成以后，集体类推就被激发，新的构式便得以流行。这种隐喻映射和"类推糅合"共同作用下形成句法创新的机制在当代汉语中处于比较活跃的状态。

4. CCL语料库语料显示，"有点小N"较早见于明代，我们在明代小说《醒世姻缘传》中找到1例，全部近代汉语语料出现"有点小X"共17例，其中"有点小事（儿）"9例，"有点小雨"1例，另有"有点小心意/小字号/小进项/小能干/小聪明/小挫折"6例，基本上都是"有点小N"。①唯有1例"很有点小验"（民国小说《明代宫闱史》）似乎已看得出"有点小A"的端倪，不过毕竟还是带有"很"，和今天的表低程度的"有点小A"不能等同。

CCL语料库"现代"部分出现"有点（儿）小N"11例，"有点小V"1例，没有"有点小A"；"当代"部分出现"有点（儿）小N"108例，"有点小V"6例，"有点小A"2例。综合来看，"有点小V"中的V主要是表症候义的动词、表变易或异议义的动词、表损益义的动词。如：

(18) 这两天<u>有点小咳嗽</u>。(现代\张爱玲《红玫瑰与白玫瑰》)

(19) 我今晚不太舒服。前些日子<u>有点小伤风</u>。(当代\翻译作品\嘉莉妹妹)

"小+咳嗽/伤风（症候动词）"构成的"小V"，如果按自指理解（病症的具体表现），属于陈述性成分，与"有点"组成副动结构（近

---

① "心意、字号、进项、能干（指才干）"均为名词；"挫折"可视为名动兼类词，例中为名词用法；"小聪明"整体为一个名词（《现代汉语词典》释义：名词，在小事情上显露出来的聪明）。

似于"有点咳嗽/伤风");如果按转指理解(病名),则作为指称性成分,与"有点"组成动宾结构(近似于"有点小病")。

(20)他又有另外一个本,有点小删改……(当代\百家讲坛\周汝昌评《红楼梦魇》)

(21)我们刚才只是有点小争执……(当代\香港作家\梁凤仪《九重恩怨》)

(22)有点小损伤也不算是祸……(当代\亦舒《香雪海》)

"小+删改/争执(变易或异议动词)""小+损伤/受益(损益动词)"构成的"小 V",意义转指"删改/争执/损伤之处",作为指称性成分,与"有点"组成动宾结构。

"当代"语料中的两例"有点小 A"是动宾结构还是副形结构,有些模棱两可:

(23)(孩子)乱淘气不行,不淘气更糟,还是有点小淘气的好。(权延赤《红墙内外》)

(24)总还有点小安慰吧。(CCL 语料库\翻译作品\文学\亚森·罗平的巨大财富)

纵观近代及现当代语料可知:在近代汉语向现代汉语演化完成的过程中,"有点小 V""有点小 A"先后出现;前者现当代均有用例,"当代"略有扩散;后者基本上是见于"当代",在"当代"语料中尚属个人、局部现象。随着网络时代的到来、中国语文生活多元化时代的到来,"有点小 A/V"才出现爆发式流行。

5. 近年来涌现出来的大量"有点小 A/V"用例中,也存在歧义、混沌现象。

有的多义词不同义项分属不同词类(兼类),都可以进入"有点小 X",根据词语搭配关系一般可以判断其语义及词性。比如"矛盾"兼属名动形三类,选择复数指人名词主语的"有点小矛盾","矛盾"表示"认识不同或言行冲突造成的隔阂、嫌隙",构成"有点小 N";选择"观点、说法"类名词主语的"有点小矛盾","矛盾"表示"互相抵触或排斥",构成"有点小 V";而"心里有点小矛盾"(百度搜索得到 1500000 例)中,"矛盾"表示"具有互相排斥的性状",构成"有点小 A"。

然而,也有一些兼类词构成的"有点小 X",常常存在歧义,是"有点小 N"还是"有点小 A/V"不能确定。比如"热情"兼属名词、形容词两类,下面的"有点小热情"就有歧解:

(25) 路边的小吃还不错,特别是对美食有点研究的老板有点小热情。(blog.163.com/lbdxy504)

(26) 我只是有点小泼辣,有点小热情。(www.17k.com/chapter)

例(25)(26)的"有点小热情"既可以理解为"拥有一些(工作或生活)热情"(动宾结构"有点小 N"),也可以理解为"(态度)比较热情"(状中结构"有点小 A")。这种歧义可以通过添加词语的方式加以分化。从韵律特征的角度看,似乎处理为动宾结构时重音倾向于放在"有"上,处理为状中结构时重音倾向于放在 A 上。

另有一些心理类名形兼类词(如"遗憾、冲动"等)构成多义性的"有点小 X",甚至难以分化。我们考察中收集到的大量"有点小遗憾""有点小冲动"的实际用例,究竟是动宾结构还是状中结构,处于混沌难分的状态①。

其实,不光是兼类词,普通形容词构成的"有点小 X"有一些也

---

① 这里说的"混沌"与一般讲的"歧义"有所不同,"歧义句"可以通过多种方法加以分化,"混沌"则形成难以分化的多义句。沈家煊(1991)曾谈到"辖域歧义、级差词语的歧义、指称晦涩"等几种情况均属于"语义不确定"造成的"无法分化的多义句"。

存在混沌难分的状况。比如"有点小紧张"是"稍微有点紧张"（状中结构），还是"有一点紧张的感觉"（动宾结构），"有点小失落"是"稍微有点失落"（状中结构），还是"有一点失落的感觉"（动宾结构）？要做出确定的判断，着实让人感到为难。我们在 20 位中文系本科生、20 位语言专业硕士生中间分别进行了语感调查。20 位本科生中，认为是"稍微有点遗憾/失落"的 6 人，认为是"有一点点遗憾/失落的感觉"的 5 人，表示"两可、分不清"的 9 人；20 位硕士生中，认为是"稍微有点遗憾/失落"的 7 人，认为是"有一点点遗憾/失落的感觉"的 5 人，表示"两可、分不清"的 8 人。

我们认为：歧义现象的存在，可以归因为汉语中后起的副形组合"有点+A"与原有的动宾构造的"有点+N"两种结构框架在当代汉语共时平面已经"并驾齐驱"；而混沌现象的存在，则应视为汉语词类"包含模式"的反映。

沈家煊（2007，2009 等）已论证汉语实词的类属关系属于"包含模式"，即形容词作为一个次类包含在动词之中，动词本身又作为次类被名词包含；而印欧语是名、动、形相互独立的"分立模式"。这种"包含—分立"模式的对立根源于认知上"构成—实现"投射关系的区分。一个具体范畴投射到一个对应的抽象范畴，印欧语是实现关系，而汉语是构成关系。吴长安（2012）则通过"表事词"的考察说明古人造词过程中存在词性转变的无意识，反映了人们对指称与陈述差别的自觉程度不高。这种造词的类的无意识导致使用上也无类的意识。由此，我们也可以对"有点小 A"混沌现象的存在做出这样的解释：在汉语的"包含模式"下，人们使用这些"有点小 A"时，常常是既把这个 A 当作形容词（下位的相对具体的范畴），又同时把它当作名词（上位的相对概括的范畴），当作形容词即意识为陈述语，当作名词则意识为指称语，因为汉语里陈述语用为指称语并不需要有形态上的改变，所以人们也就不一定要对作为陈述语的副形组合中的 A 和作为指称语的动宾组合中的 A 的差异具有高度的自觉意识。

由于不需要明确区分，或不具有区分的自觉意识，人们还常常不经意地把"有点小 A/V"与"有点小 N"并列使用：

（27）很喜欢这个香味，有一种小女人的感觉，<u>有点小热情</u>，<u>有点小撒娇</u>，<u>有点小温柔</u>，<u>有点小甜蜜</u>。（www.123ping.com/Product）

（28）性格<u>有点小可爱</u>，<u>有点小豪爽</u>，<u>有点小自我</u>，<u>有点小脾气</u>，<u>有点小刁蛮</u>，但对朋友很真诚。（hzdaily.hangzhou.com.cn/hzrb）

（三）总结

新兴构式"有点小 A/V"的产生、流行，以汉语程度范畴内部高程度词与低程度词发展不平衡为客观基础，也有表达说话人认识、情感的主观性动因。该构式突破句法、语用常规，这种突破与主观化互为因果。其生成机制是隐喻映射和"类推糅合"，形成、扩散过程中存在构式与成分的互动。"有点小 A/V"相关歧义、混沌现象的出现、存在，在一定程度上显示，汉语发展过程中，丰富性目标的实现与精确性目标的实现，并不完全同步；作为动态非平衡系统，语言中不对称与变异的因果互动，既可以使旧的歧义形式不再存在歧义，也可能造成新的歧义形式的产生，这往往与特定语言的类型学特征密切相关。"有点小 A/V"混沌现象的存在，可以用词类"包含模式"理论做出解释，反过来说，我们也可以认为，"包含模式"理论的确具有较强的解释力。

三 "我别 VP（了）"的构式整合机制及其语用价值

现代汉语句类研究中，关于否定祈使句的分析较早注意到人称、否定词、句类之间的匹配关系存在多种复杂情况。如张爱民（2001）、邵敬敏（2004）、赵贤德（2006）、宛新政（2008）等文献对此均有所描述。邵敬敏、罗晓英（2004）还对"别"字句与不同人称代词匹配时的不同表义功能尝试做出区分：主语用单数第一人称"我"时，"别"不是"不要"（主观否定），而是"不用"（客观否定）；主语用包括式复数第一人称"咱们"或"咱"，显得比较婉转，语气比较客气，表示一种委婉的劝阻；"别"字句的主语还可以是第三人称，句子的语法意义不是"劝阻"，也不是"禁止"，更不是"祈求"，而是"不以为然"，表达一种否定性的评价。这种概括分析是着眼于不同语法形式表示不同语法意义的有益探索，对于认识主语不同的"别 VP"句之间的差异具有启发性。不过，总体来看，现有文献还未对丰富多样的相关语言事实进行全面考察，且以"别"为核心观察问题也有一定局限性，目前所做结论的理据性尚待进一步推求。随着近年来汉语认知语法、构式语法、篇章语法、语言主观性等领域的研究在诸多方面取得重要进展，我们感到：对汉语中人称、否定词与句子功能之间的互动关系的研究，一方面有必要对丰富多样的语言现象做更充分的观察，另一方面也需要做一些专题性的比较深入的讨论；如能兼及历时与共时、静态与动态，结合认知与语用，从构式整合机制、结构参项与功能识解的关系、人际互动、篇章操作等层面做综合性的探索，应可获得新的更全面的认识，也有助于与类型学等相关领域的研究更好地相互参证，增加我们对人类语言否定性构式共性与个性的了解。有鉴于此，陈一、程书秋《"我 + 别 VP"的构式整合及其语用价值》（《世界汉语教学》2016 年第 2 期）一文对汉语中超常匹配句"我别 VP（了）"进行专题考察，并就相关问题展开了讨论。

为了努力做到观察比较充分，我们对北京大学中国语言学研究中心 CCL 语料库中"我"与"别 VP"共现的有效语料（95 条）逐一进行了考察，同时又检索了语料库外 500 余部传记和纪实文学作品、500 余段相声，收集到有效语料 315 条，并累计记录口语语料 90 条，一并进行了综合分析。

(一)"我别 VP（了）"的衍生、构成与篇章分布

因为"别 VP"的基本功能是用于否定祈使句，说话人提出某种要求通常直接面对的对象是听话人，所以，"别 VP"与第二人称主语"你/你们"构成无标记组配；而"别 VP"前加第一人称主语的表达形式不具有这种默认的联系，则构成有标记组配。无标记的"你别 VP"在反映元代口语的域外汉语教材《老乞大新释》中就已大量运用①，而作为有标记组配的"我别 VP"则是现代汉语形成初期才出现的。

1. 早期出现于对举结构的"我也别 VP"及其语用动机

"我+别 VP"的渊源可追溯到清末民初。通过对不同时期语料的梳理，我们注意到：最早出现的不是简单形式的"我"和"别 VP"的直接组合，而是用于依存性对举结构的"我也别 VP"形式，有并列性先行句，且用副词"也"呼应，清楚地显示了这一结构的有标记性、非自足性。例如：

> （1）"……当着天下英雄，咱俩过过镖，你先打我也成，我先打你也成……你要说给我留情不伤我，那是你艺业不高，自诩其能。"胜爷闻听，微然点头笑道："秦义龙，你不必咬言咋字……今者你既不含糊，<u>我也别埋没你的技艺</u>，我也知道，你镖枪打得好，三十年的苦功，今当天下英雄，叫你献一献绝艺。"（清得\小说\三侠剑）

例（1）中"我也别埋没你的技艺"以先行句"你既不含糊"为依托，虽然两个小句字数并不完全一致，但都是"人称代词+否定词+VP"结构，形成一种宽式对举。如果直接说"我也不埋没你的技艺"只是单纯的意志否定，近似于"我也不想……"；而说成"我也

---

① 江蓝生（1991）曾举出元人杂剧和散曲里出现的面向听话者的禁止词"别"的例证。

别……"则有了"我埋没你的技艺也不应该"之意,因为通常情况下"别VP"祈使句成立的语用条件就是含有"VP不应该"的预设义①。

(2)"哟,你是老虎!我是老牛,我有犄角,能顶你。""我没犄角,我嘴大,我的牙快,我能咬你!""哟,<u>你也甭咬我,我也别顶你</u>。"(民国\小说\雍正剑侠图)

例(2)中加下划线部分是对举结构,先行句"你+甭VP"本身就是祈使句,后续句"我+别VP"与之类同,加上两个"也"的呼应,便更无突兀之感了。这种回环式对举蕴含一种"交互义",使得"甭"和"别"的差异被中和。说话人既劝阻对方,同时也"对等地"劝阻自己。这种对应性互动表达方式体现了说话人认知立场在人己间的变换。可以说,暗示出自己已顾及双方的视角、立场,正是采用"我别……"表达式的语用动机。

2. 脱离对举条件的"我+别VP"的结构与语义特征

20世纪20—30年代,部分小说、评书语料中已经可以见到"我"与"别VP"直接组合的用例,不过,其中"别"后的VP都不是光杆动词,就语义层面说,"别"的否定多是指向动词短语中的修饰成分的。如:

(3)这个贱人不能回来啦,<u>我别傻等着了</u>。(20世纪20年代\张杰鑫评书《三侠剑》)

(4)伊牧师嘴唇往下一垂,似是而非的笑了一笑:"……你看,我打算写一本书,暂时叫作《中国道教史》吧。可是我的中

---

① 袁毓林(1993:21)谈到:说话人在用祈使句向听话人发出一个指令前,必须对听话人应该不应该、能够不能够、愿意不愿意执行指令事先做出若干假定,这就是祈使句的语用预设。陈一(2002:192)曾举例谈到"别VP"语用上成立的前提是,VP是不对的或不应该的。有时我们也可以认为"别VP"预设不妥或不利。

文不十分好,非有人帮助我不可。你要是肯帮忙,我真感激不尽!"

"那行!那行!"马先生赶紧的说。

"<u>我别净叫你帮助我</u>,我也得替你干点什么。"伊牧师把烟袋掏出来,慢慢的装烟……(20 世纪 30 年代 \ 老舍《二马》)

例(3)中"我别傻等着了"是前有表因小句的后续句,"别"用于否定"傻 VP"。例(4)中否定小句"我别净……"是与肯定小句"我也得……"对举的,"别"是用于否定"净 VP",如果直接否定光杆动词,句子就难以成立,所以,这里的"我 + 别 VP"仍体现一定的受限性。

当代语料中的"我别 VP"用例,VP 结构形式渐趋多样,不同的结构类型伴随不同的语义指向。如:

(5)这不得罪人吗?这不是要惹事儿吗?<u>我别这么写了</u>,我改了得了,咱们忍痛删了得了,这个是非艺术考虑。(百家讲坛《刘心武谈红学》——文中未标年代的均为当代语料)

(6)人家已经走了,你又不告诉我,<u>我别自个儿在这儿瞎寻思了</u>。(口语记录)

(7)杜鹃看着书君,书君看着杜鹃,突然都忍不住,笑了。笑过之后俩人都觉得有些不好意思。杜鹃先打破了僵局:"来吧,我们去看看雨菲!"

书君说:"我……<u>我别去了吧</u>!既然是那事,就……就麻烦你给她讲讲。"(险峰《再婚家庭》)

例(5)中"别"否定的"这么写"仍是一个状中结构 VP,"别"指向"这么"而不是"写";例(6)中"别"否定的是一个多层状中结构,"别"语义上仍指向修饰语(跨层的多项修饰语都在指涉范围内)。例(7)中"别"否定光杆动词"去",但后面的"了"

是不可少的（下文将有分析）。例（5）（6）是经过权衡后否定现有做法，例（7）代表的则是回声性的婉拒，回声性是光杆动词进入"我别 VP"的语用条件，这体现了句子的元语性。

项开喜（2006）把"别 VP"句分为"制止义"与"防止义"两类，并系统描写了两类"别"字句在语义范畴上的对立及其一系列句法表现。在"我别 VP"句考察中，我们看到，"别"后 VP 为状动结构、单个动词的用例，VP 均代表自主性行为，这与项文所概括的"制止"类范围基本一致，但语法意义已不能识解为"制止"，而是变异为（当下认识对原有或原定做法的）"放弃"或"（基于一定理由的）婉拒"。

"我别 VP"句也可以容纳形容词，以负面义形容词为主。正面义形容词进入该结构也会被临时赋予负面义解读。这种"我+别+形容词（了）"句表示说话人否定现状并认为应向相反状态转变之义。如：

（8）他说不会变心，都是骗人的。<u>我别傻了</u>，趁早清醒吧。（口语记录）

（9）关系这么复杂啊！那<u>我别冒失了</u>，还是先了解了解再说吧。（口语记录）

（10）人家心眼那么多，<u>我别太实在了</u>。（口语记录）

当代语料中，述补结构大量出现在"我别 VP"句，与项开喜（2006）所概括的"防止"类大体对应，句子一般表"防止义"。例如：

（11）她还不知道怎么回事，<u>我别说漏了</u>，再给人家增加心理负担。（口语记录）

补语是代表某种非预期、不如意的结果的，"我别说错了""我别拿错了""我别走丢了""我别去晚了""我别喝多了""我别买少了"

等，都属于此类，比较常见。有些述补结构还可以带上宾语，如"我别说错话""我别拿错钥匙""我别认错人"等。

各种构造的"我别VP（了）"中均能容纳一部分副词，可显示其语义语用属性和篇章特征。

3. "我别VP（了）"的篇章分布

总体观察，各种"我别VP（了）"都不能单说，作为非自足小句，它们在语篇中出现，倾向于用为后续句，也有少数作为先行句出现，后面一定有后续小句相伴随。伴随句与"我别VP"之间多为因果关系或假设与结论关系。下面我们把用于回应对方的和自我言说的"我别VP"分开加以说明。

（1）回应性"我别VP（了）"

此类"我别VP（了）"以"我就别VP了""我还是别VP了"最为常见。

A. "我就别VP了"

（12）你们都知道了，<u>我就别说了</u>。（冯志《敌后武工队》）

（13）你们玩，<u>我就别去了</u>。（王朔《给我顶住》）

（14）我想他们一定会告诉您的，<u>我就别再瞎掺和了</u>。（陆天明《苍天在上》）

例（12）—（14）中的"我就别VP了"都是用于因果句，前面有原因小句说明理由，后面得出"我就别……"的结论。说话人之所以不说"我就不VP"而采用"我就别VP"，代表一种语用上的"明示"行为，意在表明"不是我不想而是不必要或不该VP"，也就是说，说话人的语用动机是弱化意志否定转而表现为道义情态的否定。

B. "我还是别VP了"

（15）会议一直开到后半夜，月色淡了，星星稀了。最后，刘景桂说:"俞山松同志,你<u>谈谈</u>吧!"俞山松这年青的区委书记,两眼炯炯放光,笑着说:"一下车就乱发表意见,毛主席早批判过哩!<u>我还是别谈了</u>。"(刘绍棠《运河的桨声》)

(16)玉菡"啪"地将嫁妆箱扣上,又上锁,调皮地笑道:"好,爹,您请坐,待女儿给您上茶。"陆大可叹道:"不,<u>我还是别坐了</u>,万一你再想起了啥好东西,又跟我要,我就不要再活了!"(电视剧《乔家大院》)

(17)……我本来也想去的,可是锅里做上饭了,我想<u>我还是别去的好</u>。(翻译作品《邮差总敲两次门》)

例(15)中"俞山松"针对对方请自己"谈谈"所说的"我还是别谈了"属于引述性否定。整段话是先交代理由(避免违背情理、事理),后做否定表态。这种"我还是别V了"是<u>一定事理之下</u>"婉拒性意志否定"与"自我劝阻"的结合体。例(16)中"陆大可"针对女儿的"您请坐"所说的"我还是别坐了"也是引述性否定。不过他是先做否定表态,后交代缘故(意在避免某种于己不利的情况出现)。这种"我还是别V了"是<u>一定情势之下</u>"拒绝性意志否定"与"自我劝阻"的结合体。根据原文语境可知,例(17)中"我"所说的"我还是别去的好"不是对他人话语的引述性否定,不过态度上还是回应性的。这个例子是先交代理由(客观情况不便),后做否定抉择,是<u>一定限制条件之下</u>"推脱性意志否定"与"自我劝阻"的结合体。

有时,"我还是别VP"用于情况变化后的态度改变。如:

(18)……金秀没吱声,过了一会儿,说:"当初不是讲好,让我爸推荐一下回研究院的吗,怎么又……"

"我觉得,<u>我还是别往你们家里掺和吧</u>。"(陈建功、赵大年《皇城根》)

例(18)"我还是别往你们家里掺和吧"的理由没有直接出现在说话人的话语里，但前面关于对话背景信息的交代中实际上显示了对对方家庭不满是双方心知肚明的原因。

(2) 自我言说性"我别VP"

"我别VP"的说法形成后，先是用于说话人对听话人表态，不久便出现了说话人自我言说的用法，用来表现心理活动或内心话语中放弃此前打算的"转念性"环节，这种用法后来成为"我别VP"句的一个重要类型[1]。语料显示，自我言说性"我别VP"句均为后续性小句，其中有置于语篇末尾的，但以处在中继句位置的为更常见，有"……得了+我也别VP+肯定性小句""缘由句+我还是别VP+肯定性小句""缘由句+我可别VP+肯定性小句"等几种常见的模式。如：

(19) ……后来杜道爷一赌气想：得了！<u>我也别费这力气了</u>，你随便扔去得了，什么时候你扔累了把我搁下，我就一脚把你踢死，绝不留着你！（民国\小说\雍正剑侠图）

(20) 这丫头！怎么摸来的？跟踪我？得，<u>我也别问了</u>，说不定她曾演过川岛芳子什么的。（徐坤《热狗》）

例(19)(20)中"我也别VP了"中的"也"已不是表示类同，参考《现代汉语八百词》《现代汉语词典》（第6版）等工具书的处理，应分析为"表示委婉语气"。在考察过程中，我们体会到"类同"用法与"委婉"用法的联系：虽然一般对举结构两项平列，并无主次轻重之分，但也有一些用"也"的类同表达含有"前主后从"之意，比如"老大神勇，老二也不含糊"之类，带"也"的类同后项具有承接性、顺应性、依附性，有的通常在某一种属性上弱于对举前项。这

---

[1] 此类说明心理活动或内心话语的语段，前面通常有"想"、"心想"或"心说"作标记。三者的同异这里不展开分析，留待另文讨论。

一特点构成了脱离对举表达、类同表达的单项"也"字句"退一步"语气、"委婉"语气的来源。

实际语料显示：心理话语中的"我还是别VP""我可别VP"用例，前面并不要求有话语标记"得了"或"得"，但表示缘由的先行句一般是不可少的，有的后续句也有补说缘由的作用。如：

（21）我看出她存心气我。我想<u>我可别生气</u>。生气就太照顾她了，也会使"表弟"不安。（梁晓声《表弟》）

（22）我上大学之前，有一度曾迷上了画画，给自己定的最崇高的目标，是当一个小画匠。……作家柳青曾把他写《创业史》的两万多块钱稿费捐了，建了一座乡村医院。我就想，两万块钱，作家怎么会这样有钱呢？<u>我还是别当画家了</u>，也不当医生，干脆学着写文章算了。（《人民日报》1998年1月）

例（21）的"我可别……"体现一种预防心理：面对某一状况，可能会有某种常规性的反应或行动，这种反应"不好"，我应该避免。例（22）的"我还是别……"体现一种权衡心理：面对某种更"好"的选项，决定放弃原有打算。"别VP"预设原有打算（VP）已被认为不够理想。例（22）中"别当画家了"与"也不当医生"并用，刚好体现了"我也别VP了"与"我也不VP了"的一个差异，前者具有较强的前指针对性（针对原有意向），后者则不具有这种针对性。

上述心理话语的某些用例中，"我也别VP了"换成"我也不VP了"也说得通，如例（19）（20）等，但是语义上就会有所不同："不VP"代表的意志否定不能像"别VP"那样凸显情理性和对原有打算的针对性。当然这不是说"我不VP"完全不讲求情理依据、不针对原有情状，只是说它具有更强的主体意志性、自足性，而"我别VP"伴随更多的是情理性和前指针对性。当说话人要明示、强化这种情理性和针对性时，就会选择"我别VP"句。

总体来看,"我别VP(了)"是一种明示缘由的情理性否定。

(二) 构式整合机制及其浮现意义

1. 概念整合视角的分析

对"我别VP"的生成机制及功能识解的分析有两种理论取向:一是把否定祈使句看成原型范畴,由核心成员"你别VP"进行家族性扩充,由对听者的劝阻"投射"到对言者的劝阻,类推得到边缘性成员"我别VP",其间伴随着"别"语法意义的泛化和选择对象的扩展;二是认为平行的"你别VP"和"我不VP"发生概念整合、构式整合,生成了具有新的独立功能和浮现意义的"我别VP"。前者辅之以标记理论可以解释"我+别VP"作为有标记组配的非自足性,但在语用功能识解方面表现出一定局限性。我们倾向于认为,运用概念整合理论来探讨其整合程序、心理机制、浮现意义及其识解等,可以更有效地了解其独特的语用价值。

从概念结构来看,一个劝阻过程由劝阻主体、劝阻对象、被劝阻的行为构成,劝阻主体、劝阻对象是相对的、分离的;一个否定意志过程由意志主体、(否定)意志、行为构成,意志发出者和意志执行者是一体的。在语言层面,如果不限定在对话语体,不限定句子结构的繁简和句类,不同的人称代词同样有机会充当劝阻者、被劝阻者、意志主体。如果限制在对话体,"你"是自然的"被劝阻者","我"是自然的劝阻者和"意志主体";组成汉语最简构式的基本要素(无省略的情况下)为一个人称代词、一个否定词(劝阻标记"别"或否定意志标记"不"之一)、一项VP,于是,"你别VP""我不VP"成为最符合经济原则的劝阻句和否定意志句,分别用来表达"我劝阻你做某事"和"我不想做某事"。前者侧重于"劝阻"而不显示被劝阻者的意志,后者表现意志主体的否定意志但不显示其是自发的还是因被劝阻而形成的。在某些情况下,人们还会关心意志和劝阻的关联,比如希望简洁表达某种意志有理由应予劝阻或取消之类的意念,这时候,现有的"你别VP""我不VP"并不能满足需要。那么,利用现有构式进行概念整合、构式整合，配置成新构式就成为一个最现实的选择途径。整合以"你别 VP""我不 VP"为源供体，基于二者都包含"主体""否定""行为"这一相似性展开，属于"糅合型整合"。整合过程经历一个概念压缩（conceptual compression）过程，择取"我不 VP"中的"我"、"你别 VP"中的"别"和二者共有项"VP"，压缩成新构式"我别 VP"。

"我别 VP"包含了两个事件：

a. 预设事件"有人劝阻某人 VP"
b. 现实事件"我不想 VP"

说话人移情于预设域中的"某人"，从而将其与现实域中的"我"等同起来，在语言形式上表现为劝阻者与言者"我"、"某人"与对象"我"的"意志—祈使"复合型整合。在心理—认知层面，现在的我与从前的我、内在的我与外在的我、言者的我与对象的我，具有可分离性，于是，可以一分为二的"我"就可以同时充当劝阻者和被劝阻者，作为劝阻者的言者"我"同时具有意志性，作为被劝阻者的"我"则被视为客体对象。这样，"我别 VP"就成为一个"意志否定—自我劝阻"复合体。本来，会话中的两个相对待的角色，也是言语行为所涉事件的两个相对待参与角色，由言者与听者的对待转化为言者"我"与对象"我"的对待后，言语行为也就经历了由劝阻到权衡性否定的转化。与常规性的"你别……""我不……"相比，"我别……"具有特异性，从字面上难以直接获取其准确含义，所以就需要借助语用推理；同样因为"我别……"的特异性，其语用推理也具有一定的游移性。

用于回应对方建议的"我别 VP"，蕴含的回溯推理似乎可解读为：

大前提（事理）：如果我觉得某事不适宜我做，我就不认同

让我做。   （如果 p，就 q）
小前提（字面）：我不认同让我做某事。   （q）
结论：我觉得某事不适宜我做。   （很可能 p）

自我言说的"我别 VP"（包括内心话语和说出的），蕴含的回溯推理似可解读为：

大前提（事理）：如果某事我意识到不宜做了，就决定放弃做某事。   （如果 p，就 q）
小前提（字面）：我决定放弃做某事了。   （q）
结论：我意识到某事不宜做了。   （很可能 p）

根据语用推理分析，我们可以把面对对方建议的"我别 VP（了）"的浮现意义概括为"我觉得在这种情况下不适宜我 VP"，其语力介于"别让我 VP"与"我不想 VP"之间；自我言说的（包括内心的和说出的）"我别 VP 了"的浮现意义可概括为"在这种情况下我不该再 VP 了"[①]，其语力则是介于"我不该再 VP"与"我不想再 VP"之间。从概念隐显角度看，作为整合源式的"你别 VP""我不 VP"共同成为背景，在"事理+劝阻/意志"复合认知框架中，背景（劝阻/意志）隐而前景（事理/道义）显，客体自我的"不适宜/不该/不便 VP"得以凸显出来。这里，我们可以看到，对别人说和对自己说时所蕴含回溯推理的差异，"不适宜/不该/不便 VP"的须随认知语境而确定，"重复、继续"与"将要出现"的两种可能性，都在一定程度上体现了"我别 VP（了）"构式具有多义性。

[①] 因为自我言说的"我别 VP 了"实际存在"我别继续 VP 了"和"我别按原打算 VP 了"两种情况，所以浮现意义概括中的"再"既允许理解为表"重复或继续"之义，也允许理解为"将要在某一情况下出现"。这和吕叔湘先生主编的《现代汉语八百词》中的解释是对应的。

2. "我"可分解性的心理现实性

上述分析涉及的"我"的可分解性,并不是本书的臆想。在国外的研究成果中,我们注意到 Lakoff(1996)曾指出,在人们的意识体验中,自我可以从主体的自我意识中分离出来,形成主体自我与客体自我两个信息空间。国内关于说话人用"我"之外的人称代词自指现象的分析,也谈到淡化自我或自我分离的自我客观化能力(如王义娜,2008)。观察更大范围的汉语事实,我们也可以进一步看到,"我"的分解不仅有哲学上的依据,同时有一系列对待性言语表达形式可显示其具有心理现实性。如:

我不批评你,我批评我自己。　我不断地问我自己。
我害他就是害我自己。　　　　我支持他就是支持我自己。

在上述语言表达式中,"我"可以被分别指派为"施动者""受动者"角色,是主体自我与客体自我分离的突出表现。某种意义上也可以说,这类"分离"表达式与人们在认知上对主体自我与客体自我的区分是互相强化的。在"我别 VP"中,两个"我"的劝阻、被劝阻关系可以具体表现为"现我"对"原我",如例(17);"道义我"对"身份我",如例(15);"内我"对"外我",如例(19);等等。

3. 构式整合前后语义语用属性的滞留与变异

从结构与功能互参互动角度来看,作为"我不 VP"与"你别 VP"的嫁接糅合,"我别 VP"中,既有原有结构参项语义语用属性的滞留,又有重组后的变异,"我"既是劝阻者又是被劝阻者,使意愿性与指令性被"中和",使主动与被动变得模糊,在伴随性理由小句的配合下,弱化了单纯主观否定的意志性,强化了互动性否定的情理性。但这并不是把主观否定变成了客观否定,而仍是在主观性范畴内部由凸显说话人的意愿、态度,转向凸显说话人的视角、认识。"我别 VP"所蕴含的视角、认知立场的转换和角色互动性,在交互性对举结构"你别……，我也别……"用例中表现最为突出。当然，态度表现与认识表现并不是简单的缺值对立，而是一种蕴含对立：认识不总是在态度上明确表现出来，而态度总是以一定的认识为基础的。就像想到的未必都说出来，说出来的则一定是想到的（参看 Sweetser，1990）。

（三）"我别 VP"与"你别 VP""我不 VP"比较

根据语料情况和相关理论，我们从 VP 特征、对不同副词的容纳、伴随语句、语义语用属性等方面观察几种关联构式的异同。

从构成来看，"我不 VP""你别 VP"因为是无标记匹配句，其 VP 容纳范围较宽，可以是多种动词短语，也可以是只表示简单行为的光杆动词；后面是否附上语气词"了"也较为自由。作为有标记匹配句，"我别 VP"中的 VP 常常是带有状语或补语的动词短语（状语或补语常为否定焦点）；如果是光杆动词，构式必须要带"了"。"我别 VP 了"的"了"有两种情况，对听话人说时代表"新言态"（意为"我说'我别 V'了"），自我言说时代表"新知态"（意为"我觉得'我别 V'了"）。[①]

"我不 VP（了）"言者主语与句子主语一致，一般可在"不"前加上"故意、有意"一类意志副词，体现强意愿性、强施事性；"你别 VP"言者主语与句子主语分离，体现言者主语的强意愿性、句子主语的被指令性，若添加此类意志副词则要在"别"后；"我别 VP"则不能加上此类意志副词，体现弱意愿性、弱施事性，即低及物性[②]。

"我不 VP""你别 VP"均可在"不 VP""别 VP"前加"一定"类态度强化副词、"尽量"类情态副词，"我别 VP"则一般不能加上

[①] 肖治野、沈家煊（2009）对"了$_2$"表示"新言态""新知态"功能的详细分析，对我们有重要启发。出于篇幅考虑，这里暂不展开说明。

[②] 张伯江（2002）较早用"故意"等词语来测试意愿性，并指出被叙述者的施事性低于叙述者，强意愿性、自主性、推动性、施事性、控制性等这些特点都不是词汇语义中天然带有的意义而是来自于语用环境。

这两类副词。显示"我不VP""你别VP"表示的意志、要求都可以表现强度或程度的差异，而"我别VP"不体现这种强度或程度的差异。

"你别VP"可在"别VP"前加"趁早"类建议语气副词和"千万"类叮嘱语气副词，"我不VP""我别VP"则一般不能加上这两类副词。这表明：建议、叮嘱适用于"你VP"，而不适应于"我VP"，尽管自我分离后"我"可以被当作客体对待。

"我不VP""你别VP"作为无标记匹配句有较强的自足性，一般不带有关联副词（虽然根据语篇需要也可以用）；作为有标记匹配句的"我别VP（了）"具有非自足性，表现出伴随关联副词的明显倾向。也正是因为"我不VP""你别VP"作为无标记匹配句有较强的自足性，它们在篇章中与前后小句的语义关联有顺接、逆接两种情况；因为有标记匹配句"我别VP（了）"具有非自足性，通常要求伴随句交代原因或理由，所以它们在篇章中与前后小句的语义关联通常为顺接关系（以因果关系为代表）。因为意志一般取决于主体自身，不拘于事理逻辑，对缘由交代没有强制性；对他人的劝阻多半以公认性情理为依据（不必说出），有时出于劝阻者个人立场，则对缘由交代的要求就高一些；婉拒或自我劝阻涉及对话双方立场差异或言者自身认识的前后变化，所以对缘由交代的要求最高。这一认识得到语言事实的支持：我们考察到的语料中出现了"但是我不……""但是你别……"，没有出现"但是我别……"。

就人际功能来看，"我不VP""你别VP"的自足性还表现为它们在对话中都既可以用于回应性话语，也可以用于自发性话语；而对话中的"我别VP（了）"通常只能用于回应性话语，且行使逆向回应功能。

下面把"我别VP（了）"与"你别VP""我不VP"的主要差异用表格集中标示出来。

"我别 VP"与"你别 VP""我不 VP"对比表

特征	构式	我不 VP	你别 VP	我别 VP
内部组构及共现语句	VP 可为光杆动词	±	±	-
	后附语气词"了"	±	±	+
	容纳意志副词（故意类）	+（"不"前）	+（"别"后）	-
	容纳强化副词（一定类）	+	+	-
	容纳情态副词（尽量类）	+	+	-
	容纳建议副词（趁早类）	-	+	-
	容纳叮嘱副词（千万类）	-	+	-
	容纳关联副词	±	±	+
	伴随理由小句（顺接性关联）	±	±	+
语义语用属性	言者主语意愿性	强	强	中
	句子主语意愿性	强	弱	中
	指令性	无	强	弱
	构式及物性	强	强	弱
	话语自发性	±	±	-
	情理明示性	±	±	+
	逆向回应性	±	±	+

通过综合对比，我们可以概括地说，"我别 VP（了）"是一种非自足的低及物性的依赖顺接性伴随句支持其逆向回应功能的情理性否定句。

（四）延伸思考

1. 有意与无意的同形歧义

以往研究认为，由单个动词构成的"别"字句、VP 为状中结构的"别"字句，表示自主的有意志的行为，因而整个格式表示"制止"义；由动结式构成的"别"字句，动词结构表示意外的事件，其补语表示某种偏离性结果，整个格式表示"防止"义。（参看项开喜，2006）我们在"我别 VP（了）"句的考察过程中，注意到超出上述概括的一些情况。

有些动词通常用于表示一种非自主性的不如意、不应有状况，偶然也可用于有意为之的情况，进入"我别VP（了）"句存在歧解。如：

我别死了。（提醒自己警惕会死去/劝自己不要故意去死）
我别迟到了。（提醒自己预防迟到/劝自己不要故意迟到）
我别冒犯（人家）。（提醒自己防止冒犯/劝自己不要故意冒犯）

状中结构进入"我别VP（了）"句，句子并不总是表示"制止"，也可能表示"防止"。如：

我别白操心了。（劝自己不要操心/提醒自己防止劳而无功）
我别白忙活了。（劝自己不要忙活/提醒自己防止劳而无功）

述补结构进入"我别VP（了）"句，句子并不总是表示"防止"，也可能表示"制止"。如：

我别写太多了。（提醒自己防止写多/劝自己不要有意多写）
我别给太多了。（提醒自己防止给多/劝自己不要有意多给）
我别讲得太快了。（提醒自己防止讲得太快/劝自己不要有意快讲）
我别说得太明白了。（提醒自己防止说得过于明白/劝自己不要透彻地去说）

上述歧解情况主要是就书面形式而言的。在口语中，表示否定有意行为时通常把重音放在"别"上；表示否定非有意的结果时，则通常分别会把重音放在动词、状语、补语上，"了"也倾向于说成"lou"。因而实际发生歧解的概率大大降低。不过，汉语中的"自主、非自主"与"有意、无意"毕竟存在并非简单对应的情况，有些自主行为就其结果来说存在有意或无意两种可能（如"美军士兵在加沙打死了一名两岁的巴勒斯坦女孩"），有些不如意、不应有的非自主状况在一定的状况下也可以有意为之，为了获得准确识解，应该对制约因素给予充分的关注。在本书考察范围内，我们观察到一些相近动词性结构在"制止—有意"与"防止—无意"的表达上存在分工倾向。如：

  a. 我别乱说了　我别瞎操心了　我别瞎管闲事了
　　　我别得寸进尺了
  b. 我别又乱说了　我别又瞎操心了　我别又管闲事了
　　　我别又得寸进尺了
  c. 我别害人家了　伤人家了　冤枉人家了　丢东西了
　　　浪费那么多时间了
  d. 我别害了人家　伤了人家　冤枉了人家　丢了东西
　　　浪费了那么多时间

  a 中 VP 不包含频率副词，倾向于表示"制止—有意"；b 中 VP 包含频率副词"又"，倾向于表示"防止—无意"；c 中"别 + V + N 了"，倾向于表示"制止—有意"；d 中"别 + V + 了 + N"，倾向于表示"防止—无意"。

  2. 共时语法化形成的同形现象
  （1）"别再"同形
  "别"的"防止"用法进一步演化，就由阻止义副词发展出表示"担心—认识"情态的标记词用法，高增霞（2003）较早对此做了一些论析。这种实虚并存的共时语法化现象，在"我别 VP"句中也有所体现。如：

我别再买个假冒产品。
我别再丢了手机。
我别再掉进沟里。

上例中都包含"我别再……",都可以分为两种情况:一种情况是"再"为重音所在,实指"再次","别+再"是跨层临时连用,句子表示防止再次出现某一不如意情况;另一种情况是"别再"已经发生融合、词汇化(成为担心—认识情态标记),句子表示担心很可能出现某一不如意情况。"别—再"是否发生融合,与后续动词的自主性有关。动词自主性越强,"别—再"越倾向是跨层临时连用,动词自主性越弱,"别—再"越倾向融合为担心—认识情态标记,但有模糊地带。下面的句子就有歧解:

(23) 人家要私钱,我也要,<u>我别再为良心而坏了事</u>……(老舍《我这一辈子》)

(2)"别想"同形

"别想……"也有实虚之分。这里只就"我别VP"句中的表现进行分析。看例:

我别想吃苹果了。 我别想见她了。 我别想得奖励了。

上例中都包含"我别想……",都可以做两种理解:一是"我放弃VP的想法",一是"我要VP不可能达到了"。语料库中"我就别想/别指望/别打算"的实际用例多倾向于后一种理解,共性是:"我就别VP"前面都有一个假设小句,表示一种说话人不希望出现的情况,作为结论项的"我就别想/别指望/别打算……"则表示(该情况如果出现)"我"的愿望将无法实现。这种假设句只是用于分析事态,

"别"已虚化，表达说话人的认识，完全没有劝阻意味。

经常出现在后续句中的"别想"，逐渐具有了"不可能做到"的蕴含义，这是回溯推理（abduction）的结果。其推理过程为：

大前提（事理）：如果某件事不可能做到，就不要想（"别想"）做到了。　　　　　　　　　　　　　　（如果 p，就 q）
小前提（字面）：别想做到某事。　　　　　　　　　　（q）
结论：（话语义）某事不可能做到。　　　　　　　　（可能 p）

这种意义规约化之后，"别想"就可以脱离因果、假设类复句使用。例略。

3. "他/她别 VP（了）"

我们在考察中也关注到"他/她别 VP（了）"的说法。根据 CCL 语料库的语料来看，"他/她别 VP（了）"用例的出现明显晚于、少于"我别 VP"（比例约为 43∶85）。

最早见到的是"他也别 VP"在"现代"语料中的用例，和"我也别 VP"一样，也是对举形式的：

（24）我不管他，<u>他也别管我</u>，这是顶好的办法。（现代＼老舍《阳光》）

例（24）对举后项以前项为依托而成立。"他也别管我"是说话人希望听话人转告对第三方的要求。当代用例则不再非依托对举结构不可，但仍有理由性伴随小句。如：

（25）我看这小武，是指望不上了。以后祭祖，<u>他也别来了</u>！（刘震云《故乡天下黄花》）

（26）"婷婷也要跟我们去，我想带着她。""<u>她别去了</u>，路不

好走，事情又多，没法照顾她。"（口语实录）

例（26）语境中相关元素体现比较全面：对听话人进行了劝阻，同时劝阻了"她"，换句话可以说，是对听话人提出劝阻"她"的要求；视具体情况不同，允许理解为"你别让她去了"，也允许理解为"你让她别去了"。我们把此类句子看成一种复合型否定祈使句：直接劝阻对象是听话人，间接劝阻对象是"她"，阻止的行为是"她的行为"。

就多种用例来看，此类"他/她别 VP"是一种间接表态的排拒性否定。

综合来看，对"我别 VP（了）"的概念整合分析及歧义现象分析，与"你别 VP""我不 VP"的对比研究，以及对"他/她别 VP（了）"的附带考察，将有助于加深对汉语否定句形义关系的认识，加深对语言组织的心理过程的认识，增加对相关语法化问题的了解。

四 "别+引语"元语否定句探析

不同语言中元语否定（Metalinguistic Negation）的表现既有共性也存在差异。国内关于元语否定现象的研究，以沈家煊（1993）最具代表性，孔庆成（1995）、梁锦祥（2000）、景晓平（2002）、高航（2003）、刘龙根等（2006）、王志英（2011）等做过各有侧重的讨论。有的论文也开始尝试就汉英、汉韩两种语言的情况进行一些对比。不过，自沈家煊（1993）具体论析汉语语用否定的五个小类以来[①]，大家多将"不是……"类语用否定作为汉语元语否定的代表性形式，尚未全面排查汉语中更多复杂的元语否定现象，所以，可以说目前还未具备进行汉外对比研究、进行共性个性分析的充分条件。我们在对相

[①] 沈文概括的五种情况是：1. 否定由"适量准则"得出的隐含义；2. 否定由"有序准则"得出的隐含义；3. 否定风格、色彩等隐含义；4. 否定"预设"意义；5. 否定语音或语法上的适宜条件。

关问题的持续观察中注意到，当代汉语中，"别"参与构成的元语否定用法丰富多样，对其进行专门的考察、研究，应有助于拓展汉语元语否定分析及"别"字祈使句分析的研究视野，对于观察汉语中句法与语用的互动也具有一定理论及应用价值。以下介绍陈一、李广瑜《"别+引语"元语否定句探析》（《世界汉语教学》2014年第4期）一文主要的研究成果。

（一）"别+引语"元语否定句所否定的对象

一般的"别"字否定祈使句是由"别+VP/AP"构成的。其中，现实性否定祈使句，一般针对的是听话人的即时行为，或是听话人的某种心理状态（如"别紧张"）；预防性否定祈使句，针对的是听话人未来可能出现的状况（如"你下次来别走错门"）。

"别+引语（Quotation）"元语否定句则是针对现实对话情境下对方话语中的某种不适宜的词语表示否定[①]。这种"不适宜"词语是使用元语否定句的说话人认为不适宜，而未必是社会公认的不适宜。我们通过对自然口语对话实录、口语性作品（相声、电视剧等）、口语性网络对话中相关材料的考察，收集到200个实际例证。总体观察这些实例，涉及情态范畴表达、传信范畴表达，涉及言语所体现的态度的明确与否、积极与否等不同层面。如何处理不同范畴表达形式的交叠并兼顾到不同视角，是个棘手的问题。参照张伯江（1997：17）的分析，人们习惯上把情态看成表达说话人的主观态度的，而传信问题却很大程度上取决于客观信息来源的确实程度，二者之间虽然关系密切，但由于关注角度不同，语法表现上也必然有一定的差异。综合考虑，本书拟根据被否定引语的共性与个性，进行多层次的分析。下面将分为否定非现实情态表达、否定低传信度表达、否定消极性表态、否定关系词语或互动性词语、否定社群外或语域外异质词语等几个部

[①] 沈家煊（1993）分析语用否定现象，列有一例"别"字句。邵敬敏、罗晓英（2004）及赵贤德（2004）对"别"字句的考察分别涉及两个元语否定用例，但当时尚未从元语否定角度分析。

分具体展开讨论。

1. 否定非现实情态表达的适宜性

Chafe（1995：350）指出，现实是通过感知观察到的已经成为事实的客观现实，非现实则是通过推想构建出来的主观认识。近年来，国内关于现实情态（Realis）和非现实情态（Irrealis）的研究也在不断深入。现实情态表达因其具有客观性，对话中一般不会被施以"别+引语"否定；而非现实情态表达，因其具有主观推想的性质，对话中如果不被认可，就有可能被施以"别+引语"否定。具体观察又有多种情况。

（1）否定"我想"类断言的适宜性

主观断言是一种非现实表达。汉语中"我想""我认为""我觉得""我看"等不论用法实虚（作句法成分或话语标记），均表明信息来源于说话人的主观断言。这类断言词语具有两面性：从标明自我、不盲从他人的角度看，具有较强的主观性；从没有把个人认识直接当作公认事理来讲的角度看，则带有自限性。在不同的情境下，这种"主观"和"自限"都有可能被认为不能满足适宜性要求，而被"别+引语"元语否定句否定。如：

（1）"<u>我觉得</u>没压黄线。""<u>别我觉得</u>。还是看看监控视频吧。"（口语实录）

（2）"<u>我想</u>，她不会感兴趣的。""<u>别你想啊</u>，没准她乐意去呢？"（搜搜问问网/恋爱）

在这类"别+引语"元语否定句中，所引述的断言性词语的第一人称常转换为第二人称，引述性降低，代词指示功能复原。句子否定的是对方断言性语句的"个人主观认识"的适宜性，要求注重事实。

（2）否定"肯定"类断言的适宜性

汉语中"肯定、绝对、准是"等高量级肯定性词语未明示信息来源于"我",但也代表主观性断言,当这样的断言不被认同时,也常会被报之以元语否定,多采用"别 X 了"形式,也有"别 X 啦(了+啊)"等形式,一般要带有说明否定证据或理由的伴随句。例如:

(3)老母亲:这次摔了以后,我这肋骨下边总是疼得厉害,肯定是肝脾摔坏了!

儿子:别肯定了!要是伤了内脏,早就得发高烧了。(口语实录)

"别 X 了"中"了"应该是表"新言态的出现"的"了$_2$"(肖治野、沈家煊,2009:519),意为"我说'(你)别 X'了"。语料中也有"别 X 啦"形式,在"了"之外又附上"啊"的感叹语气。为简明起见,下文在与"别 X 啊"进行比较时,我们以"别 X 了"为代表。

(3)否定假设性语态的适宜性

假设性词语是非现实情态的重要标志(参看张雪平,2014 等)。如果某些假设性语句所代表的虚拟语态不被认可,或者假设的情况不被认可,也就是被认为具有不适宜性,就可以成为"别+引语"元语否定句否定的对象。如:

(4)"假如给你一百万,你该怎样让它生钱?"

"别假如,你先给我,我用实际行动告诉你!"(搜搜问问网/创业投资)

由于说话人认为以假设作为前提得出的结论没有现实意义,因此用"别+引语"元语否定句否定这种假设的适宜性,意在要求对方采用现实情态表达,甚至是采取相应的实际行动。

2. 否定低传信度表达的适宜性

有些"别+引语"元语否定句不是简单针对非现实情态的否定，而是对信息来源可靠性不足进行否定，这就应该从传信范畴的视角来分析了。

传信范畴关心的是信息来源的可靠性（张伯江，1997：17）。不同类型传信语的传信度存在等级差异。在允许非现实表达，不排斥主观断言的对话情境下，确定性较高的断言语句可以被接受，而传信度较低即信息来源可靠性较低的传信表达则常常会被认为不具有适宜性，因而招致"别+引语"式元语否定。

（1）否定不确定性表达的适宜性

这里所说的不确定性表达体现信息来源于发话人的不确定性认识。汉语中，不确定性词语包括不确定义副词、某些助动词、概数助词等，均可成为"别+引语"元语否定句否定的对象。如：

（5）"……<u>大概</u>是四月份。""<u>别大概</u>，准确一点。"（搜狐读书/扫黄一线）

（6）"我下午<u>没准儿</u>会去的。""<u>别没准儿</u>啊，<u>一定</u>要去啊！"（回龙观社区/单身男女）

"大概"、"没准儿"以及"好像、也许、兴许、大约、似乎、未必、不一定、可能、应该、说不定、保不齐"等都可以在此类元语否定句中被"别"否定。其中某些词可用于表示可能性较大，但毕竟属于不确定性词语，在要求确定性信息的对话中仍会被认为不适宜。

当某种信息提供者向信息需求者说明的规格、价格、时限、年龄等因带有概数形式而存在模糊性、伸缩性的时候，需求者如果认为信息不充分可能使自己处于被动地位时，也可采用"别+引语"元语否定句直接否定该概数词语。如：

(7) 咨询者：商品的层高是多少？ 京东商城回复：您好！30CM 左右。

咨询者：别左右啊，准确间距是多少？（京东商城/家具购买咨询）

此外，一些选择义词语也可成为"别+引语"元语否定句否定的对象。如：

(8) "有时是盒子的问题，有时是电脑系统的问题。"
"别有时啊！来点靠谱的！"（英雄联盟网/你问我答）

(9) "想出去玩，到新乡或者洛阳。"
"别或者啊，这两个地方位置不一样的。"（百度贴吧/郑州华信学院吧）

无论是不确定义词语，还是选择义词语，都是传递不确定性信息的词语。因此，针对这些词语的"别+引语"元语否定句否定的是对方不确定性表达方式的适宜性。

(2) 否定传闻类表达的适宜性

汉语中，传闻性信息主要由传闻类插入语来标引，这类词语用于显示信息来源于他人，当被认为可靠性不高时，就可成为"别+引语"元语否定句否定的对象。如：

(10) "据说这行的职业素质也参差不齐，有不少一点服务意识都没有的。"
"别据说呀，你去体验一下，看看服务意识咋样！"（回龙观社区/野猪乐园）

不标示传闻来源的"听说""据说""据讲""据传"和标示传闻

来源的"据他说""人家说"之类传闻性插入语均有类似用法。这类插入语的共性是表明信息的来源并非说话人亲历或目击的，也不是主观推测的，而是一种传闻。由这类词语参与构成的"别+引语"元语否定句否定的是对方传闻性表达的适宜性。

　　根据艾亨瓦尔德（Aikhenvald）（2004：65）类型学角度的分析，传信范畴在不同语言中的表现差异可根据 Visual（亲见）、Sensory（感觉）、Inference（推理）、Assumption（假定）、Hearsay（听说）、Quotative（引用）6个语义基元做出不同层次的划分。上文所讨论的传信类词语涉及了除亲见类之外的各种类型。比如"我想"类主观断言性词语相当于其 Sensory 类，"肯定"类主观断言性词语相当于其 Inference 类，"假如"类假设性词语相当于其 Assumption 类，"据说"类传闻性词语相当于其 Hearsay 类，"据××说"则可认为相当于其 Quotative 类。① 实际考察所得语料支持我们形成这样的认识：就"别+引语"元语否定对各类传信语的适用性来看，汉语传信语分析应该首先注重"亲见类"和"非亲见类"的区分，前者一般不接受元语否定，后者的多种小类不同程度地可接受元语否定。这一情况似乎显示元语否定与传信度呈负相关：传信度越高，接受元语否定的可能性越小；传信度越低，接受元语否定的机会越大。当然，"亲见类"传信语也并非绝对不能被"别"否定，当"亲眼所见"被认定为假话时，就可以用"别（说）亲眼所见了"来加以否定。由于假话不是真正的"亲见"，所以才会被否定（也可算作"别+引语"元语否定的一个小类），因此并未动摇元语否定与传信度呈负相关的认识。

　　"亲见类"传信语与"非亲见类"传信语的对立从根本上说反映的是现实情态（Realis）和非现实情态（Irrealis）的对立；"非亲见类"传信语内部的差异，既有主观性的不同，又有可靠性（传信度）

---

① 其 Hearsay（听说）类侧重指没有确定出处的报道信息，Quotative（引用）类侧重指具有明显的引用来源的报道信息。可参看余光武（2010：366）的介绍。

的不同。可以说，对非现实情态断言性表达的否定是基于客观性要求做出的对主观性的否定；而对低传信度传信语的否定，不是对主观性的否定，是基于明确性要求的对信息可靠性做出的否定。

3. 否定消极性表态的适宜性

所谓消极性表态是指面对某种邀约、动议等做出的不积极响应的表态。对话情境下，一方话语中体现推拒、推延、弱承诺、无意向、不经意等意味的词语常常会被视为消极性表态词语，招致"别+引语"元语否定。

（1）否定推拒性表达与推延性表达的适宜性

这里的推拒性表达指显示说话人推却、婉拒态度的语句。这种推拒性语句，有时伴随有畏难话语或貌似客观的推托理由，它们代表的推拒强度不高，具有可商议性，往往可以成为"别+引语"元语否定句否定的对象。如：

（11）"您给学学。""<u>不行不行不行</u>。""<u>别不行啊</u>……"（相声《杂学须生》）

（12）甲：我今天去不了，单位这边<u>有事儿</u>。

乙：<u>别有事儿啊</u>！你一定得来呀。（口语实录）

例（11）直接否定推却话语"不行"本身，例（12）则是否定常见性推托理由"有事儿"。此类"别+引语"否定的是对方推拒性语句的适宜性。这时，说话人所要达到的目的实际是通过表示不能认可对方的话语从而争取改变其推拒态度。如果面对严词拒绝，双方关系被置于对立状态，就不太适合使用"别+引语"元语否定句进行回应了。

推延性表达常由指向未来时间的时间名词和时间副词等来体现，它们与行为、事件有直接的联系，当说话人用这类词语表示某一被要求的行为欲延后实施时，这些词语便同时体现了说话人的主观态度，从而可能成为交际另一方所使用的"别+引语"元语否定句否定的对象。如：

(13) 网友甲：……<u>以后</u>有机会一定也去拍些片子。
网友乙：<u>别以后啊</u>，现在就行动吧。（白山在线/白山论坛）

此类"别+引语"元语否定句否定的是对方推延性语句的适宜性。这时，说话人否定的实际是对方想要推迟做某事的态度。"以后""一会儿""回头""明天""下午""下周""下个月"等未来性时间词语均可进入"别+引语"元语否定句，而指向过去的时间词不能进入该构式。

表面看，推拒性话语与推延性话语，一个是拒绝，一个是应允，实际上，二者有一个共同点，就是体现出对人家的期望、要求不做即时响应的态度。

(2) 否定弱承诺性表达与尝试性表达的适宜性

弱承诺性表达通常使用对某种要求、邀约做有保留性回应的词语，体现一定程度的含糊态度，这种承诺往往不一定实现，当它被认为是一种不适宜话语时，就可成为"别+引语"元语否定句否定的对象。例如：

(14) "我<u>尽量</u>争取吧。""<u>别尽量啊</u>，你离得又不远，又是周末，怎么还尽量啊？"（都市小说网/因为想你才寂寞）

"尽量""争取"类词语虽然一般是用来表示"力求在一定范围内达到最大限度"，但由于它隐含需要克服阻力的意义，常常伴有"不一定"的意味，因此，语用上往往被用来行使假意应允。当邀约者认为这样的"弱承诺性词语"不适宜时，就可以用"别+引语"元语否定句直接否定它们。这时，说话人否定的实际是对方不积极响应邀约的态度。

在谈到完成某事所需要的能力时，如果用尝试态来表达，有时会让人感到不适宜，便用"别+引语"元语否定句来指出其不妥。如：

（15）"我试试吧。""别试试啊，咱给句准话行吗？"（新浪娱乐/张子萱从模特到演员）

另外，来源于动词重叠式的"看看吧"有时不表示尝试，而是用来表示现在不能确定地应承对方的邀约，体现一种观望态度，也有被"别"否定的用例。对话中，尝试性、观望性话语的适宜性被否定，实际上就是针对含糊态度的否定。

（3）否定无意向语句与不经意语句的适宜性

这里的无意向语句指的是在特定情境下被要求表明个人意愿的人所说出的不具明确倾向的语句，诸如"随便""无所谓"之类。这样的话语常会被征求意见者认为不适宜，于是就用"别+引语"元语否定句对其关键部分加以否定。例如：

（16）"随便。都行……""别随便啊，你说，你说啊！"（梁晓声《浮城》）

不经意语句是指在一定情境、事理之下显得有随意性、不够郑重认真的语句，也可成为"别+引语"元语否定句否定的对象。如：

（17）"我只是随口说说……""别随口说说啊！这个归你啦。"（朗霎《你是坏蛋》）

此类元语否定句否定对方不经意话语的适宜性，意在希望对方应有郑重、认真的态度。

（4）否定逆转性表达的适宜性

一般的对话，常常是在双方认识、态度一致的条件下转换话轮，才顺利向前推进。有时一方的话语中途出现以转折性词语为标志的逆转，这种逆转如果不是表现客观情况，而是标明说话人的非顺应性的认识或态度，就有可能不被谈话对方所认同；这种不被认同的逆转语句常常是只说出了转折连词，就被对方以"别+引语"元语否定句给否定了。如：

(18)"……找到了，<u>但是</u>……""怎么啦？<u>别但是</u>啊！你快点儿带我去见他吧！"（幸子妙颜《进化成神》）

交际一方使用转折连词，往往意味着将要说出不符合对方预期或愿望的话，或交际双方原有的预期目标将难以实现。这时交际的另一方就可以用"别+引语"元语否定句否定对方的转折性词语，从而努力维护自己原有的预期或目的。

4. 否定关系性词语、互动性词语适宜性

这里关系性词语主要指称谓语，互动性词语主要指呼应语。对话中不同称谓语、呼应语的使用，通常反映对话双方关系的定位，体现说话人的身份认知、关系认知。不同的形式具有不同的对象适宜性、关系适宜性。如果某种称谓语、呼应语等被听话人认为不适合双方关系，常会用"别××的"形式直接进行否定。

（1）否定称谓语的适宜性

这里的称谓语包括亲属称谓、社会称谓、姓名称谓，也包括人称代词。不仅用于对称、自称的称谓语可体现双方关系定位，用于与对话双方或一方密切关联的第三方的称谓语形式的选择，也反映关系认知状态。如：

(19)我兴奋道："正如你所预言的，<u>你爸</u>终于被我们忠贞不

渝的爱打败了。"

琰焱笑道："以后你别你爸你爸的，那是咱爸！"（新浪博客/诗人老希）

（20）"她和我老公……""都这样了，就别老公老公的了……"（百度贴吧）

（21）秘书介绍："这是设计总监潘总。"胖子对我笑笑说："叫我大潘就行了，别总啊总的。我已经够肿的了。"（磨铁中文网/总监）

例（19）是亲密关系的确认影响到称谓语适宜性的重新评判，于是"你爸"被"别你爸你爸的"所否定，相应修正为"咱爸"。例（20）则是亲密关系的改变让人认为亲密称谓已不适宜。例（21）"别总啊总的"否定的是该语境中对话双方共同听到的他人话语（居中介绍者采用的称谓），对于听话方来说，这一元语否定是预防性的。

姓名称谓、人称代词的使用也常常反映远近亲疏、是否尊重，人称复数形式还有将听话人划归哪一方的作用。实际言语交际中，姓名称谓、人称代词被认为使用不当而对其施以元语否定的情形也时有所见，如："别老王老王的""别小丽小丽的""别你你的""别您您的""别咱们咱们的""别你们你们的"等。限于篇幅，这里暂不罗列具体例证了。

（2）否定呼应语的适宜性

呼应语，包括呼唤语和应答语，一般由表示呼应的叹词充当。不同的呼应语与不同的人际关系、情感状态相适应。当呼唤语被认为不得体，或应答语表义含糊、应答迟延时，对方均可用"别+引语"元语否定句来否定。如"别喂喂的""你别总嗯嗯嗯的啊"。

5. 否定特定语言社群、特定语域中出现的"异质"词语的适宜性

拥有共同的母语或共同的方言或共同的行业语言、阶层语言的人们构成一个个大小不同的语言社群。一个社群内部成员之间的交谈通

常使用属于本社群的语汇和表达方式。明显超出本社群认知范围的"异质性"语言成分，有时会"不受欢迎"。所谓"语域"，不同背景的学者有不尽相同的理解，此处无意展开讨论。这里用来指"由谈话对象、内容、方式等决定的个人谈话空间/场合"。在一些特定人际关系的对话中，对话双方往往拥有基于对象、内容、方式认知的共同的语域意识。如果一方使用的某一词语或表达方式超出了对方的认同范围（可以是普通用语范围、专用语范围、家乡话范围等），对方有时就会用"别+引语"元语否定来表示不认同。考虑到篇幅控制，我们仅就涉及方言词语、外文词语的情况各举一个例子。

(22) "哈尔滨贼冷！""别贼贼的，去旅游一趟，还说上东北话了！"（口语实录）

(23) 一天，我家的电话铃响了，身在国外的我赶紧拿起电话："Hello..."。对方说："别Hello了，我是中国，是我，王晓华……"（荒友网论坛/北大荒知青记事）

例（22）对话双方都是北京人，当一方的话语中使用了东北方言时，另一方不认同该"异质"词语，就做出了元语性否定。例（23）则是汉语语境中出现外文词语的情况。这里所谓汉语语境，指的是母语为汉语的人之间在常规情况下默认用汉语进行交际的语言环境。在这种语境中，如果不是出于特殊需要，谈话的一方使用了对方不习惯或不喜欢的外文词语，往往被另一方认为不适宜，简单的回应方式就是用"别+外文词语"元语否定句。可以说，朋友、亲人之间的以日常生活为内容的母语交际，构成一个广义"语域"。外文词语的使用需要考虑到对方的关系认同、语境认同以及功能认同。不适合双方关系、不符合对方语境认知、不能实现独特功能的外文词语，常常会被认为不适宜。

(二)"别+引语"元语否定句的功能分析

从上文的实例分析可以看到,"别+引语"元语否定句是口语里一种用于会话相邻对中的应对语;它提取说话人认为对方话语中不适宜的部分加以否定,通过语用推理实际上间接否定的乃是该不适宜话语所体现的某种主观态度,包括武断态度、不明确的态度、不积极的态度以及脱离特定关系的态度等。这是一种既体现经济原则更具有聚焦功能的省缩性焦点否定句。整体来看,它具有非自足性,通常要有伴随句(大多数为后续句)出现。对于这种元语否定句的话语功能、人际功能,我们可以通过多重对比来具体了解。

1. 多种变体形式的分工互补

大量实际语料显示,"别+引语"元语否定并非都是单纯"别"直接否定"引语"就自足成句的,很多用例是附有不同语气词配合的,有的被否定对象是强制性以重叠形式出现的。我们着眼于完形性将这些不同结构形式均视为"别+引语"元语否定句的不同变体,它们在否定对象、否定强度、伴随语句、使用频度等方面有同有异。我们概略归纳在下面的表格中。

"别+引语"否定对象、否定强度及伴随语句分类统计表

否定对象	元语否定形式	伴随句(绝大多数为后续句)	数量	比例
"我想"类断言词语	别×啊	发表感叹、评价	30	15%
	别×了/啦	温和要求做出验证	2	1%
	别×	直率要求做出验证	2	1%
"肯定"类断言词语	别×了/啦	明确要求做出验证	2	1%
虚拟语态	别×,别×啊	要求现实情态表达或行动	2	1%
低传信度传信语("大概类")	别×啊	多为要求给出明确信息的	66	33%
	别×	强硬要求给出明确信息	2	1%
	别(总)××的	要求给出明确信息	1	0.5%
低传信度传信语(传闻类)	别×了/啦	感叹+要求给出明确信息	4	2%
	别×	要求给出明确信息	1	0.5%

续表

否定对象	元语否定形式	伴随句（绝大多数为后续句）	数量	比例
消极性表态词语	别×啊	要求及时、认真响应动议	62	31%
	别×了/啦	要求及时、认真响应动议	3	1.5%
	别×	强硬要求及时认真响应动议	2	1%
称谓语、呼应语	别（总）××的	给出适宜的词语或说明理由	18	9%
社群外或语域外异质词语	别×了/啦	明确语域认知	2	1%
	别（总）××的	给出否定理由	1	0.5%

整体观察，我们得到以下一些基本认识：

a. 从否定对象着眼来观察各种变体形式使用频度的大小，我们看到，否定"大概类"低传信度传信语、否定消极性表态词语（多指向未来）、否定"我想"类断言词语的用例数依次排在前面，合计占比接近90%。笼统地说，这三种情况都可算作对非现实情态表达的否定；具体分析则需要指出，"大概类"具有非现实情态和低传信度传信语两种属性，就其伴随句多要求明确性而非现实性、客观性而言，可以认为其否定指向是低传信度而不是非现实情态。

b. 语气较强硬的不带语气词的"别×"形式，因其未给对方留有面子，所以使用频度很低；语气相对和缓的带语气词的多种形式中，以"别×啊"最具代表性，占比接近80%，使用频度处于绝对优势地位，这似乎表明它所体现的商求性的引述否定与劝导是"别+引语"元语否定句的基本功能。

c. "别×啊"与"别×了"在否定对象选择上存在一定的互补倾向。针对不确定性词语、传闻性词语、自限性断言词语的否定，更多使用"别×啊"；针对高度断言性词语的否定，则倾向于使用"别×了"。这种倾向性差异应有其深层的认知、语用根源。观察一般的否定祈使句"别VP啊"与"别VP了"，我们可以看到，"别+负面义VP+啊"能说（如"别偷懒啊"），"别+正面义VP+啊"一般不能说（如"*别勤奋工作啊"）；而"别+负面义VP+了"和"别+正面义VP+了"都能说（如"别偷懒了""别勤奋工作了"）。这种情况显示，"别 VP 啊"以社会公认性标准为认知语用前提（阻止负面行为而不阻止正面行为）；而"别 VP 了"决定于说话人在说话当时特定条件下的个人立场，不受社会公认性标准约束。这种普通否定祈使句的内部差异投射到言域的元语否定句，就体现为："别×啊"一般应遵循社会惯常语用原则，用来否定不符合一般会话要求的信息不足量、不够明确的词语，意在告诉对方话语信息量应该"多于、高于"被否定词语；如果把"别×啊"用于对信息充分的表达式的否定，就不符合一般语用原则了。"别×了"是说话人着眼于"当前"来表态，认为对方所言在"此时此刻"看来是不适宜的，这种不适宜，可以是按社会公认标准判断的，也可以只是按说话人个人标准判断的，于是，"别×了"便可适用于对"足量的"、确定性的高度断言词语的否定，它是一种体现说话人视点的有标记元语否定形式。

　　如果同样是针对不足量表达（不确定词语等）的否定，"别×啊"的商求性劝阻只是就事论事的，可以说是一种单纯的即时性否定；而"别×了"则往往是关涉到过去的，意味着对以往出现过的持续性、反复性状况的否定（常说成"别总×了"／"别又×了"），可以说是一种带有追溯性的否定（一部分"别×了"可以说成"成见性否定"），它也含有"到此截止"的意思。作为即时性否定的"别×啊"通常是顾及了对方的面子；而作为追溯性否定的"别×了"则显得不那么客气，带有更强的不满意味。

　　d. 针对称谓语和呼应语的元语否定采用"别××的"形式，应该是源于象似性动因：如果被否定的称谓语或呼应语已经多次出现，此类元语否定形式就是包含了实际情况的临摹；如果被否定的称谓语或呼应语刚出现一次，则此类元语否定形式就可看成对其将要反复出现的预防性否定，如例（21），仍体现象似性。前面谈到的其他类型的"别+引语"元语否定，如果被否定词语已多次出现，也可以采用"别××的"形式来否定。

2. 知域的元语否定与言域的元语否定

荷恩（Horn，1985：144）认为，元语否定被用于否定先前话语的某个方面。沈家煊（1993：328）指出，元语否定否定某种"说法"的适宜性。卡斯顿（Carston，1996：332）指出：元语否定的本质属性是它的回声用法，回声用法指一个陈述性话语述及他人的话语或想法，并表达对其话语或想法的态度。本书的考察显示，至少在汉语中，回声用法并不仅仅存在于陈述性话语之中，祈使性话语中也存在回声用法。下面的例（24）是陈述性的，例（25）是祈使性的：

（24）不是<u>多半</u>如此而是<u>肯定</u>如此。（引自沈家煊，1993：330）

（25）网友甲：<u>肯定</u>可以的，我以前用的时候一直这样充电。
网友乙：别<u>肯定了</u>，说话负点责吧……（forum.51nb.com/ThinkPad 专区）

对比"别+引语"句与"不是"类元语否定句可以看到，虽然二者都否定先前某一话语的适宜性，但构式义又表现出重要差别。由于"不是"组建的是一个否定判断构式，代表说话人针对引述对象的一种否定性认识，这种元语否定是典型的知域否定；而"别+引语"句不仅指出对方话语的不适宜性，同时对其施以劝阻，代表了说话人的"劝导"行为：通过话语修正进而引导听话人采取适宜的行动，因此，这种元语否定可视作一种以言行事的言域否定。当然，对于知域否定与言域否定的区分，我们似乎最好按照"包容模式"来理解，而不是按"分立模式"来理解。因为认识与言说并不是纯然对立的：想到的未必都说出来，说出来的则一定是想到的［参看斯威策（Sweetser），1990；沈家煊、王伟，2002］。我们在做出知域否定与言域否定之区分的同时，承认言域否定可以视为广义知域否定的一种特别类型，二者成包含关系。这样也就可以有效解释某些元语否定句中"不是"和

"别"可以替换的情况，可以理解二者应有的对立在一定程度上被中和的缘由。

总体来看，在语料中占有显著数量优势的针对各类不确定性词语、传闻性词语和多种表态词语的引述性否定，有一个共性，即基本上都是对"不足量"表达的劝导性否定。Jespersen《语法哲学》（1924：325）论述否定时曾指出，语言的"一般规则"是，"不"（not）表示"少于、低于"（less than），不表示"多于、高于"（more than）。我们把否定"不足量"表达的"别+引语"元语否定句与"不"的否定加以对比，应该指出，如果说"不"（not）所表示的"少于、低于"是直陈性的（或称描述性的），而"别+引语"元语否定句对"不足量"表达的劝导性否定则另外预设有"应该"之义，不是"应该少于、低于"，而是"应该多于、高于"。换句话说，"别+引语"元语否定一般表示的是被否定话语传递的信息量或可靠程度"少于、低于"应有的程度，应该修正为"多于、高于"现有信息量的话语形式。

3. 行域与言域的同形歧域现象

荷恩（Horn，1985：135）认为，否定具有歧义（ambiguity），但不是语言歧义，而是语用歧义。同一个否定词既可以用作一般否定，也可以用作元语否定（MN）。对 Horn 的歧义说，国内外均有质疑者。卡斯顿（Carston，1996：309）认为元语言否定句中的否定算子没有歧义，也是标准真值函数性质的，在命题层面上操作；否定算子辖域内容对算子本身的理解不构成任何影响。赵旻燕（2010：98）则用"不是"并非汉语元语言否定特有的形式标记来证明元语言否定不存在专门的形式标记，进而论证"Horn 的元语言否定歧义论有问题"。

我们认为，为避免对歧义概念理解不一致造成的非实质性纷争，有必要澄清两个相关的问题：否定句的歧义性与否定算子的歧义性不应该被当作同一个命题；一种语言中有没有专门用于元语否定的否定算子，与一种语言中元语否定有没有独立的形式特征，也不应该看作同一个问题。

梁锦祥（2000：64）认为："元语言否定并不是语言表达式固有的内在性质；即使是看来十分典型的元语言否定现象，在特定的语境里也可能转变为普通的、非元语言的否定。"这样的表述可理解为元语否定句并没有独立的形式。由上文的考察我们看到，汉语事实并不支持这样的认识。那些只能作元语否定理解的"别+引语"表达式（即"别+非谓词"构式）就可以看成元语否定句特有的结构形式，我们似乎还不能设想出它们可以直接"转变为普通的、非元语言的否定"。比如：

> 别好像　别大概　别似乎　别或许　别听说　别据说
> 别据传　别你想　别以后　别马上　别左右　别前后
> 别你觉得　别你认为　别假如　别如果　别但是　别可是
> 别就算　别或者　别你你的　别咱们咱们的　别喂喂的
> 别嗯嗯的　别OKOK的

尽管用于元语否定的"别"和"不是"一样，不是汉语元语否定特有的形式标记，但上述非谓词引语成分独立出现在"别"后，却只能构成元语否定句。另外，像"别+动词重叠式"（如"别试试、别看看"）一类表达式似乎也只能作元语否定理解，这里暂不展开讨论。

卡斯顿（Carston, 1996：310）谈到，元语言否定和描述性否定的区别不在于否定算子本身，而在于否定辖域内容的性质：描述性否定辖域内是对世界上的事态的表征，而元语言否定辖域中的内容则是回声性成分（echo）。那么，我们实际上就可以根据回声性成分的形类（form-class）来分析元语否定句是否会存在歧义。可以推想，一种语言中可能说出的元语否定表达形式的范围会部分超过普通的、非元语否定，这几乎是必然的，因为元语否定不受句法的限制，很多句法上不能被特定否定词所否定的语言成分都可以成为元语否定的对象。那些显著超出句法限制的元语否定句是单义句，而形式上未超出句法限制的元语否定句则会存在歧义。例如：

（26）肖科平站起来："你们聊吧，我走了。"
韩丽婷一边给她让路一边叫："别走哇，一起聊。"（王朔《无人喝采》）

（27）"我对不起你，我心里有愧——我再不敢了。"
"你不必对不起我，也别有愧……"（王朔《一点正经没有》）

以此类情况来说，"别"字否定句，有可能是劝阻对方先行话语代表的某一行动或心理活动，也有可能是对该先行话语的说出提出修正，也就是说，"别走""别有愧"既可以是对行为或心理活动的劝阻，也可以是针对对方说"走"、说"有愧"的适宜性的否定。按照前一种理解，句子是普通否定祈使句，不具有元语性；按照后一种理解，则应看成"别＋引语"的元语否定句。因此，这类句子既存在"不要V"和"不要说V"的歧义，同时又是一种兼跨对象语言、元语言的同形歧域现象①。我们在实际调查中了解到，对话中存在先行词的"别随便说、别争取、别紧张、别害怕、别顾虑、别担心、别退出、别撤出、别辞职"等也都存在类似的同形歧域情况。

---

① 沈家煊（2003）和肖治野、沈家煊（2009）均谈到同一个语句用在不同的语境或上下文里可按不同的域来理解，称为"同形歧域"。

第九章　两种相关构式的比较

一　"第二个 $N_专$"与"$N_专$ 第二"

"第二个+专名""专名+第二"两种构式（其中的专有名词以下简写为 $N_专$）存在已久，尚未有过深入的考察，而二者的功能异同及其成因应有探究价值。陈一《"第二个 N 专"与"N 专第二"》（《中国语文》2012 年第 3 期）一文对 CCL 语料库所收相关语料进行了历时及共时考察，通过分析二者的多种用法及可换用和不可换用的情况，论析二者语义、功能的同异，并就构式义的制约因素进行了探讨。本书着眼于类同表达展开分析，未涉及同名造成的专名同形现象。

（一）"清末民初"到"现代"的基本情况

相对于"第 X 个+普通名词"这种汉语中基本的、无标记的组合形式，"第二个 $N_专$"与"$N_专$ 第二"都是后起的有标记形式。前者在清末小说中已出现，后者则始见于民国初期，例如：

（1）你吃了陆兰芬如此的亏，还不自家猛省，倒要去再汇几千银子，去寻第二个陆兰芬，岂不是一误再误么？（清\小说\九尾龟）

（2）有心篡逆，不肯再守臣节……是曹阿瞒第二。（民国\小说\南北史演义）

例（1）说话人先提到听话人所经历事件中的一个重要角色"陆兰芬"，然后再以其作为同类人物的代表，于是有了"第二个陆兰芬"的说法。此类用例另在清末小说《孽海花》《官场现形记》中均有所见。例（2）情形略有不同，"曹阿瞒"是众所周知的人物，是一个公认的典型，说话人认为某人效法这一典型、与其高度相似时，无须上文有先行词就直接采用了"曹阿瞒第二"的说法。我们所考察到的三部清末小说中有4例"第二个$N_{专}$"都来自事件角色，均表负面意义。民国初期语料中，"第二个$N_{专}$"来自事件角色的17例，来自公认典型的5例；"$N_{专}$第二"来自事件角色的16例，来自公认典型的4例；"第二个$N_{专}$"表负面义的17例，表正面义的5例；"$N_{专}$第二"表负面义的17例，表正面义的3例。

所谓"负面意义"，有表示酷似同时代的现实中负面角色的，如例（3）（4）（5）（6）（7），也有酷似历史上某一负面典型的，如例（8），还有表示与某一不幸者有类似结局的，如例（9）。

（3）……目无纪律，独断独行，顺者生，逆者死，真个是<u>第二个窦宪</u>。（民国\小说\汉代宫廷艳史）

（4）以是不上半年，勔安大得西太后的信任，差不多是<u>第二个李莲英</u>咧。（民国\小说\清代宫廷艳史）

（5）就北京政府所派的督理广东军务职，一面效法陈炯明故智，堪称<u>陈逆第二</u>。通电请孙中山离粤。（民国\小说\民国演义）

（6）吴佩孚是曹锟的旧部，想借此削平辽沈，统一东北，将来好望做<u>曹锟第二</u>。（民国\小说\清朝三百年艳史演义）

（7）钩弋夫人，又值青年，将来子得为帝，必思干政，恐不免为<u>吕后第二</u>。（民国\小说\秦汉演义）

（8）所以都中人士，称客氏为<u>武则天第二</u>。那时客氏在宫内专权，嫔妃们没一个不受她的使唤。（民国\小说\明代宫闱史）

（9）因为自己已届徐娘风韵，万一色衰见弃，岂非要做<u>陈阿</u>

娇第二。一时为固宠起见,只有拿她的这位外甥媳妇来做幌子。(民国\小说\汉代宫廷艳史)

表"正面意义"的,有酷似历史上的正面名人、典型的,如(10)(11)(14)(15),也有指眼下所需要的能充当 $N_专$ 同样角色的人的,如例(12)(13)。

(10) 蒋大人,您的箭法,真正是<u>第二个黄忠</u>老将了。(民国\小说\大清三杰)

(11) 宫中妃嫔甚多,终日无所事事,拟命她做<u>第二个孙武子</u>,担任教练一队女儿兵。(民国\小说\汉代宫廷艳史)

(12) 有一个凤姐儿,安知不有<u>第二个凤姐儿</u>?陛下何妨再出巡幸,重见佳人。(民国\小说\明史演义)

(13) 成皋城内,汉王不免惊心。暗思荥阳已失,成皋恐亦难守,哪里还有<u>第二个纪信</u>,再来替死?因此带同夏侯婴,潜开北门,预先出走。(民国\小说\秦汉演义)

(14) 正在竭力的搜罗人材,要想举起义旗,做个<u>汉光武第二</u>。(民国\小说\大清三杰)

(15) 他就在安徽、河南一带,占据地盘,做个<u>天王洪秀全第二</u>。(民国\小说\西太后艳史演义)

统计显示,清末民初语料中,"第二个 $N_专$""$N_专$ 第二"都是来自事件角色的占多数,表负面意义的占多数。而其后的"现代"语料中,"第二个 $N_专$"来自事件角色的4例,来自公认典型的1例,"$N_专$ 第二"来自事件角色的6例,来自公认典型的1例,仍都是来自事件角色的占多数。"第二个 $N_专$"表正面义(2例)的与表负面义的(3例)数量接近;"$N_专$ 第二"则仍是表负面义的占多数(6例),表正面义的较少(1例)。

"清末民初"直到"现代"的语料中,两种构式中的专有名词都是指人的,且绝大多数为人名,只有 1 例是"总理",不是人名,但仍具有特指意义:

(16) 国务院中,尝称他为<u>总理第二</u>。挟权自恣,误段实多。(民国\小说\民国演义)

(二)"当代"用例的语义功能分析

"当代"语料中的"第二个 $N_{专}$"和"$N_{专}$ 第二"中的 N 都已不限于指人专名,还有事物类专名。以下我们着重从共时平面就二者的语义、功能进行全面比较分析。

1. "第二个 $N_{专}$"

当 $N_{专}$ 为社会公认的某一杰出人物时,"第二个 $N_{专}$"表示其后接近、达到这一杰出人物水准的人,如例(17)(18);当 $N_{专}$ 为某一团体或事件中的一个关键性人物时,"第二个 $N_{专}$"表示后续的能发挥类似作用的人,如例(19)(20);当 $N_{专}$ 为近期人们关注的某一事件中有不幸遭遇或结局的人物时,"第二个 $N_{专}$"表示其后有类似遭遇或结局的人,如例(21)(22)。

(17)"中国还会出现<u>第二个鲁迅</u>吗?"有人问。(当代\应用文\新闻\新华社 2004 年新闻稿)

(18) ……受到老师的称赞和同学的钦慕,便决心以后要当<u>第二个陈景润</u>。(当代\报刊\《人民日报》1993 年 11 月)

(19) 万一邓亚萍失常或受伤,有没有<u>第二个邓亚萍</u>顶上来?(当代\报刊\《人民日报》1993 年 1 月)

(20) 这一炮放过之后,朝廷上就没有<u>第二个杨嗣昌</u>可派。(当代\文学\姚雪垠:李自成)

(21) 她完成任务回家时,丈夫赵学峰惊喜地说:"我真担心

第九章　两种相关构式的比较 | 347

你成了第二个彭加木!"（当代\报刊\《人民日报》1994 年）

(22) 不能再这么玩命干了，你想当第二个李文华呀！（当代\文学\大陆作家\王朔《你不是一个俗人》）

当 $N_{专}$ 为社会公认的在资源或发展水平等方面最为突出的地区或城市时，"第二个 $N_{专}$"表示接近、达到其水准的另一个地区或城市，如例（23）（24）（25）；当 $N_{专}$ 为社会公认的在某一方面较为先进的组织机构时，"第二个 $N_{专}$"表示接近、达到其水准的另一个组织、团体，如例（26）（27）；当 $N_{专}$ 为社会公认的某种负面状况最为突出的地区或城市时，"第二个 $N_{专}$"表示其后具有同种负面状况的另一个地区或城市，如例（28）—（32）。

(23) 兴城近年来已经名噪神州，有"第二个北戴河"之称。（当代\报刊\《人民日报》1993 年 5 月）

(24) 到本世纪末，全市计划发展到 2 万亩，把乌海建成我国第二个"吐鲁番"。（当代\报刊\1994 年报刊精选）

(25) 云南德宏决心打造中国第二个"深圳"（当代\应用文\新闻\新华社 2004 年新闻稿）

(26) 南美共同体能否以此为契机，逐步发展成为第二个欧盟，并在经济、外交和一些重大国际事务中实现完全一体化？（当代\应用文\新闻\新华社 2004 年新闻稿）

(27) 如果约旦队能够继续保持良好的状态，该队将可能成为亚洲的第二个"希腊队"。（当代\应用文\新闻\新华社 2004 年新闻稿）

(28) 塔里木河尾闾台特玛湖也变成了一片沙漠，被生态专家们称为"第二个罗布泊"。（当代\应用文\新闻\新华社 2004 年新闻稿）

(29) 人们可以想象，如果海南岛不是早日解放，它很可能

成为"第二个台湾"……（当代\报刊\《人民日报》1995年5月）

（30）从某种程度上说，以色列似乎意在使希伯伦成为第二个"耶路撒冷"。（当代\报刊\《人民日报》1995年9月）

（31）迪莫纳核电站如今已老化，可能成为"第二个切尔诺贝利"。（当代\应用文\新闻\新华社2004年新闻稿）

（32）当地政府紧急事务部门负责人伊戈尔·马雷说："不会出现第二个切尔诺贝利，也不可能发生隐瞒情报的情况。"（当代\应用文\新闻\新华社2004年新闻稿）

2. "N$_专$第二"

"N$_专$第二"已不是普通的"名+序数"结构。在这一构式中，"第二"由原本的序数义衍生出具有特异性的词汇化意义：与某一典型高度相似的又一个同类典型。这样，整个构式似乎就不好再看成限定成分后置的"中定"结构，倒是比较接近"N的同类、N的典型、N的代表"之类的"定中"结构了。

"N$_专$第二"有的表示长相、做派等与N$_专$酷似的人，如：

（33）乔尼和克瑞茜生了一个儿子，叫梯米·布瑞伍·泰勒，长得简直就是乔尼第二。两年后又生了一个女儿，叫米茜，人人都说她是克瑞茜的翻版。（当代\翻译作品\文学\地球杀场）

（34）日本选手冈崎惠子打球之"狠"颇似中国的邓亚萍，长相也有相似之处，因此有人将她称为"邓亚萍第二"。（当代\报刊\《人民日报》1995年5月）

"N$_专$第二"也用来表示某方面的造诣、成就、抱负等达到著名的N$_专$水准的人，有的用来表示艺术成就达到某一名著水准的作品，如：

(35) 贝多芬十一岁时，就已经显露了他的音乐天才，被认为是<u>莫扎特第二</u>。(当代\报刊\读者)

(36) 大江在日本文化界声望很高，有"<u>川端康成第二</u>"之称。(当代\报刊\作家文摘\1994)

(37) 他在少年时就有救国救民的志向，以"<u>洪秀全第二</u>"自居。(当代\应用文\《中国儿童百科全书》)

(38) 贾平凹的《废都》被某些传媒称为"当代《金瓶梅》""当代《红楼梦》""<u>《围城》第二</u>"等，但是在京的一些作家和资深评论家认为太言过其实……(当代\报刊\读书)

有的"N_专第二"在当时还只是代表接近、仅次于N_专水准的人，下面用例中的说明文字可以证明这一点：

(39) 公司创建者安德利森今年20多岁，个人财产价值已达20亿美元，难怪传媒纷纷惊呼，"<u>盖茨第二</u>"诞生了！安德利森的奇迹恰恰与盖茨有共同之处：看准了个人计算机将从80年代走向繁荣，盖茨终使微软不微，反壮大得称霸全球；如果全球互联网络进一步壮大，成为信息时代的主流，"盖茨第二"有一天是否将压倒盖茨，成为"安德利森第一"呢？(当代\报刊\《人民日报》1995年12月)

有的"N_专第二"表示接近、达到N_专所代表的建设水平或资源状况的地方，如：

(40) 屯垦在大凤川、槐树庄等地的部队，纷纷提出了把驻地变成"<u>南泥湾第二</u>"的口号。(当代\报刊\《人民日报》1995年8月)

(41) 被誉为"<u>丹霞山第二</u>"的龙川霍山是开发旅游的良好

地方。(当代\报刊\1994年报刊精选)

"N$_专$第二"仍有表负面意义的。有的表示思想、言行与作为负面典型的N$_专$酷似的人，如：

(42) 当年，希特勒德国有位大名鼎鼎的"舆论总管"——宣传部长戈培尔，以撒谎、造谣著称于世。姚文元居然成了"<u>戈培尔第二</u>"。(当代\报刊\作家文摘\1994)

(43) 斯大林担心胡志明是个民族主义者，<u>铁托第二</u>。(当代\报刊\作家文摘\1995)

有的则表示遭遇、结局与N$_专$相似的人，如：

(44) 文绣早日和我离了婚，到后来才没有成为<u>婉容第二</u>。(当代\报刊\读者)

(45) 历史常有惊人的相似之处，(19)72年之后，红军也来到了这里。中央红军自渡过金沙江之后，走的竟是与石达开相同的行军路线。蒋介石踌躇满志地扬言："让共产党做<u>石达开第二</u>。"(当代\报刊\作家文摘\1993)

有的表示走N$_专$所代表的发展道路的步人之后尘者，如：

(46) 然而，日本既没有变成<u>中国第二</u>，也没有变成<u>德意志第二</u>或是<u>美利坚第二</u>。它在完成价值重建、文化更新的同时，保持了民族的独特性。(当代\报刊\读书)

(47) 中国是否也只要如此这般炮制一番，就成为"<u>韩国第二</u>"了呢？(当代\报刊\1994年报刊精选)

(48) ……否则我们非但成不了"<u>韩国第二</u>"，倒要成为"巴

西第二"了。(当代\报刊\1994年报刊精选)

(49) 公开发行后,誉之者视为"文坛巨著",是"里程碑",讥之者看作《金瓶梅》第二。(当代\报刊\1994年报刊精选)

至此,我们可以把清末、民初、"现代"、"当代"语料分类统计,列成一个简表(如下表所示)。

清末、民初、"现代""当代"语料分类统计

用法 时代	第二个 $N_专$						$N_专$ 第二					
	事件角色类		典型人物类		事物类		事件角色类		典型人物类		事物类	
	负面	正面	负面	正面	负面	正面	负面	正面	负面	正面	负面	正面
清末	4											
民初	14	3	3	2			15	1	2	2		
现代	3	1		1			6			1		
当代	13	12	1	19	25	30	13	8	18	16	7	8

统计显示,"现代"语料,与清末民初基本相同的是:"第二个 $N_专$""$N_专$ 第二"仍都是来自事件角色的占多数;"$N_专$ 第二"仍是表负面义为主;而"第二个 $N_专$"表正面义的比例开始增加。"当代"语料,"第二个 $N_专$"与"$N_专$ 第二"都由只容纳人物专名扩展为可容纳事物类专名,且事物类都是正面义、负面义用例大体相当;相对于事件角色类,典型人物类显著增加;典型人物类中表正面义的大大超过表负面义的。两构式不同的是在事件角色类中,"第二个 $N_专$"表正面义与负面义的旗鼓相当,"$N_专$第二"则是表负面义的显著多于正面义的。

范围的扩大,数量的增加,显示两构式的能产性在增强、语法化程度在提高。随着语法化程度的提高,进入"第二个 $N_专$"的名词性成分还可以突破量词与名词的语义选择限制。如:

(50)《论持久战》写得棒极了,绝对是第二个《孙子兵

法》。(当代\报刊\《人民日报》1993年12月)

不说"第二部《孙子兵法》",直接说"第二个《孙子兵法》",显示了构式独立于构成成分的完形性。

当代汉语表正面义的用例,在保留事件角色类的同时,典型人物类比例显著增加,这大概是因为中华人民共和国成立以来更多倡导、树立正面典型,而且应该与当代信息传播条件下各种典型人物更容易为大众随时了解并作为谈资不无关系;表负面意义的用例,则仍是事件角色类占多数,似乎表明:在就事论事的场合,大众和媒体都在更多地谈论负面人物。总体来看,典型人物类的 $N_{专}$ 具有较高社会共知性,事件角色类 $N_{专}$ 则可以只是说听双方熟知即可。

(三) 综合分析

1. 综观所考察的全部用例可以看到,"第二个 $N_{专}$"与" $N_{专}$ 第二"都不是自由短语,而是不能单说的定位的黏着短语。具体说,几乎都是用于动词宾语的位置(包括个别介词宾语),句法上具有定位性、后置性,是较为典型的非自足构式[①]。

这种非自足性的"第二个 $N_{专}$"和" $N_{专}$ 第二"主要是充当"称为、誉为、成为、做、当、是"之类动词的宾语,"第二个 $N_{专}$"还常充当"有、没有、出现、寻找、建成、打造"之类动词的宾语。如果作为一个原型范畴来看,"称为___"是其高频出现的典型位置,具有元语成分的性质。就指称特征来看,"第二个 $N_{专}$"和" $N_{专}$ 第二"作为表属性类同的临时性称谓形式,均不代表语境中的一个实体,即不能充当有指成分,而只能是一种无指成分。陈平(1987)分析七组

[①] 我们所考察的244例语料中,只有2例属于例外,1例为文中(39),"盖茨第二"位于"诞生"前作小句主语,但该小句仍为"惊呼"的宾语;另1例为:本报讯我国第二个"蛇口工业区"——招商局中银漳州经济开发区,近日在台湾海峡西岸九龙江入海口奠基。(《人民日报》1993年1月)例中让"第二个 $N_{专}$"先出现然后交代本体,是报道文体吸引注意力的特殊安排。从前面有定语"我国"着眼,"第二个 $N_{专}$"仍体现后置性。

名词性成分,其中,人称代词、专有名词及"这/那(+量词)+名词"只充当有指成分,其余四组可以充当有指成分,也可以充当无指成分,但没有只充当无指成分的。本书对表类同的"第二个 N$_专$"和"N$_专$ 第二"的考察则显示:专有名词受数量限定后,指称性质与原专有名词刚好相反,一般不再是有指成分,而只充当无指成分。其他黏着性名词短语情况如何,值得进行定向考察。

"第二个 N$_专$"和"N$_专$ 第二"的非自足性还表现在,语义上有时可作多种解读。比如"第二个陈景润""陈景润第二"可能解读为"像陈景润那样执着地进行科学研究并取得重大突破的人",也可能解读为"像陈景润那样只知道科研不懂得生活的科技工作者";"第二个中东"可能解读为"像中东那样有着丰富石油资源的地方",也可能解读为"像中东那样被多种势力眼红、争夺的地方";"第二个张学良"可能解读为"像张学良那样为民族大义实行兵谏的人",也可能解读为"像张学良那样实行义举后被软禁的人"。或许是为了弥补语义的不自足,同时也为了使表达效果得到加强,不少"第二个 N$_专$""N$_专$ 第二"的上下文伴随着对相似点具体所指的说明,如:

(51)雷锋生前所在团团长马剑上校深情地对徐晓强说:"你和牺牲时的雷锋有很多相似之处,同是 22 岁,同是司机,同是战士。你是抚顺市<u>第二个雷锋</u>,是活着的雷锋,我们都要向你学习!"(当代\报刊\1994 年报刊精选)

(52)庞文全现在成了名播四海的新闻人物。一些境外报刊称:中国出了<u>第二个李鼎铭</u>!庞文全与李鼎铭确有可比之处:他们都是党外人士,与共产党肝胆相照,为国为民知无不言,言无不尽。可李鼎铭乃大户人家,庞文全却是柴门农夫。(当代\报刊\作家文摘\1995)

"第二个 N$_专$"和"N$_专$ 第二"用来表达"高度相似",这种"高度相似"有的是实然的,有的是虚拟的,从表达层面来看,本质上说,是说话人认为具有这种"高度相似性",即代表的是说话人的认识。进一步说,这种表达式的采用通常体现了说话人的一种情感,这里的移情(empathy)包括了钟情、同情、厌恶等多种情况。比如,当$N_专$为社会公认的某一杰出人物时,体现钟情义;当$N_专$为近期人们关注的某一事件中有不幸遭遇或结局的人物时,体现同情义;$N_专$为负面典型时即体现厌恶义。出现"第二个$N_专$"或"$N_专$第二"的句子均为表评议、感叹的主观句类。

2. 基于同样用来表达"高度相似"的共性,"第二个$N_专$"和"$N_专$第二"在某些情况下可以互换,但二者的语义功能并不是等值的。

简单地说,表示达到某一正面或负面典型的水准、程度,可以说"第二个$N_专$",也可以说"$N_专$第二"。如例(18)中的"第二个陈景润"可以换成"陈景润第二",例(35)中的"莫扎特第二"也可以换成"第二个莫扎特";例(40)中的"南泥湾第二"可换成"第二个南泥湾";例(42)中的"戈培尔第二"可换成"第二个戈培尔"。表示遭遇、结局的类似,二者也可互换,如例(21)中的"第二个彭加木"可以换成"彭加木第二",例(45)中的"石达开第二"也可换成"第二个石达开"。

二者不能互换的情况,使我们看到它们语义、功能的差异。

一方面,表示某一团体或事件中一个关键性人物之后能发挥类似作用的人,说"第二个$N_专$",不说"$N_专$第二"。如例(19)中的"第二个邓亚萍"不能说成"邓亚萍第二"。表示未来能接近、达到现有的某一先进组织、团体的水准,说"第二个$N_专$",一般不说"$N_专$第二"。如例(26)中的"第二个欧盟"不能说成"欧盟第二",例(27)中的"第二个希腊队"不能说成"希腊队第二"。表示再次陷入与以往类似的困境,说"第二个$N_专$",不说"$N_专$第二"。如:

(53)近日来,以美国为首的联军与伊拉克反抗力量之间的

冲突不断升级，伊拉克会不会成为第二个"越战泥潭"，成为美国人的热门话题。（当代\应用文\新闻\新华社2004年新闻稿）

例（53）中的$N_专$"越战泥潭"不是简单地指人或物的专有名词，而是一个暗喻形式的名词短语，不能改写成"$N_专$第二"。

另外，表示子女与父母酷似，一般用"$N_专$第二"，不用"第二个$N_专$"。如例（33）中的"乔尼第二"不能说成"第二个乔尼"。表示接近、仅次于$N_专$水准的人，说"$N_专$第二"，不能换成"第二个$N_专$"。如例（39）中的"盖茨第二"不能说成"第二个盖茨"。表示走他人发展道路的步人后尘者，一般用"$N_专$第二"，不用"第二个$N_专$"。如例（46）中的"中国第二、德意志第二、美利坚第二"不能说成"第二个中国、第二个德意志、第二个美利坚"。

对比显示：在具有［＋高度相似］语义特征的同时，"第二个$N_专$"还具有［＋相继性］特征，"$N_专$第二"则具有［＋等次性］特征，显然是分别源自"第二个"的计量次序义和"第二"的等第义，由此，我们似乎可以认为，在引据构式语法"构式义不能简单由成分推导"的观点时，对于结构成分、结构关系对构式义的一定程度的"传导"，仍然不应忽视。正是由于存在这一差异，有些"第二个$N_专$"（如$N_专$代表不幸遭遇者的"担心"句中）可以换成"下一个$N_专$""又一个$N_专$""另一个$N_专$"，如例（21）中的"第二个彭加木"可以换成"又一个彭加木"；而"$N_专$第二"一般不能换成"下一个$N_专$""又一个$N_专$""另一个$N_专$"。另外，"第二个$N_专$"可充当"出现、寻找、建成、打造"之类动词的宾语，"$N_专$第二"一般不能，这应该也与［＋相继性］特征的有无直接相关。

"第二个$N_专$"具有可扩展性，有时$N_专$还具有多可性。如：

（54）他衷心地期望他们中间能够出现第二个、第三个鲁迅。（当代\应用文\新闻\新华社2004年新闻稿）

(55) 这里被誉为"第二个白沟""第二个温州"。(当代\报刊\《人民日报》1996年2月)

例（54）中"第二个、第三个鲁迅"体现了"第二个 $N_专$"结构上的可扩展性及语义上的可延续性；例（55）中的"第二个白沟、第二个温州"则显示"第二个 $N_专$"中 $N_专$ 的多可性，不具有决定于内在关联的唯一性。

"$N_专$ 第二"不具有可扩展性，$N_专$ 一般也不具有多可性。

3. 以往分析专有名词受数量修饰的情况（如"一个诸葛亮""千万个雷锋"等），我们都是作为"专名泛化"来说明。考察"第二个 $N_专$"及相关问题，使我们注意到"专名泛化"说并不适用于所有名词受数量修饰的情况。先来看一组与泛指、特指相关的歧义现象：

a. 刘阿姨成了她的第二个妈妈。
b. 大姐成了他的第二个导师。
c. 穷亲戚成了她家里的第二个保姆。

a 中的"第二个妈妈"可以按"第二个 + 泛指名词"理解成"继母"，也可以按"第二个 + 特指名词"理解成"相当于妈妈的人"（不是妈妈酷似妈妈）。b 中的"第二个导师"可以按"第二个 + 泛指名词"理解成"第一个导师之后的又一位指导教师"，也可以按"第二个 + 特指名词"理解成"相当于导师的人/不是导师的导师"。c 中的"第二个保姆"可以按"第二个 + 泛指名词"理解成"继任保姆"，也可以按"第二个 + 特指名词"理解成"相当于保姆的人/不是保姆的保姆"。这种因"第二个 + 泛指名词"与"第二个 + 特指名词"同形而形成的歧义结构，无法直接分化。如果我们把"第二个 + 通名"和"第二个 + 专名"作为两种独立的构式来认识，就可以对上述歧义现象做出有效解说。因此"第二个 $N_专$"不宜简单按专名泛化分析，而应该明确 N$_专$ 仍是以"特指形式"参与构式的，是相似、相继关系中的专名，并没有泛化为通名。

4. 对比无标记组合形式"第二个 + 通名"，"第二个 N$_专$"中名词超越常规形成有标记形式；而"N$_专$ 第二"不仅名词超越常规，语序也与常规的无标记语序不同，以致"第二"标量作用弱化，属性类同意味凸显，因此"N$_专$ 第二"具有更高标记度。标记度增加，构式义的可推导程度相应降低，也就具有了更多特异性，因此与动词的结合面比"第二个 N$_专$"要窄，且更多倾向于表负面义。由"数量 + N"到"第二个 N$_专$""N$_专$ 第二"，体现了对多种整合方式的充分利用，创造了形式简短含义丰富的类同表达手段，体现了构式与成分互动的多种模式。这种情况在其他一些语义语法范畴中也应有所体现，值得系统考察。

二 "难 VP"和"VP 难"

"难 VP"和"VP 难"是现代汉语中同词异序的两种谓词性结构。语序不同，结构与功能均有所不同。陈一、曾爽《关于普通话中"卖难"说法的观察与思考》(《两岸四地现代汉语对比研究新收获》，语文出版社 2013 年版) 和曾爽《"难 VP"和"VP 难"比较研究》(硕士学位论文，哈尔滨师范大学，2013 年) 分别进行了比较全面细致的考察分析。这里我们在上述两文基础上做一些概括分析。

现代汉语中的"难"，可作谓语、定语，能受"很"修饰不能带宾语，单独看可确定为形容词。然而，放在动词前面的"难"却具有助动词的特征[①]。以往的研究，更多关注不同情态词语的不同功能，

[①] 动词前面的"难"的语法特征，符合朱德熙（1982）对助动词特点的概括，只能带谓词宾语，不能带体词宾语；不能重叠；不能带后缀"了""着""过"；可以放在"～不～"的格式里；而且在"难 V"结构中的"难"并不表示状态、方式，而是表示介乎"可能"与"不可能"之间、接近"不可能"的情态义。

较少关注相同相近情态词语的语序改变伴随的功能差异。"VP 难"和"难 VP"两种构式的差异,用目前常谈到的时间顺序原则、概念距离原则等不足以做出充分阐释,应该进行新的考察探索。

(一)"难 VP"和"VP 难"的结构

1. "难 VP"和"VP 难"中的"难"

关于"难 VP"中"难"的性质一直存在争议。把"难"看成形容词还是助动词更合适,应该与"形+动"结构、"助动词+动"结构加以比较才能得出较为可信的结论。

就"形+动"结构看,形容词前若有附加成分,后面就要带 de。比如,很慢地移动。"难"前面加"很"类等程度副词,仍直接与后面的动词组合,不能加"地"。如:说"很难前进",不说"很难地前进"。并且,"难"也不像在动词前的状语形容词那样表方式、情态,而是表示"可能性偏小"的情态义。所以,"难"不同于形容词状语,而是类似于情态助动词。其实,情态动词可视为一个原型范畴,内部存在典型成员和非典型成员。"难"虽不具备助动词的全部句法特征,但它接近情态助动词的原型,并且与情态动词一样,都可以表示情态意义。

具体看,根据"难 VP"中"难"细微意义差异,可将助动词"难"分为三个。

难$_1$:表示做起来费时、费力。

难$_2$:表示动作行为取得理想的结果并不容易。

难$_3$:表示特定客观条件下某种不期望、不如意情况发生的可能性小。

"VP 难"中的"难",则仍可看作形容词,可有"很难"式扩展;如将其视为情态动词也不无道理,因为情态动词也可以作谓语。如:"帮忙应该""帮忙可以"。

"VP 难"中的"难"只能分出"难$_1$""难$_2$"两种意义。

和"难 VP"中表同样意义的"难$_2$"有所不同,"VP 难"中"难$_2$"

分布语境受限：一般出现在对举格式、疑问句和感叹句中。

2．"难 VP"和"VP 难"中的 VP 的差异

两种构式中"难"所表示的语法意义有所不同，对动词的选择也有所不同。

（1）动词的长度

通过对大量真实语料中实际用例的考察，并将《普通话三千常用词表》所收动词逐一测试，我们了解到多数可以单独作谓语的单音节自主动词都能进入"难+V"。少量单音节非自主动词也能出现在"难+V"组合中，如"难断、难懂"等。"单音节动词+难"的用例非常少，可单项使用的只有"卖难"。

能进入"难 VP"的双音节动词，主要是结合紧密的非动宾结构复合词。其中很多不能进入"VP 难"结构。例如：

难理解　难预料　难交代　难通过　难取消　难放松
＊理解难　＊预料难　＊交代难　＊通过难　＊取消难
＊放松难

"VP 难"则能容纳很多动宾式复合词，多半不能变换成"难 VP"，个别有"难 VP"用例，但数量显著减少，表现出明显的不对称状况。例如：

买菜难　读书难　看病难　入学难　招工难
＊难买菜　＊难读书　＊难看病　＊难入学　＊难招工
收款难　退款难　融资难　打车难
＊难收款　＊难退款＊　难融资　＊难打车

在 CCL 语料库中，检索"融资难"，得到 31 条，检索"难融资"显示 0 条；在百度新闻搜索中搜索"融资难"得到相关新闻 2770000

篇，而"难融资"仅得到 349 篇。"招工难""难招工"等情况类似。

"难 VP"容纳的最典型动词是强动作性的单音节动词，不能容纳的是"动""宾"独立性较强、具有离合性的动宾式动词。"VP 难"容纳的最典型动词是动作性弱、意义抽象的动词，不太能容纳的是动作性强、意义具体的单音节动词。

就此，我们可以建立一个连续统：

单音节动作动词 > 单音节非动作动词 > 内部凝结度高的非动宾式动词 > 意义具体的动宾式动词 > 动作性弱、意义抽象的动宾式动词

最左端是能构成"难 VP"的典型动词，最右端是构成"VP 难"的典型动词。从左到右动作性由强到弱，指称性由弱到强。

"难 VP"中"难"语义上指向动作或结果，单音节动词具有典型动词的语法特征，"难 + 单音节"构成一个"标准音步"，与汉语韵律特征相符，所以是"难 + VP"的原型结构。"VP 难"中的"VP"是"难"的陈述对象，这一位置与动作性低、意义泛化的双音节动词更为亲和。

将观察扩展到"很难"与动词的组合，我们会看到，"难"和"很难"对单双音节动词的选择有所不同，这也是受韵律因素影响。上述连续统所体现的范畴性语义成分的强弱关系并不发生改变。综合而言，更高层次的概括可以是，当 VP 是词的时候，从范畴性语义成分来看，"难 VP"中的典型成员，陈述义强，指称义弱；"VP 难"中的典型成员，陈述义弱，指称义强。

（2）动词的自主与非自主

"难 VP"中的"难$_1$"一般选择褒义的或中性的自主性行为动词，较少选择非自主动词；"难$_2$"只选择自主动词，且多带有结果义；"难$_3$"则多选择非自主变化动词，极少数可选择负面义自主动词。"VP

难"中的"难₁"一般选择动作性弱、意义抽象的自主动词,偶尔与少数中性义非自主动词组合;"难₂"也是只选择自主动词。

(3) VP 为短语

一些主谓短语,可进入"VP 难"构式,不能进入"难 VP"构式。可比较:

男足出线很难　　学员上车难
*很难男足出线　　*难学员上车

述补短语进入"难 VP",有"动词+结果补语""动词+趋向补语""动词+数量补语""动词+处所补语",分别举例如:

很难汇报清楚　　很难运用恰当
很难追回来　　很难开展起来
车套半年难洗一次　这些乐器很难合奏一次
健康警示图很难贴到国产烟盒上

"VP 难"构式中,VP 为述补短语限于"动词+趋向补语",且一般是以对举形式出现。例如:

说起来容易,<u>做起来难</u>　吃进去容易<u>吐出来难</u>

述宾短语,对"难 VP"和"VP 难"的适应性存在明显差异。

"$V_单$+宾语"构成的"VO 难"大部分不能变换为"难 VO",要改变"难"与 VP 的语序,受事宾语一般需要前置。如:

找工作难　　*难找工作　　工作难找
找对象难　　*难找对象　　对象难找

有的貌似"难+$V_单$+O"结构实际上应切分为"难$V_单$ | O",不能变换为"$V_单$ O 难"。例如：

  a. 猪价调整难掩增长趋势（标题）
  b. *掩增长趋势难

"$V_双$+宾语"一般能进入"难 VP",但没有检索到能进入"VP 难"构式的典型用例。如：

  a. 艺术家：不大胆难适应社会　（标题）
  b. *适应社会难

"VP 难"构式中,VP 隐含着一个群体性施事,"VP 难"并非陈述具体事件,而是用来概括一种状况或一种局面。

较长的述宾结构一般不能进入"VP 难"构式,这主要是受韵律制约。正如冯胜利（2000）所指出的,韵律结构对基本句法结构有制约作用。"VP 难"作为主谓结构,如果作主语的 VP 长度过大,主语部分韵律分量过重,是不符合汉语韵律结构中的"尾重原则"的。如果将"VP 难"中的"难"换成"很难",韵律结构有所改变,才能容纳长度较大的主语。

状中短语能进入"难 VP"（如"难顺利毕业"之类）,一部分也能进入"VP 难"（如"顺利毕业难"）。进入"VP 难",通常需要具备"隐含群体性施事"的特征,整个"VP 难"具有指称性。

兼语短语进入"VP 难"和"难 VP"没有明显差异。如：

  难让美国"婆婆"点头　　让美国"婆婆"点头难

连谓短语也能进入"VP 难"和"难 VP","VP 难"也要求 VP

施事为群体性施事,例略。

3. "难 VP"和"VP 难"的结构关系

对结构关系的认定,单凭语义感知很难得出一致公认的结论。我们通过变换式的平行性来观察。

"难 VP"与表情态的"能愿结构"有一致的变换形式:

应该做到　做到应该　应该不应该做到
可以做到　做到可以　可以不可以做到
难做到　　做到难　　难不难做到
难卖　　　卖难　　　难不难卖

马庆株(1992:63—67)对比重音位置、变换式同异、亲属语言能愿结构的镜像关系证明能愿结构是述宾结构。据此,我们认为,"难 VP"结构可看成类似于能愿结构的述宾结构。

"VP 难"结构与主谓结构具有一致的变换关系、扩展形式:

这件事难　　这件事难不难　　这件事很难　　这件事不难
上大学难　　上大学难不难　　上大学很难　　上大学不难
卖(货)难　　卖(货)难不难　　卖(货)很难
卖(货)不难

这些平行的变换式具有平行的语义关系,因此,"VP 难"结构可看成主谓结构。

(二)"难 VP"和"VP 难"的功能

1. 句法功能

(1)能否单独成句

两种构式能否单独成句,与韵律、语序、标记性均有关联。

"1+1"的"难 V"(如"难买、难学、难办"等)一般可以单说,"1+1"的"V难"(如"卖难、运难、储难"等)为有标记组配,为高度受限形式,不能单说。"1+2"的"难VP"(如"难交代、难通过"等)和"2+1"的"VP难"(如"看病难、入学难、就业难"等)一般都不能单说。"1+3"的"难VP"(如"难洗干净、难说出口"等)和"3+1"的"VP难"(如"找工作难、做起来难"等)一般也不能单说。"2+2"乃至更大长度的"很难VP"和"VP很难"则大多能独立成句。

(2) 作谓语

"难VP""VP难"都能充当谓语,然而所需条件、使用频度有所不同。

"难VP"充当谓语的用例在我们考察的全部语料中超过80%。"VP难"作谓语的比例较低,约占30%。"很难VP"与"VP很难"作谓语情况类似。

(3) 作定语

"难VP"带上"的"能作定语。如:

难卖的产品　难对付的对手。

"VP难"也可带上"的"作定语,不同的是还可与名词组成黏合式偏正短语。不论是否带"的",中心语同为"问题、现象、状况、矛盾、泥淖"之类名词,例如:

就业难问题　看病难现状　停车难矛盾

观察大量实例可知,"难VP"与"VP难"与中心语之间的语义关系是不同的。通常,V的事件结构,包括客观世界中与动词直接相关的各个角色,也包括人们从各个方面对事件的认识和作用,"难VP"作定语,中心语是V的受事,与V有直接事件关联;"VP难"

作定语,中心语与 V 并没有直接事件关联,N 是泛化的语义类别,"VP 难"用来限制其内涵,某种意义上可以认为中心语是人们对于事件的认识和评价。考察中没有发现"VP 难"作受事名词定语的语料,这显示,"VP 难"与"问题"一类名词概念距离较近,语义亲和,体现自然的关联。

(4) 作主语、宾语

我们在考察中,没有发现"难 VP"作主语的用例,作宾语的也很少,不足全部语料的 5%。例如:

这事我知道难办　已知难超对手

"VP 难"充当主语的用例约占 10%,多半具有引述性,少数是普通的指称性用法。

"招工难"倒逼产业转型　无锡优化劳动力结构(标题)
"理赔难"渐成投诉重点　保险理赔难在何处(标题)
执行难是全国法院系统都存在的问题,是为全社会所共知的事实。

"VP 难"作宾语的语料,约占 25%,也是引述性用法占多数。例如:

努力化解"批评难"(标题)
浙江科协六举措助民企破解"创新难"(标题)

"难 VP"充当宾语,带宾动词主要是"知道、感觉"等意义抽象的感知类动词,它们可后接谓词性宾语。"VP 难"充当宾语,谓语动词主要是"解决、缓解、应对"类行为意义实在的动词,这类动词通常后接体词性宾语。当"VP 难"用在经常出现体词性成分的句法位置时,受到句位影响,它本身的谓词性特征降低,指称性增强。

(5)"难 VP"与"VP 难"句法功能差异总结

"难 VP"主要用于述谓功能,具有典型的谓词性特征。"很难 VP"的句法功能和"难 VP"基本一致。

"VP 难"和"难 VP"不同,谓语用例显著减少,谓词性特征较弱,有从谓词性向体词性游移的倾向。"VP 很难"和"VP 难"句法功能有差异,构成独立小句的用例超过 60%,没有作主语和定语的用例。

2. 语义、语用功能

(1)自指、转指

"难"与单个动词组成的"难 VP"带上"的"可与"产品、作品、对手"类受事名词组成定中短语;"VP 难"却是和"问题、状况、现象"等非论元名词组成定中短语。"难 VP 的"可表转指,脱离中心语直接转指受事,"VP 难的"则只能表自指,不能脱离中心语直接转指受事。

存在上述差别的原因可能是:述宾结构"难 VP"比主谓结构"VP 难"及物性要强,"难 VP 的"属于动词 VP 的论元,能激活受话方对被 VP 支配的受事的联想,因此"难 VP 的"可用来转指受事;"VP 难的"不属于和 VP 相关的一个论元,主谓结构"VP 难"中,VP 由陈述义转向指称义,由"难"作其谓语,语义上已相对完整,于是"VP 难的"不表转指,而只能是自指。

(2)评价、推测、说明

对已然状况,"难 VP"倾向于表评价义,体现说话人对行为实现可能性的态度。例如:

现在的孩子难<u>教育</u>　　生意难<u>做</u>

对未然情况,"难 VP"倾向于传达推测义。

  山东粮产连续四年获丰收 明年夏粮<u>难增产</u>(标题)
  楼市回暖或<u>难延续</u>(标题)

既然是未然情况难以实现,说话人也就常常对听话人做出建议、劝阻和制止。例如:

  2012 房价仍<u>难下降</u>　建议购房一看二算三果断(标题)

"评断、推测",都是说话人基于已有知识的某种认识,属于认识情态,所以"难 VP"多是"知域"表达,对应非现实句范畴。

"VP 难"多用于对已然情况的说明,用于未然情况一般限于疑问句或感叹句中(凸显评价义)。

对已然情况,"VP 难"有的是对面对某种客观情况的直接说明,例如:

  内蒙古土豆<u>卖难</u>　北京尝试以公租房缓解<u>住房难</u>

大量"VP 难"句是引述性说明。例如:

  缓解温州百姓"<u>行路难</u>"问题(标题)
  内部机构调整的动机始于"<u>问责难</u>"(标题)
  深圳高新区 5 万员工告别"<u>吃饭难</u>"(标题)

对"已然情况直接说明"的"VP 难"属于现实世界域,或称之为"行域"。用于"引述性说明"的"VP 难"则属于一种"言域"用法。"VP 难"的引述用法,多带引号,个别不带引号的根据句中出现的"感叹""呼声"类词语也可以确定其引述性。引述性用法可凸显事态的被关注度。

（3）"施事/受事"与"事件/状态"

我们以"难卖"与"卖难"为例进行集中对比，能够看到，二者共有的"卖"是二价动词，两个配价成分分别是施事和受事，一般分别出现于动词前面和后面。"卖"和"难"组合，及物性降低，配价成分及其句法实现有所改变，"难卖""卖难"都不能后接受事宾语，它们和相关名词组成主谓、定中结构的具体情形也有所不同。

"难卖"前一般要求有受事名词，反倒不能直接出现施事名词。比如可说"蔬菜难卖"，不能说"菜农难卖"。"卖难"前面既可出现受事名词，也可出现施事或主事名词，有时是"施事/主事"和"受事"先后出现于"卖难"之前。例如：

农副产品卖难　农民卖难问题　天津猪肉卖难问题

"难卖""卖难"都可与"情况、问题"等非论元名词组成定中短语；"难卖"带上"的"可以与"农产品、房子"之类受事名词组成定中短语，"卖难"却不能。"难卖的"表转指，可脱离中心语直接转指受事，而"卖难的"只能表自指，不能脱离中心语直接转指受事。这一情况或许可以解释为："难卖"的受事在结构外，"卖难"的受事通常隐含在结构内（即"卖难"语义上相当于"卖+宾+难"）。另一方面，动词性"难卖"比主谓结构"卖难"及物性要强一些，前者更多用来联系受事，后者则更多用来联系施事或主事。它们对受事出现的强制性有所不同："卖难"前的受事常可省去，"难卖"前的受事通常不能省去。

概括地说，"难VP"中动词为二价动词时，施事、受事两个论元的隐现，和事件、状态之分有关。常见的句首为受事主语而施事不出现的句子，隐含施事在语义指称上具有任指性的特点，泛指任何一施事者。此类句子多不是陈述具体活动、事件，而是用于描述某种事物的性质和状态。就情态类型来说，此类句子具有状态性而非事件性。

一些在句首出现施事主语而受事宾语没有前移的"难 VP"句，如"女星难入豪门"，施事是有定的，为了表述的完整和准确需要清楚交代，不能省略。此类句子常用于陈述动态事件，而不是描述状态。就情态类型来说，此类句子具有事件性而非状态性。

因为状态和事件之间关系紧密，状态往往是某一事件的结果，所以选择什么结构通常取决于发话人的主观识解。当说话人重视对状态的描述，且要表达一个具有通指性特征的命题时，施事通常省略，受事需要移位到主语位置。当说话人要对某一事件进行完整性陈述时，施事作为完整事件结构中不可缺少的部分，就不能被隐含。

(4) "VP 难"的兴起和主观性消长

综合观察可知，"难 VP"和"VP 难"语义差异显著；"难 VP"和"很难 VP"语义基本一致，有不同的韵律适应性；"VP 很难"与"很难 VP"差别不太显著，体现一定程度的语义中和。"VP 难""难 VP""很难 VP""VP 很难"四式中，语义功能较为"特殊"的是"VP 难"。句法功能上，"入学难、招工难、卖菜难、看病难"类三字格构式有从谓词性向体词性游移的倾向，且渐趋固化，用来指称一种不应出现的困境。以下对非自足性"VP 难"做一些集中分析。

1) VP 及陈述对象的特殊性与构式义

一般地说，"难 VP""很难 VP""VP 很难"的陈述对象，可以是个体性的，也可以是群体性的。"VP 难"的陈述对象一般不是个体，而是群体性施事或主事，VP 所指事件一般具有显著性和普遍性。"VP 难"用来表示群体施事或主事不能不做的事情存在不应有的困境，用来指称某种困难的局面。所以群体施事或主事在某种意义上成为被同情者，是说话人"移情"对象。

Goldberg (1995) 指出，构式本身具有独立的形式和语义，所以，一个构式的意义，不能只根据句子的词语意义、词语之间的结构关系而推知。"VP 难"用来指称 VP 事件存在不应有的困境，是一种整体性的构式义。由于"VP 难"的陈述对象是说话人移情的对象，所以"VP 难"指称的情况具有"不应出现"的意思，这是构式本身的意义，不是由构成成分意义的简单相加推出的。随着"VP 难"适用范围的扩大，使用频率的增加，构式的能产性增强，语法化的程度进一步提高。

2) 高频使用背后的语用动机

许多媒体不用"难 VP"而选择有标记的"VP 难"，自然是为了适应某种表达需要，这来自某种特殊语用动机的驱使。我们以为，各类新闻报道及时事评论选择使用"VP 难"是多重权衡的结果：因为知域的"难 VP"常体现主观上认为"难以实现"，往往会引发"不能实现"的语用推理，也就使"难 VP"带上了一定程度的主观否定意味；而行域、言域的"VP 难"一般不带有这种意味。由此，我们可以说，从"难 VP"到"VP 难"，蕴含着通过概念域转换弱化主观否定义而显示客观叙述义的语用动机。这可以认为是一个去主观化（认识主观化）的过程。

需要说明的是，弱化了认识主观化，并不是彻底的去主观化，因为与"难 VP"相比，"VP 难"往往体现说话人对陈述对象的"移情"（同情），事实上加强了情感主观化。总体来看，着眼于受事还是施事/主事，立足于知域还是行域/言域，偏重主观还是客观，显示了不同的视点，也体现着不同的表达策略。多重权衡、取舍，不是适应语体要求，而是服从于特定的语用动机。至于"情感""认识""视点"——主观化的这三个侧面，并不是同向共变的情况，在其他语义语法范畴的相近构式选择中是否同样存在，需要进一步研究。

三 "X 像极了 Y"与"X 跟 Y 像极了"

汉语中有下列四种结构并存。

A. 张三极像李四。

B. 张三跟①李四极像。

C. 张三跟李四像极了。

D. 张三像极了李四。

A、B 中程度副词"极"修饰系动词"像"构成的"极像",能够分别适应"主+动+宾"句和"主+介宾+动"句。C、D 中的"像极了"是程度居后的述程式,以构成 C 类"主+介宾+动"句为常,D 类"主+动+宾"句是后起形式,近年来开始比较流行。

面对上述情况,我们首先需要关注"极像"与"像极了"的差异。"极像"是符合汉语"副词在前,动词在后"规约的常规语序,就像一般的状中结构修饰语对中心语的及物性一般不发生较大影响一样,"极像"基本上能和"像"一样带宾语,也可以前加介词短语。"像极了"是非常规语序,且作为程度副词居后的述程式,常常作为句子的自然焦点成分置于句子尾部,因而构成前加介词短语的"主+介宾+动"式较为自然;如果在"像极了"后面带上一个宾语,就将出现"焦点竞争"的问题。于是,更令人感兴趣的问题来了:在已有 A、B、C 三种构式的情况下,D 式"X 像极了 Y"构式产生并流行的动因与机制是什么?它的浮现意义、语用功能该如何认识?"X 像极了 Y"与"X 跟 Y 像极了"两种构式有何异同?

(一) 介宾比较句与句宾比较句、句宾比喻句

着重观察"像极了"的语料,我们看到,"X 跟 Y 像极了"句,基本上都是 X 与 Y 均为实指成分的比较句(以下称为"介宾比较句");"X 像极了 Y"句,少数是 X 与 Y 均为实指成分的比较句(以下称为"句宾比较句"),大多数是 X 为实指成分、Y 为虚指成分表相似性的比喻句(以下称为"句宾比喻句")。

---

① B、C 两句中的"跟"为介词,其功能是引出与动作相关的对象。可与"和/同/与"进行替换。现代汉语中"跟/和/同/与"还可作连词,功能是连接两个或多个并列成分,不在本书考察范围。

1. 介宾比较句"X 跟（与/和/同）Y 像极了"

介宾比较句"X 跟（与/和/同）Y 像极了"（以下简化为"X 跟 Y 像极了"），X 是比较的主体，介词宾语 Y 是比较的参照体，是已知信息，可以是说话人已知的信息，也可以是说听双方均已知晓的信息。例如：

（1）有的子女跟父母简直是像极了，从颜貌到谈吐、表情与动作，都是一模一样……（当代\报刊\读者）
（2）你相貌和他像极了！（钱钟书《围城》）
（3）那孩子和牧白小时候像极了。（琼瑶《烟锁重楼》）

根据以上实例，从指称性质角度看，Y 多为人称代词、专名等定指（identifiable）性成分。定指和不定指（nonidentifiable）这对概念所反映的事实是发话人谈及一个事物时考虑到它作为一项信息在受话人当时的意识里是已知的还是未知的。话语里采用定指成分的情况是指发话人谈及某个事物时预料受话人能够准确地认同那个实体。一般说来，发话人意在引入新信息时，往往采用不定指形式，而表示旧信息时往往采用定指形式。"X 跟 Y 像极了"中的参照体 Y 一般是旧信息。

按照 Taylor（1994）所论，参照体的信息度（informativity）可以定义为能为目标的识别提供可靠有效的提示信息的程度。作为参照体的 Y 除了要有较高的信息度之外，还要有较高的可及度（accessibility）。所谓"可及度"是指相关的概念从记忆或环境中提取的容易程度。只有已经可及的概念才可以充当参照体来建立跟相关目标的心理联系。"X 跟 Y 像极了"将已知性的参照体 Y 前置，"像极了"后置，一般来说，满足了句末焦点和语义完足的要求，所以，它是自足性构式，可以单说。

2. 句宾比较/比喻句"X 像极了 Y"

"X 像极了 Y"可表示 X 与 Y 两项的比较关系（同类对象的现实

性对比），也可以表示 X、Y 两项之间的比喻关系（非同类的人或事物之间的打比方）。

表示比较关系的例子如：

(4) 他像极了我的中国外祖父。（当代\报刊\新华社 2004 年 12 月）

(5) 熊兄饮酒的豪情，像极了我一位朋友。（古龙《陆小凤传奇》）

(6) 我看到一些妇女在河旁洗衣，用力的捣着衣服，甚至连姿势都像极了我的母亲。（当代\文学\台湾作家\林清玄散文）

(7) 她身旁站着一个黑发小伙子，上唇留着一撮浓密的胡子，像极了电影《静静的顿河》里的男主角葛里哥利。（当代\报刊\读者）

句宾比喻句"X 像极了 Y"的例子如：

(8) 卫冕冠军底特律活塞队在上赛季以防守著称，但本赛季以来这套看家本领却时灵时不灵，像极了段誉的六脉神剑。（当代\报刊\新华社 2004 年 12 月）

(9) 野姜花的花像极了停在绿树上的小白蛱蝶，而野姜花的叶则像船一样……（当代\文学\台湾作家\林清玄散文）

(10) 被火焰熏黑的碉堡像极了树丛中枯萎的玫瑰，这景象让他颇有感触。（当代\翻译作品\文学\龙枪编年史）

(11) 我们三个人约会的时候，真像极了电视上的访谈节目，我是客人，木漉是脑筋灵活的主持人，直子则是助理。（当代\翻译作品\文学\《挪威的森林》）

(12) 展厅门口，有一个风格华丽柔美、以植物纹样和花型装饰的地铁入口，像极了展会的大门。（当代\报刊\新华社

2004 年 10 月）

由以上用例可以看出，"X 像极了 Y" 中的 Y 一般都不是简短的单个名词，而是以带有修饰语的定中短语为多。宾语自身的长度和信息的新旧程度密切相关。发话人把一个新信息首次引入话语的时候，往往需要加上一定的说明性成分，形式上常常表现为名词成分前加一些修饰语，整个宾语的长度就较大；而作为已知信息谈及的事物，则不需要太多的说明，形式上也不需要太多的修饰语，长度一般较小。依据汉语信息结构特征，Y 处于句末焦点位置，是新信息。

"X 像极了 Y" 将 Y 置于句末，就不再是参照体，而是负载新信息（乃至进一步引出后续信息的）的客体成分，通常需要进一步地说明（有时是前文给出必要的铺垫）。所以，它属于非自足性构式，一般不能单说。

3. 由介宾比较句到句宾比较/比喻句信息结构及构式义的变化

张伯江、方梅（1996）已指出，汉语句子的信息编排往往是遵循从旧到新的原则，越靠近句末，信息内容就越新。这符合人们在交际过程中信息处理的心理认知过程。句末成分通常被称作句末焦点，也叫常规焦点。汉语是 SVO 型语言，宾语成分一般是句子的自然焦点。

从信息结构的角度看，"X 与 Y 像极了" 格式的语义重心是 "像极了"，表示极度相像；但当说话人想凸显 Y，最希望受话人注意 Y 的时候，就出现了语义焦点和信息结构的扭曲，说话人只能实行必要的句法改造，突破常规组配，将 Y 从介词宾语移到句末，提升为句子宾语以提高该单位的显著度，通过句法手段明示自己的信息意图，这样就克服了介词框架内宾语成分在线性序列上的非焦点句位的局限，实现了焦点句位和语义焦点的统一，进而实现了凸显语义内容和句法结构的对应与和谐。

依据句子信息结构 "从旧到新"（越靠近句末，信息内容就越新）原则，发话人编排一个句子而宾语的位置可以有几种选择的时候，说话人往往是根据宾语所指对象对受话人来说是新信息还是旧信息来安排句子结构的，旧信息总是尽量靠近句首，新信息总是尽量靠近句末。

由介宾比较句到句宾比较句/比喻句，句子的语序改变，句子的信息结构随之改变，介词宾语提升为句子宾语，由"参照体—目标"模式的主从性意象图式转换为"主体—客体"模式的对待性意象图式。作为句子宾语的 Y 不再像作为参照体的介词宾语那样是背景性的已知信息，而是成了让受话人期待的前景性的新信息。由此，"X 像极了 Y"构式也便浮现出新的构式义。

通过对大量实际用例的观察，我们认为可将句宾比较式（"X 像极了 Y"）的构式义概括为：所描述的对象在某一方面或某些方面出奇地像一个原本并无内在关联的对象。可将句宾比喻式"X 像极了 Y"的构式义概括为：所描述的对象表现出的样态、状况让人联想到某一想象对象，二者酷似到说话人几乎把描述对象当成想象对象。

值得说明的是，"X 像极了 Y"所表达的"出奇的相像/酷似"常常是带有意外性意味的。"像极了"前面有时会带有反预期副词"竟"之类，没有检索到带有表理所当然义的"自然"之类修饰成分的用例。可看下例：

(13) 不久，金银的妻子怀了孕，十月怀胎生下一个儿子，金银乐得梦里都想笑。可奇怪的是，这儿子的长相竟像极了潘武，除了嘴巴下面少了颗黑痣，看那眼睛，那眉毛，那鼻子，简直就是从潘武的模子里刻出来的。（当代\报刊\《故事会》2005）

使用"X 像极了 Y"的语用动机，不仅是提升比较对象/联想对象的信息地位，还常常暗示出言者的认识（如出乎意料）和情感（钟情、同情、排斥的情况都有）。

(二) "X 像极了 Y"构式的生成机制

沈家煊（2006）指出，当说话者要表达一种原来没有的主观意义时，往往是通过两种已有说法的糅合来实现的。我们认为"X像极了Y"是汉语中已有的表达形式"X跟Y像极了"句与"X极像Y"句构式整合而成的浮现结构。构式整合是语法结构层面的一种并合，它基于意义层面的概念操作。

概念叠加是人脑对某一概念不同角度的表达式的叠加，或曰不同心理意象的叠合。当说话人使用其中一种表述方法时，脑中又浮现出与之意思基本相同的另一种表达方式，从而在某种语用意图的促动下把两种意念叠加在了一起。"X跟Y像极了"是表示X与参照体Y之间的一种极度相像关系，凸显的是极度相像的程度属性；"X极像Y"是"极像"后加宾语，表达Y是与X具有相像关系的一个客体对象，该结构具有及物属性。当说话人既想表达某事物与另一个事物相似，既要凸显这个相似物，又要凸显两事物相像的程度，于是就将"X跟Y像极了""X极像Y"各自所包含的概念保留，整合成一个新的表达式"X像极了Y"，这样的整合方式，赋予述补式"像极了"以状中式"极像"同样的及物性，也实现了述补式"像极了"带宾语的新异性。

对于"X像极了Y"的生成，还有一种可能的解释是，该构式的产生，体现了"类推糅合"的句法生成机制：

  a. 她把你爸爸气坏了 b. 她气坏了你爸爸
  x. 她和你爸爸像极了 y. —— ←xb 她像极了你爸爸

a、b是相关但不同的句式，都表示"气坏你爸爸"这一种结果。汉语中"像极了"原是一个非及物性述补结构，没有"像极了+宾语"的说法，即y项空缺，y项的产生是x项和b项糅合的产物，y项抽取了b项的结构框架"述补结构+宾语"和x项的各词项，在x的基础上按照a和b的关系特别是参照b"类推"出来"她像极了你爸爸"，这样就形成了a和b的关系对应于x与y的关系的格局。"像极了你爸爸"是由词项"像极了"与及物性述补结构糅合而成。糅合产生新的表达式不仅使表达简洁，更重要的是体现出说话人要表达一种新的意思。"类推糅合"而成的新表达式产生新的浮现意义。

（三）篇章功能

前文已提到，"X 跟 Y 像极了"可以单说，而"X 像极了 Y"不能单说。这里主要分析非自足性的"X 像极了 Y"在篇章中的分布，也即其篇章功能。

1. 用作先行句，开启话题

（14）照片上的陆小曼，像极了 30 年代月份牌上的美女，眼波流动，顾盼有情，甜美妩媚。（张清平《林徽因》）

（15）这少年的确像极了西门吹雪——苍白的脸，冷酷骄傲的表情，雪白的衣服，甚至连站着的姿态都和西门吹雪完全一样。（古龙《陆小凤传奇》）

例（14）中"照片上的陆小曼"为 X，"30 年代月份牌上的美女"为 Y，介之以"像极了"组成先行句，语义并不完足，后面跟出"眼波流动……"对相似之处做了进一步具体说明。例（15）"这少年的确像极了西门吹雪"为先行句，之后用破折号引出对相似之处的后续说明。

2. 作为中继句，承前启后

（16）等到这一幕幕大戏的帷幕徐徐落下，"中国足球大年"究其实像极了今年的一部电影《十面埋伏》——看似精彩连场，实则荆棘满布——先是国奥败给了宿敌韩国队，无缘奥运会；紧接着"日本二队"在亚洲杯上让东道主的胜利庆典成为泡影，被国人寄予厚望的"铿锵玫瑰"竟以 8 球惨败雅典；2006 年德国世界杯亚洲区预选赛，国足提前出局。（当代\报刊\新华社 2004

年 12 月）

（17）那是两个发光的椭圆形，其结构像极了眼睛，都有白色或淡黄色的眼白和深色的眼球。（刘慈欣《三体》）

（18）含羞草的花非常美，像极了粉红色的粉扑，使杂乱的野草丛也显得温柔了。（当代\文学\台湾作家\林清玄散文）

例（16）始发句"等到……落下"是交代事件背景的，"中国足球大年像极了……《十面埋伏》"承接而来，其后是对何以说二者相似的具体说明。例（17）始发句"那是……椭圆形"为"整体"概括，中继句"其结构像极了……"是受始发句统摄的"局部"，后续多个小句合起来对相似点做具体说明。例（18）始发句"含羞草的花非常美"是主谓结构的一个命题，中继句"（花）像极了粉红色的粉扑"（主语承前省略）是对先行句所说的"美"的说明，后续句"使……温柔了"是用来说明前文所述对象的功效的。

3. 用在终止句，对先行语句作总结

"X 像极了 Y"有时也用于语篇收尾处，对前文的具体描述做总结定性。

（19）黑熊"大美丽"头顶一袭白纱，神情楚楚动人，像极了新娘。（当代\报刊\新华社 2002 年 10 月）

（20）雪，冷面清明，纯净优美，在某一个层次上，像极了我们的心。（当代\报刊\读者）

（21）全身长满棘刺，被认为粗贱的含羞草，对外界的触动有着敏锐细腻的感受，并开出柔软而美丽的花朵，其实是像极了乡下农人的心。（当代\文学\台湾作家\林清玄散文）

例（19）前面两个小句都是具体描述，结束语篇的终止句将描述概括归结为"像极了新娘"。例（20）前面两个小句对雪的描述是铺垫，最后的"（雪）像极了我们的心"是整个表达的归结点。例（21）前面多个小句对含羞草的特点说明是铺垫，最后的"（含羞草）像极了乡下农人的心"是整个表达的归结点。后两例运用的是"倒喻"的表达形式。

不论是用于先行句、中继句，还是终止句，其中的"(X)像极了Y"都是非自足的。

附带要提及的是，随着"X像极了Y"使用频率的增加，我们已经可以看到"像极了Y"从句化的用例。如：

（22）金银从此心灰意冷，日日以酒浇愁，拖着这个像极了潘武模样的儿子过日子，很快，家道就败落了。（当代\报刊\故事会2005）

（23）这才看清楚了孟倩彤那张毫无血色、像极了死人的脸。（梁凤仪《风云变》）

（24）这位给人感觉像极了地产大亨潘石屹的年轻人……（网络语料）

从句化是该结构被汉语语法系统进一步接纳的一种体现。

第十章 总结及余论

一 总结

本书对现代汉语的非自足构式进行了比较全面的考察。在这项研究工作中，我们构建了内嵌性黏着短语、对举性非自足构式的多层次分类系统，并对各类非自足构式的结构与功能进行了比较具体的分析。

（一）在对内嵌性黏着短语进行系统分析之前，首先对现代汉语黏着短语进行了多角度分类。根据是否进入句法结构内部充当结构成分，区分内嵌性黏着短语与外置性黏着短语；根据内嵌性黏着短语与其他词语组合时位置是否固定，区分定位性黏着短语与非定位性黏着短语；根据定位性黏着短语与其他词语组合时所处位置，区分前置定位短语与后置定位短语；根据句法功能区分加词性、体词性、谓词性黏着短语；根据组合方式、结合紧密度区分黏合式黏着短语和组合式黏着短语，根据是否配对入句区分独用性黏着短语与呼应性黏着短语。

对内嵌性黏着短语的具体考察，分定位短语、非定位短语两大部分进行。

1. 在定位性黏着短语的考察中，系统分析了现代汉语中前置性黏着短语、后置性黏着短语的基本类型。前置性黏着短语包括定位于定心结构定语位置、状心结构状语位置、主谓结构主语位置的若干小类；后置性黏着短语包括定位于状心结构中心语位置、主谓结构谓语位置、述宾结构宾语位置的若干小类。

（1）关于加词性"形+名"短语的分析中，对不同功能的三音节（1+2）"形+名"组合进行了比较，指出，同样是"形+名"组合，中间可以加"的"的一般具有典型的向心结构的特征，整体功能与中心语名词基本相同，而中间不能加"的"的则具有更强的整体性，其整体功能与中心语功能有所不同，不是典型的向心结构。加词性"形+名"短语，由表量形容词与度量类名词融合而成（不能加"的"），体现性状范畴义，其功能的特殊性是由构成成分的语义特性和结构特性两方面因素构成的"合力"所规定的。其他的"形+名"短语或是缺少上述一个方面的力，或是缺少上述两个方面的力，因而像一般名词性短语一样，代表典型的事物范畴，可以有多种句法分布。再将加词性"形+名"组合与能作主语的"多+N"短语进行比较，我们进一步看到，认识短语的结构与功能的关系，光看短语结构类型以及构成成分的大类是不够的，必须对各个词类的下位类型（次范畴）有充分的了解。词类的次范畴、结构的性质（黏合式/组合式）等因素都对整个短语的功能有着直接的影响，对多层次、多变量的复杂的句法结构类型简单地贴上"向心结构""离心结构"的标签，意义是不大的，我们应该对各个词类的多层级次范畴、各类短语的下位类型逐一进行功能分析，具体了解各种不同的功能制约因素是如何分别影响上一级单位的功能的，这样才能更深入地认识结构与功能的关系。文中还分析了"形+名"与"名+形"、"形+量+名"、"［副+形］+的+名"并存且呈互补分布状态的情况：由于构成成分、结构形式的差异，使得它们具有不同的句法语义特征，分别概括为：修饰性、陈述性、指称性，正是这种不同的句法语义特征规定着它们有不同的句法分布。

（2）关于定位数量短语的分析中，与非定位数量短语进行比较后指出，定位的数量短语，由于其中的数词受限（以只容纳"一"的为多，不能自由替换），量词又多有书面语色彩或文言色彩，就使得整个数量结构体现较强的"完形性";其意义抽象、虚化的特征决定它们选择抽象名词,且结合面较窄,使用频率不高,因而功能比较单一,体现黏着性、定位性的特征。而那些数词使用少有限制、量词选择面宽的非定位数量短语则体现明显的临时组合的特征,使用频率比较高,可实现多种功能,分布位置较为灵活。

(3)关于前置性介词短语的分析中指出,介词短语的定位与否,应该放到汉语词汇、语法系统的动态自组织过程中去观察。它既和介词的虚化程度密切相关,也和词汇双音化与动宾结构扩大化的互动密切相关。

(4)关于"有的+N"的考察分析中,对同为不定指成分的"有的人"与"一个人/一些人"的分布差异、功能差异做出解释。

(5)关于"A得多"短语黏着性、后置性的分析,与"A多了"进行比较。认为,用于表不同事物之间静态比较的"A得多"是二元(或称二价)的,对配价成分的出现要求较高,虽然陈述主体有时可以缺省,但表比较对象的介词短语不易缺省;而表同一事物不同时期的变化的"A多了"则可以说是一元(或称一价)的,因为不与其他对象做比较,只是有自身前后的动态比较,所以对前面出现介词短语的要求不是强制性的,对话中省去也不大影响句子的可接受性。

(6)考察后置性"VP/AP与否""VP/AP不""VP没/没有"的过程中,就多种谓词肯否相叠形式分布特征的异同进行了比较分析。

(7)对于糅合型"A_1得A_2"之所以具有黏着性、后置性,我们从配价要求和生成方式两个方面来认识:①与单个形容词及形容词性联合短语比,包含两个表述的"A_1得A_2"结构对作主语的配价成分出现的要求相对较高,一般不容缺省;②作为较晚出现的通过"糅合"方式生成的谓词性短语,它对"NP+A_1得A_2"句式的依赖性也比较强,脱离该句式单说比较困难。

(8)关于"怎么(怎样/怎么样)+一量+NP"结构的后置性的分析,将"哪一个""谁""什么人""怎么一个人"进行对比,提出现代汉语的指人疑问成分存在下面这样的一个指别要求依次由强到弱、说明要求依次由弱到强的连续统：

哪一个/位 ＞ 谁 ＞ 什么人 ＞ 怎么一个人

"哪一个/位"通常具有现场性，不管出现在主语位置还是宾语位置，一般只要求指别，排在连续统的最前面；"谁"不必具有现场性，既可以要求指别，也可以要求说明，跟所处位置密切相关，排在第二位；"什么人"主要要求说明，偶尔要求指别，排在"谁"的后面；"怎么一个人"通常是在无须指别的前提下要求进行说明，排在最后。上述假设得到了大规模语料库语料统计分析的支持。

（9）关于表抽象"成果/后果/结局"义定心短语的后置性，从信息结构角度分析，句子一般都是遵循从已知信息到未知信息的原则来组织。代表已知信息、出现在句子前部的名词性成分，往往是先于动作行为就存在的事物（如施动者），也可以是在动作行为之后出现的事物。如果是代表在动作行为之后出现的事物的体词性成分作为已知信息安排在句子开头，一般它应该是规约性的、可预知性的，如"饭做好了"的"饭"等。表抽象"成果/后果/结局"义的定名短语并不是规约性的、必然出现因而具有可预知性的，所以不适合作为已知信息出现在动词的前面、句子的开头。

2. 在非定位性黏着短语的考察中，全面分析了定心结构、状心结构、述宾结构、述补结构、主谓结构等句法构造中存在复杂多样的非定位黏着短语的结构及其功能。

（1）紧缩型定心结构的存在显示，尽管象似性原则在词语组合的直接与间接、体现规约性还是临时性方面起着重要的制约作用，但当表达式相对复杂，面对经济原则的要求的时候，它往往可以做出让步。

（2）糅合型定心结构部分，考察了多种糅合型定心短语的结构和功能特征。

（3）在相关研究基础上，我们对"NP 的 VP"与"NP 的 NP"的功能差异做了比较。对"NP 的 AP"的构成、功能的分析显示，进入"NP 的 AP"的 AP 都是性质形容词，没有状态形容词，而且，性质形容词经常以光杆形式出现，不带程度状语和程度补语之类，不带动态助词"了"等，不能以重叠形式出现。这是由于那些使形容词"有界化"的语法形式与"NP 的 AP"实现指称功能难以相容。与许多"NP 的 VP"常常代表临时性情况不同，"NP 的 AP"的 AP 以表示人或事物恒常性、稳定性特征的为代表，它们一般具有"标志性"的语义特征。表示恒常性、稳定性特征的形容词进入"NP 的 AP"结构一般不能再用否定副词"不"否定。表示人的情绪、心理状态的形容词及表示对人对事态度的形容词，一般不具有恒常性，但又有差别：前者进入"NP 的 AP"结构一般不能再用否定副词"不"否定；后者进入"NP 的 AP"结构后可以用"不"否定。对此，我们做出的解释是：进入"NP 的 AP"结构的形容词，其谓词性普遍受到限制，而不具有主观可控性的形容词倾向于不容易被否定；具有主观可控性的形容词，相对比较容易接受"不"的否定。有的形容词在表示恒常性特征与临时性特征方面具有两面性，它们进入"NP 的 AP"结构时，肯定形式与否定形式存在着语义特征的"恒常性"与"临时性"的差异。

（4）由人称代词作中心语的定心短语普遍具有较强的黏附性，不能脱离内嵌的位置自主成句，也不能单独回答问题；而专有名词作中心语的定心短语则有不同的情况。如果专有名词的定语是归属性的、固定性的，则可以用来单独回答问题；如果专有名词的定语是描绘性的、比喻性的、临时性的，则有较强的黏附性，一般不能单独回答问题。一般认为如果定心结构中心语是定指的，定语的功能就是非限定性的；如果中心语是非定指的，定语的功能就是限定性的。在对人称代词/专有名词作中心语的定心短语的考察中，我们注意到一些定语具有某种限定性的情况。这里，限定的需要来自同一个对象不同时期、处于不同角色、以不同的面貌呈现时的差别，这种差别的存在，使专有名词、人称代词的定指性具有了相对性，只有带上时间、处所词语等限定成分，其所指才得以进一步明确。

（5）在黏着性"不+动词"结构的分析中，我们运用"关联标记"理论，指出"不"与一般的自主动词之间有一种自然的联系，构成无标记组配；"没"与非自主动词之间有一种自然的联系，构成无标记组配。一般情况这两种无标记否定均可以独立成句。一旦"不"与非自主变化动词短语合在一起就形成了有标记组配，它们的组配是非自然的、非常规的、非默认的，因此形成黏着结构，不能独立成句。在黏着性"不+形容词"结构的分析中，我们提出，"不"的级差性与非定量形容词量的连续性存在自然的关联，因此"不"与非定量形容词构成无标记组配；而"不"的级差性与高程度形容词的定量性缺乏默认的关联性，因此二者构成有标记组配。这一情况与"不+动词"结构中"不+自主动词"构成无标记组配（自由形式）、"不+非自主变化动词"构成有标记组配（黏着形式）的情况具有平行性。了解这一情况，有助于我们深化对汉语谓词性成分内部差异、否定句内部差异的认识，也有助于加强不同语义语法范畴之间关联性的研究。

（6）在述宾结构的考察中，指出黏着的"V个N"是用来表示在"重要/郑重程度""力量付出需要/难度"的语义量级中处于低端的，容易完成或应该容易完成的行为，具有背景性，其所在句子中另有其他成分来表示"谁"（主语）完成、"怎么"（"跟……""一道"之类状语）完成，或对这种容易完成的行为不能像预期那样完成而做出逆向评议（谓语），所以，这些"V个N"不能表示独立事件，只能以黏着形式存在。这种表轻量、泛化行为的"V个N"构式一经形成，就具有了较强的类化能力，不仅可以压倒词语选择性（量词与名词的语义选择关系）的要求，还把势力范围延伸到述宾式的"离合词"，使之也可以扩展为"V个N"结构式。

3. 在定位短语、非定位短语的研究中有必要引进连续统的观念。某种语义语法性质，为若干个短语类型所共有，但是，不同的短语类型或一个短语类型内部的不同小类所具有的这种或这些性质在程度上有所不同，从而表现为以程度强弱为序的连续统。从不同角度观察可得出不同连续统。

　　从短语的句法功能是否单一的角度，我们把现代汉语的短语分为三大类：A. 只定位于一种句法位置上的短语，包括只作名词前加成分的"形名"短语、定位的物量短语、只作状心结构状语的介词短语、只作动词前加成分的"形名"短语等；B. 可以在两种或两种以上句法位置上出现，这两个句法位置有一定的共同点，如"多民族"类可作主语、定语，都是前置的，能作状语又能带"的"作定语的介词短语都是前置的，"A 得多"作谓语也能作补语，都是后置的；C. 出现在多种句法位置上并且位置可前可后的短语，在汉语短语中占多数。A、B、C 形成"固定＞半固定＞不固定"的连续统。

　　定位短语与不定位短语存在相互转化的情况，不定位短语向定位短语的转化如介词短语的整体定位化倾向，定位短语向不定位短语的转化如某些定位性"形＋名"短语的功能游移。总体而言，现代汉语中不定位短语占绝对优势，定位短语基本上只存在于某些大的句法结构类型的一些下位小类中，有的小类成员较少。因此，我们可以说，在类型学特征所决定的汉语词类、短语普遍具有多功能性的大背景下，定位短语在汉语短语系统中处于弱势地位。

　　4. 在考察内嵌性黏着短语过程中，我们发现了部分歧义结构。

　　（1）动词性成分带"的"修饰专有名词的定心结构可以分化："卖饭的李师傅、磨豆腐的王老三、修鞋的黄师傅、唱歌的刘晓颖、放牛的王小二"等，定语代表恒常性状况时，是自由形式，可以单独回答问题；定语表示临时状况时，一般不能单独回答问题，是黏着形式。

　　（2）述宾结构的"V 个 N"存在歧义：A. "V 个 N"是"V 一个 N"省去"一"形成的，可以添上"一"，都可以单说，表示一个具体行为作用于某一个对象；B. "V 个 N"不是"V 一个 N"省去

"一"形成的,不能添上"一",也不能单说,表轻量、泛化行为。

(二)关于汉语的对举结构及其中存在的非自足构式的研究,首先将对举结构进行了多角度分类。我们认为,区分熟语性对举与非熟语性对举,将有助于把趋于定型的成品和具有能产性的结构模型分别对待,避免非同质的语言现象模糊我们的视线,影响基本规律的描写与解释;区分并立性对举与依存性对举,可为两种构式的整体对比及自由语法形式与黏着语法形式的对比提供前提;区分互依性对举与偏依性对举,可以认识汉语句法结构中的许多"有标记组配",也有助于研究不同语义语法范畴的关系,了解语法单位间的功能类推机制,更多了解句法构造中的对称与不对称;区分叙述对举与元语性对举,有助于使话语理解、语义解释的分析做得深入、确切,还可以完善语句可接受性的判断标准,使我们对形式和意义关系的认识得以深化。

互依性对举结构、偏依性对举结构是研究汉语对举结构的两个重要新概念,我们对汉语依存性对举结构的分析以此为主线。

1. 在互依性对举结构的系统考察中,我们对非常规组配、非常规语序、同语自述性组合、回环式对举、明示语义互补关系的对举结构、呼应性对举结构、对举式分配句、对举性体词谓语句、分说性无定 NP 主语句等及其中的各种非自足构式分别进行了具体讨论。

(1)关于非常规组配,论及副词与动词的有标记组配,形容词与动词的有标记组配(无界形式与有界形式),介词短语与动词短语的有标记组配(表方所的介词短语与心理动词、与否定性动词结构、与"是+名词"结构),处所、工具类名词性成分与动词的有标记组配,非规约性黏合式定心结构(体现由"临时性"到"规约性"、由"描写性"到"限制性"的转变)等。

(2)非常规语序部分,除分析 $N_{施}+N_{受}+VP$ 结构外,还讨论了表动量/时量数量词与动词的语序问题。常规的情况是:肯定式中,时量成分位于动词的后边;否定式中,时量成分位于动词的前边,但在对举结构中,非常规性的语序排列可以得到容许,否定式中时量成分可以出现在动词的后边，肯定式中，时量成分可以出现在动词的前边，语序改变，信息结构相应改变。

（3）同语自述性组合部分，对多种主宾同形结构、主谓局部同形结构及其变式的构成、构式义进行了具体的对比性分析。

（4）关于回环式对举的考察中，区分了交互性回环式对举与同义性回环式对举。交互性回环式对举中，"买的不喝，喝的不买"一类表现两种行为对照、肯定否定对照，互相依存，凸显事态的不和谐性。其中体现形式与意义的象似性。借鉴构式语法整体大于部分之和的思想，本书认为采用同义性回环式对举的语用动机，类似于词语的叠用，意在通过形式的增加实现意义的加强，除文字游戏的情况外，典型的同义性回环式对举总是伴随着整体语义的增强，这一表达方式可以看成句子层面的叠用现象，可以称为"小句的变形叠用"。

（5）考察互补关系的对举结构，为我们就封闭性对举结构、开放性对举结构进行对比提供了必要的条件。是否具有"互补关系"、是否明示"互补关系"，是区分封闭性对举结构、开放性对举结构的一项重要标准。封闭性对举结构中的两个对举项具有很强的互依性，都是非自足构式；开放性对举结构虽然具有开放性，但并不意味着各对举项乃至添加的列举项就都是自足构式，实际上，开放性对举结构同样常常容纳一些非自足构式。在这一点上，开放性对举结构与封闭性对举结构具有同等的功用。也就是说，封闭性对举结构、开放性对举结构的区分，并不等同于互依性对举结构、并立性对举结构的区分。

（6）在了解到各种对举形式的内部差别后，针对对举格式有"完句"作用的认识，我们提出："完句"和构成某种"完形"（Gestalt）不宜等同。从整体意义和功能来看，各种对举结构都具有"整体大于部分之和"的特点，都可以构成某种"完形"（Gestalt），然而，不同类型的对举表达式代表不同的"完形"，不同类型的对举形式在整体义是否体现完句范畴方面是有所不同的，这直接影响到对举表达式能否自主成句。整体表达独立的对比命题的对举表达式能够自主成句，整体表达独立的复合事件的对举结构能够自主成句；而整体表达示例义、方式状态义的对举结构（包括主谓结构对举）不能自主成句。作为独立句子的对举结构中的单项非自足主谓小句，只具有指称现实的潜在能力，如果不添加完句成分，唯有让两项互为参照、互相约束，才可以使这种表述功能具体化、现实化。

2. 在偏依性对举结构的系统考察中，我们对自由度不同的单位的对举、极性词的正反对举、有界成分与无界成分组合的正反对举、反义词无标记项与有标记项的对举、"非极性词"肯定式和否定式的对称与不对称、元语性对举等及所涉及的各种非自足构式分别进行了具体讨论。

（1）通过对自由度不同的单位对举的考察，我们认识到，当功能完全等值的单位不能满足选择需要的时候，出于追求结构对称、韵律和谐及变文避复的动机，人们可以在自由度不同的单位之间进行对举操作；这种对举操作不是没有限度的，一般独立运用受限的语素，进入对举结构单用的机会，与其构词能力、复现频度呈正相关。

（2）关于极性词正反对举的考察显示，通常只用于肯定句或只用于否定句的极性词，在对举条件下可形成临时的局部的对称。

（3）有界成分与无界成分组合的正反对举，讨论了"动+数量+名"与"不+动+数量+名"对举、"不+比N+A+大量/定量补语"与"比N+A+小量补语"对举的情况。

（4）关于反义词无标记项与有标记项对举的考察，结合标记理论对"不太大"类与"不太小"类对举、"有点+反面词/中性词"与"有点+正面词"对举、"V好/不好"与"V坏/不坏"对举等进行了具体分析，指出对比表达的需要有时可以突破某些语用原则（如乐观原则、委婉原则）对词语选择关系的制约；分析了"男/女N"与"女/男N"对举的情况，指出在对举表达式中，"女英雄"与"男英雄"的对应、"女保姆"与"男保姆"的对应，体现了意义对称有时要映射为形式对称的要求。

（5）关于"非极性词"肯定式和否定式对称与不对称的考察，分析了"比 N + A"与"比 N + 不 A"对举的实现条件；分析了两种"对"字句各自的两种不同否定形式的差异，论析作为动态句（偏重动态、偏重行为）的"不 + 对 N + 行为动词"是无标记形式，"对 N + 不 + 行为动词"是有标记形式，作为静态句（偏重状态）的"对 N + 不 + 形容词/态度动词"是无标记形式，而"不 + 对 N + 形容词/态度动词"则是有标记形式；根据特指问结构的肯定形式与否定形式不对称的情况，指出有疑而问与肯定表达式构成无标记配对，与否定表达式构成有标记配对，即疑问与肯定是自然相容的关系，而疑问与否定在语用上具有竞争的关系，它们往往需要在对举表达式中或在非现实句中才能相容；根据"能愿动词 + V"与"能愿动词 + 不 V"不对称的情况，指出人们在有关"必要""能力""事态展望"的表达中存在一个"肯定性倾向"，一般更愿意从正面说明，而不大从反面说明，不过尽管"能愿动词 + 不 V"是一种使用受限的结构形式，但并不是不成立；具体分析了元语性对举针对现有说法/认识的修正可以表现在程度、数量、倾向性/方向性、事物性质、模态判断适宜性、顺序适宜性、措辞风格色彩等方面。

（三）第八章为若干非自足构式的个案专题研究。

《非自足构式"包括 i 在内的 C"多维分析》通过对 1000 条语料的考察，认识到：非自足构式"包括 i 在内的 C"在糅合、类推、句法降级操作机制下实现构式整合。它所表现的包含关系有临时性的、动态的、言者认为的不言不明型，也有恒常的、客观的、公认的不言而喻型。前者提供新信息且有调控注意力功能，后者则具有更强的人际互动功能。该构式行域用法具有原型性，负载信念性命题的知域和言域用法依托行域用法的"叙实性特征"运作，运用了借助语序和从句化将共同立场或共同权益预设化的信息包装策略，体现了提升可及度、可信度的传信策略和实现多重互动的语用功能。

《关于"有点小（不）A/V"的初步考察和思考》对汉语新兴构

式"有点小（不）AV"进行了多维度考察分析，就其产生、流行的动因、生成机制及所体现的汉语的类型学特征做出阐释。指出：在汉语程度范畴发展过程中，高程度词语丰富多样且不断推陈出新，低程度副词则不"发达"。二者的不平衡、不相称孕育着创造新的低程度表达式的内在需求。"有点小（不）AV"用跨层叠加的手段使低程度意味被显性强化，同时又在更大范围突破了"有点（儿）"选择负面词的限制。其中涉及语义和谐、风格协变和主观化等因素。汉语史上，由"小+名"结构到"小+动""小+形"结构，是一个基于相似性的隐喻映射过程，其间包含糅合造句机制的作用。近年来涌现的大量"有点小A/V"用例存在歧义、混沌现象，歧义可归因为汉语中后起的副形组合"有点+A"与原有的动宾构造的"有点+N"两种结构框架在当代汉语共时平面已经并驾齐驱；而混沌现象的存在，则应视为汉语词类"包含模式"的反映。汉语发展过程中，丰富性的实现与精确性的实现，并不完全同步；语言中不对称与变异的因果互动，既可以使旧的歧义形式不再存在歧义，也可能造成新的歧义形式产生，这往往与特定语言的类型学特征密切相关。运用词类"包含模式"理论解释某些混沌现象有助于深化我们对语言形义关系的认识。

《"我别VP（了）"的构式整合机制及其语用价值》专题考察汉语的"我别VP（了）"构式，论证其为非自足、低及物性、具有逆向回应功能的情理性否定句。范畴理论、标记理论不足以充分认识其独特的语用价值。运用概念整合、构式整合理论，有效地解释了其生成机制。通过概念压缩、糅合造句、回溯推理分析，得出其浮现意义为"我觉得在这种情况下不适宜我VP"或"在这种情况下我不该再VP了"。指出该构式使意愿性与指令性被"中和"，主动与被动模糊，在伴随小句配合下，弱化单纯主观否定的意志性，强化互动性否定的情理性。在主观否定域中，由凸显说话人的意愿、态度，转向凸显说话人的视角、认识。部分同形歧义现象与汉语"有意—无意"范畴的特点及共时语法相关。

《"别+引语"元语否定句探析》通过多方面事实考察,论证了汉语元语否定可作知域、言域区分。"别+引语"元语否定句对不适宜话语提出修正进而劝导听话人采取适宜行动,是以言行事的言域否定。据其具体功能可以分为否定非现实情态表达、否定低传信度表达、否定消极性表态、否定关系词语或互动性词语、否定社群外或语域外异质词语等情况。元语否定不同变体形式在否定对象选择上存在互补倾向,有深层认知、语用根源。讨论相关歧义问题需澄清基本概念,是否存在歧义可根据回声性成分的形类观察,未超出句法限制的元语否定句存在歧义,是跨对象语言、元语言的同形歧域。

(四)第九章为两种相关构式的比较。

《"第二个 $N_{专}$"与"$N_{专}$第二"》全面细致地考察论析了"第二个 $N_{专}$"与"$N_{专}$第二"的各种语义功能,并运用当代语言学理论对二者可换用、不可换用的情况及其原因进行了深入的剖析。指出它们都是不能单说的定位的黏着短语,句法上具有定位性、后置性。就原型范畴来看,"称为＿＿＿"是其高频出现的典型位置,具有元语成分的性质。就指称特征来看,它们作为表属性类同的临时称谓形式,均不代表语境中的一个实体,即不能充当有指成分,而只能是一种无指成分。它们的非自足性还表现在,语义上有时可做多种解读。"第二个 $N_{专}$"和"$N_{专}$第二"表达的"高度相似"或实然或虚拟,均是代表说话人的认识,并体现说话人的情感,其中的移情包括钟情、同情、厌恶多种情况。

通过多种不能互换的情况,揭示了二者语义、功能的差异:在具有[+高度相似]语义特征的同时,"第二个 $N_{专}$"还具有[+相继性]特征,"$N_{专}$第二"则具有[+等次性]特征。分别源自"第二个"的计量次序义和"第二"的等第义,由此指出,在引据构式语法"构式义不能简单由成分推导"的观点时,对于结构成分、结构关系对构式义的一定程度的"传导",仍然不应忽视。

通过对这两种专名构式的全面考察及其本质特征的分析,还揭示并有效解释了此前未经讨论的歧义现象,并对学界广泛接受的"专名泛化"说做出修正:"第二个妈妈"可按"第二个+通名"理解成"继母",也可按"第二个+特指名词"理解成"相当于妈妈的人"。要对这类歧义现象做出有效解说,应把"第二个+通名"和"第二个+专名"作为两种独立构式来认识。因此"第二个 N$_专$"不宜简单按专名泛化分析,而应该明确 N$_专$ 仍是以"特指形式"参与构式,是相似、相继关系中的专名,并没有泛化为通名。由"数量+N"到"第二个 N$_专$""N$_专$ 第二",体现了对多种整合方式的充分利用,创造了形式简短含义丰富的类同表达手段,体现了构式与成分互动的多种模式。

《"难 VP"和"VP 难"》在考察大量语料基础上,将情态分析和语序分析相结合,对"难 VP"和"VP 难"进行了全面的比较研究,着重揭示二者差异并对其缘由做出解释。在观察视角、功能分析等方面做出新探索,对已有的汉语情态研究成果做出补充。具体讨论了谓词性结构前和谓词性结构后的"难"在语法性质和语法意义上的不同;对"难 VP"和"VP 难"两种结构各自所能容纳的 VP 类型进行考察,依动作性由强到弱建立 VP 的连续统,指出进入"难 VP"的典型动词为意义具体、强陈述义动词,进入"VP 难"的典型动词为意义抽象、强指称义动词。对"难 VP"和"VP 难"的功能异同,从句法、语义、语用诸方面进行了剖析,从自指、转指和表达的情态意义等方面阐释"难 VP"和"VP 难"的功能差异;揭示了一部分"VP 难"有从谓词性向体词性游移的趋势,用来指称某种不应出现的困境,被媒体高频使用而逐渐普及、趋于固化。由"难 VP"到"VP 难",包含通过概念域转换弱化主观否定义,显示客观叙述义的语用动机,可以说是一个去主观化(认识主观化)过程。

《"X 像极了 Y"与"X 跟 Y 像极了"》考察论析:"X 跟 Y 像极了"句,基本是用于两个实指成分的比较;"X 像极了 Y"句,少数为同类对象现实性对比,多数是非同类的人或事物之间的比喻。"X 跟

Y 像极了"将已知性的参照体 Y 前置,"像极了"后置,满足句末焦点和语义完足的要求,是自足性构式。"X 像极了 Y"信息结构改变,介词宾语提升为句子宾语,由"参照体—目标"模式的主从性意象图式转换为"主体—客体"模式的对待性意象图式。作为句子宾语的 Y 不再像作为参照体的介词宾语那样是背景性的已知信息,而是成了让受话人期待的前景性的新信息,往往带有意外性,需要进一步说明,因此属于非自足性构式。比较性"X 像极了 Y"的构式义可概括为:所描述的对象在某一方面或某些方面出奇地像一个原本并无内在关联的对象。比喻性"X 像极了 Y"构式义可概括为:所描述的对象表现出的样态/状况让人联想到某一想象对象,二者酷似到说话人几乎把描述对象当成想象对象。使用"X 像极了 Y"的语用动机,不仅是提升比较对象/联想对象的信息地位,还常常暗示出言者的认识和情感(钟情、同情、排斥)。非自足的"X 像极了 Y"在篇章中可用作先行句,开启话题;作为中继句,承前启后;用在终止句,对先行语句作总结。对"X 像极了 Y"的生成机制应从构式整合层面阐释,涉及概念叠加或"类推糅合",构式整合赋予述补式"像极了"以状中式"极像"同样的及物性,也实现了述补式"像极了"带宾语的新异性。

二 余论

(一)通过系统性的考察我们看到,内嵌性黏着短语与对举结构中的非自足组合各有不同的结构、功能类型。二者相比,前者黏附性更强,后者黏附性稍弱。

内嵌性黏着短语中,定位短语比非定位短语黏附性更强,前置定位短语比后置定位短语黏附性更强。一部分前置定位短语(以数词使用受限的"一+量"结构、加词性"形+名"结构等为典型代表)似乎处于由句法构造向词法构造转化的过程中,显示黏着短语往往是句法结构词法化的产物。

对举结构中的非自足组合虽然比内嵌性黏着短语独立性要强一些，但其中的典型非自足形式往往不能像自由短语那样比较自由地进入各种从句位置（定语从句、主语从句、宾语从句），分布层次、使用条件的受限，显示它们的有标记性、不代表基本句法构造类型的特征。

内嵌性黏着短语，有时也可以对举使用，但大部分仍构成黏着性对举结构，如两项加词性"形 + 名"对举、两项"有 + 名动词"对举、两项介词短语对举、两项"NP 的 VP"对举、两项"NP 的 AP"对举、两项"A 得多"对举等。

一部分动词性非自足构式既可以出现在内嵌位置，也可以两项对举成为独立的句子，如"不 + 变化动词"结构①、"V 了 N"结构、黏着性双宾语结构。决定这些非自足构式的多种分布/功能的因素，值得进一步研究。

（二）陈建民先生（1984）谈到对举时，曾结合实例敏锐地指出对举表达形式存在"必须对举""对举和单举都可以，单举时不隐含对照的意思""对举和单举都可以，单举时隐含对照的意思"等几种情况。吴为善（2005）也谈到"只说一面，把另一面留给听者自己去理解"的"空位对举"问题。不过，根据现有的举例分析尚不足以得出关于对举项能否单说的规则或条件的较高程度的概括。这与汉语对举表达形式的丰富多样和制约对举项依存程度的因素具有动态性直接相关。我们在考察过程中得到的基本认识是，就一般的依存性对举结构来看，似乎可以说互依性对举结构中的非自足组合比偏依性对举结构中的非自足组合单说的机会大一些；互依性对举结构内部，未明示互补关系的比明示互补关系的非自足组合单说机会要大一些。

---

① 马庆株（1988）论及"不"与非自主变化动词同现条件时已指出："变化动词受'不'的条件是：（1）在可能补语中，例如：甩不掉、叫不醒、说不完、冲不散、打不垮、气不死、弄不丢。（2）在主语中。例如：（你这么马虎，）不丢东西才怪呢。（3）在条件句的主句或从句中。如：你不打，他就不倒。要是不看见你，我就走了。（4）并列、对比或表示经常性现象时。如：不输不赢。他老丢东西，可我不丢东西。

（三）对句法组合形式的自足与不自足及其决定因素，可以有不同的探究角度。从结构制约功能的思想出发，需要分析句法组合的各构成成分所代表的大类与小类，直至落实到足以解释其对功能影响的次范畴，还应考虑组合的方式（语序、层次、虚词有无等）及结构的性质（黏合式和组合式等）；由每一种构式作为一个"完形"有相对独立性的观点来看，需要研究各种构式存在的价值，研究每一种构式在语义表达、信息组织中所能担负的不同任务（指称/陈述、已知/未知、前景/背景等）。本书试图将结构主义的分析与功能主义的分析结合起来，但结合得还不够好，今后将继续探索。

参考文献

一　中文文献

白鸽:《"一量名"兼表定指与类指现象初探》,《语言教学与研究》2014年第4期。

白荃:《"不"、"没（有）"教学和研究上的误区——关于"不","没（有）"的意义和用法的探讨》,《汉语学习》2000年第3期。

北京大学中国语言文学系汉语教研室编:《现代汉语》,高等教育出版社1958年版。

北京语言学院语言教学研究所编:《现代汉语频率词典》,北京语言学院出版社1986年版。

毕凤云:《述补（趋向补语）短语的自由和粘着问题》,《新疆大学学报》（哲学社会科学版）1999年第1期。

卞觉非:《略论语素、词、短语的分辨及其区分方法》,《语文研究》1983年第1期。

[美] 布龙菲尔德:《语言论》,袁家骅、赵世开、甘世福译,商务印书馆1980年版。

蔡维天:《谈"有人""有的人"和"有些人"》,《汉语学报》2004年第2期。

曹逢甫：《汉语的句子与子句结构》，王静译，北京语言大学出版社 2005 年版。

曹秀玲：《从主谓结构到话语标记——"我/你 V"的语法化及相关问题》，《汉语学习》2010 年第 5 期。

陈昌来：《现代汉语句子》，华东师范大学出版社 2000 年版。

陈刚、陈力坤：《由几种"V + 了 + 宾语"的自由结构看"有界与无界"》，《南京师范大学文学院学报》2008 年第 1 期。

陈建民：《汉语口语》，北京出版社 1984 年版。

陈立民：《论动词重叠的语法意义》，《中国语文》2005 年第 2 期。

陈满华：《关于构式的范围和类型》，《解放军外国语学院学报》2008 年第 6 期。

陈满华：《关于构式语法的理论取向及相关问题》，《外国语》（上海外国语大学学报）2014 年第 5 期。

陈满华：《关于构式语法理论的几个问题》，《外语教学与研究》2009 年第 5 期。

陈满华：《合语法、不合语法及超语法——"合语法性"问题的构式主义阐释》，《江苏师范大学学报》（哲学社会科学版）2015 年第 3 期。

陈满华、张庆彬：《我国学者的构式思想与西方构式理论之比较——兼谈中西语言理论建设方式的差异》，《汉语学习》2014 年第 2 期。

陈宁萍：《现代汉语名词类的扩大》，《中国语文》1987 年第 5 期。

陈平：《汉语双项名词句与话题—陈述结构》，《中国语文》2004 年第 6 期。

陈平：《试论汉语中的三种句子成分与语义成分的配位原则》，《中国语文》1994 年第 3 期。

陈平：《释汉语中与名词性成分有关的四组概念》，《中国语文》1987 年第 2 期。

陈前瑞：《当代体貌理论与汉语四层级的体貌系统》，《汉语学报》2005

年第 3 期。

陈前瑞：《汉语双"了"句的兴衰及相关的理论问题》，《语法研究和探索》（十三），商务印书馆 2006 年版。

陈庆汉：《"N 的 V"短语的句法分析》，《河南大学学报》（社会科学版）1996 年第 4 期。

陈庆汉：《"N 的 V"短语研究综述》，《信阳师范学院学报》（哲学社会科学版）2002 年第 3 期。

陈文博：《"有一种 X 叫 Y"构式的语义认知考察——从语法构式到修辞构式的接口探索》，《当代修辞学》2012 年第 2 期。

陈新仁等：《语用学视角下的身份与交际研究》，高等教育出版社 2013 年版。

陈一：《动名兼类词与 N 的 V/N 结构》，《求是学刊》1998 年第 1 期。

陈一：《对举表达式的再分类及其意义》，《中国语言学报》2008 年第 13 期。

陈一：《共性背景下的个性探索——汉语语法语义专题研究》，黑龙江人民出版社 2004 年版。

陈一：《句类与词语同现关系刍议》，《中国语文》2005 年第 2 期。

陈一：《偏依性对举结构与语法单位的对称不对称》，《世界汉语教学》2008 年第 3 期。

陈一：《试论专职的动词前加词》，《中国语文》1989 年第 1 期。

陈一：《现代汉语非自足句法组合研究》，博士学位论文，南开大学，2007 年。

陈一：《现代汉语语误》，黑龙江人民出版社 2002 年版。

陈一：《有关现代汉语粘着短语的若干问题》，《学术交流》1993 年第 4 期；中国人民大学复印报刊资料《语言文字学》1993 年第 11 期。

陈一：《再论专职的名动前加成分》，《汉语学习》1997 年第 2 期。

陈一、刘丽艳：《从引证、引借到"托势"功能——东北官话中的话语标记"讲话儿（了）"》，《中国语言学报》2014 年第 16 期。

陈一、刘丽艳：《话语标记"我跟你说（讲）"》，《中国语言学报》2010年第14期。

陈颖：《现代汉语传信范畴研究》，中国社会科学出版社2009年版。

陈忠：《"了"的隐现规律及其成因考察》，《汉语学习》2002年第1期。

储泽祥：《肯定、否定与时量成分在动词前后的位置》，《汉语学报》2005年第4期。

储泽祥：《连用手段下的多项NP》，《中国语文》1999年第2期。

储泽祥：《主谓同素互动的"X的X"及次范畴化所造成的影响》，《语文研究》2010年第4期。

储泽祥、谢晓明：《异类词联合短语研究》，《中国语文》2003年第3期。

崔应贤等：《现代汉语定语的语序认知研究》，中国社会科学出版社2002年版。

崔永华：《与褒贬义形容词相关的句法和词义问题》，《语言学论丛》1979年第9辑。

戴浩一：《时间顺序和汉语的语序》，黄河译，《国外语言学》1988年第1期。

刁晏斌：《现代汉语虚义动词研究》，辽宁师范大学出版社2004年版。

董晓英：《论动词性粘着短语》，《丽水学院学报》2005年第1期。

董晓英：《三类特殊的粘着短语》，《安庆师范学院学报》（社会科学版）2003年第2期。

董晓英、黄红日：《关于粘着短语向自由短语转化的问题——试论语义上的转化条件》，《丽水师范专科学校学报》2003年第1期。

董秀芳：《"是"的进一步语法化：由虚词到词内成分》，《当代语言学》2004年第1期。

董秀芳：《词汇化：汉语双音词的衍生和发展》（修订本），商务印书馆2011年版。

董秀芳：《词汇化与话语标记的形成》，《世界汉语教学》2007年第1期。

董秀芳：《汉语的词库与词法》，北京大学出版社2004年版。

董秀芳：《整体与部分关系在汉语词汇系统中的表现及在汉语句法中的突显性》，《世界汉语教学》2009 年第 4 期。

范干良：《V1/N1 的 N2 中的 N1 的 N2》，《海南师院学报》1995 年第 3 期。

范继淹：《多项 NP 句》，《中国语文》1984 年第 1 期。

范继淹：《汉语句段结构》，《中国语文》1985 年第 1 期。

范继淹：《无定 NP 主语句》，《中国语文》1985 年第 5 期。

范开泰、张亚军：《现代汉语语法分析》，华东师范大学出版社 2000 年版。

范晓：《动词的配价与汉语的把字句》，《中国语文》2001 年第 4 期。

范晓：《关于构建汉语语法体系问题——"小句中枢"问题讨论的思考》，《汉语学报》2005 年第 2 期。

范晓：《关于句式义的成因》，《汉语学习》2010 年第 4 期。

范晓：《关于句子的功能》，《汉语学习》2009 年第 5 期。

范晓、张豫峰：《语法理论纲要》，上海译文出版社 2003 年版。

范振强：《同语的双重指称及其实现：从语言哲学到体验哲学》，《江汉学术》2014 年第 5 期。

范振强：《同语式"N 是 N"的理解机制新探：动态范畴构建视角》，《外语教学》2015 年第 4 期。

范振强：《新认知语用学视域下同语的语境效果和生成动因》，《当代外语研究》2015 年第 7 期。

方梅：《北京话的两种行为指称形式》，《方言》2011 年第 4 期。

方梅：《北京话句中语气词的功能研究》，《中国语文》1994 年第2 期。

方梅：《北京话里"说"的语法化——从言说动词到从句标记》，《中国方言学报》2006 年第 1 期。

方梅：《汉语对比焦点的句法表现手段》，《中国语文》1995 年第4 期。

方梅：《会话结构与连词的浮现义》，《中国语文》2012 年第 6 期。

方梅：《篇章语法与汉语篇章语法研究》，《中国社会科学》2005 年第 6 期。

方梅:《认证义谓宾动词的虚化——从谓宾动词到语用标记》,《中国语文》2005 年第 6 期。

方梅:《书面语的两种背景化手段》,第十四次现代汉语语法学术讨论会(上海)论文,2006 年。

方梅:《谈语体特征的句法表现》,《当代修辞学》2013 年第 2 期。

方梅:《修辞的转类与语法的转类》,《当代修辞学》2011 年第 1 期。

方梅:《由背景化触发的两种句法结构——主语零形反指和描写性关系从句》,《中国语文》2008 年第 4 期。

方梅:《语体动因对句法的塑造》,《修辞学习》2007 年第 6 期。

方梅:《指示词"这"和"那"在北京话中的语法化》,《中国语文》2002 年第 4 期。

方梅:《自然口语中弱化连词的话语标记功能》,《中国语文》2000 年第 5 期。

方清明、王葆华:《汉语怎样表达整体—部分语义关系》,《世界汉语教学》2012 年第 1 期。

冯胜利:《汉语韵律句法学》,上海教育出版社 2000 年版。

冯学峰:《汉语粘着词语的相对性》,《锦州师范学院学报》(哲学社会科学版)1996 年第 4 期。

冯志纯:《试论介宾短语作主语》,《语言教学与研究》1986 年第 4 期。

符达维:《作为分句的"X 是 X"》,《中国语文》1985 年第 5 期。

高航:《参照点结构中名词化的认知语法解释》,《汉语学习》2010 年第 3 期。

高航:《元语否定的认知语用分析》,《四川外语学院学报》2003 年第 2 期。

高航:《重言式的构式语法分析》,《解放军外国语学院学报》2010 年第 5 期。

高增霞:《从非句化角度看汉语的小句整合》,《中国语文》2005 年第 1 期。

高增霞：《汉语担心—认识情态词"怕""看""别"的语法化》，《中国社会科学院研究生院学报》2003 年第 1 期。

高增霞：《主谓之间有篇章关系的句子》，第十四次现代汉语语法学术讨论会（上海）论文，2006 年。

古川裕：《外界事物的"显著性"与句中名词的"有标性"》，《当代语言学》2001 年第 4 期。

顾阳：《时态、时制理论与汉语时间参照》，《语言科学》2007 年第 7 期。

郭继懋：《试谈"飞上海"等不及物动词带宾语现象》，《中国语文》1999 年第 5 期。

郭继懋、王红旗：《粘合补语和组合补语表达差异的认知分析》，《世界汉语教学》2001 年第 2 期。

郭锐：《表述功能的转化和"的"字的作用》，《当代语言学》2000 年第 1 期。

郭锐：《过程和非过程——汉语谓词性成分的两种外在时间类型》，《中国语文》1997 年第 3 期。

郭锐：《汉语谓词性成分的时间参照及其句法后果》，《世界汉语教学》2015 年第 4 期。

郭锐：《现代汉语词类研究》，商务印书馆 2002 年版。

郭先珍：《现代汉语量词手册》，中国和平出版社 1987 年版。

郭先珍：《现代汉语量词用法词典》，语文出版社 2002 年版。

何杰：《现代汉语量词研究》，民族出版社 2001 年版。

贺阳：《汉语完句成分试探》，《语言教学与研究》1994 年第 4 期。

洪波、董正存：《"非 X 不可"格式的历史演化和语法化》，《中国语文》2004 年第 3 期。

侯国金：《"某 V 某的 N"构式的认知语用研究》，《外语教学》2012 年第 4 期。

侯学超：《说词组的自由与粘着》，《语文研究》1987 年第 2 期。

胡建华、石定栩：《完句条件与指称特征的允准》，《语言科学》2005

年第 5 期。

胡明扬、劲松：《流水句初探》，《语言教学与研究》1989 年第 4 期。

胡勇：《语义副词"并"的语法功能与否定》，第十四次现代汉语语法学术讨论会（上海）论文，2006 年。

胡裕树主编：《现代汉语》（增订本），上海教育出版社 1987 年版。

胡增益：《语言结构中的对称》，《民族语文》1996 年第 5 期。

怀宁：《几种粘着短语的句法分析》，《兰州大学学报》（社会科学版）1985 年第 1 期。

黄国营：《伪定语和准定语》，《语言教学与研究》1981 年第 4 期。

黄南松：《试论短语自主成句所应具备的若干语法范畴》，《中国语文》1994 年第 6 期。

黄佩文：《作为分句的"A 不 A"》，《中国语文》1988 年第 6 期。

黄伟、旷书文：《试论对举结构的分类与功能》，《湘南学院学报》2006 年第 3 期。

吉益民：《人称复指结构"PP + de – C"探析》，《世界汉语教学》2014 年第 2 期。

江蓝生：《"VP 的好"句式的两个来源——兼谈结构的语法化》，《中国语文》2005 年第 5 期。

江蓝生：《概念叠加与构式整合——肯定否定不对称的解释》，《中国语文》2008 年第 6 期。

江蓝生：《禁止词"别"考源》，《语文研究》1991 年第 1 期。

江蓝生：《句法结构隐含义的显现与句法创新》，《语言科学》2013 年第 3 期。

江蓝生：《同谓双小句的省缩与句法创新》，《中国语文》2007 年第 6 期。

姜自霞、丁崇明：《虚义动词的完句功能及特点——以"进行"为例》，《汉语学习》2011 年第 2 期。

金廷恩：《汉语完句成分说略》，《汉语学习》1999 年第 6 期。

金玧廷：《现代汉语介词结构和否定词之间的语序关系》，《语文研究》

2000 年第 3 期。

景晓平：《元语否定机制简论》，《山西师大学报》（社会科学版）2002 年第 1 期。

竟成：《汉语的成句过程和时间概念的表达》，《语文研究》1996 年第 1 期。

孔令达：《影响汉语句子自足的语言形式》，《中国语文》1994 年第 6 期。

孔庆成：《元语否定的类型》，《外国语》1995 年第 4 期。

乐耀：《从人称和"了$_2$"的搭配看汉语传信范畴在话语中的表现》，《中国语文》2011 年第 2 期。

雷冬平：《极度构式"最/再 + X + 不过"的构成及语法化研究》，《湘潭大学学报》（哲学社会科学版）2011 年第 1 期。

李广瑜、陈一：《关于同位性"人称代词单 + 一个 NP"的指称性质、语用功能》，《中国语文》2016 年第 4 期。

李泓：《五种主谓结构式自由和粘着初探》，《西北民族学院学报》（哲学社会科学版）2004 年第 4 期。

李劲荣：《汉语里的另一种类指成分》，《中国语文》2013 年第 3 期。

李临定：《现代汉语动词》，中国社会科学出版社 1990 年版。

李泉：《试论现代汉语完句范畴》，《语言文字应用》2006 年第 1 期。

李珊：《现代汉语被字句研究》，北京大学出版社 1994 年版。

李铁根：《"不"、"没（有）"的用法及其所受的时间制约》，《汉语学习》2003 年第 2 期。

李炜：《"V 个 N"结构》，《语法研究和探索》（六），语文出版社 1992 年版。

李文浩：《也谈同位复指式"人称代词 + 一个 NP"的指称性质、语用功能》，《中国语文》2016 年第 4 期。

李宇明：《动宾结构中的非量词"个"》，张志公主编《语法论集》（三），外语教学与研究出版社 1988 年版。

李宇明：《非谓形容词的词类地位》，《中国语文》1996 年第 1 期。

李宇明：《汉语量范畴研究》，华中师范大学出版社 2000 年版。

梁锦祥：《元语言否定的否定对象》，《外语学刊》2000 年第 3 期。

梁世红：《定位的物量短语》，《佳木斯大学社会科学学报》2007 年第 1 期。

梁世红：《现代汉语定位短语研究》，硕士学位论文，哈尔滨师范大学，2004 年。

梁镛、钱敏汝：《专用语研究中的几个主要理论问题》，《国外语言学》1991 年第 1 期。

廖秋忠：《现代汉语篇章中指同的表达》，《中国语文》1986 年第 2 期。

蔺璜：《现代汉语介词的语法作用》，《语文研究》1997 年第 2 期。

蔺璜：《粘状动词初探》，《语文研究》1996 年第 3 期。

蔺璜：《主宾同形的"是"字句》，《语文研究》1985 年第 1 期。

铃木庆夏：《对举形式的句法语义特点及其教学》，第十四次现代汉语语法学术讨论会（上海）论文，2006 年。

刘大为：《从语法构式到修辞构式》（上），《当代修辞学》2010 年第 3 期。

刘大为：《从语法构式到修辞构式》（下），《当代修辞学》2010 年第 4 期。

刘丹、陈一：《关于极度评价构式"最美 + X"的考察与解析》，《北方论丛》2014 年第 5 期。

刘丹青：《并列结构的句法限制及其初步解释》，《语法研究和探索》（十四），商务印书馆 2008 年版。

刘丹青：《对称格式的语法作用及表达功能》，北京市语言学会编《语文知识丛刊》第三辑，地震出版社 1982 年版。

刘丹青：《构式的透明度和句法学地位：流行构式个案二则》，《东方语言学》2010 年第 1 期。

刘丹青：《汉语的若干显赫范畴：语法库藏类型学视角》，《世界汉语教学》2012 年第 2 期。

刘丹青：《汉语类指成分的语义属性和句法属性》，《中国语文》2002 年第 5 期。

刘丹青：《汉语名词性短语的句法类型特征》，《中国语文》2008 年第 1 期。

刘丹青：《汉语史语法类型特点在现代方言中的存废》，《语言教学与研究》2011 年第 4 期。

刘丹青：《汉语是一种动词型语言——试说动词型语言和名词型语言的类型差异》，《世界汉语教学》2010 年第 1 期。

刘丹青：《汉语中的框式介词》，《当代语言学》2002 年第 2 期。

刘丹青：《句类及疑问句和祈使句：〈语法调查研究手册〉节选》，《语言科学》2005 年第 5 期。

刘丹青：《论语言库藏的物尽其用原则》，《中国语文》2014 年第 5 期。

刘丹青：《实词的拟声化重叠及其相关构式》，《中国语文》2009 年第 1 期。

刘丹青：《语法调查研究手册》，上海教育出版社 2008 年版。

刘丹青：《语言库藏类型学构想》，《当代语言学》2011 年第 4 期。

刘丹青：《作为典型构式句的非典型"连"字句》，《语言教学与研究》2005 年第 4 期。

刘德周：《关于同语的三个问题》，《修辞学习》1997 年第 6 期。

刘德周：《同语修辞格与典型特征》，《中国语文》2001 年第 4 期。

刘丽艳：《话语标记"你知道"》，《中国语文》2006 年第 5 期。

刘龙根、崔敏：《"元语言否定"的多维阐释》，《东北师大学报》2006 年第 3 期。

刘顺：《现代汉语名词的多视角研究》，学林出版社 2003 年版。

刘探宙、张伯江：《现代汉语同位同指组合的性质》，《中国语文》2014 年第 3 期。

刘勋宁：《现代汉语词尾"了"的语法意义》，《中国语文》1988 年第 5 期。

刘勋宁：《现代汉语的句子构造与词尾"了"的语法位置》，《语言教学与研究》1999 年第 3 期。

刘玉俊：《现代英语虚拟语气》，陕西师范大学出版社 1988 年版。

刘云：《现代汉语中的对举现象及其作用》，《汉语学报》2006 年第 4 期。

刘正光：《语言非范畴化——语言范畴化理论的重要组成部分》，上海外语教育出版社 2006 年版。

刘正光、李雨晨：《主观化与人称代词指称游移》，《外国语》2012 年第 6 期。

刘子楗：《汉语定式镶嵌四字格构式意义初探》，《汉语学习》2015 年第 1 期。

龙国富：《"越来越……"构式的语法化——从语法化的视角看语法构式的显现》，《中国语文》2013 年第 1 期。

陆丙甫：《"的"的基本功能和派生功能：从描写性到区别性再到指称性》，《世界汉语教学》2003 年第 1 期。

陆丙甫：《从"要谈谈两个问题"等格式为什么不合格谈起》，《中国语文通讯》1984 年第 1 期。

陆丙甫：《核心推导语法》，上海教育出版社 1993 年版。

陆丙甫：《论"整体—部分、多量—少量"优势顺序的普遍性》，《外国语》（上海外国语大学学报）2010 年第 4 期。

陆俭明：《"句式语法"理论与汉语研究》，《中国语文》2004 年第 5 期。

陆俭明：《词语句法、语义的多功能性：对"构式语法"理论的解释》，《外国语》（上海外国语大学学报）2004 年第 2 期。

陆俭明：《从语法构式到修辞构式再到语法构式》，《当代修辞学》2016 年第 1 期。

陆俭明：《动词后趋向补语和宾语的位置问题》，《世界汉语教学》2002 年第 1 期。

陆俭明：《对"NP + 的 + VP"结构的重新认识》，《中国语文》2003 年第 5 期。

陆俭明：《对构式理论的三点思考》，《外国语》（上海外国语大学学报）2016 年第 2 期。

陆俭明：《构式与意象图式》，《北京大学学报》（哲学社会科学版）2009年第3期。

陆俭明：《构式语法理论的价值与局限》，《南京师范大学文学院学报》2008年第1期。

陆俭明：《现代汉语里动词作谓语问题浅议》，《语文论集》1986年第2辑；《现代汉语句法论》，商务印书馆1993年版。

陆俭明：《现代汉语语法研究教程》，北京大学出版社2003年版。

陆俭明：《现代汉语中数量词的作用》，《语法研究与探索》（四），语文出版社1988年版。

陆俭明：《隐喻、转喻散议》，《外国语》2009年第1期。

吕叔湘：《"谁是张老三？"＝"张老三是谁？"？》，《中国语文》1984年第4期。

吕叔湘：《从主语、宾语的分别谈国语句子的分析》，1946年，《吕叔湘文集》第二卷，商务印书馆1990年版。

吕叔湘：《单音形容词用法研究》，《中国语文》1966年第2期；《汉语语法论文集》（增订本），商务印书馆2002年版。

吕叔湘：《個字的应用范围——附论单位词前一字的脱落》，吕叔湘主编《汉语语法论文集》（增订本），商务印书馆1984年版。

吕叔湘：《汉语语法分析问题》，商务印书馆1979年版。

吕叔湘：《试论含有同一"一N"两次出现前后呼应的句子的语义类型》，《中国语文》1992年第4期。

吕叔湘：《说"自由"和"黏着"》，《中国语文》1962年第1期。

吕叔湘：《形容词使用情况的一个考察》，《中国语文》1965年第6期；《汉语语法论文集》（增订本），商务印书馆2002年版。

吕叔湘：《语法研究的对象》，《语文研究》1986年第4a期。

吕叔湘：《怎样学习语法》，《吕叔湘语文论集》，商务印书馆1983年版。

吕叔湘：《主谓谓语句举例》，《中国语文》1986年第5b期。

吕叔湘、饶长溶：《试论非谓形容词》，《中国语文》1981年第2期。

吕叔湘主编：《现代汉语八百词》，商务印书馆 1980 年版。

吕韦华：《"你""我"对举现象浅析》，《汉语学习》1998 年第 1 期。

马彪、冯莉：《汉语"褒贬同词"现象研究》，《中国语言学报》2012 年第 15 期。

马清华：《并列结构的自组织研究》，博士学位论文，华东师范大学，2004 年。

马清华：《无意义句可接受性的获得》，《修辞学习》2005 年第 6 期。

马庆株：《词组的研究》，《语言教学与研究》1997 年第 4 期。

马庆株：《从对"来/去"的语义概括来看语义特征的提取》，谢文庆、孙辉主编《汉语言文化研究》第 8 辑，天津人民出版社 2001 年版。

马庆株：《汉语动词和动词性结构》，北京语言学院出版社 1992 年版。

马庆株：《汉语语义语法范畴问题》，北京语言文化大学出版社 1998 年版。

马庆株：《结合语义表达的语法研究》，《汉语学习》2000 年第 2 期。

马庆株：《能愿动词的连用》，《语言研究》1988 年第 1 期。

马庆株：《数词量词的语义成分和数量结构的语法功能》，《中国语文》1990 年第 3 期。

马庆株：《缩略语的性质、语法功能和运用》，《语言教学与研究》1987 年第 3 期。

马庆株：《现代汉语词缀的性质、范围和分类》，《中国语言学报》1995 年第 6 期。

马庆株：《语法研究入门》，商务印书馆 1999 年版。

马庆株：《著名中年语言学家自选集·马庆株卷》，安徽教育出版社 2002 年版。

马庆株：《自主动词和非自主动词》，《中国语言学报》1988 年第 3 期。

马庆株、王红旗：《关于若干语法理论问题的思考》，《南开语言学刊》2004 年第 3 辑。

马伟忠：《职业称谓"VP 的"的特点及其使用动因分析》，《世界汉语教学》2015 年第 3 期。

马希文:《跟副词"再"有关的几个句式》,《中国语文》1985 年第 2 期。

马希文:《关于动词"了"的弱化形式/·lou》,《中国语言学报》1983 年总第 1 期。

马喆、邵敬敏:《"包括 NP 在内"的语义功能及其焦点凸显作用》,《汉语学习》2015 年第 1 期。

马真、陆俭明:《"名词+动词"词语串浅析》,《中国语文》1996 年第 3 期。

聂仁发:《否定词"不"与"没有"的语义特征及其时间意义》,《汉语学习》2001 年第 1 期。

潘国英:《论汉语典型同语格的成因与理解》,《修辞学习》2006 年第 2 期。

潘国英:《名词的语义特征和同语格的实现》,《修辞学习》2005 年第 2 期。

彭利贞:《"对待"类动词的粘着现象考察》,《世界汉语教学》2005 年第 3 期。

彭利贞:《现代汉语情态研究》,中国社会科学出版社 2007 年版。

彭睿:《构式语法化的机制和后果——以"从而"、"以及"和"极其"的演变为例》,《汉语学报》2007 年第 3 期。

彭增安、张少云:《同语格的语用修辞功能》,《修辞学习》1997 年第 2 期。

齐沪扬:《现代汉语短语》,华东师范大学出版社 2000 年版。

齐沪扬:《助动词"能、能够"对否定词的不对称选择和有标记选择》,中国语言学会第 13 届学术年会论文,2006 年。

饶长溶:《"把"字句否定式》,《语法研究与探索》(二),北京大学出版社 1984 年版。

[英] R. R. K. 哈特曼、F. C. 斯托克编著:《语言与语言学词典》,黄长著等译,上海辞书出版社 1981 年版。

杉村博文：《论现代汉语特指疑问判断句》，《中国语文》2002 年第 1 期。

邵敬敏：《"同语"式探讨》，《语文研究》1986 年第 1 期。

邵敬敏：《现代汉语疑问句研究》，华东师范大学出版社 1996 年版。

邵敬敏、罗晓英：《"别"字句语法意义及其对否定项的选择》，《世界汉语教学》2004 年第 4 期。

邵敬敏等：《"不是 A 而是 B"句式假性否定的功能价值》，《世界汉语教学》2010 年第 3 期。

沈家煊：《"粉丝"和"海龟"》，《东方语言学》2007 年第 1 期。

沈家煊：《"名动词"的反思：问题和对策》，《世界汉语教学》2012 年第 1 期。

沈家煊：《"糅合"和"截搭"》，《世界汉语教学》2006 年第 4 期。

沈家煊：《"王冕死了父亲"的生成方式》，《中国语文》2006 年第 4a 期。

沈家煊：《"移位"还是"移情"》，《中国语文》2008 年第 5 期。

沈家煊：《"有界"与"无界"》，《中国语文》1995 年第 5 期。

沈家煊：《"语法化"研究综观》，《外语教学与研究》1994 年第 4 期。

沈家煊：《"语义的不确定性"和无法分化的多义句》，《中国语文》1991 年第 4 期。

沈家煊：《"语用否定"考察》，《中国语文》1993 年第 5 期。

沈家煊：《不对称和标记论》，江西教育出版社 1999 年版。

沈家煊：《从"演员是个动词"说起——"名词动用"和"动词名用"的不对称》，《当代修辞学》2010 年第 1 期。

沈家煊：《复句三域"行、知、言"》，《中国语文》2003 年第 3 期。

沈家煊：《概念整合与浮现意义——在复旦大学"望道论坛"报告述要》，《修辞学习》2006 年第 5 期。

沈家煊：《汉语里的名词和动词》，《汉藏语学报》2007 年第 1 期。

沈家煊：《句法的象似性问题》，《外语教学与研究》1993 年第 1 期。

沈家煊：《如何处置"处置式"？——论把字句的主观性》，《中国语文》2002 年第 5 期。

沈家煊:《我看汉语的词类》,《语言科学》2009 年第 1 期。

沈家煊:《形容词句法功能的标记模式》,《中国语文》1997 年第 4 期。

沈家煊:《语法隐喻和隐喻语法》,《语法研究和探索》(十三),商务印书馆 2006 年版。

沈家煊:《语言的"主观性"和"主观化"》,《外语教学与研究》2001 年第 1 期。

沈家煊:《语用原则、语用推理和语义演变》,《外语教学与研究》2004 年第 4 期。

沈家煊:《再谈"有界"与"无界"》,《语言学论丛》第三十辑,商务印书馆 2004 年版。

沈家煊:《正负颠倒和语用等级》,《语法研究和探索》(七),商务印书馆 1995 年版。

沈家煊:《转指和转喻》,《当代语言学》1999 年第 1 期。

沈家煊、王冬梅:《"N 的 V"和"参照体—目标"构式》,《世界汉语教学》2000 年第 4 期。

沈开木:《"不"字的否定范围和否定中心的探索》,《中国语文》1984 年第 6 期。

沈阳:《语义所指理论与汉语句法成分的语义指向研究》,沈阳、冯胜利主编《当代语言学理论和汉语研究》,商务印书馆 2008 年版。

盛林:《现代汉语的量词短语与量词式结构》,《世界汉语教学》2003 年第 2 期。

施春宏:《面向第二语言教学汉语构式研究的基本状况和研究取向》,《语言教学与研究》2011 年第 6 期。

石毓智:《汉语的有标记和无标记语法句式》,《语法研究和探索》(十),商务印书馆 2000 年版。

石毓智:《肯定与否定的对称与不对称》(增订本),北京语言文化大学出版社 2001 年版。

史金生:《"他的老师当得好"句式的形成机制》,《汉语学习》2010

年第 5 期。

司富珍：《影响句子可接受性的若干因素》，《汉语学习》2009 年第 2 期。

宋玉柱：《非修饰性"副 + 形"结构》，《中国语言学报》1995 年第 7 期。

宋玉柱：《关于数词"一"和量词相结合的重迭问题》，《南开大学学报》（哲学社会科学版）1978 年第 6 期。

宋作艳：《从构式强迫看新"各种 X"》，《语言教学与研究》2016 年第 1 期。

唐翠菊：《话语中汉语名词短语的形式与意义及相关问题》，博士学位论文，北京语言文化大学，2002 年。

唐雪凝：《试析"单数人称代词 + 一个 NP"结构》，《齐鲁学刊》2013 年第 2 期。

陶红印：《操作语体中动词论元结构的实现及语用原则》，《中国语文》2007 年第 1 期。

陶红印：《从"吃"看动词论元结构的动态特征》，《语言研究》2000 年第 3 期。

完权：《"的"的性质与功能》，商务印书馆 2016 年版。

完权：《超越区别与描写之争："的"的认知入场作用》，《世界汉语教学》2012 年第 2 期。

宛新政：《"（N）不 V"祈使句的柔劝功能》，《世界汉语教学》2008 年第 3 期。

王艾录：《汉语成句标准思考》，《山西大学学报》（哲学社会科学版）1990 年第 4 期。

王灿龙：《"是"字判断句名词宾语的指称形式》，《世界汉语教学》2013 年第 2 期。

王灿龙：《"谁是 NP"与"NP 是谁"的句式语义》，《语言教学与研究》2010 年第 2 期。

王灿龙：《"有所 X"式与"无所 X"式及相关问题》，《中国语文》

2014年第4期。

王灿龙：《新异黏合语的生成机制分析》，《中国语文》2012年第3期。

王灿龙：《制约无定主语句使用的若干因素》，《语法研究和探索》（十二），商务印书馆2003年版。

王红旗：《"是"字句的话语功能》，《语文研究》2010年第3期。

王红旗：《不定指成分出现的语境条件》，《世界汉语教学》2012年第1期。

王红旗：《非指称成分产生的原因和基础》，《汉语学习》2006年第1期。

王红旗：《功能语法指称分类之我见》，《世界汉语教学》2004年第2期。

王红旗：《也谈"类指"》，纪念高名凯先生诞辰100周年学术研讨会（北京）论文，2011年。

王继同：《"一＋动量词"的重叠式》，《中国语文》1991年第2期。

王静：《从语义级差看现代汉语"被"字的使用》，《语言教学与研究》1996年第2期。

王珏：《介词短语做定语四论》，《华东师范大学学报》（哲学社会科学版）1999年第4期。

王珏：《现代汉语名词研究》，华东师范大学出版社2001年版。

王珏、谭静、陈丽丽：《构式等级降低与辞格生成》，《修辞学习》2008年第1期。

王莉：《标示焦点："动+个+名"中的"个"》，《华南师范大学学报》（社会科学版）2001年第4期。

王伟：《情态动词"能"在交际过程中的语义呈现》，《中国语文》2000年第3期。

王文格：《现代汉语小句的研究现状及存在的问题》，《汉语学习》2010年第1期。

王希杰：《"N是N"的语义研究》，《汉语学习》1990年第2期。

王义娜：《人称代词移指：主体与客体意识表达》，《外语研究》2008年第2期。

王志英：《"不是 X，而是 Y"构式的元语否定功能》，《学术探索》2013
年第 11 期。

王志英：《元语否定研究述评》，《外语学刊》2011 年第 6 期。

温锁林：《汉语中的极性义对举构式》，《汉语学习》2010 年第 4 期。

温锁林、张佳玲：《新兴构式"A 并 B 着"研究》，《语文研究》2014
年第 1 期。

文炼：《指称与析句问题》，《广播电视大学学报》（哲学社会科学版）
2000 年第 4 期。

吴长安：《"第二"的词汇化意义》，《中国语文》2006 年第 2 期。

吴长安：《汉语名词、动词交融模式的历史形成》，《中国语文》2012
年第 1 期。

吴春仙：《"一 V"构成的不完全句》，《世界汉语教学》2001 年第 3 期。

吴福祥：《汉语体标记"了、着"为什么不能强制性使用》，《当代语
言学》2005 年第 3 期。

吴福祥：《汉语语法化研究的当前课题》，《语言科学》2005 年第 2 期。

吴福祥：《语序选择与语序创新——汉语语序演变的观察和断想》，《中
国语文》2012 年第 4 期。

吴竞存、梁伯枢：《现代汉语句法结构与分析》，语文出版社 1992 年版。

吴硕官：《试谈"N 是 N"格式》，《汉语学习》1985 年第 3 期。

吴为善：《"A 不到哪里去"的构式解析、话语功能及其成因》，《中国
语文》2011 年第 4 期。

吴为善：《事件称谓性 NV 构式的来源、属性及其整合效应》，《语言
教学与研究》2013 年第 2 期。

吴为善：《透视汉语交际技巧》，上海古籍出版社 2005 年版。

吴雅慧：《数词有限制的数量结构》，《语言教学与研究》1994 年第 4 期。

吴早生：《主观非数量评价性的"NP$_1$ 的一量 NP$_2$"》，《世界汉语教学》
2011 年第 1 期。

项开喜：《"制止"与"防止"："别+VP"格式的句式语义》，《语言

教学与研究》2006 年第 2 期。

萧国政：《隐蔽性施事定语》，《语文研究》1986 年第 4 期。

肖任飞：《同语格式"X 是不/没 X"的语用功能分析》，《汉语学报》2009 年第 1 期。

肖治野、沈家煊：《"了$_2$"的行、知、言三域》，《中国语文》2009 年第 6 期。

邢福义：《"像·（名·似的）"还是"（像·名）·似的"?》，《汉语学习》1987 年第 3 期。

邢福义：《汉语复句研究》，商务印书馆 2001 年版。

邢福义：《汉语语法学》，东北师范大学出版社 1996 年版。

邢福义：《邢福义学术著作选》，华中师范大学出版社 2003 年版。

邢欣：《试说委婉语的表达方式》，《修辞学习》1999 年第 2 期。

邢欣：《视角转换与语篇衔接语》，《修辞学习》2007 年第 1 期。

熊伟明：《"A 的 A，B 的 B"结构的修辞性能》，《修辞学习》2002 年第 2 期。

熊学亮：《条件句的认知辐射研究》，《中国外语》2009 年第 2 期。

徐国玉：《"X 的 X，Y 的 Y"格式试探》，邵敬敏主编《九十年代的语法思考》，北京语言学院出版社 1994 年版。

徐杰、李英哲：《焦点和两个非线性语法范畴："疑问""否定"》，《中国语文》1993 年第 2 期。

徐赳赳：《关于元话语的范围和分类》，《当代语言学》2006 年第 4 期。

徐默凡：《现代汉语工具范畴的认知研究》，复旦大学出版社 2004 年版。

徐枢：《"又+形$_1$+又+形$_2$"格式的限制》，《中国语言学报》1988 年第 3 期。

徐枢：《兼类与处理兼类时遇到的一些问题》，《语法研究和探索》（五），语文出版社 1991 年版。

徐阳春：《也谈人称代词做定语时"的"字的隐现》，《中国语文》2008 年第 1 期。

杨才英、赵春利：《状位形名组合的句法语义研究》，《汉语学习》2010年第1期。

杨成凯：《关于"指称"的反思》，《语法研究与探索》（十二），商务印书馆2003年版。

杨德峰：《"动+趋+了"和"动+了+趋"补议》，《中国语文》2001年第4期。

杨德峰：《趋向述补短语的自由和粘着》，《语文研究》1988年第3期。

杨锡彭：《粘宾动词初探》，《南京大学学报》1992年第4期。

杨永龙：《从"形+数量"到"数量+形"——汉语空间量构式的历时变化》，《中国语文》2011年第6期。

姚双云：《"浮现语法"与语法的浮现》，《中国社会科学报》2011年第11期。

姚振武：《现代汉语的"N的V"与上古汉语的"N之V"》，《语文研究》1995年第2期。

叶蜚声、徐通锵：《语言学纲要》（修订版），王洪君、李娟修订，北京大学出版社2015年版。

殷何辉：《比评性同语式的句法语义特征》，《汉语学报》2006年第4期。

殷何辉：《比评性同语式的语用分析》，《语言文字应用》2007年第2期。

殷志平：《不能成句的主谓短语》，《汉语学习》2002年第6期。

殷志平：《动词前成分"一"的探讨》，《中国语文》1999年第2期。

殷志平：《对称格式的认知解释》，《语言科学》2004年第3期。

殷志平：《对举短语的结构特点和语义理解》，《南京社会科学》1995年第4期。

殷志平：《试论"一V一V"格式》，《中国语文》1996年第2期。

尹世超：《标题语法》，商务印书馆2001年版。

尹世超：《试论黏着动词》，《中国语文》1991年第6期。

尹世超：《说标题动词及相关的标题格式》，《中国语文》1993年第4期。

余光武：《〈言据范畴〉介绍》，《当代语言学》2010年第4期。

袁明军：《非自主动词的分类补议》，《中国语文》1998 年第 4 期。

袁毓林：《并列结构的否定表达》，《语言文字应用》1999 年第 3 期。

袁毓林：《词类范畴的家族相似性》，《中国社会科学》1995 年第 1 期。

袁毓林：《话题化及相关的语法过程》，《中国语文》1996 年第 4 期。

袁毓林：《名词代表动词短语和代词所指的波动》，《中国语文》2002 年第 2 期。

袁毓林：《谓词隐含及其句法后果——"的"字结构的称代规则和"的"的语法、语义功能》，《中国语文》1995 年第 4 期。

袁毓林：《现代汉语祈使句研究》，北京大学出版社 1993 年版。

袁毓林：《语言的认知研究和计算分析》，北京大学出版社 1998 年版。

曾爽：《"难 VP"和"VP 难"比较研究》，硕士学位论文，哈尔滨师范大学，2013 年。

詹开第：《口语里两种表示动相的格式》，载《句型和动词》，语文出版社 1987 年版。

詹人凤：《试论现代汉语中的"于"》，《北方论丛》1987 年第 6 期。

詹卫东：《"NP + 的 + VP"偏正结构在组句谋篇中的特点》，《语文研究》1998 年第 1 期。

詹卫东：《关于"NP + 的 + VP"偏正结构》，《汉语学习》1998 年第 2 期。

詹卫东：《以"计算"的眼光看汉语语法研究的"本位"问题》，《汉语学报》2005 年第 1 期。

詹卫东：《语言成分的组合与功能传递》，陆俭明主编《面临新世纪挑战的现代汉语语法研究》，山东教育出版社 2002 年版。

张爱玲：《汉语名词复现型同语反复格式探微》，《南昌大学学报》（人文社会科学版）2011 年第 1 期。

张爱民：《现代汉语第二人称代词人称泛化探讨》，《徐州师范大学学报》2001 年第 1 期。

张宝林：《"是……的"句的歧义现象分析》，《世界汉语教学》1994 年第 1 期。

张斌:《汉语语法学》,上海世纪出版集团、上海教育出版社 2003 年版。

张伯江:《"N 的 V"结构的构成》,《中国语文》1993 年第 4 期。

张伯江:《"死"的论元结构和相关构式》,《语法研究和探索》(十一),商务印书馆 2002 年版。

张伯江:《从施受关系到句式语义》,商务印书馆 2009 年版。

张伯江:《功能语法与汉语研究》,《语言科学》2005 年第 6 期。

张伯江:《汉语限定成分的语用属性》,《中国语文》2010 年第 3 期。

张伯江:《论"把"字句的句式语义》,《语言研究》2000 年第 1 期。

张伯江:《认识观的语法表现》,《国外语言学》1997 年第 2 期。

张伯江:《施事角色的语用属性》,《中国语文》2002 年第 6 期。

张伯江:《现代汉语的双及物结构式》,《中国语文》1999 年第 3 期。

张伯江、方梅:《汉语功能语法研究》,江西教育出版社 1996 年版。

张伯江、方梅:《汉语口语的主位结构》,《北京大学学报》(哲学社会科学版) 1994 年第 2 期。

张伯江、李珍明:《"是 NP"和"是(一个)NP"》,《世界汉语教学》2002 年第 3 期。

张拱贵:《词类和句子成分的关系及有关词类的几个问题》,《南京大学学报》1983 年第 4 期。

张国宪:《论对举格式的句法、语义和语用功能》,《淮北煤师院学报》(社会科学版) 1993 年第 1 期。

张国宪:《形名组合的韵律组配图式及其韵律的语言地位》,《当代语言学》2005 年第 1 期。

张国宪:《状语的语义指向规则及句法异位的语用动机》,《中国语文》2005 年第 1 期。

张健军、吴长安:《"X 倒是 X"小句及其对答联系项功能》,《语言科学》2011 年第 2 期。

张克礼:《英语语法与用法》,北京师范大学出版社 2011 年版。

张立飞:《汉语"没+MVP"构式的认知理据和语义结构》,《世界汉语教学》2015 年第 1 期。

张敏：《认知语言学与汉语名词短语》，中国社会科学出版社 1998 年版。

张勤、张轶：《类型学的标记理论与英语非真实条件句的习得》，《复旦外国语言文学论丛》2009 年秋季号。

张雪梅：《析同语悖义构式"不 X 也 X"》，《新疆大学学报》（哲学人文社会科学版）2015 年第 6 期。

张雪平：《"如果"类假设连词的语义功能与语用分布》，《汉语学习》2014 年第 1 期。

张雪平：《〈红楼梦〉〈歧路灯〉〈儒林外史〉假设句比较研究》，河南大学博士后报告，2013 年。

张谊生：《当代流行构式"X 也 Y"研究》，《当代修辞学》2011 年第 6 期。

张谊生：《非框架流行构式"X 那些/点事"研究》，《当代修辞学》2015 年第 2 期。

张谊生：《论与汉语副词相关的虚化机制——兼论现代汉语副词的性质、分类与范围》，《中国语文》2000 年第 1 期。

张谊生：《现代汉语副词研究》，学林出版社 2000 年版。

张志敏：《东北官话的分区》（稿），《方言》2005 年第 2 期。

赵金铭：《论汉语的比较范畴》，《中国语言学报》2001 年第 10 期。

赵立云：《现代汉语对举格式探讨》，硕士学位论文，东北师范大学，2005 年。

赵旻燕：《元语言否定歧义说商榷——对以"不"为否定载体的汉语元语言否定的考察》，《东北师大学报》（哲学社会科学版）2010 年第 5 期。

赵贤德：《"别"字祈使句的主语考察》，《柳州职业技术学院学报》2006 年第 1 期。

赵元任：《汉语口语语法》，吕叔湘译，商务印书馆 1979 年版。

郑丽雅：《对举格式"A 是 A，B 是 B"所反映的规律》，《华南师范大学学报》（社会科学版）1994 年第 3 期。

中国社会科学院语言研究所词典编辑室：《现代汉语词典》（第 6 版），商务印书馆 2012 年版。

周殿龙：《对称规律——解决汉语语法难题的一把钥匙》，《山西师范大学学报》（社会科学版）1990 年第 1 期。

周殿龙：《汉语结构与中国文化》，《松辽学刊》（社会科学版）1992 年第 2 期。

周殿龙：《论对称》，《松辽学刊》（社会科学版）1994 年第 1 期。

周海峰：《粘补动词初探》，《汉语学习》2000 年第 3 期。

周荐：《论对称结构》，《语文研究》1991 年第 3 期。

周明强：《"X 是 X"和"X 归 X"格式的比较探析》，《汉语学习》2007 年第 5 期。

周明强：《汉语量词"个"的虚化特点》，《语文学刊》2002 年第 1 期。

周清艳：《"V 个 N"结构的语义分化与"量"的表达》，《汉语学习》2011 年第 4 期。

周清艳：《特殊"V 个 N"结构的句法语义及其形成动因》，《语言教学与研究》2012 年第 3 期。

周清艳：《特殊"V 个 N"结构对 VN 的选择和制约条件分析》，《世界汉语教学》2012 年第 1 期。

周韧：《从理性意义和内涵意义的分界看同语式的表义特点》，《语言教学与研究》2009 年第 6 期。

周思佳、陈振宇：《"一量名"不定指名词主语句允准条件计量研究》，《语言科学》2013 年第 4 期。

周小兵：《论现代汉语的程度副词》，《中国语文》1995 年第 2 期。

周小兵：《试析"不太 A"》，《语法研究与探索》（六），语文出版社 1992 年版。

周小兵：《析"不 A 不 B"》，《语言教学与研究》1996 年第 4 期。

朱德熙：《说"的"》，《中国语文》1961 年第 12 期。

朱德熙：《现代汉语形容词研究》，《语言研究》1956 年第 1 期；《现代汉语语法研究》，商务印书馆 2001 年版。

朱德熙：《语法答问》，商务印书馆 1985 年版。

朱德熙：《语法讲义》，商务印书馆 1982 年版。

朱军：《构式"独立性"的成因》，《湘潭大学学报》（哲学社会科学版）2011 年第 1 期。

朱军：《汉语范围构式"从 X 到 Y"研究》，《语言研究》2010 年第 2 期。

朱骏龙：《"没有了 NP"的功能及对外汉语教学中的功能分析》，硕士学位论文，哈尔滨师范大学，2013 年。

朱晓亚：《并列短语的句法作用》，《世界汉语教学》2001 年第 1 期。

资中勇：《汉语对称关系表达研究》，博士学位论文，南开大学，2005 年。

资中勇：《现代汉语中的对举结构》，《湖南人文科技学院学报》2005 年第 1 期。

宗守云：《汉语"N 不 N"句研究》，《德州师专学报》1996 年第 3 期。

二　日文文献

藤堂明保：『中國語概論』，東京大修舘 1979 年版。

三　英文文献

Aikhenvald, Alexandra, *Evidentiality*, Oxford: Oxford University Press, 2004.

Bucholtz, Mary and Hall, Kira, "Identity and Interaction: A Sociocultural Linguistic Approach", *Discourse Studies*, Vol. 7, No. 4 – 5, July, 2005.

Bybee, J., "The impact of use on representation: Grammar is usage and usage is grammar", Presidential Address of LSA, Oakland Marriott

City Center, Oakland, 2005.

Bybee, J. and Paul Hopper, *Frequency and Emergence in Linguistic Structure*, Amsterdam: John Benjamins Publishing Company, 2001.

Carston, Robyn, "Metalinguistic negation and echoic use", *Journal of Pragmatics*, Vol. 25, No. 3, Mar, 1996.

Chafe, Wallace, *The realis-irrealis distinction in Caddo, the Northern Iroquoian Languages, and English. Modality in grammar and discourse*, Amsterdam: John Benjamins Publishing Company, 1995.

Chappell, Hilary, "Restrictions on the Use of 'Double le' in Chinese", *Cahiers de Linguistique Asie Orientale*, 1986.

Comrie, Bernard, Conditionals: A typology, Traugott et al. (eds.), *On Conditionals*, Cambridge: Cambridge University Press, 1986.

Goldbelrg, Adele, E., *Constructions: A Construction Grammar Approach to Argument Structure*, Chicago: University of Chicago Press, 1995.

Goldberg, Adele, E., "Constructions: A new theoretical approach to language", *Trends in Cognitive Science*, July, 2008.

Goldberg, Adele, E., *Constructions at work: the Nature of Generalization in Language*, Oxford: Oxford University Press, 2006.

Goldberg, A. E., Construction: A new theoretical Approach to language, 外国语（上海外国语大学学报），2003，3.

Greenberg, Joseph H., "The realis-irrealis continuum in the Classical Greek conditional", In Traugott et al. (eds.) *On Conditionals*, Cambridge: Cambridge University Press, 1986.

Grice, H. P., *Logic and Conversation*, in Cole, P. & Morgan, J. (eds.) *Syntax and Semantics*, Vol. 3: Speech Acts, New York: Academic Press, 1975.

Haiman, John (ed.), *Iconicity in Syntax*, Amsterdam: John Benjamins, 1985b.

Haiman, John, *Natural Syntax*, Cambridge: Cambridge University Press, 1985a.

Haiman, John, "Iconic and economic motivation", *Language*, Vol. 59, No. 4, Dec, 1983.

Hopper, P. J., "Emergent grammar", In Aske, Jon, N. Beery, L. Michaelis & H. Filipeds, *Proceedings of the Berkeley Linguistics Society*, Berkeley: Berkeley University of California Press, 1987.

Horn, Laurence, "Metalinguistic Negation and Pragmatic Ambiguity", *Language*, Vol. 61, No. 1, Mar, 1985.

Jesperson, Otto, *The philosophy of grammar*, London: Allen and Unwin, 1924.

Kuno, Suzumo, *Functional Syntax: Anaphora, Discourse and Empathy*, Chicago: The Universify of Chicago Press, 1987.

Lakoff, G. Sorry, "Im not myself today", *Spaces, Worlds, and Grammar*, Chicago: The University of Chicago Press, 1996.

Langacker, R. W., *Foundations of Cognitive Grammar*, Beijing: Peking University, 2004.

Plado Helen, "Estonian conditional clauses, The degree of hypotheticality and the link to temporal and concessive clauses", *Nordic Journal of Linguistics*, 2013, 1: 57–88.

Radford, A., *Transformational Grammar*, Cambridge: Cambridge Univercity prees, 1988.

Schiffrin, D., *Discourse markers*, Cambridge: Cambridge University Press, 1987.

Seilor Hansjakob, "Determination: A functional dimension for interlanguage comparison", *Language Universals*, Jan, 1978.

Sun Chao-Fen (孙朝奋), *Word order change and grammaticalization in the history of Chinese*, California: Stanford University Press, 1996.

Sweetser Eve, *From etymology to pragmatics: metaphorical and cultural aspects of semantic structure*, Cambridge: Cambridge University Press, 1990.

Tang Sze-Wing and Thomas Hun-Tak Lee, "Focus as an Anchoring Condition", *Paper Presented at the International Symposium on Topic and Focus in Chinese*, The Hong Kong Polytechnic University, 2000.

Verhagen Arie, *Constructions of Intersubjectivity Discourse, Syntax, and Cognition*, Oxford: Oxford University Press, 2005.

Verschueren Jef, *Understanding Pragmatics*, Beijing: Foreign Language Teaching and Research Press, 2000.

Wierzbicka Anna, *Conditionals and counterfactuals: conceptual primitives and linguistic universals*, Amsterdam: John Benjamins, 1997.

Winston, Morton E. and Roger Chaffin, "A Taxonomy of Part-Whole Relations", *Cognitive Science*, No. 11, 1987.

后　记

从事语法研究的学者，都会关注句子"合格不合格"的问题，即"能说不能说"的问题。多年来，我在观察、研究汉语中各种"不合格/不能说的句子"的过程中，逐渐认识到：注意区分"不能说"与"不能单说"同样是十分重要的，语法研究者应该告诉人们不能把"不能单说"等同于"不能说"。在四十几岁先有教授职称后成为一个"大龄博士生"的阶段，我选择了以"汉语非自足句法组合"（不能单说的句法组合）作为博士论文的研究题目。在南开大学完成博士论文期间，马庆株先生的指导、关怀和鼓励，使我提升眼界，树立信心；石锋、施向东、王红旗、郭继懋诸位教授的指点，崔显军、杨明义、华玉明、张雪平、张全生、魏芳、欧洁琼、夏群等学友的帮助，都令人难忘；2007年5月，论文评审及答辩过程中，沈家煊、张伯江、刘丹青、柳英绿、尹世超、邢欣诸位先生的指教，为论文的后期深化，指引了方向。

沉淀数年之后，2011年我在博士论文基础上申报、获得国家社科基金项目《汉语非自足构式蕴含的句法语用机制》。除了对博士论文中已做的工作加以调整、深化外，重点就现代汉语中若干非自足构式进行了比较深入的个案研究。项目结项后，仍对相关领域给予持续关注。

本书内容中，较有代表性的已发表的论文主要有以下这些。

《对举表达式的再分类及其意义》发表于《中国语言学报》第13期,《偏依性对举结构与语法单位的对称不对称》发表于《世界汉语教学》2008年第3期,《"第二个N专"与"N专第二"》发表于《中国语文》2012年第3期,《现代汉语中两类回环式对举结构的认知分析》发表于《北方论丛》2012年第4期,《说"有点小(不)A/V"》发表于《中国语文》2014年第2期(发表时有较大删节),《"别+引语"元语否定句探析》发表于《世界汉语教学》2014年第4期,《"我别VP"(了)的构式整合机制及其语用价值》发表于《世界汉语教学》2016年第2期,《"包括i在内的C"的信息包装策略与语用功能》发表于《世界汉语教学》2019年第1期。

部分研究工作是和我的学生合作完成的:第三章关于定位黏着短语的研究,以梁世红2004年的硕士论文为基础展开;第八章中"我别VP"(了)的构式整合机制及其语用价值的研究是和程书秋博士合作完成;第八章中"别+引语"元语否定句的研究是和李广瑜博士合作完成;"难VP"和"VP难"的比较研究是和曾爽合作完成的,第九章中"X像极了Y"与"X跟Y像极了"的对比研究是和刘丹博士合作完成。和年轻人共同成长,是件非常快乐的事情。我很愿意在本书出版之际写下这一笔。

陈 一

2019年12月8日